Marathon und Langdistanz

Allgemeiner Hinweis:

Aus Gründen der besseren Lesbarkeit haben wir uns entschlossen, durchgängig die männliche (neutrale) Anredeform zu nutzen, die selbstverständlich die weibliche mit einschließt.

Das vorliegende Buch wurde sorgfältig erarbeitet. Dennoch erfolgen alle Angaben ohne Gewähr. Weder der Autor noch der Verlag können für eventuelle Nachteile oder Schäden, die aus den im Buch vorgestellten Informationen resultieren, Haftung übernehmen.

Frank Hennig

MARATHON &
LANGDISTANZ

Leistungssteigerung mit System

Meyer & Meyer Verlag

Danksagung

Ich möchte an dieser Stelle allen danken, die mich bei der Entstehung dieses Buches unterstützt haben, sei es durch fachlichen Rat, Unterstützung bei der Korrektur, bei den Fotoaufnahmen oder durch Überlassung persönlichen Datenmaterials. Die Nennung erfolgt in alphabetischer Reihenfolge.

Laura Clart

Sebastian Dobrowald

Olaf Ernst Dr.

Ronald Ferch

Anna-Kristin Fischer

Arne Gabius

Dieter Gohlitz Dr.

Cassy Hennig

Sebastian Hennig
(Co-Autor Kapitel Ernährung)

Sabrina Mockenhaupt

Katarina Purcz

Carina Schipp

Jakob Stiller

Kassandra Urban

Marathon und Langdistanz

Bibliografische Information der Deutschen Bibliothek

Die Deutsche Bibliothek verzeichnet diese Publikation in der Deutschen

Nationalbibliografie; detaillierte bibliografische Details sind im Internet über

<http://dnb.ddb.de> abrufbar.

© 2017 by Meyer & Meyer Verlag, Aachen

Auckland, Beirut, Dubai, Hägendorf, Hongkong, Indianapolis, Kairo, Kapstadt,

Manila, Maidenhead, Neu-Delhi, Singapur, Sydney, Teheran, Wien

Member of the World Sport Publishers' Association (WSPA)

Gesamtherstellung: Print Consult GmbH, München

ISBN 978-3-89899-925-0

E-Mail: verlag@m-m-sports.com

www.dersportverlag.de

INHALT

Ziel dieses Buches ist es, ein systematisches Konzept zur Entwicklung von Spitzenleistungen im Langstreckenlauf bzw. Marathonlauf zu beschreiben. Das Kernstück ist ein langfristiger und systematischer Leistungsaufbau, in dessen Ergebnis die Athleten Leistungen auch auf dem Niveau internationaler Meisterschaften erreichen können.

Im Rahmen dieser Arbeit werden die entsprechenden Zusammenhänge aufgeführt und bewertet.

Das Buch versucht, eine Brücke zwischen sportwissenschaftlicher Abhandlung und praktischem Ratgeber zu schlagen und soll leistungsorientierte Läufer und Triathleten ebenso ansprechen wie Trainer und Sportwissenschaftler.

Grundlagen meiner Ausführungen sind: Daten und Zahlenmaterial aus früheren leistungssportlichen Zeiten, Lehrmaterialien und Fortbildungsbeiträge des Deutschen Leichtathletik-Verbandes, Diplomarbeiten verschiedener DDR-Leistungssportler, Studienmaterialien der ehemaligen Deutschen Hochschule für Körperkultur und Sport, Auswertungen und Schlussfolgerungen meiner Diplomarbeit, sowie meine eigenen Trainings- und Trainererfahrungen und Dokumentationen aus den letzten 30 Jahren.

EINIGE GRUNDLEGENDE ASPEKTE ZUR ENTWICKLUNG DES LANGSTRECKENLAUFS

》 Ein **Erfolg** im Langstreckentraining im Rahmen der unten genannten Ziele ist wie in anderen Disziplingruppen auch, an eine **langfristige Entwicklung** gebunden. Dabei kann man von einem Horizont von mindestens 10 Jahren ausgehen. Um dies zu ermöglichen, sind z. B. folgende Punkte zu berücksichtigen:
  》 **rechtzeitiger Übergang** vom Mittelstrecken- in ein systematisches Langstreckentraining;
  》 Schaffen eines **disziplingerechten Arbeits- oder Ausbildungsumfeldes** nach Absolvierung der Schulausbildung;
  》 Aufbau eines **Maßnahmenkomplexes zur Wiederherstellung** und zur medizinisch-physiotherapeutischen Betreuung.

❱ Eine langfristige **Leistungssteigerung** ist an eine **systematische Belastungssteige-rung** gebunden. Diese erfordert unter anderem folgende Instrumente:

  ❱ **Klarheit** über die notwendigen Kennziffern (z. B. Umfang, Intensität);

  ❱ Planung der **Steigerungsraten** der Belastungsparameter unter Berücksichtigung der individuellen Belastungsverträglichkeit;

  ❱ **Trainingsprotokollierung** durch den Sportler und **Aufbereitung** der Daten durch die Trainer (einige Schemata und Darstellungsmöglichkeiten sind in den vergangenen Jahren von mir entwickelt worden, und werden im Weiteren noch vorgestellt).

❱ Jedes **Leistungsziel** in einer **Laufdisziplin** erfordert eine bestimmte **Unterdistanz-leistung.** Diese ist konsequent zu entwickeln und vor allem regelmäßig abzufordern.

Um die Bedeutung von Schnelligkeitsvoraussetzungen im Langstreckenlauf deutlich hervorzuheben, ist dem trainingsmethodischen Teil eine Kennzeichnung der notwen-digen Schnelligkeitsvoraussetzungen und eine umfangreiche und detaillierte Analyse von notwendigen Unterdistanzleistungen für alle Laufstrecken von 800 m bis Marathon vorangestellt.

Neben der Leistungsstruktur ist auch die Persönlichkeitsstruktur für das Erreichen von Spitzenleistungen notwendig.

Im folgenden Vier-Säulen-Modell habe ich die notwendigen Voraussetzungen zusam-mengestellt.

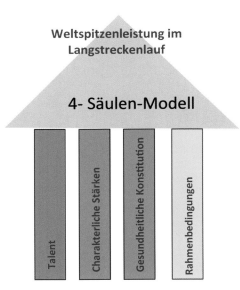

Abb. 1: Vier-Säulen-Modell: Persönliche Voraussetzungen

1

LANGFRISTIGE ZIELSTELLUNGEN IM LANGSTRECKENLAUF

Dabei sollten die einzelnen Abschnitte der Leistungsentwicklung folgenden Zielstellungen untergeordnet werden.

1.1 ERREICHEN VON MEDAILLENPLATZIERUNGEN (ODER PLATZ 4-8) IM JUGENDBEREICH

Schwerpunkt im Jugendtraining sollte die konsequente Entwicklung der notwendigen Unterdistanzleistungen und die Erhöhung des Trainingsniveaus sein.

Jugendtraining sollte vor allem Voraussetzungstraining sein (Pöhlitz, 2013). Die Jugendlichen sollten langfristig auf die Disziplin orientiert werden, auf welcher sie perspektivisch die größten Erfolgsaussichten haben. Deutsche Jugendmeisterschaften kennzeichnen hierbei den Jahreshöhepunkt im Trainingsjahr. Auch für Jugendliche ohne Medaillenchance stellen diese einen echten emotionalen Höhepunkt dar. Ziel muss es dabei sein, zum Höhepunkt auch die persönliche Bestleistung zu erreichen oder zu überbieten.

Im Anhang sind in **Anlage 1** die Leistungen von vergangenen fünf Jahren dargestellt, welche jeweils notwendig waren, um Gold, Bronze bzw. Platz acht zu erreichen. Dabei ist aber zu beachten, dass die Saisonbestleistungen der jeweiligen Athleten zum Teil deutlich darunter liegen (Grund: Taktikrennen).

Es sei allerdings klar gesagt, dass auch ein langstreckenorientiertes Training eine erfolgreiche Teilnahme an den Jugend-DM nicht ausschließt.

1.2 QUALIFIKATION ZUR CROSS-EUROPAMEISTERSCHAFT

Die Cross-EM bedeutet für junge Athleten eine gute Möglichkeit, ihr Leistungsvermögen unter internationalen Bedingungen unter Beweis zu stellen, auch wenn sie die harten internationalen U-20- oder U-23-Normen noch nicht bewältigen können. Aufgrund der Qualifikation nach Platzierungen (Platz 1-5 oder 6) bei den jeweiligen Qualifikationsrennen, ist hier eine vergleichsweise große Chance für einen internationalen Start gegeben. Bei der Vorbereitung auf die Qualifikationswettkämpfe ist besonders auf die zeitliche Platzierung der jährlichen Laufpause zu achten. Die Laufpause findet im Jugendbereich gewöhnlich im Sommer im unmittelbaren Anschluss an den Jahreshöhepunkt, beispielsweise den Landesmeisterschaften oder den deutschen Jugendmeisterschaften statt.

Bei jugendlichen Langstrecklern mit denen man eine Cross-EM-Qualifikation in Angriff nehmen will, welche im November stattfindet, ist dieses Vorgehen aber nicht praktikabel. Für Läufer, die um die Qualifikationsplätze vier bis fünf kämpfen müssen, ist eine langfristige und sehr spezifische Vorbereitung notwendig.

1.3 ERREICHEN DES BUNDESKADERSTATUS B

Dabei ist besonders die Altersstaffelung ab der U 23 zu beachten. Die Erreichbarkeit der Normen ist am ehesten in der U 23 gegeben. Die Normen liegen später im Bereich der Qualifikationsnormen für Europameisterschaften. Da die meisten Schulabgänger danach in ein Studium oder eine Ausbildung wechseln, kann nicht unbedingt sichergestellt werden, dass dann weiterhin ausreichend Zeit zum Training vorhanden ist. Somit muss ein Wechsel in ein langstreckenorientiertes Training spätestens im zweiten U-20-Jahr erfolgen. Dadurch ist zumindest für zwei Jahre (12./13. Schuljahr) eine systematische Belastungsgestaltung sichergestellt. In diesen beiden Jahren müssen grundlegende Belastungskennziffern und ein Anschluss an den Erwachsenenbereich erreicht werden.

Tab. 1: DLV-B-Kadernormen Langstrecke 2015/2016

B-Kader-Richtwerte (in Minuten und Stunden)									
Männer					Frauen				
5.000 m	10.000 m	Halb-mara-thon	Mara-thon	Alter	5.000 m	10.000 m	Halb-mara-thon	Mara-thon
14:20	30:20			19	16:30	35:15		
14:12	30:00	1:07:00	2:24:00	20	16:15	34:50	1:19:30	2:44:00
14:04	29:40	1:06:00	2:22:00	21	16:05	34:25	1:17:30	2:42:00
13:54	29:30	1:05:00	2:19:00	22	16:00	34:00	1:16:30	2:39:30
13:45	29:00	1:04:30	2:17:00	23	15:45	33:35	1:15:30	2:37:00
13:40	28:45	1:04:00	2:15:00	24	15:35	33:05	1:14:00	2:34:30
13:34	28:30	1:03:30	2:14:30	25	15:27	32:45	1:13:30	2:32:00

Im Vergleich dazu auch die Normen der Mittelstrecken.

Tab. 2: DLV-Kadernormen Mittelstrecke und Hindernisse

C- und B-Kader-Richtwerte (in Minuten)								
Männer				Alter	Frauen			
800 m	1.500 m	3.000 m	Hindernis		800 m	1.500 m	3.000 m	Hindernis
				16				
				17				
1:52,2	3:52,0	8:38,0	5:52,0	18	2:09,0	4:28,0	9:45,0	6:51,0
1:50,0	3:47,0	8:18,0	5:42,0	19	2:06,0	4:24,0	9:25,0	6:37,0
1:49,5	3:46,0		8:55,0	20	2:05,5	4:20,0		10:20,0
1:48,5	3:44,5		8:48,0	21	2:04,5	4:17,0		10:12,0
1:47,6	3:42,0		8:44,0	22	2:03,8	4:15,0		10:04,0
1:47,0	3:40,0		8:35,0	23	2:02,8	4:12,5		9:55,0
1:46,5	3:39,0		8:30,0	24	2:01,3	4:09,5		9:46,0
1:46,2	3:37,7		8:27,0	25	2:00,5	4:07,3		9:40,0

1.4 ERREICHEN EINER NORM FÜR INTERNATIONALE MEISTERSCHAFTEN

Erstes Ziel sollte zunächst die aktuellen EM-Normen des DLV sein. Diese wurden in den zurückliegenden Jahren mehrfach von deutschen Läufern und Läuferinnen erreicht.

Tab. 3: EM-Normen 2016 im Langstreckenlauf (in Minuten und Stunden)

	Männer			Frauen		
	5.000 m	10.000 m	Halbmarathon	5.000 m	10.000 m	Halbmarathon
DLV-Norm für EM	13:36	28:35:00	1:03:45	15:30	32:50:00	1:13:00

Anders die Situation bei den ursprünglich festgelegten Olympianormen 2016 (Die Normen wurden nachredaktionell noch einmal geändert).

Wie schwierig das Erreichen dieser Normen ist, zeigt nicht zuletzt folgende Übersicht über Normerfüller (Männer) der letzten 10 Jahre. Im Frauenbereich stellt sich die Situation ähnlich dar.

Tab. 4: Erreichte Normleistungen der letzten 10 Jahre, bezogen auf die ursprünglichen Olympianormen 2016

5.000 m Männer: 13:18 min	10.000 m Männer: 27:45 min	Marathon Männer 2:12 h
R. Ringer 13:10 min, 2015 A. Gabius 13:12 min, 2013 A. Gabius: 13:13 min, 2012 J. Fitschen: 13:14 min, 2007	A. Gabius 27:43 min, 2015	A. Gabius 2:09:32 h 2015 A. Gabius 2:08:33 h 2014

1.5 ERREICHEN DES INTERNATIONALEN MEDAILLENNIVEAUS

Dieser letzte Abschnitt stellt sicher auch die schwierigsten Anforderungen an Trainer und Athleten. Und gewiss bleibt dieses Ziel nur den talentiertesten und fleißigsten Athleten vorbehalten. Dabei traten vor ein paar Jahren bei den europäischen Titelkämpfen noch weitestgehend Athleten unter gleichen Voraussetzungen gegeneinander an. Dies hat sich aber inzwischen zunehmend geändert. Mit steigender Tendenz werden afrikanische Läufer eingebürgert und bestimmen nun auch in Europa mehr und mehr das läuferische Niveau. Diese Tatsache lässt die Frage aufkommen, wie und ob es überhaupt möglich ist, der „afrikanischen Übermacht" Paroli bieten zu können. Und obwohl es unstrittig ist, dass aus einigen Regionen Afrikas in großer Zahl die talentiertesten Läufer der Welt kommen, sollten wir trotzdem nicht den Kopf in den Sand stecken. Bevor man über Unterschenkellänge und Fersenform debattiert, sollte man zunächst einmal folgende Fragen in den Raum stellen:

Welcher junge deutsche Läufer (Europäer) ist bereit, das Laufen in seinen Lebensmittelpunkt zu stellen?

Welcher junge deutsche Läufer (Europäer) ist bereit, seine berufliche Laufbahn so weit hintenanzustellen, bis er seine läuferischen Entwicklungsmöglichkeiten ausgereizt hat (was meist erst weit jenseits der 30 der Fall ist)?

Welcher Deutsche (Europäer) ist bereit, über Jahre hinweg 2-3 x täglich 1-2 Stunden für das Lauftraining aufzuwenden?

Welcher junge Deutsche (Europäer) ist bereit, ca. 3 Mal jährlich mehrere Wochen in einem Höhentrainingslager zu verbringen?

Wenn mehr junge deutsche Talente diese obigen Fragen mit „ja" beantworten würden, würde sich höchstwahrscheinlich auch das internationale Kräfteverhältnis im Laufsport wieder etwas mehr nach Europa verschieben.

Aber zurück zum Medaillenziel bei internationalen Titelkämpfen:
Es gibt es einige Aspekte, welche ein solches Ziel auch ohne Einbürgerung nicht völlig abwegig erscheinen lassen. Bekanntermaßen besteht der Verdacht, dass die Weltspitze im Langstreckenbereich genauso dopingverseucht ist wie der Sprintbereich. Die letzten Dopingfälle und journalistischen Recherchen erhärten diese Vermutung. Dennoch ist es möglich, auch afrikanische Läufer bei Titelkämpfen zu schlagen. Voraussetzung ist natürlich, die oben genannten vier Fragen bejahen zu können sowie eine planmäßige und systematische Vorbereitung. Gerade bei Letzterem haben die Afrikaner so ihre Schwachstellen. Oft sind die absoluten Topläufer in der Versuchung, Start- und Preisgeldverlockungen zu erliegen. Wer bei internationalen Titelkämpfen erfolgreich sein will, sollte seine Vorbereitung abseits von Preisgeldern und kommerziellen Überlegungen planen. Insbesondere im Marathonlauf sind die Erfolgsaussichten gar nicht so schlecht, da die absolute Weltspitze oft aus diesen gerade genannten kommerziellen Gründen fehlt.

2

SCHNELLIGKEITS- UND UNTER-
DISTANZVORAUSSETZUNGEN
MITTEL- UND LANGSTRECKENLAUF

Die Schnelligkeitsfähigkeiten sind nach Doil und Winter mehr als andere konditionelle Fähigkeiten stark anlagedeterminiert und besonders mit zunehmender Ausprägung des Nervensystemtyps nach der Pubertät nur noch begrenzt beeinflussbar. Doil und Winter nennen weiterhin den Altersbereich 10-13 als besonders günstig. Für den Altersbereich 14-17/18 halten sie es für wichtig, schnelligkeitsdeterminierte Leistungen verstärkt über Schnellkraft- und Schnelligkeitsausdauer zu entwickeln.

Somit sind die Schnelligkeitsvoraussetzungen schwerpunktmäßig in den Altersklassen vor dem 13. Lebensjahr zu entwickeln (Doil, 1983).

In der U 16 sind so verstärkt die Schnellkraft- und Schnelligkeitsausdauer zu entwickeln.

Dabei ist bereits in der U 16 auf standardisierte SA-Programme hinzuarbeiten, welche darüber hinaus in der U 18 weiterentwickelt werden müssen.

Unter Berücksichtigung dieser Gesichtspunkte ist davon auszugehen, dass es ab der U 20 im Wesentlichen um ein schnelligkeitserhaltendes Training geht. Dieses ist wichtig für die Häufigkeit, den Umfang und die Charakteristik des Schnelligkeitstrainings.

Es ist wichtig anzumerken, dass dies nur für Jugendliche gilt, welche normal entwickelt sind. Bei stark retardierten (biologisches Alter < kalendarisches Alter) Jugendlichen können sich diese Altersrichtwerte deutlich nach hinten verschieben. Auch bei sogenannten *Späteinsteigern* (Jugendliche, welche erst nach der U 18 zur Leichtathletik finden) müssen die motorischen Komponenten der Schnelligkeit in späteren Jahren entwickelt werden.

Als Ausdruck der absoluten individuellen Laufgeschwindigkeit wird oft die Sprintzeit über 30 m fliegend herangezogen, mitunter aber auch die 60-m- oder 100-m-Leistung.

Welche Leistungen auf diesen Strecken benötigt werden, ist in **Tab. 5** und **Tab. 6** aufgeführt.

Hier sind als Beispiel die Testwerte des erweiterten DDR-Kaderkreises der Jahre 1987-1990 aufgeführt.

Aufgeführt sind die Testwerte über 30 m fliegend/60 m/100 m und 400 m sowie die DLV-Empfehlung für die Schnelligkeitsvoraussetzung im Langsprint U 20.

Tab. 5: Schnelligkeitstestwerte DVfL Kaderkreis Männer (in Sekunden)

Männer	100 m	60 m	30 m fliegend	400 m
Zubringerleistung Langsprint	10,80		2,95	
800 m	11,49	7,09	3,20	49,83
1.500 m	11,77	7,24	3,28	50,79
3.000-m-Hi	12,25	7,51	3,44	53,21
5.000 m	12,23	7,46	3,40	52,95
10.000 m	13,01	7,88	3,63	54,73

Tab. 6: Schnelligkeitstestwerte DVfL Kaderkreis Frauen (in Sekunden)

Frauen	100 m	60 m	30 m fliegend	400 m
Zubringerleistung Langsprint	12,05		3,20	
800 m	12,75	7,73	3,54	56,13
1.500 m	13,10	7,98	3,66	56,81
3.000 m	13,46	8,19	3,78	59,21
10.000 m	14,18	8,53	3,98	61,08

Betrachtet man die Werte über den gesamten Kaderkreis hinweg, so lässt sich eine klare Geschwindigkeitssteigerung von der Disziplin 10.000 m bis zur Disziplin 800 m erkennen. Unter Eignungsaspekten lassen sich also konkrete Normwerte ableiten. Etwas differenziert muss man aber die 400-m-Testwerte betrachten. Diese liegen zum Teil beträchtlich über den von mir gefundenen und errechneten Zubringerleistungen. Hier muss man sicher berücksichtigen, dass diese Tests zum Teil aus vollem Training heraus absolviert wurden und die individuelle Motivation, vor allem der Langstreckler sicher nicht immer hundertprozentig war. **Tab. 7** zeigt die Zusammenhänge der einzelnen Test-werte anhand des Korrelationskoeffizienten „r":

Tab. 7: Zusammenhänge zwischen den Teststrecken anhand des Korrelationskoeffizienten

Männer	30 m/60 m	60 m/100 m	100 m/400 m	30 m/100 m	30 m/400 m
Disziplin-gruppe	r =	r =	r =	r =	r =
800 m	0,84	0,84	0,53	0,89	0,48
1.500 m	0,90	0,93	0,57	0,91	0,48
3.000-m-Hi	0,94	0,98	0,86	0,97	0,86
5.000 m	0,94	0,92	0,81	0,95	0,77
10.000 m	0,96	0,95	0,81	0,97	0,76
Gesamt	0,97	0,97	0,91	0,98	0,89

Werden zusätzlich dazu die einzelnen Korrelationskoeffizienten über die gesamten Disziplingruppen betrachtet, ist zu erkennen, dass alle Strecken bis zur 100-m-Strecke einen fast linearen Zusammenhang zeigen. Erst der Bezug zur 400-m-Strecke zeigt einen noch recht hohen Zusammenhang, aber doch deutlichen Abfall im Korrelationskoeffizienten.

Es spielt also kaum eine Rolle, ob man als Schnelligkeitseignungstest für die jeweilige Perspektivstrecke die 30 m, die 60 m oder die 100 m heranzieht. Beleuchtet man die einzelnen Spezialstrecken in sich, so lösen sich die hohen Zusammenhänge im Bezug zur 400-m-Strecke in den Mittelstreckengruppen 800 m und 1.500 m auf. Auch in den Langstreckendisziplinen werden sie deutlich geringer. So lässt sich also mit einem Test von 30-100 m eine Aussage über die Eignung in Bezug auf die zukünftige Spezialstrecke machen. Zur konkreten Chanceneinschätzung auf den einzelnen Laufstrecken ab der 800-m-Strecke ist jedoch auch die 400-m-Unterdistanzleistung erforderlich.

Daraus ergeben sich sodann die Möglichkeiten auf den darüber liegenden Strecken.

In **Tab. 8** ist dargestellt, wie sich die Leistungsentwicklung im 400-m-Bereich vollzieht. Von den sieben Läufern gehörten sechs dem B-Kader an.

Tab. 8: Leistungsentwicklung einzelner 400-m-Läufer

400 Leistung U 20		in s	m/s	400 Bestleistung	Alter	in s	m/s
Gaba, Kambge	U 20	46,63	8,58	98 %	22	45,47	8,80
Schneider, Thomas	U 20	47,62	8,40	96 %	23	45,56	8,78
Krüger, Eric	U 20	46,49	8,60	99 %	24	45,97	8,70
Zender, Niclas	U 20	46,18	8,66	100 %	18	46,18	8,66
Plass, Jonas	U 20	47,84	8,36	96 %	23	46,00	8,70
Rigau, Miguel	U 20	48,59	8,23	95 %	26	46,35	8,63
Gollnow, David	U 20	48,28	8,29	97 %	22	46,60	8,58
		im Mittel		97,2 %	22,6	Jahre	im Mittel

Daraus ist zu erkennen, dass bei den Spezialisten, welche letztlich ihre gesamte Trainingszeit in ihre 400-m-Leistung investieren, die Entwicklung bereits in der U 20 im Durchschnitt zu 97,2 % abgeschlossen ist. Damit muss in der U 20 die perspektivische Ausrichtung in Bezug auf die spätere Spezialstrecke erfolgen, da eine wesentliche Verbesserung der 400-m-Leistung nicht mehr zu erwarten ist.

Eine Hauptursache für die „schleppende" Entwicklung im leichtathletischen Langstreckenlauf der letzten Jahre (einzelne positive Entwicklungen ausgenommen) ist die Tatsache, dass notwendige Schnelligkeitsvoraussetzungen nicht beachtet werden und auf perspektivlosen Strecken trainiert wird. So sind z. B. Bestleistungen um 46 Sekunden über 400 m notwendig, um bei einem tempoorientierten 800-m-Rennen, 49 Sekunden angehen zu können (wie international üblich). Bei einem Blick in den damaligen 400-m-Kader ist festzustellen, dass die meisten Athleten laut ihren Voraussetzungen wohl auf die 800-m-Strecke gehören.

2.1 ANALYSE DER UNTERDISTANZLEISTUNG

Die Unterdistanzleistung ist von entscheidender Bedeutung bei der Chancenbeurteilung auf der Spezialstrecke. T. Peric veröffentlichte bereits 1974 den Artikel *Schnelligkeitsvoraussetzungen für Mittel- und Langstreckler*, in welchem er Leistungsvoraussetzungen definierte (Peric, 1974). Ich habe dieses Thema in meiner Arbeit noch einmal aufgegriffen und in einer umfangreichen Analyse aller gängigen Laufstrecken, die real erbrachten Unterdistanzleistungen der jeweils 30 weltbesten und 30 besten deutschen Läufer und Läuferinnen erfasst und getrennt nach Männern und Frauen dargestellt. Grundlage stellten dafür die aktuellen Weltbestenlisten, die unter „All-Athletics.com" veröffentlicht wurden und die ewige deutsche Bestenliste, welche von der DGLD im Internet gepflegt wird, dar. Wurde zu einem Sportler keine Unterdistanzleistung gefunden, rückt der Nächste in der Bestenliste nach. Die Werte, welche Peric 1974 gefunden hat, sind zum Vergleich mit aufgeführt.

Die in der Gesamtübersicht zu lesenden Prozentzahlen beziehen sich auf die Geschwindigkeit der jeweiligen Unterdistanz. Im Perspektivrechner der Disziplin 800 m bedeuten also 90 %, dass der Läufer über 800 m 90 % seiner 400-m-Leistung, bezogen auf die Geschwindigkeit, erreicht.

Nach verschiedenen Ansatzversuchen habe ich mich entschlossen, meinen Berechnungen die persönlichen Bestleistungen zugrunde zu legen.

Dabei findet man pro Disziplin und Geschlecht jeweils vier Werte. Unter Top Five Welt und Top Five Deutschland sind die besten Athleten in Bezug auf ihre Ausdauer zusammengefasst, das heißt, diese Athleten erreichen die höchste prozentuale Geschwindigkeit in Bezug auf ihre Unterdistanz. Unter Ø sind so die folgenden 22 Athleten der Bestenliste zusammengefasst.

Die Gesamtheit der Ergebnisse habe ich in den folgenden Diagrammen dargestellt.

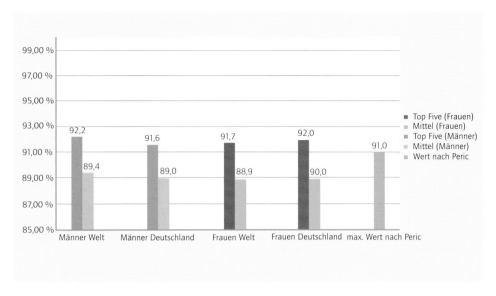

Abb. 2: 800-m-Läufer erreichen prozentual zu ihrer 400-m-Leistung folgende Werte.

Die Tabelle zeigt, dass die im Durchschnitt in der deutschen Spitze wie auch in der Weltspitze gefundenen Werte im Bereich der von Peric als mittelmäßig entwickelten Schnelligkeitsausdauergrundlage liegen. Nur in den Top Five finden wir Werte, welche Peric als gut bezeichnet. In allen vier Top-Five-Gruppen liegen die Werte sogar bis zu 1 % darüber. Peric benennt zur Abhängigkeit der 800-m-Leistung von der 400-m-Leistung einen Korrelationskoeffizienten von 0,91, also einen fast linearen Zusammenhang. Berechnet man diesen Zusammenhang über alle vier Leistungsgruppen hinweg, bestätigt sich dieser Wert. Betrachtet man aber die vier Gruppen in sich, so löst sich dieser Zusammenhang fast völlig auf. In der Gruppe „weltbeste Männer" liegt der Korrelationskoeffizient beispielsweise bei 0,06! Dies bedeutet, dass in einer homogenen Gruppe von 800- m-Läufern, welche 400 m Bestzeiten von 48,5-44,6 Sekunden aufweisen, der spezifischen Ausdauerentwicklung die entscheidende Bedeutung zukommt.

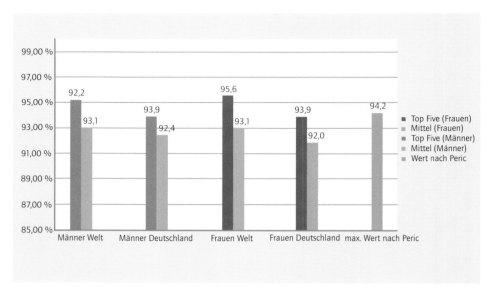

Abb. 3: 1.500-m-Läufer erreichen prozentual zu ihrer 800-m-Leistung diese Prozentwerte.

Vergleichen wir die Gruppendurchschnitte wieder mit Peric, liegen diese ebenfalls im mittelmäßig bewerteten Bereich. Die Werte der deutschen Top Five erreichen annähernd das Niveau „gut". In der Weltspitze wird der Wert noch um 1,4 % übertroffen. Wir sehen außerdem ein deutliches Gefälle zwischen deutschem und Weltniveau, wohlgemerkt in Bezug auf die Ausdauerentwicklung, nicht auf die absolute Leistung. Diese ist in der Weltspitze ohnehin deutlich höher.

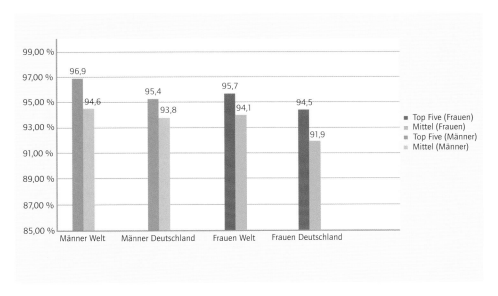

Abb. 4: 3.000-m-Läufer erreichen prozentual zu ihrer 1.500-m-Leistung diese Prozentwerte.

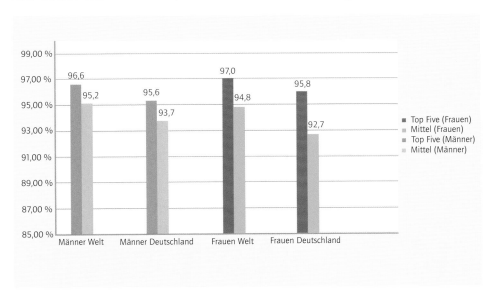

Abb. 5: 3.000-m-Hindernis-Läufer erreichen prozentual zu ihrer 3.000-m-Leistung diese Prozentwerte.

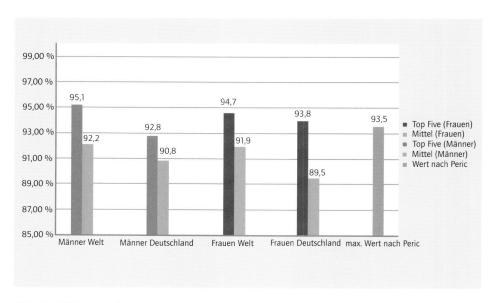

Abb. 6: 5.000-m-Läufer erreichen prozentual zu ihrer 1.500-m-Leistung diese Prozentwerte.

Die bei den 800-m- zu 1.500-m-Läufern gefundene Tendenz setzt sich auch hier fort. Diese erkennt man in der Differenz zwischen Deutschland und der Weltspitze, sowohl im Durchschnitt als auch in den Top Five. In der Spitze werden die Werte von Peric bis zu 1,6 % übertroffen.

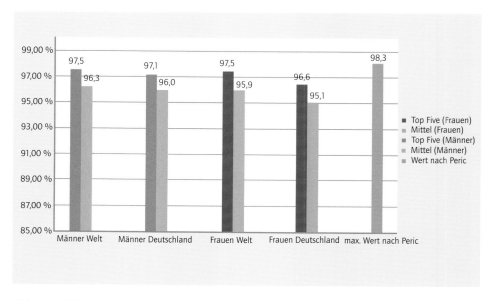

Abb. 7: 10.000-m-Läufer erreichen prozentual zu ihrer 5.000-m-Leistung diese Werte.

Im Gegensatz zu den vorherigen Tabellen liegen die Werte der deutschen Athleten näher an denen der Weltspitze, ohne eine grundsätzlich andere Tendenz zu zeigen. Die Werte liegen wieder im mittleren Bereich der von Peric angegebenen Spanne. Dieses Mal werden die 98,3 % nicht erreicht. Zu beachten ist dabei, dass Peric hier eine 10.000-m-Leistung zugrunde legt, welche sehr deutlich unter dem damaligen Weltrekord lag, also nur angenommen war.

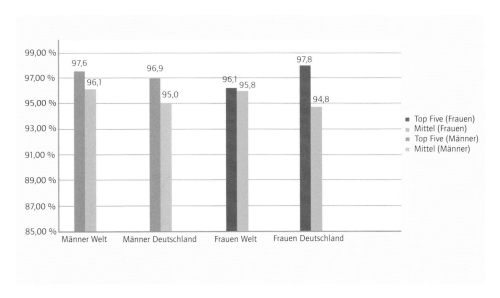

Abb. 8: Halbmarathonläufer erreichen prozentual zu ihrer 10.000-m-Leistung diese Werte.

Bei den Frauen können wir hier eine Ausnahme feststellen. So liegen die Werte der deutschen Top Five über denen der Weltspitze. Bei den Mittelwertgruppen und den Männern setzt sich die hier gefundene Tendenz weiter fort.

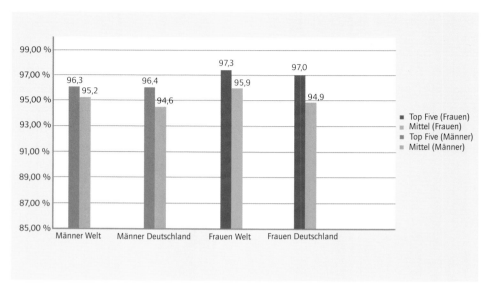

Abb. 9: Marathonläufer erreichen prozentual zu ihrer Halbmarathonleistung diese Werte.

Im Mittel liegen die Werte wie bisher unter denen der Weltspitze. In den Top Five liegen Deutschland und die Welt hier ziemlich gleich auf. Auffällig ist auch, dass sich bei den Frauen in allen Gruppen gegenüber den Männern die höheren Werte zeigen. Diese Tatsache beweist, dass die Frauen im Bereich der Langzeitausdauer mindestens die gleiche, wenn nicht sogar die bessere Trainierbarkeit aufweisen als die Männer.

Nicht immer hat man zur Beurteilung der zu erwartenden Marathonleistung eine Halbmarathonzeit zur Verfügung. In diesem Fall wird in der Regel die aktuelle 10-km-Leistung herangezogen. Die dabei von mir gefundenen Werte waren aber offensichtlich nicht verwertbar. Diese lagen häufig im Bereich des Verhältnisses von 10.000 m zu Halbmarathon. Allerdings ist dies sehr unwahrscheinlich, da es sich um die doppelte Strecke handelt. Das bedeutet, dass die 10.000-m-Leistungen eher nicht für die Marathonleistung repräsentativ sind. Aus diesem Grund habe ich eine rechnerische Methode angewandt. Bei dieser werden die prozentualen Werte von 10.000 m zum Halbmarathon und Halbmarathon zum Marathon miteinander multipliziert. Die dabei ermittelten Werte sind in der folgenden Tabelle dargestellt.

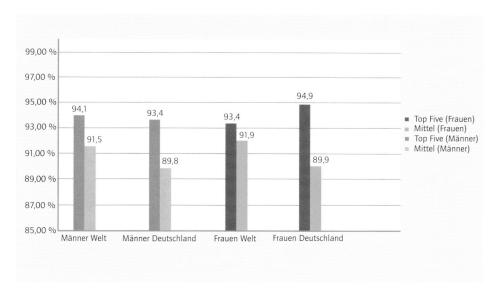

Abb. 10: Marathonläufer erreichen prozentual zu ihrer 10.000-m-Leistung diese Werte.

2.2 DER PERSPEKTIVRECHNER

Im Ergebnis dieser Berechnungen entstanden für alle Laufstrecken von 800 m bis Marathon Zielzeittabellen, in denen die Zeitspannen definiert sind, welche die jeweilige Unterdistanzleistung zulässt.

Um nun die Perspektive eines Athleten konkret beurteilen zu können, sind dessen Werte in das unten dargestellte Schema einzutragen. Hier erhält man bereits einen ersten Hinweis darauf, ob der Sportler über eine gute spezifische Ausdauer verfügt oder eher weniger. Gleichzeitig wird ersichtlich, ob die gesteckten Ziele mit der vorhandenen Unterdistanzleistung durch verbessertes Ausdauertraining erreichbar sind oder nicht. Dabei entsteht zwangsläufig die Frage, welcher der gefundenen Werte nun das maximal erreichbare Niveau der Ausdauer repräsentiert.

Ich würde empfehlen, für eine realistische Perspektivplanung nicht unbedingt den höchsten gefundenen Wert (meist Top Five Welt) zugrunde zu legen. Da hier nur fünf Leistungen einbezogen werden, ist die Gefahr der Verzerrung durch einen Fehler natürlich nicht ausgeschlossen. Ebenso kann man nicht ausschließen, dass einzelne Leistungen durch die Verwendung unerlaubter Mittel zustande gekommen sind. Deshalb rate ich vielmehr, einen Wert im Bereich der Mittelwertgruppe Weltspitze zugrunde zu legen.

Bei dem folgenden Beispiel habe ich jeweils den zweithöchsten Prozentwert in meine Berechnungen einbezogen. In nachstehender Tabelle sehen wir nun einen individuellen

Perspektivrechner. Dieser zeigt, welche Leistung aus einer 400-m-Zeit generierbar wäre unter Zugrundelegung einer durchschnittlichen Ausdauerentwicklung (mittlere Spalte) und einer sehr guten Ausdauerentwicklung (rechte Spalte).

Tab. 9: Perspektivrechner männlich

Ausgangsleistung	Durchschnittliche Ausdauer				Höchste spezifische Ausdauer		
	400 m	800 m	m/s		800 m	m/s	
1	0:50,5 s	89,4 %	7,08	1:53 min	92,2 %	7,31	1:49,5 min
	800 m	1.500 m			1.500 m		
2A	1:51,0 min	92,4 %	6,66	3:45 min	93,9 %	6,76	3:41,8 min
	800 m	1.500 m			1.500 m		
2B	1:49,5 min	92,4 %	6,75	3:42 min	93,9 %	6,86	3:38,8 min
	1.500 m	5.000 m			5.000 m		
3A	3:45,0 min	90,8 %	6,05	13:46 min	92,8 %	6,19	13:28,2 min
	1.500 m	5.000 m			5.000 m		
3B	3:38,8 min	90,8 %	6,23	13:23 min	92,8 %	6,36	13:05,9 min
	5.000 m	10.000 m			10.000 m		
4A	13:28,0 min	96,0 %	5,94	28:04 min	97,1 %	6,01	27:44 min
	5.000 m	10.000 m			10.000 m		
4B	13:5,9 min	96,0 %	6,10	27:18 min	97,1 %	6,18	26:58 min

Das eben beschriebene Beispiel zeigt eine typische Situation. Nehmen wir an, ein 19-jähriger Läufer sprintet 50,5 Sekunden über 400 m. Dieser Sportler wird als Mittelstreckler definiert und soll über die 800 m hin zum 1.500-m-Läufer entwickelt werden. In einem vorherigen Abschnitt habe ich belegt, dass die Entwicklung der 400-m-Leistung in der U 20 weitestgehend abgeschlossen ist. Im Folgenden möchte ich aufzeigen, welche Perspektiven sich für den Sportler aus seiner 400-m-Leistung ergeben.

Zeile 1 zeigt, welche Leistung maximal über die 800 m erreichbar ist. Auch bei höchster spezifischer Ausdauer kommt der Athlet nur annähernd in den Bereich einer internationalen Norm über 800 m. Seine aktuelle Leistung steht bei 1:51 Minuten und diese ermöglicht ihm, die in Zeile 2A dargestellte Spanne über 1.500 m. Selbst wenn er seine 800-m-Leistung gewissermaßen ausreizt (Zeile 2B), ist eine internationale Norm über 1.500 m wohl nicht machbar. Damit ist ein sofortiger Wechsel in ein ausdauerorientiertes Langstreckentraining im zweiten U-20-Jahr absolut notwendig.

Gehen wir nun zu Zeile 3A über. Die derzeitige 1.500-m-Leistung lässt zwar noch keine internationale Norm zu, wenn es jedoch gelingt, durch forciertes Ausdauertraining die 1.500-m-Leistung in den Bereich um 3:45 Minuten zu bringen, was sehr wahrscheinlich ist, da diese im Moment ungenügend entwickelt ist, gerät die EM-Norm von 13:35 Minuten in Reichweite. Begeben wir uns noch einen Schritt weiter und schauen in Zeile 4A auf die 10.000 m, kommen wir schon in den Bereich einer 27er-Zeit. Damit kann man bei kontinentalen Meisterschaften bereits um vordere Platzierungen mitlaufen, vorausgesetzt, man verfügt über einen guten Endspurt. Auch die WM- und Olympianormen rücken damit in erreichbare Sphären.

Blicken wir auf die Zeilen 3B und 4B, wird klar, dass mit diesen Schnelligkeitsvoraussetzungen sogar internationale Spitzenleistungen möglich sind.

Allzu häufig werden jedoch die guten Perspektiven junger Sportler durch zu langes Zögern beim Wechsel auf die Langstrecke oder auf die nächsthöhere Strecke verschenkt.

Diese Tatsache belegt auch der folgende Abschnitt.

Damit stellt sich die Frage: Wer ist Mittelstreckler und wie lange ist es sinnvoll, auf der Mittelstrecke zu trainieren?

Talentierte Mittelstreckler sind bereits frühzeitig zu erkennen. Spätentwickler gibt es in der Regel nur bei sogenannten *Quereinsteigern* oder bei vorangegangenen trainingsmethodischen Fehlern.

Tab. 10 zeigt die Leistungsentwicklung des Bundeskaders (2014) über 1.500 m in Gegenüberstellung mit den C-/B-Kader-Richtwerten für die jeweiligen Altersklassen. In der AK 15-17, in welchen es noch keine Bundeskadernormen gibt, habe ich die Richtwerte unter Beachtung der Dynamik der B-Kader-Normen zurückgerechnet.

Die Tabelle zeigt, dass sich F. Orth, P. Förster, A. Schwab und F. Brunswig bereits ab der AK 15 als Mittelstreckler hervorheben und die von mir errechneten Leistungsziele der AK 15-17 erreichen. T. Benitz und A. Ide erreichen diese Werte in der AK 17 und nur M. Sperlich zeigt erst im zweiten U-20-Jahr einen entscheidenden Sprung in den Bereich der Kaderwerte.

Sehr konsequent ist die Leistungsentwicklung von F. Orth. Nachdem in der U 20 seine 800-m-Leistung stagniert, konzentriert er sich auf die 1.500 m und nimmt dort eine hervorragende Entwicklung.

Anders bei P. Förster, er startet eigentlich mit dem höchsten Ausgangsniveau in der AK 15/16. Aber bereits im Alter von 17/18 zeigt er eine gewisse Stagnation auf der 800-m-Strecke, welche natürlich auch durch seine 400-m-Leistung von knapp über 50 Sekunden limitiert ist. Mit 18 wird er von Bernd Diesner in Chemnitz an die 1.500 m herangeführt. Es folgt eine sehr lange Verletzungsphase, welche über zwei bis drei Jahre andauert. Später versucht er sich erneut über die 800 m, allerdings unterbleibt hier die Entwicklung der nächstlängeren Strecke und folglich verliert er im Erwachsenenbereich jeglichen Anschluss an den Kaderbereich.

Tab. 10: Leistungsentwicklung einiger junger Kaderathleten über 800 m und 1.500 m (in Minuten)

Alter	C/B Kader Richtwert 800 m	C/B-Kader Richtwert 1.500 m	Florian Orth		Peter Förster		Alexander Schwab		Fabian Brunswig	
			800 m	1.500 m/ 3.000 m	800 m/ 1.000 m	1.500 m	800 m/ 1.000 m	1.500 m	800 m/ 1.000 m	1500 m/ 3.000 m
15	2:02,7	4:13,4		9:24,0	2:36,0		2:36,3		2:42,6	9:34,1
16	1:59,0	4:05,9	1:57,4	8:46,2	1:53,0	4:02,1	1:56,5	4:00,7		4:05,0
17	1:55,6	3:58,9	1:52,2	3:56,7	1:51,2	3:56,2	1:52,8	3:54,3	1:54,9	3:55,7
18	1:52,2	3:52,0	1:51,0	3:49,2	1:50,7	3:48,9	1:49,9	3:45,9	1:53,5	3:49,6
19	1:50,0	3:47,0	1:49,7	3:46,8			1:48,5	3:44,8	1:53,5	3:46,5
20	1:49,5	3:46,0								
21	1:48,5	3:44,5	1:49,1	3:40,6						
22	1:47,6	3:42,0	1:48,2	3:41,4	1:50,7					
23	1:47,0	3:40,0	1:48,6	3:34,6	1:50,5					
24	1:46,5	3:39,0								
25	1:46,2	3:37,7								

Tab. 11: Leistungsentwicklung einiger junger Kaderathleten über 800 m und 1.500 m (in Minuten)

Alter	C/B Kader Richtwert 800 m	C/B Kader Richtwert 1.500 m	Timo Benitz		Alexander Ide		Martin Sperlich		Stefan Eberhardt	
			800 m	1.500 m	800 m	1.500 m	800 m	1.500 m	800 m	1.500 m
15	2:02,7	4:13,4								
16	1:59,0	4:05,9								4:09,1
17	1:55,6	3:58,9	1:58,0	3:58,7		4:00,6		4:10,8	1:56,8	3:53,5
18	1:52,2	3:52,0		3:59,5		3:52,9		3:56,5	1:50,8	3:46,3
19	1:50,0	3:47,0	1:54,0	3:46,0	1:53,2	3:47,1	1:51,1	3:48,9	1:51,2	3:44,7
20	1:49,5	3:46,0	1:48,0	3:40,4			1:51,6	3:45,5	1:47,8	3:40,8
21	1:48,5	3:44,5	1:48,2	3:41,3	1:51,3	3:45,4	1:50,5	3:43,2	1:49,5	3:39,9
22	1:47,6	3:42,0								3:43,4
23	1:47,0	3:40,0								3:37,5
24	1:46,5	3:39,0							1:48,6	3:33,9
25	1:46,2	3:37,7							2:21,2	

Zur Vervollständigung habe ich in den folgenden Tabellen, die Entwicklung und Steigerungsraten der C- und B-Kader Richtwerte im 800-m- und 1.500-m-Lauf mit den dazu notwendigen Unterdistanzleistungen dargestellt. Dabei habe ich die Leistungen für die Altersstufen 15, 16 und 17 unter Berücksichtigung der Entwicklungsdynamik der B-Kader-Normen zurückgerechnet.

Dieses Schema sollte die Grundlage für eine disziplinspezifische Zuordnung jugendlicher Läufer sein. Jugendliche, die diese Anforderungen nicht erfüllen, sollten schnell auf die nächstlängere Strecke orientiert werden. Die C-Kader-Richtwerte sind hierbei grau hinterlegt.

Tab. 12: C-/B-Kader-Richtwerte 800 m männlich (in Minuten und Sekunden)

Alter	C/B- Kader Richtwert 800 m	Steigerung in %	Notwendige Unterdistanzleistung 400 m	DS-Leistung Jugend-DM 8. Platz
15	2:02,7		54,5-56,5	
16	1:59,0	3	53,0-54,7	1:58,3
17	1:55,6	3	51,2-53,1	1:58,3
18	1:52,2	3	50,1-51,6	1:54,8
19	1:50,0	2	49,0-50,5	1:54,8
20	1:49,5	0,5	48,8-50,5	
21	1:48,5	0,9	48,2-50,0	
22	1:47,6	0,8	47,8-49,5	
23	1:47,0	0,6	47,5-49,2	
24	1:46,5	0,5	47,2-49,0	
25+	1:46,2	0,3	47,1-48,9	

Tab. 13: C-/B-Kader-Richtwerte 800 m weiblich (in Minuten und Sekunden)

Alter	800 m C-/B- Richtwerte weiblich	Steigerung in %	Notwendige Unterdistanz	DS-Leistung Jugend- DM 8. Platz
15	2:20,8		62,7-64,7	
16	2:16,8	3,0	61,0-63,0	2:14,2
17	2:12,9	2,9	59,0-61,2	2:14,2
18	2:09,0	3,0	57,5-59,4	2:14,6
19	2:06,0	2,4	56,0-58,0	2:14,6
20	2:05,5	0,4	55,7-57,7	
21	2:04,5	0,8	55,3-57,3	
22	2:03,8	0,6	54,9-57,0	
23	2:02,8	0,8	54,7-56,5	
24	2:01,3	1,2	54,2-55,8	
25+	2:00,5	0,7	53,7-55,3	

Bei den Ergebnissen über 1.500 m männlich findet man zusätzlich noch das Leistungsniveau der 7-9 Platzierten anhand ihrer Saisonbestleistungen. Diese sind wichtig für die
Chancenbeurteilung der sogenannten *Punkteplatzierungen*.

Tab. 14: C- / B-Kader-Richtwerte 1.500 m männlich (in Minuten)

Alter	1.500-m Richtwert männlich	Steigerung in %	Notwendige Unterdistanz 800 m	DS-Leistung Jugend-DM 8. Platz	Durchschnittliche Bestleistung der Plat-zierten 7-9
15	4:13,4		2:03,6-2:07,0		
16	4:05,9	3	1:59,5-2:03,5	4:07,2	4:04,8
17	3:58,9	3	1:56,0-2:00,0	4:07,2	4:04,8
18	3:52,0	3	1:52,5-1:56,5	4:01,5	3:57,2
19	3:47,0	2,2	1:50,0-1:54,0	4:01,5	3:57,2
20	3:46,0	0,4	1:49,5-1:53,5		
21	3:44,5	0,7	1:48,5-1:52,5		
22	3:42,0	1,1	1:47,7-1:51,5		
23	3:40,0	0,9	1:47,0-1:50,5		
24	3:39,0	0,5	1:46,5-1:50,0		
25+	3:37,7	0,6	1:45,9-1:49,3		

Tab. 15: C-/B-Kader-Richtwerte 1.500 m weiblich (in Minuten)

Alter	1.500-m-Richt- wert weiblich	Steigerung in %	Notwendige Unterdistanz 800 m	DS-Leistung Jugend- DM 8. Platz
15	4:54		2:22,5-2:27,5	
16	4:45	3,1	2:17,7-2:23,1	4:46,5
17	4:36	3,0	2:14,0-2:18,5	4:46,5
18	4:28	3,1	2:10,0-2:15,0	4:41,6
19	4:24	1,5	2:08,0-2:12,5	4:41,6
20	4:20	1,5	2:06,0-2:10,0	
21	4:17	1,2	2:05,0-2:09,0	
22	4:15	0,8	2:03,5-2:08,0	
23	4:12,5	1,0	2:02,5-2:06,5	
24	4:09,5	1,2	2:01,8-2:05,0	
25+	4:07,3	07	2:00,0-2:04,0	

Ein weiteres Beispiel möchte ich noch für eine junge Läuferin berechnen, welche die 400 m in ca. 60 Sekunden läuft.

Tab.16: Perspektivrechner weiblich (in Minuten und Sekunden)

Ausgangsleistung		Durchschnittliche Ausdauer				Beste spezifische Ausdauer			
		400 m	800 m	m/s		800 m	m/s	
1		0:60,0 s	88,9 %	5,92	2:15 min	92,0 %	6,14	2:10,4 min
		800 m	1.500 m			1.500 m		
2A		2:15,0 min	92,0 %	5,45	4:35 min	93,9 %	5,56	4:29,6 min
		800 m	1.500 m			1.500 m		
2B		2:10,0 min	92,0 %	5,66	4:25 min	93,9 %	5,78	4:19,6 min
		1.500 m	5.000 m			5.000 m		
3A		4:25,0 min	89,5 %	5,07	16:27 min	93,8 %	5,31	15:41,9 min
		1.500 m	5.000 m			5.000 m		
3B		4:19,0 min	89,5 %	5,18	16:05 min	93,8 %	5,43	15:20,6 min
		5.000 m	10.000 m			10.000 m		
4A		16:05,0 min	95,1 %	4,93	33:49 min	96,6 %	5,01	33:18 min
		5.000 m	10.000 m			10.000 m		
4B		15:20,0 min	95,1 %	5,17	32:14 min	96,6 %	5,25	31:45 min

Anhand dieser Analyse ist ersichtlich, dass für die Läuferin keinerlei Perspektive im Mittelstreckenlauf besteht, sie aber Leistungen von 15:20 Minuten über 5.000 m und 31:45 Minuten über 10.000 m erreichen kann. Beide Zeiten liegen deutlich unter der aktuellen EM-Norm.

Um nicht zu falschen Schlüssen zu kommen, sei bemerkt, dass man nicht unmittelbar von einer 400-m-Ausgangsleistung hin zu einer Marathonzeit hochrechnen kann. Zumal auch nicht jeder Läufer die muskulären Voraussetzungen für den Marathonlauf mitbringt.

Für alle Mittelstreckler ist die Beachtung und „Hochrechnung" der 400-m-Leistung aber zwingend notwendig.

Wobei es für Langstreckler sinnvoll ist, die Leistungen ab der 1.500-m-Strecke hochzurechnen. Denn diese ist gewissermaßen die „Sprintstrecke" der Langstreckler. Dennoch sollte der 400-m-Leistung eine gewisse Bedeutung zugemessen werden. Diese kann beispielsweise einen Hinweis darauf geben, ob eine Spezialisierung über 5.000 m oder über 10.000 m sinnvoll ist, oder ob es eher auf die Halb- und Marathonstrecke gehen sollte. Zu beachten ist auch, dass Langstreckler höhere Geschwindigkeiten von 400 m zu 800 m übertragen können, als hier dokumentiert ist (die Werte dieser Arbeit wurden von 800-m-Läufern erhoben). Mein eigener Wert lag beispielsweise bei 94 %.

Auch die Werte von Peric zeigen eindeutig, dass die prozentuale 800-m-Geschwindigkeit steigt, wenn die 400-m-Zeiten langsamer werden. Die Ursache dürfte in dem höheren ST-Faseranteil in der Arbeitsmuskulatur bei Langstrecklern liegen.

Da alle Leistungen auf den Unterdistanzstrecken spezifisch trainiert werden müssen, ist es sicher nicht immer möglich, alle Unterdistanzleistungen zeitnah abzurufen. Das wichtigste Kriterium bei der Beurteilung der Perspektive auf der Spezialstrecke ist daher die Leistung auf der unmittelbar darunterliegenden Strecke.

Insbesondere während des Jugendtrainings bis zur U 20 sollte einmal jährlich die 400-m-Leistung abgefordert, und eine solche Perspektivrechnung durchgeführt werden.

2.3   ZIELZEITTABELLEN

Aus den in Abb. 3 bis Abb. 9 dargestellten Geschwindigkeitsverhältnissen habe ich im Folgenden für alle Langstrecken und alle Leistungsspektren entsprechende Tabellen errechnet, die aufzeigen, welche Leistungen mit der jeweiligen Unterdistanz erreichbar sind. Die detaillierten Tabellen für alle Langstrecken und Leistungsbereiche befinden sich als **Anlage 2** im Anhang ab S. 450.

2.4   SCHNELLIGKEITSVORAUSSETZUNGEN ZUM ERREICHEN BESTIMMTER ZIELZEITEN

Im Folgenden sind die notwendigen Unterdistanzleistungen für bestimmte Leistungen im Männer- und Frauenbereich dargestellt. Als Beispiele sind der B-Kaderrichtwert mit 19 und 22 Jahren, die prognostizierten EM-Normen 2016, sowie die 2014 vom DLV prognostizierten Normen und Medaillenbereiche für die Olympischen Sommerspiele 2016 als auch der aktuelle Weltrekord (Stand: 30.06.2014) aufgeführt.

Tab. 17: Unterdistanzvoraussetzungen 5.000 m Männer

Männer	5.000 m (min)	Spezifische Ausdauer	Unterdistanzvoraussetzung		
			1.500 m (min)	800 m (min)	400 m (s)
B-Kader-Richtwert mit 19	14:15	Durchschnittlich	3:53,0	1:54,9	51,1
		Sehr gut	3:58,0	1:59,2	55,0
B-Kader-Richtwert mit 22	13:54	Durchschnittlich	3:47,0	1:52,0	49,8
		Sehr gut	3:52,2	1:56,2	53,6
EM-Norm 2016	13:35	Durchschnittlich	3:42,0	1:50,5	49,2
		Sehr gut	3:47,0	1:53,6	52,4
Olympianorm 2016	13:09	Durchschnittlich	3:35,0	1:46,0	47,2
		Sehr gut	3:40,0	1:50,1	50,8
Medaille 2016	12:55	Durchschnittlich	3:31,0	1:44,0	46,3
		Sehr gut	3:36,0	1:48,1	49,9
Weltrekord	12:37	Durchschnittlich	3:26,0	1:41,5	45,1
		Sehr gut	3:31,0	1:45,6	48,7

Tab. 18: Unterdistanzvoraussetzungen 10.000 m Männer

Männer	10.000 m (min)	Spezifische Ausdauer	Unterdistanzvoraussetzung			
			5.000 m (min)	1.500 m (min)	800 m (min)	400 m (s)
B-Kader-Richtwert mit 19	30:20	Durchschnittlich	14:33	3:58,0	1:57,3	52,2
		Sehr gut	14:47	4:07,0	2:03,7	57,0
B-Kader-Richtwert mit 22	29:30	Durchschnittlich	14:10	3:51,5	1:54,0	50,8
		Sehr gut	14:18	3:59,0	1:59,6	55,2
EM-Norm 2016	28:35	Durchschnittlich	13:43	3:44,5	1:51,0	49,4
		Sehr gut	13:56	3:53,0	1:56,6	53,8
Olympianorm 2016	27:42	Durchschnittlich	13:17	3:37,0	1:47,0	47,6
		Sehr gut	13:30	3:45,5	1:52,9	52,1
Medaille 2016	26:57	Durchschnittlich	12:55	3:31,0	1:44,0	46,3
		Sehr gut	13:08	3:39,5	1:49,9	50,7
Weltrekord	26:17	Durchschnittlich	12:36	3:26,0	1:41,5	45,2
		Sehr gut	12:48	3:34,0	1:47,1	49,4

Tab. 19: Unterdistanzvoraussetzungen 3.000-m-Hi Männer

Männer	3.000-m-Hi (min)	Spezifische Ausdauer	Unterdistanzvoraussetzung			
			3.000 m (min)	1.500 m (min)	800 m (min)	400 m (s)
B-Kader-Richtwert mit 19	9:01	Durchschnittlich	8:27,0	3:58,0	1:57,3	52,2
		Sehr gut	8:37,5	4:07,0	2:03,7	57,0
B-Kader-Richtwert mit 22	8:44,0	Durchschnittlich	8:11,0	3:50,5	1:53,6	50,5
		Sehr gut	8:21,0	3:59,0	1:59,6	55,1
EM-Norm 2016	8:27,5	Durchschnittlich	7:56,0	3:43,5	1:50,2	49,0
		Sehr gut	8:05,5	3:51,6	1:55,9	53,5
Olympianorm 2016	8:21,0	Durchschnittlich	7:50,0	3:40,5	1:48,7	48,4
		Sehr gut	8:00,0	3:49,0	1:54,7	52,9
Medaille 2016	8:04,5	Durchschnittlich	7:34,0	3:33,0	1:45,0	46,7
		Sehr gut	7:43,5	3:41,2	1:50,7	51,0
Weltrekord	7:53,6	Durchschnittlich	7:24,0	3:28,2	1:42,8	45,8
		Sehr gut	7:33,0	3:36,2	1:48,2	49,9

Tab. 20: Unterdistanzvoraussetzungen Marathon Männer

Männer	Marathon (min)	Spezifische Ausdauer	Unterdistanzvoraussetzung			
			21,1 km (h)	10.000 m (min)	5.000 m (min)	1.500 m (min)
B-Kader-Richtwert mit 22	2:19:00	Durchschnittlich	1:05:44	29:36	14:12	3:52
		Sehr gut	1:06:57	30:44	14:59	4:10
EM-Norm 2016	2:13:30	Durchschnittlich	1:03:08	28:26	13:38	3:43
		Sehr gut	1:04:18	29:31	14:23	4:00
Olympia-norm 2016	2:08:50	Durchschnittlich	1:00:55	27:26	13:10	3:35
		Sehr gut	1:02:04	28:30	13:54	3:52
Medaille 2016	2:04:25	Durchschnittlich	0:58:50	26:30	12:43	3:28
		Sehr gut	0:59:56	27:31	13:24	3:44
Weltrekord	2:02:57	Durchschnittlich	0:58:08	26:10	12:33	3:25
		Sehr gut	0:59:14	27:12	13:15	3:41

Tab. 21: Unterdistanzvoraussetzungen 5.000 m Frauen

Frauen	5.000 m (min)	Spezifische Ausdauer	Unterdistanzvoraussetzung		
			1.500 m (min)	800 m (min)	400 m (s)
B-Kader-Richtwert mit 19	16:30	Durchschnittlich	4:26,0	2:10,5	58,0
		Sehr gut	4:38,5	2:19,5	64,2
B-Kader-Richtwert mit 22	16:00	Durchschnittlich	4:17,8	2:06,5	56,2
		Sehr gut	4:35,0	2:17,7	63,4
EM-Norm 2016	15:28	Durchschnittlich	4:09	2:02,1	54,2
		Sehr gut	4:21	2:10,7	60,2
Olympianorm 2016	15:10	Durchschnittlich	4:04,5	2:00,0	53,3
		Sehr gut	4:16,0	2:08,2	59,0
Medaille 2016	14:50	Durchschnittlich	3:59,0	1:57,3	52,1
		Sehr gut	4:10,4	2:05,5	57,7
Weltrekord	14:11	Durchschnittlich	3:48,5	1:52,1	49,8
		Sehr gut	3:59,5	1:59,9	55,2

Tab. 22: Unterdistanzvoraussetzungen 10.000 m Frauen

Frauen	10.000 m (min)	Spezifische Ausdauer	Unterdistanzvoraussetzung			
			5.000 m (min)	1.500 m (min)	800 m (min)	400 m (s)
B-Kader-Richt-wert mit 19	35:15	Durchschnittlich	16:46	4:30,1	2:12,5	58,9
		Sehr gut	17:06	4:48,0	2:24,2	66,4
B-Kader-Richt-wert mit 22	34:00	Durchschnittlich	16:10	4:20,5	2:07,8	56,8
		Sehr gut	16:34	4:39,8	2:20,1	64,5
EM-Norm 2016	32:34	Durchschnittlich	15:30	4:09,5	2:02,4	54,4
		Sehr gut	15:52	4:28,0	2:14,2	61,8
Olympianorm 2016	31:40	Durchschnittlich	15:04	4:03,0	1:59,2	53,0
		Sehr gut	15:23	4:19,8	2:10,1	59,9
Medaille 2016	31:15	Durchschnittlich	14:52	3:59,5	1:57,5	52,2
		Sehr gut	15:13	4:17,0	2:08,7	59,3
Weltrekord	29:31	Durchschnittlich	14:02	3:46,0	1:50,9	49,3
		Sehr gut	14:23	4:02,9	2:01,6	56,0

Tab. 23: Unterdistanzvoraussetzungen 3.000-m-Hi Frauen

Frauen	3.000-m-Hi (min)	Spezifische Ausdauer	Unterdistanzvoraussetzung			
			3.000 m (min)	1.500 m (min)	800 m (min)	400 m (s)
B-Kader-Richtwert mit 19	10:24	Durchschnittlich	9:38	4:25,5	2:10,3	57,9
		Sehr gut	9:58	4:43,0	2:21,7	65,2
B-Kader-Richtwert mit 22	10:03	Durchschnittlich	9:19	4:17,0	2:06,1	56,0
		Sehr gut	9:38	4:33,3	2:16,7	62,9
EM-Norm 2016	9:42	Durchschnittlich	8:59	4:08,0	2:02,0	54,2
		Sehr gut	9:18	4:23,8	2:12,0	60,7
Olympianorm 2016	9:30	Durchschnittlich	8:48	4:02,5	1:59,0	52,9
		Sehr gut	9:06	4:19,0	2:09,7	59,7
Medaille 2016	9:17	Durchschnittlich	8:36	3:57,0	1:56,3	51,7
		Sehr gut	8:54	4:12,5	2:03,9	57,0
Weltrekord	8:58	Durchschnittlich	8:19	3:49,5	1:52,6	50,0
		Sehr gut	8:35	4:03,5	2:02,0	56,1

Tab. 24: Unterdistanzvoraussetzungen Marathon Frauen

Frauen	Marathon (min)	Spezifische Ausdauer	Unterdistanzvoraussetzung			
			21,1 km (h)	10.000 m (min)	5.000 m (min)	1.500 m (min)
B-Kader-Richtwert mit 22	2:39:30	Durchschnittlich	1:15:40	33:59	16:10	4:20,5
		Sehr gut	1:17:21	35:33	17:15	4:51,0
EM-Norm 2016	2:31:30	Durchschnittlich	1:11:52	32:17	15:21	4:07,5
		Sehr gut	1:13:28	33:46	16:22	4:36,0
Olympia-norm 2016	2:28:45	Durchschnittlich	1:10:30	31:40	15:03	4:02,5
		Sehr gut	1:12:08	33:10	16:05	4:31,5
Medaille 2016	2:23:00	Durchschnittlich	1:07:50	30:28	14:30	3:53,7
		Sehr gut	1:09:21	31:53	15:28	4:21,0
Weltrekord	2:15:25	Durchschnittlich	1:04:15	28:51	13:43	3:41,0
		Sehr gut	1:05:40	30:11	14:38	4:07,0

2.5 DAS TRAINING DER SCHNELLIGKEITSFÄHIGKEITEN

Das Schnelligkeitstraining im Langstreckenlauf muss im Wesentlichen in den Altersklassen bis zur U 20 entwickelt werden. Der DLV-Rahmentrainingsplan von 1990 formuliert dies folgendermaßen: „ ... Der Ausbildungsschwerpunkt Schnelligkeit im Aufbautraining (15-19 Jahre) ist vor allem wegen der abnehmenden Wirksamkeit des Schnelligkeitstrainings mit zunehmenden Alter und den besseren Entwicklungsbedingungen bei Kindern und Jugendlichen erforderlich.

Dabei ist eine selbstständige Schnelligkeitseinheit nur im 1.-3. Jahr des Aufbautrainings (- AK 17) und bei Mittelstrecklern auch noch im vierten und fünften Jahr vorgesehen. Denn im vierten und fünften Jahr erfolgt die streckenspezifische Ausrichtung in Mittel- bzw. Langstreckenlauf."

Damit kann gesagt werden, dass es sich im Langstreckenlauf ab der U 20 im Wesentlichen um schnelligkeitserhaltendes Training handelt. Da schnelligkeitsentwickelndes Training für Langstreckenläufer also bereits in früheren Etappen stattfindet, möchte ich keine weiteren Ausführungen dazu machen. Stattdessen verweise ich auf die *Rahmentrainingspläne Aufbautraining Lauf* von 1990 und auf die *Rahmentrainingspläne Aufbautraining Sprint* (1992). In beiden Bänden wird ausführlich auf die Mittel und Methoden eingegangen.

Somit gilt es, ab der zweiten Phase des Aufbautrainings, das Schnelligkeitstraining in die Vor- oder Nachbereitung der Trainingseinheit zu integrieren. Das wichtigste Trainingsmittel stellen für mich dabei Steigerungsläufe dar. Damit können sowohl submaximale als auch maximale Geschwindigkeiten trainiert werden. Diese lassen sich gut in die Aufwärmarbeit des Langstrecklers integrieren und sollten vor allem vor schnelligkeitsausdauer- sowie wettkampfspezifischen Ausdauerprogrammen ins Training aufgenommen werden.

Im *DLV-Rahmentrainingsplan* (1990) werden Steigerungsläufe zur motorischen Nachbereitung von Dauerlaufeinheiten empfohlen. Diese dienen der Schulung des motorischen und energetischen Umschaltvermögens. Es werden vier bis sechs Läufe über 80-150 m empfohlen.

Ich würde jedoch davon abraten, bei solchen Läufen in den maximalen Geschwindigkeitsbereich vorzustoßen, da sich der Muskel- und Bindegewebsapparat nach Dauerläufen in einem mehr oder minder ermüdeten Zustand befindet, welcher das Verletzungsrisiko deutlich erhöht.

2.6 DAS TRAINING DER SCHNELLIGKEITSAUSDAUER (SA)

Im Aufbautraining ist die Entwicklung der Schnelligkeitsausdauer unabhängig vom Athletentyp und von der Spezialstrecke an der Leistungsfähigkeit über 150 m, 200 m, 300 m, 400 m zu messen.

Leistungsprofile von 30 m fliegend, 60 m, 100 m, 150 m, 200 m, 300 m, 400 m mit ihrem sich individuell unterschiedlich zeigenden Geschwindigkeitsabfall tragen zur Klärung der Differenzierung der Athleten in Schnelligkeits- und Ausdauertyp bei.

Ferner sollten diese zur typbezogenen Ausrichtung der Belastungsentwicklung im Schnelligkeitsausdauertraining genutzt werden.

Eine wesentliche Aufgabe in der zweiten Phase des Aufbautrainings ist es, SA-Programme, die in der ersten Phase des Aufbautrainings eingesetzt wurden, qualitativ und quantitativ weiterzuentwickeln. Dabei entwickeln sich auch die Umfänge der einzelnen TE und die Grenzen zur intensiven Intervallarbeit sind fließend.

Nehmen wir an, ein Jugendlicher trainiert zu Beginn der U 18 ein SA-Programm von 3-5 x 200 m und fünf Minuten Pause mit 90-95 % der persönlichen Bestleistung über diese Strecke. Im Verlauf der beiden U-18-Jahre wird dieses Programm weiterentwickelt und am Ende steht sodann ein Programm von 3-5 x 400 m und fünf Minuten Pause mit ca. 95 % der persönlichen Bestleistung. Im Verlauf der nächsten Trainingsjahre entwickelt sich dieses Programm wie folgt: Zum einen wird die Wiederholungszahl nach und nach auf etwa 10 Wiederholungen gesteigert und die Pause verkürzt sich nach und nach auf 2-3 Minuten. Im Idealfall bleibt die Geschwindigkeit der Läufe auf dem Niveau zu Beginn der U 20 von ca. 95 % Bestleistung konstant. Dies wird aber nicht immer gelingen aber auf jeden Fall sollte der Geschwindigkeitsabfall so gering wie möglich sein.

Ein konkretes Beispiel:
Im zweiten U-18-Jahr schafft ein Sportler mit einer Bestleistung von 54,5 Sekunden, 3 x 400 m im Schnitt von 57 Sekunden zu laufen. Die Pause beträgt dabei 5 Minuten und wird aktiv durch Gehen und Joggen im Wechsel bestritten. In der nächsten Etappe erhöhen wir den Umfang schrittweise auf 6 x 400 m und lassen die Pause unverändert. Im Idealfall bleibt die Geschwindigkeit konstant. Nehmen wir aber an, der Sportler bewältigt nur eine Geschwindigkeit von 60,0 Sekunden. Nun müssen wir dieses Programm einige Male wiederholen, bis der Sportler es schafft, sich auf ein Niveau von 6 x 400 m in 58 Sekunden zu steigern. Ist dieses Ziel erreicht, erhöhen wir nun die Anzahl der Läufe schrittweise auf 10. Nehmen wir an, es tritt dabei ein Geschwindigkeitsabfall auf 62 Sekunden ein. Sodann müssen wir das Programm wieder einige Male wiederholen, bis wir in etwa ein Niveau von 60 Sekunden erreicht haben. So könnte am Ende der U 20 ein Programm von 10 x 400 m in 60 Sekunden mit einer aktiven Pause von 4-5 Minuten stehen. Dieser Wert kann natürlich je nach Läufertyp und Trainingshäufigkeit ein wenig nach oben oder unten abweichen. Was kann man tun, wenn nach einigen Wiederholungen der Einheit die erhoffte Verbesserung der Laufgeschwindigkeit nicht eintritt?

Hier kann man zum Beispiel eine zweite „SA-Einheit" mit 200 m- oder 150 m-Läufen ins Training einbauen. Dabei sollte der Umfang der TE in etwa der Gleiche sein wie bei der 400-m-Einheit, z. B. 10-20 x 200 m. Das Tempo der Läufe muss also etwas über dem der 400-m-Läufe liegen. Man sollte aber prüfen, ob es sinnvoll ist, beide Einheiten in einer Woche zu absolvieren. Das hängt natürlich von den sonstigen Inhalten der Trainingswoche ab. Diese hochintensiven Einheiten erfordern relativ lange Erholungszeiten und können so durchaus einen störenden Einfluss auf die Ausdauerentwicklung haben. Je nach Trainingsphase gilt es abzuwägen, ob man das in Kauf nehmen kann oder nicht. Ich habe es erfahrungsgemäß vorgezogen, diese Einheiten im Wechsel absolvieren zu lassen, oder sie blockweise einzusetzen. Zunächst absolvierten die Athleten einige Wochen die 200-m-Läufe etwas schneller als das angepeilte 400-m-Niveau und danach habe ich auf die 400-m-Strecke wechseln lassen.

In den nächsten Trainingsjahren muss nun an der Pausenverkürzung gearbeitet werden. Hier sollte eine durchgängige Trabpause von 2-3 Minuten Dauer erreicht werden. Damit haben wir ein „langstreckenspezifisches SA-Programm" entwickelt, welches für J. Stiller beispielsweise zum Erreichen der EM-Norm (28:35 min) über 10.000 m gereicht hätte. Er absolvierte dieses Programm am 03.07.2012 (10 x 400 m in 60,8 s, mit 3 Minuten TP). Natürlich stellt dieses kein „sauberes" Schnelligkeitsausdauerprogramm im Sinne der Trainingslehre dar. Dabei wird die Grenze zum sogenannten *intensiven Intervalltraining* überschritten. Ein solches Programm in dieser Intensität ist aber nur für Jugendliche sinnvoll, welche die Entwicklung hin zur Langstrecke gehen wollen. Auch 1.500-m-Läufer absolvieren dieses und ähnliche Programme. Dabei werden allerdings Geschwindigkeiten von deutlich unter 60 Sekunden erreicht.

3

KRAFTFÄHIGKEITEN

Wesentlichen Einfluss auf die Laufleistung hat auf den Mittelstrecken die Schnellkraft und die Schnellkraftausdauer und mit zunehmender Streckenlänge auch die Kraftausdauer.

Dabei repräsentiert **die Schrittlänge** und **die Schrittlängenstabilität** bei wettkampfspezifischen Geschwindigkeiten, **das Niveau der Kraftausdauer** (Gohlitz, 1982). Die erreichte Geschwindigkeit ist aber letztlich das Produkt aus Schrittlänge und Schrittfrequenz. Hierbei haben auch körperbauliche Voraussetzungen einen Einfluss auf die individuelle Schrittstruktur. So bestimmen auch die Körpergröße und die Länge der Extremitäten das optimale Verhältnis von Schrittlänge und Frequenz.

Welche Schrittlängen werden auf den einzelnen Wettkampfstrecken erreicht?

Folgende Schrittlängen konnten im ehemaligen DDR-Kaderkreis gefunden werden:

Tab. 25: Schrittlängen und Schrittfrequenzen in den Disziplingruppen 800 m und 1.500 m bei WK-Tempo

	800 m Männer	800 m Frauen	1.500 m Männer	1.500 m Frauen
SL in m	2,18	1,88	2,05	1,85
SF in 1/s	3,38	3,36	3,25	3,17
Geschwindigkeit in m/s	~ 7,6	~ 6,7	~ 6,8	~ 6,1

Wettkampfanalysen von längeren Strecken lagen mir leider nicht vor. Hier kann ich nur auf zwei Einzelanalysen (WM 10.000 m, 1983) aus meiner Diplomarbeit verweisen. Dabei erreichen die Schrittstrukturen in der Endphase der Rennen mittelstreckenspezifische Werte. Was die Aussage zulässt, dass die Schrittlängen im Streckenschritt unter denen der Mittelstrecken liegen.

Außerdem kann ich auf Werte aus **Tab. 26** verweisen, in welcher die Schrittlängen von Langstreckern meiner TG bei wettkampfspezifischen Geschwindigkeiten dargestellt sind. Diese wurden bei leistungsdiagnostischen Tests, z. B. Stufentest 4 x 4.000 m oder VO_2max-Test (Steigerungslauf bis Abbruch) gemessen. Dies gibt allerdings keinen Aufschluss darüber, ob die Schrittlängen über die gesamte Wettkampfdauer stabil bleiben.

Tab. 26: Schrittlängen von Langstreckern meiner Trainingsgruppe

	V 5.000 m	SL	V 10.000 m	SL
Matthias Körner	5,8 m/s	1,88 m	5,5 m/s	1,83 m
Jakob Stiller	5,9 m/s	1,91-2,00 m	5,5 m/s	1,87-1,92 m
Sven Weyer	5,8 m/s	1,82-1,87 m	5,5 m/s	1,80 m

Das Niveau dieser Athleten über 5.000 m lag bei 14:07-14:20 Minuten. Da bei internationalen Rennen auch über 5.000 m und 10.000 m wesentlich höhere Geschwindigkeiten erreicht werden, legt dies die Vermutung nahe, dass bei diesen Rennen Schrittlängen um die 2,00 m erreicht werden.

In beiden Tabellen erkennt man, dass die Schrittlängen mit zunehmender Streckenlänge abnehmen. Ebenso wird deutlich, dass die Schrittlängen der Frauen eindeutig und die Schrittfrequenzen minimal unter denen der Männer liegen. Dies kommt natürlich auch durch die niedrigere Körperhöhe, aber auch durch das geringere Kraftausdauerniveau zustande. Bleibt die Frage, ob dies bei Frauen einfach weniger trainierbar ist oder ob hier noch erhebliche Leistungsreserven liegen.

In **Tab. 27** wird noch einmal deutlich, dass auch vom Durchschnitt abweichende Schrittstrukturen internationale Spitzenleistungen zulassen.

Als Beispiel können hier Jens-Peter Herold oder Ulrike Bruns genannt werden (beides Weltklasse-Mittelstreckler der 80er Jahre).

Tab. 27: Individuelle Schrittstrukturen ehemaliger DDR-Spitzenathleten:

	SL in m	Geschwindigkeit m/s	SF in 1/s
J. P. Herold 1.500 m	1,98	6,84 (3:39)	3,46
C. Wodars 800 m	1,88	6,71 (1:59)	3,58
C. Wachtel 800 m	1,88	6,75 (1:58,5)	3,60
U. Bruns 1.500 m	1,94	6,06 (4:07,5)	3,14
O. Beyer 800 m	2,11	7,71 (1:44)	3,65
A. Hauck 800 m	2,15	7,46 (1:47)	3,46
A. Wagenknecht 800 m	2,28	7,61 (1:45)	3,34
H.-J. Mogalle 800 m	2,26	7,58 (1:45,5)	3,45

3.1 DAS TRAINING DER KRAFTFÄHIGKEITEN

Folgende Trainingsmittel kommen in der Trainingspraxis zum Einsatz oder werden in der Literatur beschrieben:

Sprünge horizontal,
Sprünge mit Vertikalkomponente (z. B. bergauf),
Bergaufläufe,
Zugwiderstandsläufe,
spezielle Kraftübungen für Beuger und Strecker (z. B. mit Hantelstange oder Funktionsstemme,)
schnelligkeitsorientierte Läufe mit hohem Krafteinsatz,
motorische Abläufe bei denen bestimmte Muskelgruppen der Beinmuskulatur speziell gekräftigt werden (Kniehebelauf, Anfersen usw.).

Als grundlegender Hinweis zum Krafttraining bei Läufern verweist der Trainingsmittelkatalog darauf, dass eine Hypertrophie (Muskelfaserverdickung) der Beinmuskulatur unbedingt zu vermeiden ist, da dies die Durchblutungsverhältnisse im Muskel verschlechtert (Buhl, 1978). Somit sind hohe Lasten möglichst zu unterlassen.

Dabei spielen die Kraftfähigkeiten aufgrund der höheren Geschwindigkeiten auf den Mittelstrecken eine wesentlich höhere Rolle, als auf den Langstrecken. Dies dokumentiert sich vor allem in den Schrittlängen. Ob und wie viel spezielles Krafttraining zum Einsatz kommt, sollte durch eine individuelle Analyse des Laufstils und der erreichten Schrittlänge geklärt werden.

So hatte ein Sportler meiner Trainingsgruppe einen kraftvollen Laufschritt, welcher es ihm ermöglichte, auch dann relativ gute Ergebnisse zu erreichen, wenn er konditionell noch kein persönliches Höchstniveau hatte. Auch optisch war seine kräftige Beinmuskulatur leicht zu erkennen. Bei ihm konnte man auf den Einsatz von Krafttrainingsformen weitestgehend verzichten.

Anders die Nachwuchsathletin Laura Clart, welche ihr wettkampfspezifisches Training mit Schrittfrequenzen um 3,5/s und mit Schrittlängen um 1,40 m absolviert. Diese Tatsache hat mich dazu veranlasst, dem Kraftausdauer- und Schnellkraftausdauertraining im Training eine hohe Priorität einzuräumen.

Die bevorzugten Trainingsmittel sind dabei Sprünge mit Vertikalkomponente und Bergaufläufe.

Bild 1: Sprünge bergan

Dabei werden die wesentlichsten Bewegungsstrukturen am wenigsten verändert. Es kommt zu einem kräftigeren Abdruck, besserem Kniehub und bei Berganläufen auch zu einem „greifenderen" Fußaufsatz. Allerdings muss der Sportler auf diese Vorteile hingewiesen und die technische Ausführung kontrolliert werden.

Ich bevorzuge bei Bergaufläufen überwiegend kurze Streckenlängen, ca. 200 m und eine hohe Wiederholungsanzahl von bis zu 30 Mal. So bleibt eine dynamische Bewegungsstruktur erhalten, die bei längeren Strecken bis 800 m oder 1.000 m schnell verloren gehen kann. Dementsprechend ist es auch leichter, sich auf bestimmte Technikelemente, wie greifender Fußaufsatz oder Kniehub, zu konzentrieren.

Ein weiteres von mir eingesetztes Trainingsmittel sind Sprungserien auf dem Laufband.

Bild 2: Sprünge auf dem Laufband

Die Belastungssteuerung erfolgt über die Komponenten Anstiegswinkel, Geschwindigkeit und Belastungsdauer. Dies hat auch den Vorteil, dass der Sportler keinen Zeitdruck wie etwa bei Tempoläufen hat, sondern sich voll auf die technische Ausführung konzentrieren kann. Dabei kommen Belastungen von 60-90 Sekunden Dauer zum Einsatz. Ein weiterer Vorteil zeigt sich darin, dass man keinen Kompromiss mit den natürlichen Gegebenheiten eines Berges oder Hügels machen muss. Der Anstiegswinkel kann so individuell an die körperlichen Voraussetzungen des Sportlers angepasst werden. Bei L. Clart lag der Anstiegswinkel beim Sprungtraining bei ca. 10 %. Wichtig ist auch, dass man auf dem Laufband die Pausenlänge frei beeinflussen kann, und nicht auf die Länge der Bergabstrecke angewiesen ist. Außerdem erspart man sich auch das „stauchende" Bergablaufen, welches nicht selten zu Rückenproblemen führen kann. Die Bandgeschwindigkeit sollte nicht zu hoch gewählt werden, um die Übersäuerung nicht zu stark ansteigen zu lassen. Da nicht jeder über ein kippbares Laufband verfügt, müssen die meisten Athleten sich mit dem Bergablaufen auseinandersetzen. Eine bekannte Variante, das Bergablaufen zu umgehen, ist das Nutzen eines Begleitfahrzeugs. Schon der junge Sebastian Coe kam in den ersten Jahren seiner Laufbahn in den Genuss, von seinem Vater mit dem PKW begleitet zu werden, um an den steilen Bergababschnitten in das Fahrzeug springen zu können.

So gibt es auf dem Gelände der Sportschule Rabenberg im Erzgebirge einen kaum befahrenen Straßenabschnitt zum Kamm hinauf, den vor allem jüngere DLV-Kaderathleten öfter für längere Berganläufe nutzen. Auch hier kam des Öfteren ein PKW-Bergabshuttle zum Einsatz.

Aber nicht alle Bergtrainingsstrecken sind mit dem PKW befahrbar. Die vielen in Großstädten meist künstlich angelegten und begrünten Hügel, sind in der Regel für den öffentlichen Verkehr gesperrt. So hatte ich schließlich eine Idee, wie man auch ohne PKW die lange Bergabpassage umgehen kann. Man benötigt ein Fahrrad und einen einigermaßen körperlich fitten Begleiter/Trainer. Dieser muss nun die Bergaufstrecke mit dem Fahrrad im Tempo des Athleten zurücklegen, stellt das Fahrrad flink ab und läuft zu Fuß wieder hinab.

Währenddessen schwingt sich der Sportler aufs Rad und rollt nun zügig nach unten. Der Wechsel erfolgt nicht ganz am Ende der Bergaufstrecke, sondern 50-100 m davor. So hat der Begleiter etwas mehr Zeit zum Bergablaufen und der Sportler hat noch ein paar Meter, die er bergab traben kann, was der Lockerung der Beinmuskulatur und der Beruhigung der Herz-Kreislauf-Funktionen sehr zuträglich ist. Nebenbei erwähnt, stellt dies auch für den Begleiter eine recht anspruchsvolle Trainingseinheit dar.

Bild 3: bergauf *Bild 4: bergab*

Gute Erfahrungen habe ich mit einer Trainingsform gemacht, bei der sowohl Kraft- als auch schnelligkeitsorientierte Elemente zum Einsatz kommen und nacheinander verschiedene Hauptmuskelgruppen angesprochen werden. Dabei kommen nacheinander Kniehebelauf (30-60 m), Anfersen (30-60 m), Bergaufsprünge (60-100 m) und abschließend ein Steigerungslauf über 80-100 m zum Einsatz. Dieser Ablauf kann beliebig oft wiederholt, oder auch in Serien gegliedert werden. Ich nenne dieses Training kurz KKMT (kombiniertes Kraft-Motorik-Training).

Auch im Trainingssystem von A. Lydiard spielt das Krafttraining eine wesentliche Rolle. Dabei kommen vor allem Sprungläufe bergauf zum Einsatz, die er mit lockeren Bergabläufen und Sprintläufen koppelte. Als Trainingsdauer gibt er ca. 60 Minuten an. Dieses Training empfiehlt er sechsmal pro Woche über einen Zeitraum von vier bis sechs Wochen.

Nach meinen Erfahrungen ist eine solche Belastung für Muskel und Bindegewebe nur schwer verkraftbar. A. Lydiard gibt jedoch an, trotz anfänglicher Schwierigkeiten damit bei den meisten Sportlern gute Erfolge erzielt zu haben. Interessanterweise ändert er diese Darstellung in einer späteren Auflage (1987). Jetzt empfiehlt er drei Trainingstage am Hügel und drei Tage Schrittfrequenztraining. Wichtig erscheint mir, dass auch bei Lydiard wie beim vorher beschriebenen KKMT-Training eine enge Kopplung von Kraft- und Motoriktraining besteht.

Abb. 11 zeigt eine Woche zur Entwicklung der Schnellkraftausdauer, welche ich im Frühjahr 2013 bei der Nachwuchsathletin L. Clart (U 20) eingesetzt habe:

Tab. 28

	Mo.	Di.	Mi.	Do.	Fr.	Sa.	So.
Vormittag	Kraftkreis mit speziellen Übungen zur Kräftigung der Hauptmuskelgruppen	Sprünge bergauf 10-15 x 60 s mit 1,5 min TP	DL 1 lang	20 x 150 m TL kurz mit 2 min TP	DL 1	20 x 200 m Bergauflauf TP bergab 1,5 min	DL 1 lang
Nachmittag	DL 1	DL 2		Aquajogging 60 min		DL 2	

3.2 EINSATZ DES KRAFTTRAININGS IM JAHRESVERLAUF

Neben dem allgemeinen athletischen Krafttraining in Form des Circle- oder Kreistrainings, welches ich ganzjährig durchführe, sollte das spezielle Krafttraining doch einer Periodisierung unterliegen.

Bei Lydiard stellt das Krafttraining das Verbindungsglied zwischen dem Dauerlauf- und dem Bahntraining dar. Dieses schließt sich nach einer 12-16-wöchigen Dauerlaufphase an. Grundsätzlich teile ich diese Auffassung. In Mitteleuropa liegt dieser Zeitraum allerdings immer im Winter, was ein Hügeltraining schwierig oder sogar unmöglich machen kann. So nutze ich in den Wintermonaten wie bereits oben erwähnt ein kippbares Laufband, um Bergaufsprünge durchzuführen. Das hat außerdem den unschätzbaren Vorteil, dass ich den Anstiegswinkel und die Sprunggeschwindigkeit exakt dosieren und verändern kann. Der Einsatz von speziellen Krafttrainingsmitteln kann sowohl dauerhaft oder als Belastungsblock (wie bei Lydiard) erfolgen. Ich bevorzuge eher den **Blockeinsatz**, d. h. mehrmals in der Woche über einen abgegrenzten Zeitraum von einigen Wochen. Wichtig ist es, in einem solchen Block auf ausreichend regenerative Maßnahmen zu achten, da solche Trainingsformen besonders hohe Anforderungen an die Muskulatur und das Binde- und Stützgewebe stellen.

Bei der Planung solcher Blöcke ist zu beachten, dass das Krafttraining eine gewisse Transformationszeit benötigt. In der Literatur werden häufig sechs bis acht Wochen genannt. Nach meinen Erfahrungen sind bereits vier Wochen ausreichend. Bei Nachwuchsathleten welche im Kraftbereich erkennbare Defizite haben, sollte das Krafttraining aber in der gesamten Vorbereitungsperiode durchgeführt werden. Das spezielle Krafttraining lässt sich auch relativ gut mit dem Dauerlauf-Grundlagentraining kombinieren. So setzt ein längerer Dauerlauf unmittelbar nach einem Krafttraining einen besonderen Reiz bei der Ausdauerentwicklung. Auch folgende Kombination: vormittags Bergaufläufe oder Sprünge und nachmittags DL 2 hat sich in der Trainingspraxis bewährt.

4

AUSDAUERFÄHIGKEITEN

Zunächst haben im Folgenden drei Autoren die Energieanteile in den wichtigsten Laufdisziplinen wie folgt dargestellt:

Tab. 29: Energieanteile im Lauf

	800 m		1.500 m		5.000 m		10.000 m		Marathon	
	Aerob	Anaerob	Aerob	Anaerob	Aerob	Anaerob	Aerob	Anaerob	Aerob	Anaerob
Suslov	45 %	55 %	65 %	35 %	90 %	10 %	95 %	5 %		
M. T. Down	33 %	67 %	50 %	50 %	75 %	25 %	90 %	10 %	100 %	
Neumann	25 %	50 %	40 %	50 %	68 %	30 %	68 %	30 %	90 %	10 %
Ø	34,3 %	57,3 %	51,7 %	45 %	77,7 %	21,7 %	84,3 %	15,0 %	95 %	

Dabei muss man berücksichtigen, dass Neumann noch zusätzlich die alaktazide Energiebereitstellung erfasst hat und es dadurch bei den Mittelstrecken zu deutlich niedrigeren Werten im aeroben Bereich kommt. Möglicherweise gibt es auch individuelle Unterschiede wenn man bedenkt, dass gleiche Leistungen zum Teil auch mit unterschiedlichen Muskelfaserspektren erbracht werden. Unter Betrachtung der Mittelwerte und Berücksichtigung meiner eigenen Erfahrungen kann man vereinfacht schlussfolgern: Die 800 m sind eine klar anaerob dominierte Disziplin. Bei 1.500 m haben wir von der Stoffwechselseite her in etwa ein Verhältnis von 50:50. Die Strecken ab 5.000 m werden eindeutig vom aeroben Stoffwechsel bestimmt.

Somit ist für die Langstrecken das aerobe Niveau leistungsbestimmend.

Bevor in den folgenden Kapiteln diese Fähigkeiten ausführlich analysiert werden, ist es sinnvoll, eine eindeutige Begriffsbestimmung vorzunehmen.

Da es in der einschlägigen Fachliteratur nur so von Fachbegriffen wimmelt, halte ich es für unumgänglich, einige wichtige Begriffe vorab zu definieren bzw. deren Bedeutung zu erläutern. Begriffe wie **GA 1, GA 2, Entwicklungsbereich, aerobes und anaerobes Kapazitätstraining** werden von den Autoren für zum Teil völlig unterschiedliche Sachverhalte verwendet. Insbesondere die aus dem DDR-Leistungssport stammenden Begriffe Grundlagenausdauer 1, kurz GA 1, und Grundlagenausdauer 2, kurz GA 2 genannt, werden oft zur Einteilung der verschiedenen Trainingsbereiche genutzt. Dabei werden vor allem dem Bereich GA 2 durchaus unterschiedliche Bedeutungen zugewiesen.

Zunächst möchte ich die Frage aufwerfen, was der Begriff GA 2 tatsächlich bedeutet. Entweder wir sprechen von Grundlagenausdauer oder nicht. Aus Sichtweise des Langstreckenlaufs ergibt dieser Begriff keinen Sinn. Der GA-2-Bereich wird mit einigen kleineren Abweichungen im Bereich der aerob-anaeroben Schwelle angesiedelt. Da die wettkampfspezifischen Geschwindigkeiten der Wettkampfstrecken ab 10.000 m aber ebenfalls in der Nähe dieser Schwelle liegen, müssen wir hier bereits vom wettkampfspezifischen Bereich sprechen. Anders als bei den Langstrecken gibt es bei den Mittelstrecken eine Lücke im Geschwindigkeitsspektrum zwischen der Grundlagenausdauer und dem wettkampfspezifischen Bereich. Diesen Bereich könnte man sinnvoll als GA-2-Bereich definieren.

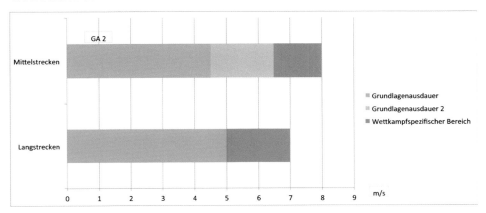

Abb. 11: Grundlagenausdauer und Wettkampfspezifischer Bereich

Im Grundlagenausdauerbereich unterscheidet man zwischen dem **Ökonomisierungs-** und dem **Entwicklungsbereich**. Dabei ist zu betonen, dass es sich bei beiden um rein aerobe Bereiche handelt. Da sich im Langstreckentraining auch andere Systeme entwickeln lassen, muss man korrekter Weise vom **aeroben Entwicklungsbereich** sprechen. Wichtige Effekte sind die sogenannte **Desynchronisation der Muskelfasern**, Verbesserung der Kapillarisierung der Muskulatur, die Verbesserung der Herz-Kreislauf-Leistung, die sich zum Beispiel im Absinken der Belastungsherzfrequenzen auf definierten Geschwindigkeitsstufen ausdrückt. Ich möchte weiter darauf hinweisen, dass es „die" wettkampfspezifische Ausdauer auch im Langstreckenlauf nicht gibt! Das wettkampfspezifische Training von 5.000 m bis Marathon findet in völlig unterschiedlichen Tempobereichen statt.

4.1   AEROBE VORAUSSETZUNGEN

Als wichtigste Kenngrößen gelten die Schwellengeschwindigkeit und die maximale Sauerstoffaufnahme.

Unter anderem nennt auch L. Pöhlitz folgende Hauptaufgaben für die Entwicklung der Laufleistung:

> aerober Basisaufbau,
> Entwicklung VO_2 max,
> aerobe Schwellenentwicklung.

4.1.1   DIE MAXIMALE SAUERSTOFFAUFNAHME

Die maximale Sauerstoffaufnahme ist eine sehr komplexe Größe. Diese ist aber keinesfalls mit der aeroben Leistungsfähigkeit gleichzusetzen.

Dabei hängt die maximale Sauerstoffaufnahme von vielen Faktoren ab. Auch genetische Faktoren spielen eine wichtige Rolle. So trainierte ich Ende der 1980er-Jahre zwei Nachwuchsläufer, welche, obwohl ihr Training und ihre Wettkampfleistungen noch weit von dem eines Weltklasselangstreckers entfernt waren, bereits im Alter von 18-20 Jahren Sauerstoffaufnahmen von 80 ml/kg Körpergewicht erreichten.

Inwieweit lässt sich die maximale Sauerstoffaufnahme durch Training steigern? Klar ist, diese wird sowohl von aeroben Trainingsformen als auch vom anaeroben Training beeinflusst. Neuere Untersuchungen (Makrides, Heigenhauser, McCartney & Jones, 1986) haben gezeigt, dass untrainierte Personen einer breiten Altersspanne, welche ein systematisches aerobes Fitnessprogramm in Angriff nehmen, ihre für einen Untrainierten typischen VO_2max-Werte um 40 % und mehr steigern können (z. B. von 35 auf 50 ml/kg/min). Bei bereits etablierten Spitzenläufern ist dieser Prozentsatz erheblich geringer (Martin, 1992). Welche Systeme sind nun an der maximalen Sauerstoffaufnahmefähigkeit beteiligt?

Es beginnt bei der Arbeitsleistung der „Atemmechanik" d. h., wie viel Luft pro Zeiteinheit wird bis zu den Lungenbläschen gepumpt. Zudem beeinflusst die Diffusionsgeschwindigkeit in den Lungenbläschen (Alveolen), wie viel Sauerstoff aus der Luft letztlich ins Blut gelangt. Hier wiederum ist die Menge des Myoglobins, welches von den roten Blutkörperchen transportiert wird, maßgebend dafür, wie viel Sauerstoff gebunden werden kann, um es sodann in die Zellen zu transportieren.

Diffusionsgeschwindigkeit und Myoglobingehalt sind durch Training eigentlich nicht zu verändern. Um diese beeinflussen zu können, müssen die äußeren Umgebungsfaktoren verändert werden. Dazu später mehr in Kapitel „Höhentraining".

Ebenfalls ein Faktor für eine hohe VO_2max ist die Kapillarisierung der Skelettmuskulatur. Je besser diese durchblutet wird, desto mehr Sauerstoff kann in die Arbeitsmuskulatur hineingelangen. Nicht zuletzt hat auch die „Pumpleistung" des Herzens einen großen Einfluss auf die VO_2max, da diese die Transportkapazität des Blutes wesentlich mitbestimmt. Diese beiden Faktoren der VO_2max sind zum Beispiel sehr gut durch Training beeinflussbar.

Nach meiner Auffassung ist die entscheidende Aufgabe im Langstreckentraining, das Schwellentempo so weit wie möglich an das Renntempo heran- (5.000 m/10.000 m) bzw. im Halb- und Marathontraining darüber hinauszuschieben.

Diese Meinung vertritt auch A. Lydiard in seinem grundlegenden Werk *Systematisches Mittel- und Langstreckentraining*. Dieses Fundamentalwerk, dessen vierte Auflage 1984 als Band 2 zur sportlichen Leistungsförderung erschien, ist relativ kurz und simpel geschrieben, enthält aber die wichtigsten methodischen Grundsätze zur Entwicklung der aeroben Ausdauer. Darin findet man auch eine Vielzahl von Hinweisen zu pädagogischen und strategischen Aspekten einer langfristigen Leistungsentwicklung von Nachwuchstalenten.

Die Schwellengeschwindigkeit ist letztlich das leistungsbestimmende Merkmal im Langstreckenlauf.

4.1.2 ZUSAMMENHANG ZWISCHEN SCHWELLENGESCHWINDIGKEITEN UND WETTKAMPFLEISTUNG

Es geht also zunächst darum, für eine bestimmte WK-Leistung die dazu notwendige Schwellengeschwindigkeit zu ermitteln. Im Folgenden beziehe ich mich auf das am IAT Leipzig verwandte Protokoll 4 x 4.000 m bei Männern und 4 x 3.000 m bei Frauen sowie auf den Schwellenwert 3 mmol Laktat/l.

Im Rahmen meiner Diplomarbeit hat mir das IAT 1991 Testdaten des DDR-Kaderkreises zur Verfügung gestellt. Ich habe insgesamt 80 Stufentests bei den Männern (4 x 4.000 m) und 20 Tests bei den Frauen (4 x 3.000 m) erneut ausgewertet. Dabei findet man in der Spitze VL-3-Werte von 5,4-5,5 m/s bei den Männern und 4,75-5,0 m/s bei den Frauen.

In meiner Diplomarbeit habe ich bei DDR-Kaderathleten einen korrelativen Zusammen-hang zwischen 5.000-m-Leistung und VL 3 von r = 0,6 gefunden. Dies bedeutet, dass ein Zusammenhang zwischen beiden Faktoren besteht, dieser aber nicht sehr eng ist. Dazu muss weiter gesagt werden, dass Test und Wettkampf zwar in einer Saison erzielt wur-den, zeitlich jedoch manchmal recht weit auseinanderlagen, oder die Tests unmittelbar nach harten Trainingslagern oder Trainingsabschnitten durchgeführt wurden.

Für einen Zusammenhang zur 10.000-m-Leistung lagen mir im Rahmen der Diplom-arbeit leider nicht genügend Daten vor.

Nach meinen Erfahrungen müsste dieser aber wesentlich höher sein. Die von mir trai-nierten Langstreckler M. Salii, J. Stiller, V. Hoyer und S. Weyer zeigten nach verbesserten Schwellenwerten immer eine positive Entwicklung der 10.000-m-Leistung.

In **Tab. 36** sind die dazu ermittelten Wettkampfleistungen über 10.000 m im Zusam-menhang mit den gemessenen VL-3-Werten zu sehen. Dabei ist zu beachten, dass Test und WK nicht immer im unmittelbaren zeitlichen Zusammenhang erbracht oder die Tests zu ungünstigen Zeitpunkten (z. B. nach anstrengenden Trainingslagern) durchgeführt wurden.

Der erreichte VL-3-Wert lag im Schnitt 0,51 m/s unter dem Wettkampftempo (10.000 m).

Bei einigen Athleten deuten die Testläufe über 15 oder 20 km allerdings auf höhere VL-3-Werte hin. So sieht man bei H. J. Kunze einen 20 km DL 3 in einem Tempo von 5,6 m/s bei 4 mmol Laktat. Dies deutet auf einen VL 3 von ca. 5,7 m/s hin. Somit ist der Wert von 5,25 m/s wohl nicht für die WK-Leistung von 27:26 Minuten repräsentativ. Eigene Erfahrungen besagen, dass die 15 km DL-3-Bestleistung und der VL 3 relativ eng beieinanderliegen. L. Pöhlitz bezeichnet den 15 km DL 3 auch als VL-3-Schwelle.

So habe ich die VL-3-Werte einmal „modellhaft" durch die besseren 15/20-km-Leis-tungen ersetzt. Die korrigierten „VL-3-Werte" liegen im Schnitt 0,36 m/s unter dem WK-Tempo.

Tab. 30: Zusammenhang WK-Geschwindigkeit über 10.000 m und VL 3 bei einigen ehemaligen DDR-Kaderathleten

	Wessel	Karraß	Kase	Kripp-schock	Kunze	Mattheß	Nürn-berger	Schild-hauer	Ø
10.000 m WK-Leistung	28:32 min	28:43 min	29:11 min	27:57 min	27:26 min	29:14 min	29:04 min	28:51 min	
In min/s	5,84	5,81	5,71	5,96	6,07	5,71	5,73	5,77	
VL 3 m/s	5,55	5,3	5,25	5,35	5,25	5,1	5,15	5,5	
Differenz zu V 10.000 m/s	0,29	0,51	0,46	0,61	0,82	0,61	0,58	0,27	0,51
DL-3-Testläufe 15/20 km	45:00 min	60:57 min	47:08 min	59:15 min	59:23 min	47:37 min		61:07 min	
In m/s	5,55	5,47	5,3	5,62	5,61	5,25		5,45	
Laktat in mmol/l	6,7	6,1		9,2	4,2			4,9	
Differenz zu V 10.000 m m/s	0,29	0,34	0,41	0,34	0,46	0,46		0,32	
Korr. VL-3-Werte in m/s	5,55	5,47	5,3	5,62	5,61	5,25		5,5	
Korr. Differenz in m/s	0,29	0,34	0,41	0,34	0,46	0,46		0,27	0,36

Im Prinzip finden wir hier Differenzen zwischen VL-3-Wert und 10.000-m-Wettkampfge-schwindigkeit von 0,30 m/s bis 0,45 m/s.

Im Folgenden sind die Verhältnisse von Sportlern meiner TG dargestellt:

	2009	2014	2008	2009	2010	2009	2006
	Stiller	Stiller	Weyer	Weyer	Weyer	Salii	Schering
10-km-Leistung (min)	29:50 min	28:54 min	30:45 min	30:24 min	29:40 min	30:32 min	30:08 min
in m/s	5,58	5,76	5,42	5:48	5,62	5:45	5,53
VL 3 4 x 4 km in m/s	5,25	5,4	4,90	4,95	5,22	5,05	5,2
Differenz: zu Ø V 10 km in m/s	0,33	0,36	0,52	0,53	0,40	0,40	0,33

Die Differenz zwischen Schwellengeschwindigkeit (VL 3) VL 3 und WK-Tempo lagen bei diesen Athleten zwischen 0,33-0,40 m/s und damit im Bereich der bei den DDR-Kaderathleten gefundenen Differenzen.

Für das Erreichen einer bestimmten Zielleistung kann man also einen notwendigen VL-3-Bereich definieren. Es gibt Athleten, welche, bezogen auf die Wettkampfleistung, einen höheren VL-3-Wert benötigen als andere. Ursachen liegen sicher in den individuell unterschiedlichen Kraft- und Motorikvoraussetzungen.

Dazu zwei Beispiele:

Der Europameister von 2006 Jan Fitschen entwickelte über die Jahre hinweg seinen VL-3-Wert von 4,75 m/s (bei 4 x 2.000 m) bis auf 5,7 m/s (bei 4 x 4.000 m). Werden diese Werte in Beziehung zu seiner persönlichen Bestzeit von 28:10 Minuten (5,91 m/s) gesetzt, erhält man eine Differenz von 0,21 m/s. Diese Tatsache kennzeichnet ihn eher als Ausdauertyp, welcher seinen Schwellenwert relativ nah an das Wettkampftempo heranschieben muss.

Ähnlich das Verhältnis von Arne Gabius: Sein im Internet veröffentlichter Stufentest vom November 2011 weist einen VL-3-Wert von 20 km/h, also 5,55 m/s, aus. Stellt man diese Werte in Relation zu seiner 10 km Leistung von 28:58 Minuten (5,75 m/s) aus dem Jahr 2011, kommt man ebenfalls auf eine Differenz von 0,20 m/s. Dabei muss aber beachtet werden, dass A. Gabius nur 3-min-Stufen absolvierte. Bei einem Testprotokoll von 4 x 4.000 m würde der VL-3-Wert deutlich niedriger ausfallen, das heißt, die Differenz würde größer werden als 0,20. Diese Gegebenheit kennzeichnet ihn eher als

Schnelligkeitstyp, welcher seinen Schwellenwert nicht ganz so nah an die Wettkampfge-schwindigkeit heran entwickeln muss.

Bezogen auf den einzelnen Athleten, kann man den Wert allerdings erheblich präzisie-ren. Erfahrungen an von mir betreuten Athleten zeigen, dass das individuelle Verhältnis Wettkampfleistung 10.000 m zu VL-3-Werten sehr konstant ist.

Aus diesen Verhältnissen lässt sich beispielsweise das notwendige VL-3-Niveau für das Erreichen einer bestimmten Zielleistung ableiten.

Dies habe ich im Folgenden für die Athleten meiner ehemaligen TG am Beispiel der EM-Norm 2012 durchgeführt.

Tab. 32: Zielleistung: 10.000 m 28:40 min EM-Norm 2012 5,81 m/s

Sportler	J. Stiller	S. Weyer	M. Salii	M. Schering
Differenz m/s	0,35	0,40	0,40	0,33
Ziel VL 3 in m/s	5,46	5,41	5,41	5,48

Aus den gefundenen Differenzen lassen sich somit folgende VL-3-Anforderungen für verschiedene Leistungsbereiche definieren (Grundlage Stufentest 4 x 4.000 m).

Tab. 33: Zielzeiten – VL-3-Niveau für 10.000 m Männer

Zielzeit (min)	V in m/s	VL-3-Ausdauertyp (0,20 m/s Diff.)	VL-3-Schnelligkeitstyp (0,40 m/s Diff.)
33:00	5,05	4,85	4,65
32:00	5,21	5,01	4,81
31:30	5,29	5,09	4,89
31:00	5,38	5,18	4,98
30:30	5,46	5,26	5,06
30:00	5,55	5,35	5,15
29:30	5,65	5,45	5,25
29:00	5,75	5,55	5,35
28:30	5,85	5,65	5,45
28:00	5,95	5,75	5,55
27:30	6,06	5,86	5,66
27:00	6,17	5,97	5,77
26:30	6,29	6,09	5,89

Somit stellt die Annäherung der Schwellengeschwindigkeit an das WK-Tempo 5.000 m/ 10.000 m die wichtigste Aufgabe im Langstreckentraining dar.

Tab. 34 zeigt die notwendigen VL-3-Werte für die 5.000-m-Zielzeiten, abgeleitet aus den jeweils zugehörigen 10.000-m-Leistungen.

Tab. 34: Zielzeiten – VL-3-Niveau für 5.000 m Männer

Zielzeit (min)	V in m/s	VL-3-Ausdauertyp (0,36-0,40 m/s Diff.)	VL-3-Schnelligkeitstyp (0,67-0,73 m/s Diff.)
15:00	5,55	5,17	4,85
14:30	5,75	5,37	5,05
14:00	5,95	5,57	5,25
13:45	6,06	5,68	5,36
13:30	6,17	5,79	5,47
13:15	6,29	5,91	5,59
13:00	6,41	6,03	5,71
12:45	6,54	6,16	5,84
12:30	6,67	6,29	5,97

In **Tab. 35** finden wir die notwendigen VL-3-Werte für den Marathon aufgelistet.

Tab. 35: Zielzeiten – VL-3-Niveau für Marathon Männer

Zielzeit (h)	V in m/s	VL-3-Wert (gerundet) Schnelligkeitstyp m/s	VL-3-Wert (gerundet) Ausdauertyp m/s
2:20	5,02	5,15	5,40
2:18	5,10	5,25	5,45
2:16	5,17	5,32	5,55
2:14	5,25	5,40	5,65
2:12	5,33	5,50	5,75
2:10	5,41	5,60	5,80
2:08	5,49	5,70	5,90
2:03	5,72	5,90	6,15

Die VL-3-Werte müssen also über dem Marathonrenntempo liegen und werden im Streckenschnitt nicht erreicht. Diese müssen so hoch sein, damit der notwendige Tempodauerlauf (DL 3) möglichst noch über dem durchschnittlichen Renntempo ausgeführt werden kann. Einzelanalysen von mir zeigen, dass das durchschnittliche Renntempo im Bereich der Geschwindigkeit bei Laktat 2 mmol/l oder noch darunter liegt. Ein konkretes Beispiel: Carsten Eich erreichte 1994 vor seinem Marathondebüt in Hamburg einen VL-2-Wert von 5,38 m/s (Stufentest 3 x 4.000 m). Sein durchschnittliches Renntempo beim anschließenden Marathon lag bei 5,26 m/s. Damit erreichte er eine Geschwindigkeit, die bei 98 % seines VL-2-Werts lag.

4.2 DAS TRAINING DER AEROBEN VORAUSSETZUNGEN

Wie bereits beschrieben, stellt die Schwellengeschwindigkeit die wichtigste aerobe Voraussetzung dar. Somit ist klar, dass es sich beim Training der aeroben Voraussetzungen im Wesentlichen auch um ein sogenanntes *Schwellentraining* handeln muss. Dabei besteht die Möglichkeit, in zwei unterschiedliche Wirkungsrichtungen zu trainieren. Zum einen in Richtung Ökonomisierung der Funktionssysteme Herz-Kreislauf, Stoffwechsel und Muskel und zum anderen, in Richtung Erweiterung der Funktionsamplitude dieser Systeme.

Hierbei stehen die richtigen Relationen und die zeitliche Koordinierung im Vordergrund.

4.2.1 TRAININGSMITTEL BEIM TRAINING DER AEROBEN VORAUSSETZUNGEN

Das wichtigste Trainingsmittel stellt grundlegend der **Dauerlauf** dar. Sehr häufig wird die Bedeutung der genauen Planung und Differenzierung der Dauerläufe unterschätzt.

Nicht selten habe ich Trainer beobachtet, welche allein aus den absolvierten intensiven Tempolaufprogrammen bestimmte Wettkampfleistungen ableiten wollten, ohne dabei das notwendige Dauerlaufniveau zu beachten.

Um diese Trainingsmittel über den gesamten Zeitraum der Leistungsentwicklung effizient einzusetzen, bedarf es einer genauen Planung und Auswertung der Intensitäten und Streckenlängen auch im Mehrjahresverlauf.

Ein weiteres wichtiges Trainingsmittel stellt der **extensive Tempolauf** auf den Strecken von 200 m bis ca. 2.000 m dar. Es ist natürlich möglich, auch noch längere Strecken einzusetzen.

Grundsätzlich haben Tempoläufe von 1.000-5.000 m oberhalb der Schwellengeschwindigkeit einen hohen Einfluss auf die aerobe Entwicklung.

Die Frage ob es sich noch um einen langen Tempolauf oder schon um einen kurzen Dauerlauf handelt ist eher von theoretischer Natur. Dennoch sollte man die für sich festgelegte Grenze längerfristig beibehalten, um so einen Mehrjahresvergleich der Umfänge im Dauerlauf- und im Tempolaufbereich zu gewährleisten.

4.2.2 DIE EINTEILUNG UND DIE GESCHWINDIGKEITSBEREICHE DER DAUERLÄUFE

Die Differenzierung der Geschwindigkeiten in GA 1 und GA 2, wie in den 1980er-Jahren im DDR-Leistungssport begonnen und heute oft in Trainingsplänen zu finden, ist **nicht ausreichend**. Ich halte es für zwingend notwendig, eine Dreiteilung vorzunehmen. Zur besseren Verständlichkeit unterteile ich diese in **DL 1 (langsamer DL), DL 2 (mittlerer DL) und DL 3 (schneller DL)**.

4.2.3 DIE BEDEUTUNG DER EINZELNEN GESCHWINDIGKEITSBEREICHE

a) **DL 1**

Wichtigste Aufgabe des ruhigen Dauerlaufs ist die Kompensation und Pufferung von anaeroben Trainingseinheiten sowie die Anpassung des Binde- und Stützgewebes. Eine wichtige Rolle spielt dieser auch bei der notwendigen Umfangsentwicklung und der Vorbereitung der notwendigen DL-2-Umfänge. Das bedeutet ganz einfach, dass ein Athlet bevor er beispielsweise 100 km DL 2 in einer Woche absolvieren kann, diese Umfänge zunächst im DL-1-Tempo beherrschen muss.

b) **DL 2**

Der mittlere Dauerlauf wird auch **Entwicklungsbereich** genannt. Dabei werden die aeroben Systeme am effizientesten entwickelt. Dies ist jedoch an eine wirksame Reizdauer gebunden, welche mit zunehmendem Trainingsalter immer länger wird. Ebenso wichtig ist die Erhöhung des DL-2-Tempos im Mehrjahresverlauf. Denn diese stellt die Grundlage für die Erhöhung des Tempos im schnellen Dauerlauf und im extensiven Tempolauftraining auf längeren Strecken (=> 1.000 m) dar. Walter Schmidt, unter anderem auch Trainer von Werner Schildhauer (Weltklasselangstreckler der 1980er-Jahre, 10.000 m 27:26 min), vertrat die Meinung, dass Quantität und Qualität im DL 2 von entscheidender Bedeutung für den Formaufbau im Langstreckenlauf sind. Dieser Meinung schloss sich in einem Gespräch mit mir im Frühjahr

2010 auch Dr. Dieter Gohlitz (Sportwissenschaftler am IAT Leipzig) an. In der Mehr-jahresanalyse des Trainings von J. Fitschen wird ebenfalls der Ausbau des schnellen GA-1-Bereichs mit 80-85 % des VL 3 als eine entscheidende Voraussetzung für den EM-Sieg benannt (Kirschbaum, 2009). Auch A. Lydiard räumte dem maximalen **Dauerlauf-Steady-State** die entscheidende Bedeutung bei der aeroben Vorberei-tung ein. Er empfiehlt in der Vorbereitungsperiode 160 km davon wöchentlich. Das bedeutet nach damaliger Periodisierung ca. 2.500 km DL 2 jährlich.

c] **DL 3**

Der schnelle Dauerlauf stellt für den Langstreckler bereits eine wettkampfspezifische Belastung dar.

Mit dem DL 3 wird unmittelbar im Schwellenbereich trainiert. Somit hat die DL-3-Geschwindigkeit auch den höchsten Einfluss auf den Schwellenwert und umgekehrt. DL-3-Belastungen stellen mit die höchsten Anforderungen an die Physis und die Psyche der Läufer. Der Einsatz sollte sehr dosiert und erst nach ausreichen-dem Grundlagentraining im DL-2-Bereich erfolgen.

Eine ähnliche Unterteilung findet man auch im DLV-Rahmenkonzept (siehe Tabelle unten). Hier wird in **GA 1 dauerbetont** und **GA 1 geschwindigkeitsbetont** unterschieden. Ich halte das für keine optimale Variante, da auch der DL 2 eine erhebliche Dauerbetonung erlangen kann. Den sogenannten *Kompensationsdauerlauf* halte ich nicht für sinnvoll. Unter dem Aspekt der Verletzungsprophylaxe sollten eher alternative Bewegungsübun-gen zum Einsatz kommen.

Die gebräuchlichste Methode zur Ableitung der Dauerlaufgeschwindigkeiten ist die Ori-entierung am ermittelten Schwellenwert, also die Geschwindigkeit bei Laktat 3 mmol/l.

Zudem gibt es noch weitere Modelle, welche ich im Folgenden kurz aufführen möchte. So teilt Pöhlitz seine vier Dauerlaufbereiche nach der Herzfrequenz ein und leitet diese von der maximalen HF ab.

Tab. 36: Geschwindigkeitsableitungen aus der DLV-Rahmenkonzeption 2000

Trainingsbereich			Methodische Gestaltung
	Männer	Frauen	
GA 1	75-80 %	80-85 %	Dauerbetont > 15/12 km
GA 1	80-85 %	85-90 %	Geschwindigkeitsorientiert – 15/12 km
GA 2	85-90 %	90-95 %	Kraftbetontes Training
GA 2	90-95 %	95-100 %	Geschwindigkeitsorientiertes Training

Dabei fällt auf, dass bei den Frauen die Geschwindigkeiten im Bezug zur Schwelle höher liegen als bei den Männern. Mit Blick auf den GA 2 DL liegen auch keine Angaben zu Streckenlängen mehr vor. Jedoch spielt die Streckenlänge im Bereich von 95-100 % des VL 3 (und darüber) eine entscheidende Rolle. Dauerläufe in 100-%-Schwellentempo sind aus meiner Erfahrung nur bis maximal 45 Minuten durchzuhalten. Der klassische 15 km DL 3 wird schon bei ca. 95 % des Schwellenwerts recht anspruchsvoll.

Die FG Lauf am FKS erarbeitete 1978 einen Trainingsmittelkatalog mit folgender Einteilung:

Hierbei ist der VKB (Geschwindigkeit im kritischen Bereich) mit dem VL 3 identisch.

Tab. 37: Geschwindigkeitsableitungen Trainingsmittelkatalog FKS (1978)

DL 1	< 80 % VKB	Allgemeine GA
DL 2	80-95 % VKB	Allgemeine GA
DL 3	> 95 % VKB	Disziplinspezifische GA

Der DL-2-Bereich sollte aus meiner Erfahrung wesentlich enger gezogen werden und keinesfalls die 90-%-Grenze übersteigen.

Für jugendliche Langstreckler (2.000-m-Hi – 5.000 m) empfiehlt L. Pöhlitz nachfolgende Geschwindigkeiten und Strecken.

Tab. 38: Geschwindigkeitseinteilung nach Pöhlitz

	Vom Tempo VL 3	
DL 1	- 70 %	- 40 min
DL 2	75-90 %	12-20 km
DL 3	> 90 %	8-12 km

Hier besteht das Problem, dass der DL 1 scheinbar nur zur Kompensation eingesetzt wird. Auch in diesem Modell wird der DL-2-Bereich viel zu weit gefasst. Bei einem VL 3 von beispielsweise 5 m/s, würden die Werte einen Spielraum von 3:42-4:27 min/km ergeben. Der individuelle DL-2-Bereich hat jedoch einen sehr engen Spielraum von etwa drei bis fünf Prozent, bezogen auf das VL-3-Tempo.

Nachstehend noch ein Modell, welches in der Sportmedizinischen Abteilung der Uni Tübingen verwendet wird und nach welchem u. a. A. Gabius trainiert.

Tab. 39: Geschwindigkeitseinteilung Uni Tübingen

Bezeichnung	Prozentuale Einteilung zum VL 3
Extensiver/langer Dauerlauf	54-73 %
Mittlerer Dauerlauf	73-89 %
Tempodauerlauf	89-96 %

Die meisten Modelle enthalten, wie ersichtlich, eine Dreiteilung, bei der Ableitung der Geschwindigkeitsbereiche gibt es jedoch starke Abweichungen.

4.2.4 STRECKENLÄNGE IM DAUERLAUFTRAINING

Generell lassen sich Umfänge nicht einfach so festlegen. Diese ergeben sich eher aus den spezifischen Aufgaben im Training und dem individuellen Leistungsstand des Athleten. Weiter oben wurde bereits darauf hingewiesen, dass Umfang und Qualität der Dauerläufe die wichtigsten Faktoren bei der Ausprägung der aeroben Leistungsfähigkeit sind. Beide Größen müssen zunächst erst einmal ein notwendiges Niveau erreichen.

Der einfache Grundsatz aus der Trainingslehre besagt, dass vor der Steigerung auf eine neue Qualität, eine Erhöhung der Quantität des vorherigen Niveaus notwendig ist. Dieses Prinzip lässt sich auch auf das Dauerlauftraining übertragen. Das heißt, man muss ein bestimmtes DL-2-Tempo wie z. B. 4:00 min/km, zunächst auf relativ kurzen Strecken trainieren. Erhöht man nach und nach die Strecke auf 20 km und wiederholt diese TE drei bis vier Mal pro Woche, schafft man die Voraussetzungen für eine Steigerung des DL-2-Tempos z. B. auf 3:50 min/km zunächst aber wieder auf deutlich kürzeren Strecken.

Dieses Prinzip zieht sich durch das gesamte Dauerlauftraining und hat einen hohen Einfluss auf den Gesamtumfang. Ebenfalls zu beachten ist, dass sich die Wirkung einer Streckenlänge mit den Trainingsjahren immer mehr abnutzt. So kommt es im Verlauf der Leistungsentwicklung zu recht beträchtlichen Streckenlängen im Langstreckenlauf. 20-25-km-Läufe stellen nichts Besonderes im Wochenverlauf dar und werden durchaus mehrmals eingesetzt. Und wenn am Wochenende ein langer DL (2,5 h) ansteht, so sind bei entsprechendem Niveau schnell 40 km gelaufen. Das hat übrigens nichts mit einer etwaigen Marathonvorbereitung zu tun, sondern ist notwendig um die Wirksamkeit des Dauerlauftrainings zu gewährleisten. Solche Anforderungen müssen langfristig vorbereitet werden, sonst schrecken sie ab.

Der „Erfinder" des modernen Dauerlauftrainings, A. Lydiard, lässt im Training Strecken von 16-40 km laufen. Dabei werden nur zwei Läufe absolviert, die kürzer als 20 km sind und diese auch in einer hohen Intensität (vergleichbar mit DL 3), alle anderen Läufe sind länger. Am Wochenende lässt A. Lydiard seinen „Long Jogg" bis zu 40 km zügig durch hügeliges Gelände durchführen. Dabei vertritt er die Auffassung, dass man auch Jugendliche bereits an diese Belastungen heranführen sollte. Eine Meinung, der ich mich teilweise anschließen würde. So sollte der lange Lauf ab der U 20 durchaus auf Streckenlängen um 25 km ausgedehnt werden. Denn dadurch bleiben noch Steigerungsmöglichkeiten in den Folgejahren erhalten. Wie schnell man die Streckenlängen bei jugendlichen Läufern steigert, sollte auch von deren psychischer und physischer Belastungsverträglichkeit abhängen. Hierbei gibt es grundlegend keinen Unterschied zwischen Männern und Frauen. Der Einsatz gleicher Trainingsstrecken bei Männern und Frauen führt zu einer längeren Belastungsdauer bei den weiblichen Langstrecklern, da ihr Lauftempo auf vergleichbarem Leistungsniveau etwas niedriger liegt als das der Männer. Ich halte das aber für gerechtfertigt, da auch die Wettkampfdauer entsprechend länger ist. Noch eine Bemerkung zum langen Lauf: Dieser sollte kontinuierlich von der Jugend an in Strecke und Intensität entwickelt werden. Zunächst sollte eine Dauer von 2 Stunden im DL-1-Tempo angestrebt werden. Später ist vorgesehen, dass diese Belastungsdauer auch im DL 2 Tempo zum Einsatz kommt. Wichtig ist, dass beide Tempi phasenweise zum Einsatz kommen. Die Auswahl richtet sich nach der Aufgabenstellung des Laufes im Trainingszyklus. Geht es eher um einen Einsatz als sogenannter *Super-Sauerstoff-Lauf* mit kompensatorischem Charakter, sollte man es beim DL-1-Tempo belassen. In Phasen der Entwicklung der aeroben Leistungsfähigkeit kann man sich eher für das DL-2-Tempo entscheiden. Bei 5.000-/10.000-m-Läufern sollte ein langer Lauf von ca. zwei Stunden ausreichend sein. Jedoch kann ein Ausbau der Strecke auf 35-40 km, wenn möglich im DL-2-Tempo, einen nachhaltigen Leistungsschub auslösen. So führe ich J. Stillers Leistungssteigerung im Frühjahr 2014 auch wesentlich auf diesen Faktor zurück.

Die folgende Tabelle stellt die Intensitäten und Streckenlängen dar, die ich beim Training meiner Athleten verwende.

Tab. 40: Streckenlängen im Dauerlauftraining

Bereich	Intensität % VL 3	Strecken im Erwachsenenbereich	U 23	U 20	U 18
DL 1	< 80 %	15-40 km	10-30 km	10-25 km	8-20 km
DL 2	85 % +/- 3 %	12-40 km	10-25 km	10-20 km	8-12 km
DL 3	> 95 %	2-15 km	2-15 km	2-2 km	2-10 km

Zum Vergleich die Empfehlung aus dem DLV-Rahmenplan 1990:

Tab. 41: Streckenlängen DLV-Rahmenplan

	15 Jahre	16 Jahre	17 Jahre	
GA 1 (DL 1+2)	6-10 km	6-12 km	8-15 km	
GA 1 langer Lauf	> 10 km	> 12 km	> 15 km	
GA 2 (DL 3)	3-6 km	4-10 km	4-12 km	

Im Prinzip bestätigt das die von mir aufgeführten Angaben in der U 18. Hier wird sogar im Bereich des DL 3 eine Streckenlänge bis zu 12 km befürwortet.

Bei welcher Länge der lange Tempolauf endet und der kurze Dauerlauf beginnt, ist natürlich in der Literatur nicht genau definiert und von Theorie zu Theorie unterschiedlich dargestellt. Ich habe in meinem System die Grenze bei 2.000 m gezogen. Bei Trainingsstrecken von 2.000-6.000 m Länge sollten mehreren Wiederholungen im

Dauerlauftraining absolviert werden. Im Jugendtraining stellen aber auch schon einzelne Läufe über 6-8 km eine ausreichende Anforderung dar. Typische Programme beim sogenannten *geteilten GA-2-Training* im Erwachsenenbereich sind:

5 x 2.000 m / 3-4 x 3.000 m / 3-4 x 4.000 m / 3 x 5.000 m / 2 x 6.000 m / 2 x 8.000 m.

In Richtung Halbmarathon- und Marathondistanz kommen auch noch extensivere Programme zum Einsatz. Die Pausen sollten dabei nicht zu kurz gewählt werden und je nach Streckenlänge zwischen zwei und 15 Minuten liegen.

Eine einzelne DL-3-Einheit im Erwachsenenbereich beginnt etwa bei 10 km und kann bis auf 15 km ausgedehnt werden. Der 15 km DL 3 ist durchaus umstritten. Einige Trainer vertreten die Ansicht, dieser sei zu hart und koste zu viel Kraft. Meiner Auffassung nach sollte dieser in der Vorbereitungsperiode durchaus zum Einsatz gebracht werden. Bei einem 5.000-m-Spezialisten sind 10-12 km DL 3 als ausreichend anzusehen. Dagegen sind für den 10.000-m-Spezialisten 15 km DL 3 absolut sinnvoll und für die Halbmarathonvorbereitung unbedingt notwendig. Wichtig ist dabei die Dosierung der Intensität. Vor allem das Tempo sollte nicht zu nahe an die Schwellengeschwindigkeit (100 %) herangeschoben werden. Bereits 95 % stellen eine hohe Anforderung an den Athleten dar. Man sollte sich auch nicht scheuen, einen solchen Lauf einmal abzubrechen, wenn der Läufer ernsthafte Schwierigkeiten hat, das angepeilte Lauftempo durchzuhalten. Hat der Athlet eine solche Herausforderung mehrmals erfolgreich gemeistert, wird ihm ein 10 oder 12 km DL 3 wie ein Kinderspiel vorkommen.

Ein Beispiel: J. Stiller absolvierte im Sommer 2009 in Vorbereitung auf die Straßen-DM fast wöchentlich einen 15 km DL 3 in der Zeit von 49:30-50:00 Minuten. Wichtig war dabei, wie bereits erwähnt, die Dosierung. Die Laktatwerte am Ende der Läufe lagen um oder knapp unter 3 mmol/l. Höhere Werte als 3-4 mmol/l bei einem langen DL 3 hat J. Stiller eher schlecht verkraftet. Im Anschluss verbesserte er sich um eine halbe Minute über 10 km im Wettkampf und unterbot die 30:00-min-Grenze. Seinen letzten „15-km-Lauf" absolvierte er acht Tage vor dem Rennen.

Natürlich reagiert jeder Sportler ein wenig unterschiedlich auf Belastungsreize und dieses Beispiel lässt auch nicht zu, verallgemeinert zu werden. Ich beabsichtigte jedoch aufzuzeigen, dass eine generelle Angst vor 15 km DL-3-Läufen unbegründet ist. Man sollte diesen aber nicht zu häufig einsetzen und es bei hohen „Belastungsballungen", wie diese z. B. in Trainingslagern vorkommen, eher bei 10 oder 12 km belassen.

Anzumerken ist noch, dass im Marathontraining zum Teil 20-25 km im unteren Schwellenbereich gelaufen werden.

4.2.5 INTENSITÄTEN IM DAUERLAUFTRAINING

Wichtig bei der Betrachtung der Dauerlaufintensitäten ist immer die Frage, wovon diese abgeleitet werden. Die Ausführungen im Buch beziehen sich immer auf den Schwellenwert 3 mmol/l Laktat und das Belastungsprotokoll 4 x 4.000 m bzw. 4 x 3.000 m. Es gibt jedoch auch andere Schwellenwertmodelle, die in der Trainingspraxis verwendet werden. Beim Vergleich von Trainingsintensitäten die von Schwellenwerten abgeleitet werden (z.B. DL 2-Tempo), muss immer beachtet werden auf welchen Schwellenwert sich diese Ableitungen beziehen.

Weitestgehend besteht Einigkeit über die Frage der DL-1-Intensität von < 80 % VL 3. Wie weit man mit der Intensität zurückgeht, hängt auch wieder von der Aufgabenstellung ab. Soll der DL 1 eher der Ökonomisierung dienen, dann sollte man sich nicht allzu weit von der 80-%-Marke entfernen. Dient der DL aber eher der Kompensation, kann man doch noch deutlich darunter gehen. Allerdings sollte überlegt werden, auf solche „überlangsamen Läufe" eher zu verzichten und stattdessen andere Bewegungsarten einzusetzen, um das Stütz- und Bindegewebe zu schonen.

Sprechen wir vom mittleren Bereich oder DL 2 kommt offensichtlich der genauen Definition eine entscheidende Bedeutung zu. Für mich umfasst der DL 2 den Geschwindigkeitsbereich, in dem der Stoffwechsel gerade noch stabil im aeroben Bereich arbeitet und somit auch noch über eine längere Strecke aufrechterhalten werden kann. Dieser Bereich wird in der Literatur z. B. von A. Lydiard auch als „maximaler Steady State" bezeichnet. Schon aus dieser Betrachtungsweise wird klar, dass es sich um einen sehr engen Bereich handeln muss.

In den aufgezeigten Modellen erstreckt sich die DL-2-Intensität von ca. 75 % bis 95 % des Schwellenwerts. Da es sich aber nach meiner Definition um einen sehr engen Bereich handelt, muss man diesen zweifellos präzisieren.

Auch der ehemalige Marathonbundestrainer Wolfgang Heinig verweist 1997 auf einem internationalen Kongress auf die entscheidende Bedeutung des mittleren Dauerlaufbereichs hin und steckt die Grenzen mit 82-92 % des VL 3 schon etwas enger.

Nach meinen Erfahrungen ist der Bereich um 85 % des Schwellenwerts der Zutreffendste. In meiner Trainingspraxis habe ich auch kleinere Abweichungen von plus/minus drei Prozent feststellen können.

Zur besseren Veranschaulichung habe ich in folgender Tabelle kurz dargestellt, um welche Geschwindigkeitsbandbreiten es sich dabei handelt:

Tab. 42: Geschwindigkeitsbereiche beim DL 2

VL 3 in m/s	85 % in min/km	Spielbreite des DL 2 bei +/- 3 % Differenz in min/km	
3,0	6:32	6:44	6:21
3,25	6:08	6:19	5:57
3,5	5:36	5:47	5:26
3,75	5.14	5:23	5:05
4,00	4:54	5:03	4:46
4,25	4:37	4:45	4:29
4,50	4:21	4:30	4:14
4,75	4:08	4:15	4:00
5,00	3:55	4:03	3:48
5,25	3:44	3:51	3:38
5,50	3:34	3:41	3:28
5,75	3:25	3:31	3:19

Ein wichtiger Aspekt bei der aeroben Leistungsentwicklung ist die Steigerung der Dauerlaufintensitäten im Jahres- und Mehrjahresverlauf. Die zentrale Bedeutung kommt hier wieder dem DL 2 zu, da dieser die aerobe Grundlage für den wettkampfspezifischen DL 3 legt. Wie kann man eine solche Steigerung erreichen? Dazu gibt es im Folgenden mehrere Mittel:

Das bestehende DL-2-Niveau im Umfang erheblich ausbauen, das heißt, Streckenmittel verlängern und häufigerer Einsatz im Wochenzyklus.

Ein bewusstes Überziehen des DL-2-Bereichs in Richtung 90-%-Schwellenwert und darüber hinaus: Diese Form bezeichne ich als „aggressiven DL 2". Dabei muss das DL-1-Niveau a unbedingt auf dem vorherigen Level belassen werden, um eine ausreichende Regeneration zu gewährleisten. Auch ein DL-3-Training sollte sodann im Mikrozyklus nicht oder nur sehr defensiv durchgeführt werden.

Und als dritte Möglichkeit, eine größere Annäherung des DL 1 an den DL 2.

Ein Beispiel: Vor der 10.000-m-DM 2013 versuchte ich J. Stillers DL-2- und DL-3-Niveau mit „aggressiven" 20 km DL-2-Läufen anzuheben. Dank dieser teilweise auf dem Laufband ausgeführten Läufe erreichte er ein durchschnittliches DL-2-Niveau von 4,47 m/s (3:44 min/km). Das durchschnittliche DL-1-Tempo vor der 10.000 m DM lag bei 3,77 m/s, also 4:25 min/km, und damit viel zu weit weg vom notwendigen DL-2-Bereich.

2014 konnte J. Stiller dieses Defizit endlich beheben. Er steigerte sein DL-1-Tempo im Durchschnitt um 12 Sekunden auf 4:13 min/km und konnte sein DL-2-Tempo zu Beginn der Vorbereitung von 4,4 m/s (3:49 min/km) auf 4,57 m/s (3:39 min/km) verbessern. Dabei hat sich die Differenz zwischen DL 1 und DL 2 etwas verringert, wie folgende Tabelle zeigt:

Tab. 43: Veränderung DL-1-/DL-2-Niveau Jakob Stiller

	DL-2-Niveau	DL-1-Niveau	Differenz
Saisonvorbereitung 2013	4,47 m/s ~ 3:44 min/km	3,77 m/s ~ 4:25 min/km	0,70 m/s
Saisonvorbereitung 2014	4,57 m/s ~ 3:39 min/km	3,95 m/s ~ 4:13 min/km	0,62 m/s

Der dritte Intensitätsbereich DL 3 liegt dann unmittelbar im Schwellenbereich. Die Abstufung erfolgt jenseits der 90-%-Grenze des VL 3. Der genaue Einstieg in den Bereich ist hier sehr stark streckenabhängig.

In **Tab. 44** sind die Relationen zum VL-3-Wert aufgelistet, die von den Sportlern J. Stiller, M. Schering, S. Weyer, und M. Körner im 15 km DL 3 trainiert wurden. Deutlich zu erkennen ist, dass die DL-3-Geschwindigkeiten im Prinzip zwischen 93 % und 102 % variieren. Den niedrigsten Prozentbereich erreichte M. Schering. Hier muss allerdings angemerkt werden, dass er im benannten Zeitraum noch zwei bis drei anaerobe Tempolaufeinheiten pro Woche trainierte. Somit richtet sich die Höhe der Geschwindigkeit im DL 3 auch nach der übrigen Belastung im Wochenverlauf.

Tab. 44: Geschwindigkeiten im DL 3 (im Verhältnis zum VL 3) bei einzelnen Sportlern meiner TG

	Weyer			Stiller						Schering	Körner
	Aug 2010	März 2010	März 2009	2009	März 2010	2010	2011	2012	2009-2012	März 2006	1993
VL 3 in m/s	5,25	4,95	4,95	5,08	5,2	5,3	5,15	5,15	Top 3	5,2	5,4
15 km DL-3 Ø min	48:54	50:30	51:13	51:15	50:15	50:36	49:48	49:42	49:12	51:20	49:08
Anzahl TE	4	4	2	9	3	4	10	1		3	
Zeitl. Rahmen	- 5 Wo	3 Wo	6 Wo	Jahr	2 Wo	Jahr	Jahr	Jahr		3 Wo	Jahr
V – Schnitt DL 3 in m/s	5,11	4,92	4,89	4,87	4,90	4,94	5,02	5,03		4,87	5,09
Prozent v VL 3	97,4	99,3	98,7	96,0	94,2	93,2	97,4	97,7		93,7	94,2
Bester VL 3 m/s	5,25	4,95	4,95	5,15	5,20	5,40	5,20	5,15	5,27	5,20	5,4
Bester DL 3 m/s	5,15	5,05	4,90	5,05	5,00	5,05	5,10	5,03	5,08	5,05	5,3
Prozent v VL 3	98,1	102,0	99,0	98,1	96,2	93,5	98,1	97,7	96,4	97,1	98,1

A. Gabius trainierte im Herbst 2011 mit einem VL-3-Wert von 5,55 (ermittelt mit einer Stufenlänge von nur drei Minuten) folgende DL-3-(Tempodauerlauf)-Programme:

Tab. 45: DL-3-Niveau Arne Gabius 2011

Streckenlänge	16 km	6 km
Geschwindigkeit	5,02 m/s / 5,18 m/s	5,46 m/s / 5,55 m/s
Zeitraum	August-Oktober 2011	November 2011
Anzahl Läufe	2	2
Prozent vom VL 3	90 % / 93 %	98 % / 100 %

Beachtet man, dass bei einem Testprotokoll von 4 x 4.000 m der Schwellenwert deutlich niedriger ausgefallen wäre, kommt man zu dem Schluss, dass die Trainingsintensität von A. Gabius bei einem DL 3 über 16 km in ähnlichen Relationen zum Schwellenwert liegt wie bei den oben genannten Athleten. Leider veröffentlichte Arne Gabius keine weiteren Schwellentestwerte. So ist ein Vergleich mit späteren, deutlich schnelleren Tempodauerläufen nicht möglich.

Wichtig erscheint es mir, noch einmal auf eine ausreichende Differenzierung der Dauerlaufgeschwindigkeiten hinzuweisen. Das gilt vor allem, wenn innerhalb eines Wochenzyklus alle drei DL-Bereiche zum Einsatz kommen. Besonders kritisch ist es, wenn das Tempo des DL 2 zu nahe an das DL-3-Tempo herangerückt wird.

Ein wichtiges Verhältnis stellt auch die Relation des DL-2-Tempos zum DL-1-Tempo dar. Dabei sollte das DL-1-Tempo ca. 0,3-0,6 m/s unter dem DL-2-Tempo liegen. Ich habe die Erfahrung gemacht, dass die Differenz bei höherem DL-2-Tempo größer sein sollte als bei niedrigerem. Dabei hatten Athleten meiner TG, die einen VL 3 von ca. 4,25-4,75 m/s aufwiesen, eine Differenz von ca. 0,3 m/s und kamen damit auch gut zurecht. Während J. Stiller, dessen VL 3 meist über 5 m/s lag, beispielsweise eine Differenz von 0,6 m/s benötigte, welche in dem Fall ca. 35 Sekunden betrug. Bei richtiger Differenzierung ergibt sich eine Gesamtspanne von 45-65 s/km im Dauerlauftraining. Diese Differenzierung ist sehr wichtig für eine positive Entwicklung im Dauerlauf.

Zusammenfassend sei noch einmal erwähnt: Die wichtigste Aufgabe bei der Ausprägung der aeroben Leistungsfähigkeit ist die Erhöhung der Dauerlaufgeschwindigkeiten in allen drei Bereichen. Diese Anhebung stellt auch die Grundlage für die qualitative Verbesserung der langstreckenspezifischen Tempolaufprogramme (z. B. 8-10 x 1.000 m) dar.

Unterstrichen wird diese Tatsache auch im Mehrjahresverlauf des GA-1- und GA-2-Trainings von Jan Fitschen, welcher im Folgenden dargestellt ist (Kirschbaum, 2009).

Tab. 46: Geschwindigkeitssteigerungen im GA-1- und GA-2-Training von Jan Fitschen

Trainingsbereich	1998/99	2000/2001	2002/2003	2005/2006
Alter	22	24	26	29
GA 1 DL in m/s	3,96	4,04	4,19	4,21
min/km	4:12	4:07	3:59	3:57
GA 2 DL in m/s	4,58	4,89	5,14	4,99
min/km	3:38	3:24	3:14	3:20

Dabei ist der leichte Abfall der GA-2-Geschwindigkeit 2005/2006 wahrscheinlich auf das umfangreiche Höhentraining zurückzuführen, bei dem die DL-Geschwindigkeiten niedriger lagen als unter Normalbedingungen.

4.2.6 GESAMTUMFÄNGE UND RELATIONEN IM LANGSTRECKENTRAINING

Die Relationen im Training sollten der Spezifik der Energiebereitstellung entsprechen. Diese ist, wie schon festgestellt, bei 5.000 m/10.000 m dominant aerob.

Die DLV-Rahmenkonzeption von 2000 nennt folgende Gesamtrelationen für das Training im Langstreckenlauf nach Abschluss der U 20.

Tab. 47: Gesamtrelationen DLV-Rahmenkonzeption nach U 20

Realisierte Trainingsanforderungen	Männlich	Weiblich
Ø TE/Woche	9-10	9-10
Ø km/Woche	100 (130)	90 (120)
Anteile der Trainingsbereiche		
SA/WSA	1-2 TE Woche 1,0-0,5 km/TE	
GA 2 DL/TL	1-2 TE Woche DL 10-12 km/TE TL 6-8 km/TE	
Laufspezifische KA	1 TE 4-6 km/TE	
Allgemeine KA	1-2 TE 45 min/TE	
GA 1 DL	5 TE 12-18 km /TE	

Die im langstreckenspezifischen SA- und WA-Training angegebenen 0,5-1 km pro Trainingseinheit dürften zu niedrig angesetzt sein. So sind Programme wie 20 x 200 m oder 10 x 400 m in der Trainingspraxis Standard. Dabei werden dann Wochenumfänge von mindestens vier Kilometern erreicht. Mit den von mir korrigierten SA-Umfängen erreicht man im Schnitt einen Trainingsanteil von 10-20 % intensiver Trainingseinheiten (bei drei intensiven TE pro Woche). Ein intensiver Anteil von 20 % ist viel, aber aus meinen Erfahrungen gerade noch verkraftbar. Kritisch ist auch zu beurteilen, dass keine Aussagen zur Gestaltung des GA-Trainings in Bezug auf DL 1 und DL 2 existieren.

Anhand einer Beispielwoche aus der Vorbereitungsperiode habe ich einen DL-1- und DL-2-Anteil von 71 % errechnet.

Für das weitere Training im Spitzenbereich gibt die Konzeption dann folgende Relationen vor, die schrittweise erreicht werden sollen:

Tab. 48: Gesamtrelationen DLV-Rahmenkonzeption im Hochleistungstraining

Trainingsbereich	Anteil an den TE bzw. Laufkilometern			
	Jahresdurchschnitt		Orientierungswerte für Spitzenwochen	
	5.000 m	10.000 m	5.000 m	10.000 m
TE/WO	11	11	13	13
km/Wo (Frauen)	130 (120)	150 (140)	180 (160)	200 (180)
Summe intensiver TE	2-3	2-3	3-4	3-4
GA1 V-orient.(DL 2) in %	25	25	35	35
GA 2 DL/TW in %	9	11	22	24
GA 2 TL in %	6	4	8	6
KA im GA 2 in %	3-5	3-5	6-8	6-8
Allg. KA	1,5 x	1,5 x	2 x	2 x
SA in %	0,2	0,2	0,3	0,3
WA in %	4	4	6	6
Errechneter DL 1 inkl. E/A in %	56	56	28,7	28,7
Prozent intensive Anteile in %	19,2	19,2	36,3	36,3

In der vorletzten Zeile habe ich die verbleibenden Anteile im DL 1 (inklusive Ein- und Auslaufen) errechnet und in der letzten Zeile die Intensitäten als Summe dargestellt. Dabei unterstelle ich, dass die KA-Anteile prozentual bereits im GA-2-Bereich enthalten sind. Darauf weist nach meiner Auffassung die Formulierung KA im GA-2-Bereich hin.

Nachfolgende Tabelle zeigt die Umfangsparameter ehemaliger deutscher Spitzenläufer der 1970er- und 1980er-Jahre. W. Schildhauer und H.-J. Kunze erreichten damals Weltspitzenniveau über 5.000 m und 10.000 m und liegen mit ihren vor rund 30 Jahren gelaufenen Bestzeiten, in der ewigen deutschen Bestenliste über 10.000 m auf Platz zwei und drei bzw. drei und vier über 5.000 m. K.-P. Justus, K.-P. Weippert und S. Herrmann stellten zumindest europäisches Spitzenniveau dar und W. Cierpinski war bekanntermaßen Doppelolympiasieger im Marathonlauf 1976 und 1980.

Tab. 49: Trainingsanteile verschiedener Spitzen- und Nachwuchsläufer

Sportler	Alter	Jahr	Leistungs-Niveau in min	Gesamt-umfang in km	DL 1 km	%	DL 2 km	%	DL 1+2 km	%	DL 3 km	%	TL km	%	Int. A. %
Werner Schildhauer		82/83	27:24/ 13:30	7.881	2.887	37	2.808	36	5.695	72	467	5,9	385	4,9	10,8
Hans-Jörg Kunze	22	80/81	13:10,40	8.080		63			5.118	63	680	8,4	418	5,2	13,6
Klaus-Peter Weippert	26	79/80	13:35,3	8.250	~ 3.000	36	2.830	34	5.830	71	578	7,0	392	4,8	11,8
W. Cierpinski		75/76	2:09:55	8.160			2.950	36		36					
Klaus-Peter Justus		73/74	3:38,18	7.240			2.854	39		39	355	4,9	~350	4,8	9,7
Siegfried Hermann	33	1975	13:30 / 3:36	6.379	2.081	33	1.833	29	3.914	61	388	6,1	333	5,2	11,3
M. Schering	22	04/05	14:03	7.380		76			5.600	76	~ 600	8,1	344	4,7	12,8
S. Weyer	24	09/10	29:40	6.051	3.344	55	1.557	26	4.901	81	333	5,5	206	3,4	8,9
J. Stiller	24	09/10	14:07	5.780	2.890	50	1.479	26	4.369	76	192	3,3	174	3,0	6,3

Quellen: (Cierpinski, 1982), (Eberding, 1988) (Justus, 1981), (Kase, 1987), (Herrmann, 1973), (Weippert)

Werden die Gesamtumfänge betrachtet, stellt man fest, dass die DLV-Empfehlung deutlich unter den Werten der ehemaligen DDR-Spitzenläufer liegt. Diese Gesamtumfänge sind meines Erachtens zu niedrig angesetzt. So werden in der Disziplin 5.000 m gerade einmal ca. 6.000 km und in der Disziplin 10.000 m ca. 7.000 km im Jahr empfohlen. Wirft man einen Blick auf die Umfänge früherer Langstreckler wie W. Schildhauer, H.-J. Kunze, und K.-P. Weippert, welche das Weltniveau maßgeblich mitbestimmten, wird deutlich, dass diese Athleten um oder über 8.000 km im Jahr trainierten. Selbst eher mittelstreckenorientierte Läufer wie K.-P. Justus und S. Herrmann liegen mit über 6.379 bzw. 7.240 km in einem Bereich, welcher heute für Langstreckler diskutiert wird.

Grundsätzliche Unterschiede im Trainingsumfang zwischen 5.000-m- und 10.000-m-Läufern sind nicht gerechtfertigt. Beide Strecken sind wie bereits erwähnt von der Energiebereitstellung dominant aerob. Auch hier das Beispiel W. Schildhauer und H.-J. Kunze aus den 1980er-Jahren: Obwohl H.-J. Kunze die besseren Schnelligkeitsvoraussetzungen besaß und tendenziell eher als 5.000-m-Läufer einzuschätzen war, trainierte er ähnliche Umfänge, wie der eher als Ausdauertyp zu beschreibende W. Schildhauer. Beide starteten über beide Strecken und erreichten auch ähnliche Bestzeiten.

Lediglich beim 5.000-m-Läufertypus, welcher eher von der 1.500-m-Strecke kommt und über meist exzellente Schnelligkeitsvoraussetzungen verfügt, ist ein deutlich niedrigerer Gesamtumfang im 5.000-m-Training zu vertreten.

Weiter fällt der einheitlich hohe Anteil des DL 2 am Gesamtumfang auf. Auch damit liegen diese bis zu 50 % über den Vorgaben der DLV-Konzeption. Diese liegt mit 25 % deutlich darunter.

W. Schildhauer trainierte 1982/83 über 2.800 km pro Jahr im DL-2-Bereich (36 % vom Gesamtumfang). Dabei lag das qualitative Niveau bei ca. 4,6 m/s, d. h. bei einem Tempo von 3:37 min/km. Seine Leistungen lagen in diesen Jahren über 5.000 m bei 13:26 Minuten und über 10.000 m bei 27:47 Minuten. Auch die anderen Langstreckler erreichten DL-2-Umfänge von über 2.800 km, W. Cierpinski in der Spitze 2.950 km pro Jahr. Das ist enorm viel, und bedeutet, wöchentlich 60 km DL 2 zu absolvieren. Berücksichtigt man außerdem, dass in Entlastungs- und Wettkampfwochen deutlich weniger trainiert wird, erreicht man in den Vorbereitungswochen 80-100 km DL 2.

Auch ein Mittelstreckler wie K.-P. Justus (1.500-m-Läufer, Europameister 1974 und DDR-Rekordler 1976) absolvierte in den Trainingsjahren 1973/74 und 1975/76 jeweils 2.850 bzw. 2.670 km DL 2 in einem Geschwindigkeitsmittel von ~ 4,4 m/s.

Das unterstreicht noch einmal deutlich die fundamentale Bedeutung des DL 2.

Dieser wird in der DLV-Konzeption mit einer Empfehlung von ~ 1.750 km/Jahr (25 %) nur unzureichend berücksichtigt.

Dagegen liegen die durchschnittlichen Intensitätsanteile mit 19-20 % sehr hoch. Hierbei erscheinen drei intensive Einheiten im Wochenschnitt allerdings problematisch. Der für Trainingslager ausgewiesene Intensitätsanteil von 36 % ist fast schon unrealistisch. Bedeutet das doch für das Training eines 10.000-m-Läufers, in Spitzenwochen 64 km an intensivem Training zu absolvieren.

Da liegen die ehemaligen DDR-Läufer deutlich darunter. Ihre Anteile an intensivem Training liegen zwischen 10 und 14 % im Wochenschnitt.

Meine Trainingserfahrungen belegen eindeutig, dass der Wochenanteil DL-3- und Tempoläufe zusammengerechnet 20 % auf keinen Fall überschreiten sollten. Das Optimum liegt eher bei 15-17 %. Die restlichen 80 % entfallen auf DL 1 und DL 2 sowie Ein- und Auslaufen.

Interessant sind in diesem Zusammenhang auch die Trainingsrelationen von J. Fitschen (Kirschbaum, 2009):

Tab. 50: Quantitative Veränderungen im Mehrjahresverlauf bei J. Fitschen

Trainingsbereich	1998/99	2000/01	2002/03	2005/06
Wochen	47	48	46	51
km/Jahr	4.409	5.307	5.140	5.981
km/Woche	93,8	110,6	111,7	117,3
Anteil GA 1/KB in %	85,7	84,1	83,7	87,2
Davon GA 1 in %	57,0	59,0	60,4	63,7
Davon KB in %	28,7	25,1	23,3	23,5
Anteil intensive Trainingsreize in %	14,3	15,9	16,3	12,8

Dabei decken sich die Relationen weitestgehend mit der von mir gemachten Aussage, dass der Gesamtanteil an GA-2- und TL-Training, die 15 % nicht wesentlich überschreiten sollte. Dabei weist die Studie ausdrücklich darauf hin, dass J. Fitschen im EM-Jahr nur maximal zwei intensive Einheiten pro Woche absolvierte. Die Autoren der Trainingsstudie weisen auch darauf hin, dass die Vorgaben der Verbandskonzeption in Bezug auf das empfohlene Training im intensiven Bereich zu diskutieren bzw. zu überdenken seien.

Wie hoch sollte der Anteil des DL-3-Trainings sein? Die DLV-Konzeption empfiehlt 10 % im Wochenschnitt (ohne Trainingslager). Leider sind detaillierte Trainingsaufzeichnungen dazu kaum zu finden oder schwer zugänglich. In Tab. 49 finden wir solche Angaben.

Einige Beispiele:
Die DDR-Athleten lagen laut eigenen Angaben bei einem Wert von fünf bis acht Prozent DL-3-Anteil. Bei W. Schildhauer zeigte sich 1982/83 ein Wert von sechs Prozent (467 km/Jahr) und dieser steigerte sich 1983/84 auf neun Prozent (~ 700 km/Jahr). Dies bedeutete einen durchaus merklichen Zuwachs von 240 km im Jahr. Es sei angemerkt, dass die Saison 1983/84 auch schlechter verlief und W. Schildhauer seine Leistungsziele nicht erreichen konnte.

Auch H.-J. Kunze lag mit acht Prozent (~ 600 km/Jahr) relativ hoch aber noch unter den heutigen DLV-Empfehlungen.

Dies legt die Vermutung nahe, dass das Optimum im DL-3-Training bei fünf bis acht Prozent des Gesamtumfangs liegt. Der Nachwuchsathlet M. Schering, dessen Leistungsniveau deutlich unter dem der eben erwähnten Athleten lag, trainierte 2004/05 ebenfalls ca. 600 km im DL-3-Tempo, was einem Anteil von acht Prozent entsprach. In einzelnen Abschnitten erreichte er sogar Anteile von 15 %. Mit zusätzlichen Tempolaufanteilen von fünf Prozent wurde das Training ganz sicher zu stark intensiviert. Infolgedessen traten immer wieder Verletzungen im Binde- und Stützapparat auf, welche letztendlich 2007 seine Karriere beendeten. Diese falschen Relationen waren meiner Meinung nach die Ursache für die gesundheitlichen Probleme oder haben diese stark beschleunigt. M. Schering ist ein Beispiel dafür, welche große Bedeutung das Beachten solcher Relationen hat.

Für Nachwuchsathleten erscheint mir ein ca. fünfprozentiger DL-3-Anteil für ausreichend. Dies erreichten zum Beispiel J. Stiller (3,3 %) und S. Weyer (5,5 %) 2009/10. Für beide verlief diese Saison sehr erfolgreich.

Im Vergleich dazu die Darstellung der Trainingsrelationen aus der 10.000-m-DM Vorbereitung 2014 von J. Stiller, welche sehr erfolgreich verlief. Nachfolgend ein Hauptbelastungsblock aus dem Trainingslager im Februar. Obwohl drei intensive Einheiten eingebaut wurden, blieben die Relationen in dem von mir genannten optimalen Bereich.

DL 1 (inkl. E/A): 51 %   DL 2: 34 %   DL 3: 5 %   TL: 10 %

Tab. 51: Trainingswoche J. Stiller Frühjahr 2014 (1)

Gesamt: 205 km	Mo.	Di.	Mi.	Do.	Fr.	Sa.	So.
Vormittag	20 x 400 m 68 s 90 s TP	10 km DL 3 31:26 min	15 km DL 2 3:40 min/km	40 km DL 2 3:45 min/km	15 km DL 2 3:45 min/km	12 x 1.000 m 3:00 2 min TP	15 km DL 1 4:25 min/km
Nachmittag	15 km DL 1 4:15 min/km	15 km DL 1 4:07 min/km	15 km DL 1 4:10 min/km	60 min Aquajoggen	15 km DL 1 4:20 min/km	15 km DL 4:20 min/km	

Anschließend ist der vorletzte Belastungsblock, der in Leipzig absolviert wurde, dargestellt. Dabei stellen sich die Trainingsrelationen ganz ähnlich dar:

DL 1 (inkl. E/A): 50 %   DL 2: 36 %   DL 3: 6 %   TL: 9 %

Tab. 52: Trainingswoche J. Stiller Frühjahr 2014 (2)

Gesamt: 202 km	Mo.	Di.	Mi.	Do.	Fr.	Sa.	So.
Vor-mittag	20 x 400 m 67,3 s 1 min TP	15 km DL 2 3:40 min/km	15 km DL 1 4:15 min/km	4 x 4.000-m-Stufentest 3:30/3:20/ 3:10/3:02 min Schwellen-wert 5,4 m/s	15 km DL 2 3:45 min/km	10 x 1.000 m 2:49,6 min 2 min TP	39 km DL 2 3:50 min/km
Nach-mittag	15 km DL 1 4:10 min/km	15 km DL 1 4:10 min/km		10 km DL 1	15 km DL 1 4:10 min/km	15 km DL 1 4:25 min/km	

Somit kann die wesentliche Aussage getroffen werden, dass die optimalen Trainingsrelationen trotz deutlicher Steigerung des intensiven Trainings im Trainingslager erhalten blieben, da wir auch den Umfang des DL-1- und DL-2-Trainings deutlich angehoben hatten.

4.2.7 DAS HERANFÜHREN DER JUGENDLICHEN AN DIE NOTWENDIGEN BELASTUNGSUMFÄNGE

Spitzenlangstreckler (ohne Marathon) erreichen Umfänge von 8.000 km/Jahr und mehr. So absolvierte beispielsweise W. Schildhauer 1982/83 und 1983/84 ohne Ein- und Auslaufen und ohne Tempolauf-Kilometer 6.200 bzw. 6.800 Dauerlaufkilometer!

Auf solche Belastungen müssen Jugendliche schrittweise und systematisch vorbereitet werden.

Außerdem ist es wichtig, den Jugendlichen die Angst vor langen Dauerläufen und ein weit verbreitetes Vorurteil zu nehmen.

Dauerlauftraining muss nicht langweilig und mühsam sein. Wenn es systematisch aufgebaut ist und meist in der Gruppe durchgeführt wird, kann es richtig Spaß machen. Ein entscheidender Vorteil ist es, wenn man verschiedene Leistungsgruppen im Dauerlauftraining zusammenstellen kann.

Pöhlitz nennt 1997 in der *Lehre der Leichtathletik* folgende Umfänge für Jugendliche, welche langstreckenorientiert trainieren:

Tab. 53: Umfangsentwicklung im Langstreckenlauf

Alter	Jahres Gesamtumfang in km	Prozentuale Steigerung
15	1.800-2.000	
16	2.400	26 %
17	2.800	17 %
18	4.000	43 %
19	5.000	25 %
20	6.000	20 %
21	6.500	8 %
22	7.000	8 %
23	7.500	7 %

Im Rahmentrainingsplan des DLV von 1990 werden folgende Wochenkilometerumfänge für das Aufbautraining im Block Lauf genannt. Bei der Betrachtung der Wochenumfänge bin ich davon ausgegangen, dass die höheren Werte für die langstreckenspezifisch trainierenden Jugendlichen repräsentativ sind und Durchschnittswerte darstellen.

Tab. 54: Jahresumfänge DLV-Rahmenplan (1990)

Alter	km/Wo.	TE/Woche	Jahreswerte Langstrecke (50 Wo)	Prozentuale Steigerung
15	20-30	4-5	1.500	
16	30-40	5-6	2.000	33 %
17	40-60	6-7	3.000	50 %
18	60-80	6-8	4.000	33 %
19	70-95	7-10	4.750	19 %

Ab der AK 17 decken sich also die Werte weitestgehend mit denen von Pöhlitz genannten Umfängen.

Es muss hier unbedingt darauf hingewiesen werden, dass diese keine festen Richtwerte sind. So ist auch das biologische Alter der Jugendlichen zu beachten. Bei körperlich stark retardierten Jugendlichen muss kontrolliert werden, ob sie diese Umfänge auch verkraften. Auch der gesundheitliche Zustand muss beobachtet werden, so ist ein häufiges Auftreten von Infekten ein gewichtiges Indiz.

Ein weiterer Aspekt ist das Umsetzen der Trainingsleistung im Wettkampf. Zwar ist es üblich, dass die Umsetzung des Trainings in die jeweilige Leistung eine gewisse Transformationszeit benötigt, fällt jedoch Wettkampfleistung im Vergleich zur Trainingsleistung besonders deutlich ab, kann man davon ausgehen, dass die Umfangsgestaltung zu hoch ist.

Des Weiteren kann die emotionale Verfassung des Athleten eine Auskunft darüber geben, ob die trainierten Umfänge auch verkraftet werden. Hier muss man zeitnah reagieren und die Umfänge vorübergehend nach unten korrigieren.

Eine solche Situation trat zum Beispiel bei einer von mir betreuten Sportlerin im Herbst/ Winter 2013/14 ein. Um die Halbmarathon B-Kader-Norm zu laufen, führte ich sie im ersten U-23-Jahr konsequent über die notwendigen Streckenlängen in einen Bereich von 5.500-6.000 km/Jahr. Zwar realisierte sie fast alle ihre Trainingsprogramme, aber die notwendigen Qualitätssteigerungen, wie z. B. im DL-3-Tempo, blieben aus. Außerdem erholte sie sich nur mühsam von kleineren Infekten und auch ihre emotionale Stimmungslage geriet in ein Dauertief. So entschied ich im Frühjahr 2014 die Umfänge über die Streckenlängen deutlich zu reduzieren. Somit mussten wir vorerst unsere Leistungsziele zurückstellen, aber der anschließende Formanstieg, welcher sich vor allem im DL-2- und DL-3-Tempo und im Herzfrequenzverhalten sowie in den Tempolaufprogrammen widerspiegelte, rechtfertigte dies.

Bei der Umfangsplanung gilt das Prinzip: „Nicht so viel Umfang wie möglich – sondern so viel wie notwendig!" Erreicht man ein bestimmtes Ziel mit weniger Umfang, ist das umso besser, denn so bleibt diese Reserve für später erhalten.

Die Relation zwischen Aufwand und Nutzen ist natürlich von Athlet zu Athlet unterschiedlich und stark von den Anlagen eines Athleten abhängig. So wird der etwas weniger Talentierte immer etwas mehr trainieren müssen als der Talentiertere. Diese Unterschiede müssen in der Planung berücksichtigt werden.

5

AEROB-ANAEROBE VORAUSSETZUNGEN

Die wesentlichste anaerobe Voraussetzung bedeutet, das Lauftempo auf der geplanten Strecke trotz steigender Übersäuerung beizubehalten. Im Fachjargon wird diese auch als **Laktattoleranz** bezeichnet.

Obwohl dieser Faktor auf den Langstrecken nicht leistungsbestimmend ist, spielt er jedoch in der Endphase von spurtorientierten Rennen eine wesentliche Rolle.

Neumann gibt in der Langzeitausdauer 1 (10-30 Minuten), in der sich der 5.000-m- und 10.000-m-Lauf abspielen, Laktatwerte von 8-14 mmol/l an. Hieraus wird deutlich, dass auch ein Langstreckler solche Werte tolerieren sollte.

Einen wesentlichen Faktor stellt auch die Mobilisationsfähigkeit, d. h., die Fähigkeit, unter starker Ermüdung und hoher Übersäuerung das Lauftempo noch einmal entscheidend zu erhöhen, dar.

Im Langstreckenlauf kommt die rein anaerobe Komponente nur im Schlussspurt zum Tragen. Ansonsten sind im Tempolauftraining immer auch aerobe Prozesse an der Leistung beteiligt und in diesem Fall spricht man von der aerob-anaeroben Ausdauer. In den 1980er-Jahren wurden am FKS Leipzig der VL 10 (Geschwindigkeit bei 10 mmol/l) auf den Mittelstrecken, und der VL 8 (Geschwindigkeit bei 8 mmol/l) für Langstreckler eingeführt. Damit versuchte man ein Maß für die aerob-anaerobe Ausdauer zu definieren und ging davon aus, dass diese Größe einen engeren Zusammenhang zur Wettkampfleistung zeigt als der VL-3-Wert. In meiner Diplomarbeit konnte ich jedoch in der Disziplingruppe 5.000 m des DDR-Kaderkreises keine höhere Korrelation zwischen VL 8 und Wettkampfleistung finden als zwischen VL 3 und Wettkampfleistung (VL 8: WK-Leistung r = 0,50, VL 3: WK-Leistung r = 0,6).

Letztlich hat sich der VL 10/VL 8 im Mittel- und Langstreckenbereich nicht durchsetzen können. Sportler und Trainer absolvierten den Test zu dessen Bestimmung nur ungern.

Ich bevorzuge im Training bestimmte Standardprogramme. Diese sollten einen hohen Bezug zur Wettkampfstrecke haben. Trainingsprogramme, welche kürzere Strecken als 1.000 m enthalten, haben mit Sicherheit keinen Bezug zur 10.000-m-Wettkampfleistung. So habe ich das Standardprogramm 8-10 x 1.000 m (2-3 Minuten Trabpause) über Jahre hinweg immer wieder eingesetzt. Dieses Programm hat einen sehr hohen Bezug zur 5.000-m- und 10.000-m-Leistung. Damit ist man als Trainer in der Lage, die Form seiner Athleten sehr genau einzuschätzen und kann zudem relativ präzise Ergebnisprognosen machen. Auch die Pausengestaltung ist hierbei zu beachten und die Kontrolle der Laktatwerte ist ebenfalls sehr nützlich.

Grundsätzlich sollte man im Langstreckentraining Standardprogramme über Jahre hinweg einsetzen. So lassen sich aus dem Verhältnis der Trainingsstandards und der WK-Leistung auch Zielprogramme für bestimmte Zielleistungen ableiten.

5.1 TRAINING DER TEMPOLÄUFE

Tempoläufe können nach ihrer Streckenlänge und ihrer physiologischen Ausrichtung eingeteilt werden. Im Langstreckentraining kommen Strecken von 200 m bis => 2.000 m zum Einsatz. Oft werden auch noch längere Strecken gelaufen, welche ich im Buch allerdings formal den kurzen Dauerläufen zugeordnet habe. Physiologisch unterscheidet man ihre Ausrichtung auf die Verbesserung der Grundlagenausdauer oder auf die Entwicklung der Wettkampfgeschwindigkeit. Daraus ergibt sich auch, dass die Ableitung der Laufgeschwindigkeit einmal von physiologischen Größen erfolgen muss (z. B. VL-3-Wert) und zum anderen von der Wettkampfgeschwindigkeit.

Tempoläufe zur Entwicklung der Grundlagenausdauer sind Läufe, die in ihrer Komplexität geringere Anforderungen an die psychischen Wettkampfeigenschaften, die Bewegungskoordination, die Stoffwechselleistung und an das Herz-Kreislauf-System stellen als sie im Wettkampf benötigt werden (Buhl, 1978). Dabei sollte der Anteil der anaeroben Energiegewinnung möglichst gering bleiben und somit 4-6 mmol/l Laktat nicht überschreiten.

Zum Einsatz kommen verschiedene Streckenlängen von 200-2.000 m. Die Trabpausen sollten relativ kurz gehalten werden. Die Wiederholungszahlen pro Trainingseinheit sind relativ hoch und die Gesamtstreckenlänge der Einheit liegt im Bereich der durchschnittlichen Dauerlauflänge.

Kürzere Tempolaufstrecken, z. B. 400 m, sollten knapp oberhalb der Schwellengeschwindigkeit und längere Strecken => 1.000 m im oder knapp unterhalb der Schwellengeschwindigkeit gelaufen werden. Dabei macht es keinen Unterschied, für welche Wett-kampfstrecke sich der Sportler vorbereitet. Typische Programme im Langstreckentraining sind in folgender Tabelle dargestellt.

Tab. 55: Langstreckenspezifische Tempolaufprogramme, abgeleitet vom VL 3

Teilstrecke	% VL 3	Wiederholungen	Pause
400 m	105-110	20-30	1-2 min
1.000 m	100-105	10-15	1,5-3 min
2.000 m	95-100	5-8	3-5 min

Im Training von Jugendlichen kommen je nach Trainingsalter auch weniger Wiederho-lungen zum Einsatz. Hat man die Geschwindigkeit richtig gewählt, sollte es im Verlauf der Trainingseinheit zu keiner fortschreitenden Laktatakkumulation kommen. Die Werte am Ende jeden Laufs bleiben relativ konstant im genannten Bereich von 3-6 mmol/l Laktat.

Die Belastungsherzfrequenz sollte ebenfalls keinen nennenswerten Anstieg von Wie-derholung zu Wiederholung zeigen. Nur die Erholungsherzfrequenz am Ende der Pause zeigt einen leichten Anstieg im Verlauf des Programms. Dieser Effekt wird umso deutli-cher, je kürzer die Pause gewählt wird. Der Vorteil einer solchen Laufeinheit im Vergleich zu einem kontinuierlichen Dauerlauf liegt in der höheren Laufgeschwindigkeit. Das hat unmittelbar positiven Einfluss auf die schnelleren Dauerläufe und das Trainingstempo liegt näher an der oder weiter über der geplanten Wettkampfgeschwindigkeit. Außerdem lässt sich damit das relativ monotone Dauerlauftraining in der Phase des Grundlagen-trainings deutlich auflockern.

Allerdings sollten nicht mehr als zwei solcher Einheiten pro Woche zum Einsatz kommen. Diese Art des Tempolauftrainings hat einen außerordentlich positiven Einfluss auf die läuferische Form. Bezogen auf ein leistungssportliches Training, sind über einen Zeitraum von vier bis sechs Wochen bei 400 m-Läufen Verbesserungen von zwei bis drei Sekunden und bei 1.000-m-Läufen von fünf bis zehn Sekunden pro Lauf möglich. Anzumerken ist, dass im Hobbyläuferbereich durchaus noch größere Verbesserungen möglich sind.

In der letzten Phase der Wettkampfvorbereitung kommen im Langstreckentraining (außer Marathon) Tempoläufe zum Einsatz, die von der Zielzeit abgeleitet werden. Anders als bei den Tempoläufen, die zur Entwicklung der Grundlagenausdauer eingesetzt werden, ist der Bezugspunkt bei der Intensitätswahl die Relation zur geplanten Zielgeschwindigkeit. Ein weiterer wichtiger Aspekt für die Wirksamkeit dieser Läufe ist die richtige Wahl der Trainingsstrecke. Dabei muss man natürlich beachten, für welche Wettkampfstrecke der Sportler trainiert. Im Folgenden einige Beispiele für wettkampf- spezifische Tempolaufprogramme.

Tab. 56: Tempolaufprogramme abgeleitet von der Wettkampfgeschwindigkeit

Wettkampfstrecke	Programm	Intensität von V-Ziel	Pause
5.000 m	20 x 400 m	100-102 %	1,5-2 min
	12 x 400 m	105-110 %	2-3 min
	8 x 1.000 m	98-100 %	2-3 min
10.000 m	20-30 x 400 m	103-105 %	1-1,5 min
	10 x 1.000 m	99-101 %	2-3 min
Halbmarathon	10 x 1.000 m	103-105 %	2-3 min
	15 x 1.000 m	100-103 %	1,5-2 min

Im Marathonlauf haben Tempoläufe in der unmittelbaren Wettkampfvorbereitung kei- nen direkten Einfluss auf die Wettkampfleistung. Eine wichtige Rolle spielen diese aber in der Phase der Entwicklung der notwendigen Unterdistanzleistung. Deswegen ergibt eine Ableitung der Geschwindigkeiten vom Marathonzieltempo wenig Sinn. Hier muss das Tempo von der angestrebten Unterdistanz abgeleitet werden. Trotzdem absolvieren viele Spitzenläufer auch in der unmittelbaren Wettkampfvorbereitung ein Tempolaufpro- gramm pro Woche.

Der Sinn liegt aber eher in der Aufrechterhaltung der motorischen Grundfähigkeiten und als Abwechslung zu den hohen Dauerlaufumfängen. Welches Programm bzw. welche Streckenlänge man verwendet, liegt meist in den Gewohnheiten und Vorlieben der Athleten. Auf jeden Fall darf die Intensität nicht zu hoch gewählt werden. Die dargestellten Tempolaufprogramme können im Unterschied zu den GA-Programmen zu einer stärkeren Laktatsummation und zu einem Anstieg der Belastungsherzfrequenzen führen, was demzufolge zu einer verzögerten Wiederherstellung führt. Deswegen sind in der Marathon-UWV eher Programme zu bevorzugen, die von physiologischen Größen, wie dem VL 3, abgeleitet sind.

Grundsätzlich muss man anmerken, dass die genannten Intensitäten ein hohes Maß an Grundlagenausdauer erfordern. Ist diese nicht gegeben, müssen die Intensitäten im Vergleich zur geplanten Zielzeit noch höher gewählt werden.

Die Wirkung einer Tempolaufeinheit ergibt sich also aus dem Zusammenspiel der Faktoren Streckenlänge, Wiederholungszahl, Intensität und Pausendauer. Dabei wird im Langstreckentraining grundsätzlich von einer aktiven Pausengestaltung ausgegangen. Hierbei unterscheidet man zwischen Trabpause (TP) und Gehpause (GP). Eine andere Form der Gestaltung ist im Langstreckenlauf heute unüblich. Es sei erwähnt, dass es vor einigen Jahrzehnten durchaus Läufer gab, die ihre Pause im Liegen mit hochgelagerten Extremitäten verbrachten. Dadurch sollte der venöse Rückstrom des Blutes zum Herzen vergrößert werden. Man erhoffte sich dadurch einen Reiz zur weiteren Herzvergrößerung zu erzeugen.

Ursache dafür, war eine damals verbreitete Auffassung in der Trainingswissenschaft, dass die Herzgröße und damit das Schlagvolumen, eine hohe Bedeutung für die Laufleistung haben. Diese Ansicht wurde inzwischen widerlegt und spielt heute keine Rolle mehr.

Tempolaufeinheiten sollten immer nach einer ausreichenden Erwärmung durchgeführt werden. Diese sollte neben dem Einlaufen (2-5 km) auch einige Übungen des Lauf-ABC enthalten und mit einigen Steigerungen enden. Man sollte aber beachten, dass der erste Tempolauf trotz aller Erwärmung immer einen besonderen spezifischen Reiz darstellt. Deshalb empfehle ich meinen Athleten, den ersten Lauf einer Serie mit etwas geringerer Geschwindigkeit als den Rest zu absolvieren.

Im Übrigen müssen Tempoläufe nicht immer auf der Bahn durchgeführt werden. Hat man das Glück, eine ausreichend lange Strecke in einem benachbarten Wald zu finden, sollte man diese unbedingt nutzen. Der Vorteil liegt in der Schonung des Binde- und Stützgewebes und in der emotionalen Abwechslung eines solchen Waldtrainings. Außerdem ist der erforderliche Kraftaufwand meist höher als auf der Bahn, was zu einer Leistungssteigerung bei Rückkehr auf die selbige führen kann.

Unverzichtbar ist zudem das Auslaufen nach dem Tempolaufprogramm. Dabei stellen zwei bis drei Kilometer das Minimum dar. Ein längeres Auslaufen hat durchaus einen hohen Nutzen, auch wenn es manchmal sehr schmerzhaft werden kann.

Bild 5: Tempoläufe im Wald

5.2 DER TEMPOWECHSELDAUERLAUF

Der **Tempowechseldauerlauf** ist eine Dauerbelastung, bei der festgelegte Streckenabschnitte mit unterschiedlichen, vorher genau festgelegten Geschwindigkeiten absolviert werden. Dabei gibt es einen sogenannten *primären Teilabschnitt TS-1* (Primärgeschwindigkeit/schnellerer Abschnitt) und einen *sekundären Teilabschnitt TS-2* (Sekundärgeschwindigkeit/langsamerer Abschnitt). Beide Abschnitte werden im Wechsel und ohne Pause mehrere Male hintereinander wiederholt.

Ob man mit einem schnellen oder einem langsamen Teilabschnitt beginnt, obliegt der Auffassung des jeweiligen Trainers. Ich lasse den Tempodauerlauf gern mit einem schnellen Teilabschnitt beginnen und auch enden. Das entspricht meiner Auffassung, dass man im Training den Rennverlauf so oft wie möglich simulieren sollte. Und da im Rennen in der Regel der erste und der letzte Kilometer die schnellsten sind, findet sich dieses Prinzip in meinen Aufzeichnungen zum Tempowechseldauerlauf wieder.

Der Trainingsmittelkatalog (Buhl, 1978) unterscheidet in Tempowechselläufe mit geringer Geschwindigkeitsdifferenzierung und großer Geschwindigkeitsdifferenzierung. Für die Tempowechseldauerläufe mit geringer Differenzierung gibt er Teilstrecken von 1.000-5.000 m an und für die Tempowechsel-Dauerläufe mit hoher Differenzierung, Teilstrecken von 400-2.000 m. Natürlich kann man alle möglichen Teilstrecken verwenden und kombinieren. Aber auch hier empfehle ich, gewisse Standards zu verwenden.

Der Tempowechseldauerlauf stellt im Langstreckentraining ein hochspezifisches Trainingsmittel dar. Dieser kommt zum Einsatz, um die Schwellengeschwindigkeit zu verbessern und/oder dient der Vorbereitung noch nicht beherrschter DL-3-Geschwindigkeiten. Deshalb wird auch die Geschwindigkeit der Teilabschnitte häufig in die Nähe der Schwellengeschwindigkeit platziert.

Die von mir am häufigsten verwendete Variante ist ein Tempowechsellauf über 15-20 km mit Teilabschnitten von jeweils 1.000 m. Der schnelle Abschnitt wird mit einer Geschwindigkeit im Schwellentempo oder knapp darüber absolviert und der langsamere im defensiven DL-2-Bereich. Dazu ein Beispiel: Eine Sportlerin verfügt über einen VL 3 von 4,4 m/s. Sodann absolviert sie die schnellen 1.000 m in 3:40-3:30 Minuten (103-108 % vom VL 3) und den langsameren Kilometer in 4:30-4:25 Minuten (84-86 % vom VL 3). Allzu große Differenzierung der Geschwindigkeit ist aus meiner Sicht nicht sinnvoll, da man sich so einem Tempolaufprogramm mit Trabpause zu sehr nähert.

Die Tempogestaltung des TS-1 sollte also in einer bestimmten Relation zum Schwellentempo stehen. Dabei sollte das Tempo nicht zu hoch gewählt werden, um in der darauf folgenden TS-2 eine ausreichende Wiederherstellung gewährleisten zu können. Dabei empfiehlt der Trainingsmittelkatalog (Buhl, 1978), dass die Laktatwerte am Ende der TS-2 wieder auf ein Niveau von 2-3 mmol/l und die Herzfrequenzen, die in der TS-1 schnell auf über 180 Schläge/Minute ansteigen, um 15 Schläge pro Minute gesunken sein sollen. Um eine ausreichend aerobe Ausrichtung des Tempowechseldauerlaufs zu gewährleisten, halte ich Laktatwerte von maximal 6-8 mmol/l am Ende der TS-1 für ausreichend. Bei folgender Gestaltung der TS-1-Abschnitte fand man einen gleichbleibenden Anstieg auf 6 mmol/l von der ersten bis zur letzten TS-1:

Tab. 57: Empfohlene Primärgeschwindigkeiten beim Tempowechsel (vgl. Trainingsmittelkatalog)

Vom VL 3	Strecke TS-1
102-106 %	2.000 m
108-112 %	1.000 m
122-128 %	400 m

Wählt man höhere Intensitäten, kommt es im Verlauf der TS-1 zu einer Akkumulation der Laktatbildung und infolgedessen zu zweistelligen Werten. Dies sollte aber nach meiner Auffassung vermieden werden. Der Trainingsmittelkatalog empfiehlt folgende Gestaltung für die TS-1 bei Tempowechseldauerläufen mit geringer Geschwindigkeitsdifferenzierung und geringer anaerober Stoffwechselkomponente:

1.000 m : 98-106 % vom VL 3
2.000 m : 98-104 % vom VL 3
3.000 m : 96-102 % vom VL 3
4.000 m : 96-102 % vom VL 3

Für Tempowechseldauerläufe mit starker Geschwindigkeitsdifferenzierung und mittlerer anaerober Stoffwechselkomponente nennt der Trainingsmittelkatalog folgende Geschwindigkeiten für die TS-1:

400 m : 124-136 % vom VL 3
600 m : 116-126 % vom VL 3
1.000 m : 110-118 % vom VL 3
2.000 m : 104-110 % vom VL 3

Als günstigste Dauer für die TS-2 nennt der Katalog eine Zeitdauer von fünf bis acht Minuten unabhängig von der vorausgegangenen TS-1. Diese Zeit benötigt der Organismus, um die Veränderungen im Herz-Kreislauf-System und im Stoffwechsel wieder zu eliminieren. Das entspricht einer Streckenlänge von ungefähr 1.500-2.000 m. Als Tempo empfiehlt dieser 88-92 % vom VL 3. Dieser Wert erscheint mir allerdings sehr hoch. Ich lasse die TS-2 selten schneller als 85 % vom VL 3 laufen. Allerdings ist die TS-2 in der Regel auch kürzer (1.000 m) als im Katalog gefordert.

Eine zu hohe Intensität in der TS-2 führt zu einer deutlichen Zunahme der anaeroben Stoffwechselkomponente, was bei den von mir eingesetzten Tempowechselläufen nicht beabsichtigt war. In der eigenen Trainingspraxis setzte ich den Tempowechsel auch in der Marathonvorbereitung ein. Zum Einsatz kam dabei ein 20-km-Tempowechsel mit 1.000-m-Abschnitten, welcher von einem 10-12 x 1.000-m-Programm vorbereitet wurde. Ziel war es, die schnellen 1.000-m-Abschnitte ca. 10 Sekunden schneller als das geplante Marathonrenntempo und die TS-2 im DL-2-Bereich zu absolvieren. Dabei erreichte der Gesamtschnitt des Laufs Geschwindigkeiten um die 95 % des aktuellen VL-3-Wertes. Ein solches Programm muss aber unbedingt gut vorbereitet werden.

Zum einen sollte mit dem 10-12 x 1.000-m-Programm das nötige Geschwindigkeitspolster für die TS-1 erarbeitet werden und zum anderen muss das Dauerlaufniveau insgesamt sehr hoch sein. Ansonsten kann man mit einem solchen Programm die Form eines Athleten auch schnell zerstören.

Auch bei L. Clart kam ein 15-km-Tempowechsellauf zum Einsatz. Damit sollte ein Halbmarathon und das notwendige DL-3-Niveau vorbereitet werden. Der Lauf bestand aus 8 x -1.000-m-Abschnitten knapp über dem VL-3-Tempo und mit abwechselnd 7 x 1-000-m-Abschnitte im defensiven DL-2-Bereich.

Noch einmal möchte ich darauf verweisen, wie wichtig es ist, das TS-2-Tempo am unteren Rand des DL-2-Bereichs zu belassen. Eine etwas andere Variante des Tempowechsel-Dauerlaufs wählte ich bei der Vorbereitung eines höheren DL-3-Tempos von J. Stiller im Winter 2012/2013.

Zunächst begannen wir mit dem bereits geschilderten 20-km-Tempowechsellauf, wobei sich 1.000 m im Ziel - DL-3-Tempo 3:10 min/km und 1.000 m im defensiven DL-2-Bereich, also ca. 3:55 min/km, abwechselten. Im nächsten Schritt verlängerten wir den Abschnitt im Zieltempo auf 1.200 m und verkürzten die TS-2 um genau diese 200 m. Dadurch verringert sich nicht nur die Erholungsphase, sondern auch die Gesamtintensität des Laufs steigt dabei deutlich an.

Nachdem wir diese TE einige Male wiederholt hatten, verlängerten wir den Zieltempoabschnitt erneut um 200 m auf 1.400 m und verkürzten wieder die TS-2 um 200 m auf 600 m. Damit erreicht der 20-km-Lauf bereits eine beachtliche Intensität von 3:22 min/km. Das entspricht 94 % der geplanten Zielgeschwindigkeit über 15 km. Zunächst hatte ich noch eine weitere Verlängerung des Zielabschnitts auf 1.600 m und die Verkürzung der TS-2 auf 400 m geplant, aber dazu kamen wir aus Zeitgründen nicht mehr.

Die meisten dieser Einheiten wurden aus Witterungsgründen auf dem Laufband durchgeführt. Das hat zusätzlich den Vorteil, dass sich der Athlet voll auf das Laufen konzentrieren kann und sich nicht mit dem Finden des richtigen Tempos beschäftigen muss. Wie ich bei späteren Recherchen feststellte, ähnelte dieses Programm vom Grundprinzip einem Tempowechsellauf des italienischen Trainers Renato Canova, welcher z. B. 2012 und 2013 auch von Arne Gabius absolviert wurde. Dieser beginnt mit einem 400-m-Abschnitt in der TS-1 von beispielsweise 64 Sekunden (6,25 m/s) und es folgt ein 1.000-m-Abschnitt in ca. 3:20 min/km (5 m/s).

Danach verlängert sich der schnelle Abschnitt um 200 m und der langsamere verkürzt sich jeweils um die gleiche Strecke bis am Ende 1.000 m in 2:40 min/km und 400 m in ca. 1:25 min/km gelaufen werden. Die Gesamtlänge aus TS-1 und TS-2 beträgt also immer 1.400 m.

Nur die Wiederholungszahl des Zyklus verändert sich von anfangs 12 Wiederholungen auf am Ende acht Wiederholungen. Dieses Programm enthält jedoch deutlich höhere anaerobe Komponenten, als das von mir beschriebene. Aufgrund dessen dient es damit eher der Vorbereitung der Renngeschwindigkeit über 5.000 m und 10.000 m. Das beschriebene Beispiel kann nur ein Spitzenathlet wie Arne Gabius erfolgreich bewältigen. Denn hier handelt es sich nicht mehr um einen Tempowechseldauerlauf, sondern man kann eher von einem Tempowechseltempolauf sprechen.

Tempowechselläufe sollten immer unter Kontrolle des Trainers auf der Bahn oder auf einer komplett einsehbaren Runde durchgeführt werden. Sie stellen einen außerordentlich hohen Anspruch an die Willenskraft, Mobilisationskraft und Konzentration des Athleten. Die Vorgaben auf den einzelnen Teilstrecken sollten exakt eingehalten werden. Die richtige Wahl der Intensitäten stellt wiederum hohe Ansprüche an das Einschätzungsvermögen des Trainers. Das Tempo auf den schnelleren Abschnitten müsste folglich immer durch entsprechende Tempolaufprogramme vorbereitet werden, damit der Athlet ein gewisses Geschwindigkeitspolster hat.

Ein Beispiel: Soll ein Tempowechsellauf über 15-20 km mit 1.000-m-Abschnitten und einer TS-1-Geschwindigkeit von 3:20 min/km gelaufen werden, dann sollte der Athlet vorher ein Tempolaufprogramm von beispielsweise 10 x 1.000 m in 3:10 min/km und zwei Minuten Trabpause bewältigt haben oder dieses zumindest beherrschen. Noch wichtiger erscheint mir die Wahl der langsameren Geschwindigkeit.

Die besten Erfahrungen habe ich mit der Wahl eines Tempos am unteren Rand des DL-2-Bereichs gemacht. Im Zweifelsfall gilt immer: lieber etwas zu langsam als etwas zu schnell. Man sollte auch wissen, dass die meisten Athleten die Belastung eines solchen Laufs häufig unterschätzen. Insbesondere in der TS-2 wird am Anfang fast immer zu schnell gelaufen. Die wirkliche Belastungswirkung spürt der Athlet erst auf der zweiten Hälfte des Tempowechsel-Dauerlaufs. Hat er auf der ersten Hälfte zu stark überzogen, droht oft der Abbruch oder zumindest kann er die vorgegebenen Geschwindigkeiten nicht mehr einhalten.

Hier muss der Trainer frühzeitig korrigierend eingreifen. Unerfahrene Athleten sollten vorsichtig an den Tempowechseldauerlauf herangeführt werden. Zunächst sollten sie in der Lage sein, bei Tempolaufeinheiten eine stabile Trabpause zu absolvieren. Im nächsten Schritt sollte man das Tempo der Trabpause etwas anheben, um später die Tempoläufe durch DL 1 Abschnitte zu verbinden. Erst wenn diese vorbereitenden Schritte absolviert sind, kann zum gebräuchlichen Tempowechseldauerlauf übergegangen werden.

Eine Sonderform des Tempowechsellaufs stellt das **Fahrtspiel** dar. Das aus dem nordischen Raum stammende **Fartlek** war dafür die Vorlage und bedeutet so viel wie: Spiel mit der Geschwindigkeit. Dieses ist unter Läufern weit verbreitet und wird in vielen Publikationen als wirkungsvolles Trainingsmittel empfohlen. Dabei soll der Läufer das Tempo nach eigenem Ermessen und Befinden frei variieren. In meinem eigenen Trainingssystem hat diese Form jedoch keinen Einzug gehalten. Dem Vorteil der emotionalen Gestaltung steht für mich ein großer Nachteil entgegen, denn die wirklichen physiologischen Auswirkungen dieses Trainings sind nur schwer einzuschätzen.

Wie schon erwähnt, überschätzen sich häufig auch gestandene Athleten am Anfang einer Trainingseinheit. Das Fahrtspiel sollte daher sehr erfahrenen Athleten vorbehalten sein. Eine sinnvolle Rolle kann dieses aber im Training von Hobbyläufern einnehmen, die nicht täglich trainieren und auf Tempoläufe gern verzichten wollen. Mit einem solchen Fahrtspiel können sie alternativ eine motorische und anaerobe Komponente in ihr Training einbauen. Falls die Belastung doch mal das gesunde Maß übersteigt, kann man dies mit einem Ruhetag leicht wieder ausgebügelt werden. Ein Luxus, den sich leistungsorientiert trainierende Läufer, die teilweise sogar zweimal am Tag trainieren, eher nicht leisten können. Im Folgenden noch einige Beispiele für Tempowechselprogramme für verschiedene Wettkampfstrecken und Leistungsbereiche:

Tab. 58: Beispiele für Tempowechselprogramme für ambitionierte Marathonläufer

TS-1	Primär-geschwindigkeit	TS-2	Sekundär-geschwindigkeit	Wiederho-lungen	Gesamt-länge
1.000 m	Zielgeschwindigkeit minus 10 s/km	1.000 m	80-85 % VL 3	8-10	16-20 km
2.000 m	Zielgeschwindigkeit	1.000 m	80-85 % VL 3	5-8	15-24 km
5.000 m	Zielgeschwindigkeit	2.000 m	80 % VL 3	2-4	14-28 km

Tab. 59: Beispiele für Tempowechselprogramme für ambitionierte Halbmarathonläufer

TS-1	Primär-geschwindigkeit	TS-2	Sekundär-geschwindigkeit	Wieder-holungen	Gesamtlänge
1.000 m	Zielgeschwindigkeit	1.000 m	80-85 % VL 3	8-10	16-20 km
1.000 m	Zielgeschwindigkeit minus 10 s/km	1.500 m	80 % VL 3	6-8	15-20 km
600 m	Zielgeschwindigkeit	400 m	80-85 % VL 3	12-20	12-20 km
400 m	105-110 % Zielge-schwindigkeit	600 m	80 % VL 3	12-20	12-20 km

Tab. 60: Beispiele für Tempowechselprogramme ambitionierte 10-km-Läufer

TS-1	Primär-geschwindigkeit	TS-2	Sekundär-geschwindigkeit	Wieder-holungen	Gesamtlänge
1.000 m	Zielgeschwindigkeit	1.000 m	80-85 % VL 3	5-8	10-16 km
1.000 m	Zielgeschwindigkeit plus 10 s/km	400 m	80 % VL 3	8-12	11,2-16,8 km
600 m	Zielgeschwindigkeit	400 m	80 % VL 3	10-15	10-15 km
400 m	105 % Zielge-schwindigkeit	600 m	80 % VL 3	10-15	10-15 km
400 m	Zielgeschwindigkeit	200 m	80 % VL 3	12-20	7,2-12 km

Das nächste Beispiel zeigt nochmals den bei J. Stiller eingesetzten Tempowechsellauf zum Erreichen des geplanten Zielniveaus im DL 3. Die vierte Stufe stellt allerdings höchste Anforderungen an das aerobe Niveau. Bewältigt der Athlet dieses Programm, dann dürfte der 15 km DL 3 im angepeilten Tempo kein Problem mehr darstellen. J. Stiller erreichte die Zielleistung bereits nach Absolvieren der dritten Stufe.

Tab. 61: Beispiele für Tempowechselprogramm J. Stiller Frühjahr 2013

TS-1	Primär-geschwindigkeit	TS-2	Sekundär-geschwindigkeit	Wieder-holungen	Gesamtlänge
1.000 m	Ziel DL 3 (95-98 % VL 3)	1.000 m	75-80 % VL 3	10	20 km
1.200 m	Ziel DL 3 (95-98 % VL 3)	800 m	75-80 % VL 3	10	20 km
1.400 m	Ziel DL 3 (95-98 % VL 3)	600 m	75-80 % VL 3	10	20 km
1.600 m	Ziel DL 3 (95-98 % VL 3)	400 m	75-80 % VL 3	10	20 km

Im Folgenden noch einige Beispiele für ambitionierte Hobbyläufer. Die oben genannten Beispiele sind äußerst anspruchsvoll und erfordern ein sehr hohes Niveau der Ausdauerfähigkeiten. Aus diesem Grund habe ich die Teilstrecken für Hobbyläufer in den meisten Fällen auf die Dauer und nicht auf eine Zielzeit bezogen. Alternativ findet man noch die Angaben im Verhältnis zum VL 3, falls der Hobbyläufer diesen ermitteln lassen konnte. Diese Vorgehensweise rechtfertigt sich auch allein dadurch, dass weniger leistungsorientierte Hobbyläufer nicht immer konkrete Zielzeiten im Auge haben.

Tab. 62: Beispiele für Tempowechselprogramme Marathon-Halbmarathonläufer:

TS-1	Primär-geschwindigkeit	TS-2	Sekundär-geschwindigkeit	Wieder-holungen	Gesamtlänge
5 min	Schnelles Tempo/ oder 100 % VL 3	5 min	Mittleres Tempo/ oder 80 % VL 3	5-8	50:00 min-1:20 h
10 min	Schnelles Tempo/ oder 90 % VL 3	5 min	Mittleres Tempo/ oder 75-80 % VL 3	4-6	60:00 min-1:30 h

Tab. 63: Beispiele für Tempowechselprogramme 10-km-Läufer

TS-1	Primär-geschwindigkeit	TS-2	Sekundär-geschwindigkeit	Wieder-holungen	Gesamtlänge
3 min	Sehr schnelles Tempo oder 105 % VL 3	5 min	Ruhiges Tempo oder 70-75 % VL 3	4-6	32 min-48 min
5 min	Schnelles Tempo oder 100 % VL 3	5 min	Mittleres Tempo oder 75-80 % VL 3	4-6	40 min-60 min
1 min	Fast maximales Tempo	2-3 min	Ruhiges Tempo oder 70-75 % VL 3	6-10	18 min-40 min

6

HÖHENTRAINING

6

Ein Training unter Bedingungen eines erniedrigten Außenluftdrucks, der sogenannten *Hypoxie*, führt zu funktionellen Veränderungen im Organismus, die unter NN-Bedingungen eine verbesserte aerobe Leistungsfähigkeit zur Folge haben. In der Sportwissenschaft sind die Vorteile des Höhentrainings heute weitestgehend anerkannt und es wird von nahezu allen Trainern und Langstreckenläufern der Weltklasse angewandt. Hauptursache für die ausgelösten funktionellen Veränderungen sind dabei, der verminderte Sauerstoffgehalt und der niedrigere Sauerstoffpartialdruck in der eingeatmeten Luft. Infolge des auftretenden Sauerstoffmangels in der Zelle werden im Organismus eine Reihe von Kompensationsmechanismen ausgelöst, die darauf gerichtet sind, die Sauerstofftransportkapazität des Blutes zu erhöhen, um die Versorgung der Zelle aufrechtzuerhalten **(Buhl, 1978)**. Alle anderen Faktoren sind dem untergeordnet. Als weitere Einflüsse sind die geringere Luftfeuchte, der geringere Luftwiderstand und die erhöhte UV-Strahlung zu nennen.

Tab. 64

Höhe in m	Luftdruck in KPa	O_2-Partialdruck der Atemluft KPa	O_2-Gehalt der Atemluft
0	101	21	21 %
1.500	84	18	
2.000	80	16,7	16 %
3.000	70	14	
4.000	61	13	

Die genannten Faktoren führen dabei zu folgenden Veränderungen (Buhl, 1978):

a) **Atmung**

Die Atemfrequenz und das Atemminutenvolumen steigen bei submaximaler und maximaler Arbeit an. Gleichzeitig kommt es zum Rückgang der VO_2max. Das Absinken des Wasserdampfdrucks führt zu Belastungen des Flüssigkeitsbedarfs. Die eingeatmete Luft enthält weniger Wasser, sodass eine 100 %ige Sättigung nur über die Abgabe von Wasser über die Schleimhäute erreicht werden kann. Dies verursacht ein erhöhtes Durstgefühl und die Diffusionskapazität der Lunge fällt ab.

b) **Herz-Kreislauf**

Abhängig vom Trainingszustand steigt die durchschnittliche Belastungsherzfrequenz an. Während gut trainierte Athleten schnell ihre Werte von NN wiedererreichen, zeigen junge Sportler beispielsweise beim ersten Höhenaufenthalt deutliche Anstiege.

c) **Blut**

Es erfolgt eine Steigerung der Erythropoese. Dadurch kommt es zu einer Neubildung von Erythrozyten und zu einem gesteigerten Hämoglobingehalt, wodurch sich die Sauerstoffbindungs- und -transportkapazität des Blutes erhöhen. Ebenso steigt der Hämatokritwert, das heißt, das Blut wird dicker. Die Kapillarisierung im Skelettmuskel und im Gehirn verbessern sich.

d) **Stoffwechsel**

Es erfolgt eine Steigerung der Glykolyse. Dadurch erhöht sich der Glukose- und Glykogenverbrauch im Muskel und in der Leber. Die Enzymaktivität im Atmungs- und Muskelsystem steigt an. Myosin und Myoglobin nehmen zu und die Pufferkapazität des Blutes erhöht sich.

Innerhalb der genannten Veränderungen sind die leistungsbegrenzenden Faktoren der Trainingsarbeit in der Höhe das verringerte Sauerstoffangebot und die verringerte Kontaktzeit des Lungenkapillarblutes mit der Alveole (Diffusionskapazität), die normalerweise bei 0,7 Sekunden, in der Höhe aber unter 0,3 Sekunden liegt **(Buhl, 1978)**. Sauerstoffmangel und geringerer O_2-Partialdruck sind also die Hauptfaktoren für die Verbesserung der aeroben Leistungsfähigkeit unter NN.

Wichtig ist es, darauf hinzuweisen, dass eine reine Reduzierung des Sauerstoffgehalts der Atemluft, wie dies in sogenannten *Höhenkammern* durchgeführt wird, zu keiner wesentlichen Verbesserung der Leistungsfähigkeit führt. Der Faktor „Luftdruck" spielt eine entscheidende Rolle beim Höhentraining. Dies müssen auch die Forschungsstrategen des ehemaligen DDR-Leistungssports so gesehen haben.

So wurde in den 1970er-Jahren eine Druckkammer in der damaligen Sportschule Kien-baum errichtet, mit der man einen Unterdruck erzeugen konnte, der einer Höhe von ca. 4.000 m über NN entsprach. So erhoffte man sich Leistungssteigerungen unabhängig von teuren Höhentrainingslagern im Ausland zu erreichen. In der unterirdischen zwei-stöckigen Halle befanden sich Lauf- und Fahradergometer, ein Kraftraum sowie ein Wasserbecken, in dem ein Rudertraining simuliert werden konnte. Außerdem gab es Aufenthalts- und sogar Schlafräume für die Sportler. In den 1980er-Jahren gab es zudem umfangreiche Forschungen über die Wirksamkeit des Höhentrainings in der Kammer. Manche Athleten trainierten mehrmals am Tage für viele Stunden in der Kammer, ande-re verbrachten sogar mehrere Tage in dem tageslichtlosen „Bunker".

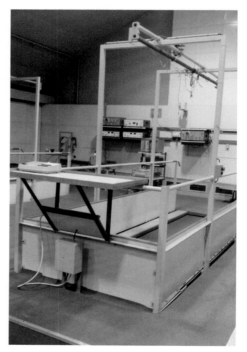

Bild 6

Bild 7

6.1 TRAININGS-METHODISCHE GESTALTUNG DES HÖHENTRAININGS

Dabei sind zunächst folgende Aspekte zu beleuchten:

Wie ist der Trainingszustand des Athleten? Hat der Athlet bereits Höhenerfahrung? In welcher Phase im Jahresaufbau soll das Höhentraining eingesetzt werden und wie lange ist der Höhenaufenthalt geplant? Folgendes Schema gibt dabei eine Orientierung welche Inhalte bei welcher Aufenthaltsdauer sinnvoll eingesetzt werden können.

Bilder 6-8: Unterdruck-Kammer Kienbaum

Tab. 65: Einsatzzweck des Höhentrainings in Abhängigkeit von der Dauer (Neumann, 2004)

Kennzeichnung	Dauer	Trainingsinhalte
Kurze Dauer	7-10 Tage	Unspezifische Belastung, Aktivierung biologischer Systeme, aktive Regeneration
Mittlere Dauer	14-20 Tage	Stabilisierung der aeroben Leistungsfähigkeit, Reizwechsel im GA-Training, Training zwischen zwei Hauptwettkämpfen
Lange Dauer	21-40 Tage	Training aller konditioneller Fähigkeiten, SA, GA, KA, wettkampfspezifisches Training
Mehrmaliger Einsatz	3-4 x 17-21 Tage	

Man sollte beachten, dass, je instabiler das Leistungsvermögen des Sportlers ist, desto größer ist die Wahrscheinlichkeit einer Fehlbelastung.

a)   **Schnelligkeits- und Schnelligkeitsausdauertraining**

Bei Belastungen bis 60 Sekunden Dauer bestehen keine Leistungseinschränkungen. Allerdings müssen die Pausen insbesondere bei 400-m-Läufen im Vergleich zu NN verlängert werden. Außerdem entspricht die geringere Dichte der Luft einem Rückenwind von 1-1,54 m/s unter NN.

b)   **GA-Training**

Bei Dauerbelastungen besteht ein sehr hoher Zusammenhang zur Trainingsverfassung unter NN. Gut trainierte und höhenerfahrene Athleten können schon nach einer kurzen Umstellungsphase (ca. ein bis drei Tage) die gleichen Belastungen zwischen 10-30 km vollbringen wie unter NN. Allerdings sind die Geschwindigkeiten im GA-Training um 0,3-0,4 m/s niedriger anzusetzen als unter Normalbedingungen.

Tab. 66: Beispiele empfohlenes Dauerlauftempo auf 2.000 m Höhe

Lauftempo unter NN.	-0,3 m/s	-0,4 m/s
In min/km	In min/km	In min/km
6:00	6:40	6:52
5:30	6:06	6:17
5:00	5:30	5:41
4:45	5:12	5:22
4:30	4:54	5:03
4:15	4:36	4:44
4:00	4:18	4:25
3:45	4:01	4:07
3:30	3:44	3:50
3:15	3:27	3:32
3:00	3:10	3:15

Inwieweit im Verlauf des Höhentrainings diese wieder angehoben werden können, hängt stark von der aeroben Leistungsfähigkeit und der Höhenerfahrung des jeweiligen Athleten ab. Ein verfrühtes Anheben der Geschwindigkeiten kann nach Rückkehr auf NN zu einem lang anhaltenden Formrückgang führen. Dies kann auch geschehen, wenn die Belastungen in der Höhe noch scheinbar gut verkraftet werden. Die klimatischen Bedingungen in der Höhe führen bei den Athleten in der Regel zu einem sympathikotonen Grundzustand, der Ermüdungssummationen oft nicht sofort erkennen lässt. Belastungen im wettkampfspezifischen Bereich (GA 2) weisen ein deutlich messbares Absinken der Leistungsfähigkeit auf, obwohl sie vom Sportler noch subjektiv gut toleriert werden. Die Erholungspausen zwischen Tempoläufen müssen deutlich erhöht werden, insbesondere bei Läufen über zwei Minuten Dauer. Folgende Einsatzmöglichkeiten lassen sich für das Höhentraining ableiten. Nach einer kurzen Phase des allgemeinathletischen Aufbaus wird auch in der Höhe ein Grundlagenausdauertraining mit hohen allgemeinathletischen Anteilen absolviert. Damit wird die Phase der Grundlagenausdauerentwicklung deutlich verkürzt. Oder: Der Athlet verfügt bereits über eine gute Grundlagenausdauer und der Höhenaufenthalt wird zum weiteren Ausbau derselben genutzt, indem ein umfangreiches Training mit niedriger Intensität durchgeführt wird. Bei der dritten Variante verfügt der Sportler über eine ausreichende aerobe Grundlage und hat ein gutes Niveau der wettkampfspezifischen Ausdauer erreicht. So absolviert er ein wettkampfnahes Ausdauertraining mit relativ langen Erholungspausen, das durch sehr langsame Dauerläufe kompensiert wird (sogenannte *UWV-Variante*).

6.1.1 ZEITLICHER EINSATZ DES HÖHENTRAININGS

Der zeitliche Einsatz des Höhentrainings im Jahresverlauf richtet sich in starkem Maße nach den geplanten Einsatzmöglichkeiten, wie sie oben beschrieben wurden. Sinnvoll ist ein mehrfacher Einsatz im Jahresverlauf. Man spricht von einer sogenannten *Höhenkette*. Will man den vollen Nutzen aus dem Höhentraining ziehen, ist es notwendig, die genannten physiologischen Anpassungen regelmäßig durch erneute Höhenaufenthalte zu stimulieren, da diese sich nach Rückkehr auf NN langsam wieder zurückbilden. Vereinfacht könnte man sagen, je öfter, desto besser. Wie häufig man letztlich ein Höhentraining absolviert, wird aber meistens vom finanziellen und zeitlichen Budget der Sportler bestimmt.

ZEITLICHER ABSTAND ZUM HAUPTWETTKAMPF

Übereinstimmend wird in der Literatur auf eine erhöhte Leistungsfähigkeit unmittelbar nach einem Höhentraining verwiesen. Das deckt sich auch mit meinen Erfahrungen.

Diese hängt offenbar mit der durch Höhenakklimatisation erworbenen Sauerstoffbindungs- und -transportkapazität zusammen. Wie sich die Leistungsfähigkeit aber danach entwickelt, wird teilweise konträr diskutiert. So nennen (Gottschalk et. al.) eine verminderte Leistungsfähigkeit zwischen dem fünften und achten Tag nach Rückkehr aus der Höhe, infolge stattfindender Umstellungsprozesse. Neumann und Hottenrott nennen Tag 4-11 als kritische Phase der Leistungsminderung. Als optimaler Zeitpunkt für das angestrebte Leistungsmaximum wird meist Tag 14-21 angegeben (siehe Abb. 12).

Fakt ist, dass unmittelbar nach Rückkehr aus der Höhe die Leistungsfähigkeit des Sportlers aufgrund der schon genannten erhöhten Sauerstoffbindungs- und -transportkapazität des Blutes erhöht ist. Unbestritten ist auch, dass danach Umstellungsprozesse auf die Bedingungen unter NN einsetzen.

Höhentraining und Wettkampfhöhepunkt

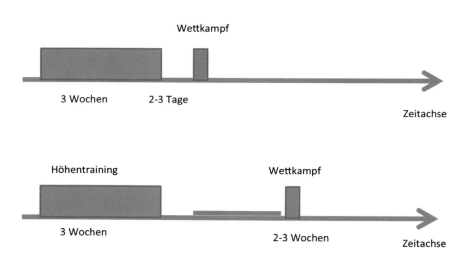

Abb. 12: Zeitlicher Abstand des Höhentrainings vom Wettkampf

Wann aber der optimale Zeitpunkt für das individuelle Leistungsmaximum liegt, gilt es für den einzelnen Athleten oder Trainer selbst herauszufinden. Aus meiner Sicht wird hier zu stark auf die Auswirkungen der Umweltbedingungen Bezug genommen. Einen noch größeren Einfluss auf die Leistungsfähigkeit hat dabei das absolvierte Training. Der Be- und Entlastungsrhythmus spielt dabei ebenso eine entscheidende Rolle wie die Menge und die Intensität des in der Höhe absolvierten Trainings. Wird nach einem Abschnitt mit hohen Trainingsbelastungen eine Entlastungswoche durchgeführt, führt das immer zu einem zeitweisen Absinken der Leistungsfähigkeit. Dieses auf „Ruheschalten" des Körpers und insbesondere des vegetativen Nervensystems dürfte den meisten Läufern bekannt sein.

Hier noch ein Beispiel für einen Grundlagentrainingsblock im Höhentraining, den A. Gabius im April 2015 in Iten (Kenia) absolviert hat.

Tab. 67: Höhentraining A. Gabius April 2015 (1)

Ges .92	Mo.	Di.	Mi.	Do.	Fr.	Sa.	So.
Datum				02.04.15	03.04.15	04.04.15	05.04.15
Vor-mittag				Anreise Iten	16 km 4:13 min/km	16 km 4:12 min/km	16 km 4:16 min/km
Nach-mittag				10 km 4:15 min/km	12 km locker	8 km sehr locker	
km/Tag				10	28	24	16

Tab. 68: Höhentraining A. Gabius April 2015 (2)

Ges. 227	Mo.	Di.	Mi.	Do.	Fr.	Sa.	So.
Datum	06.04.15	07.04.15	08.04.15	09.04.15	10.04.15	11.04.15	12.04.15
Vor-mittag	16 km 4:17 min/km	21 km 3:55 min/km	30 km **3:44** **min/km**	16 km **3:51** **min/km**	21 km 4:05 min/km	TL 3 x (3-2-1) Ø/km 3:08 min 3:05 min 2:59 min	26 km 4:05 min/km
Nach-mittag	10 km Laufband **3:52** **min/km**	10 km 4:02 min/km Bergauf-läufe	12 km 4:07 min/km	Einlaufen 10 x 200 m Auslaufen	11 km 4:14 min/km	11 km 4:12 min/km	
km/Tag	26	34	42	28	32	39	26

Tab. 69: Höhentraining A. Gabius April 2015 (3)

Ges. 204	Montag	Dienstag	Mittwoch	Donnerstag	Freitag	Samstag	Sonntag
Datum	13.04.15	14.04.15	15.04.15	16.04.15	17.04.15	18.04.15	19.04.15
Vor-mittag	10 km 4:01 min/km	16 km 4:07 min/km	TL 20 x 350 m bergauf 70 s 2 min TP	17 km 3:58 min/km	16 km 3:57 min/km	35 km **3:38** **min/km**	25 km 4:03 min/km
Nach-mittag	11 km 4:06 min/km	10 km 4:07 min/km Bergauf-sprints	11 km 4:14 min/km	11 km 4:06 min/km		11 km 3:58 min/km	
km/Tag	27	29	33	28	16	46	25

A. Gabius gestaltet sein Training in der Höhe in diesem Fall sehr vorsichtig. Obwohl er bereits über viel Höhenerfahrung verfügt, beginnt er mit deutlichen Geschwindigkeits- abschlägen von 0,4-0,5 m m/s (wie von Fachleuten gefordert). Sein normales Dauer- lauftempo liegt etwa zwischen 3:35 min/km und 3:50 min/km. Und obwohl er selbst muskuläre Probleme als Ursache dafür angab, hat er damit eine „Lehrbuch-Vorlage" geliefert. A. Gabius absolviert die erste Laufeinheit im gewohnten Lauftempo erst nach fünf Tagen. Nach einer Woche läuft er seinen ersten marathonspezifischen Lauf über 30 km im „Normaltempo". Das erste anspruchsvolle Tempolaufprogramm am 11.04. wird dann ebenfalls nur mit ca. 95 % der Geschwindigkeit unter NN durchgeführt. Im Dauerlauftraining werden nur ~ vier Läufe mit Normalgeschwindigkeit durchgeführt (fett markiert), bei allen anderen Trainingseinheiten werden die Geschwindigkeitsab- schläge mehr oder minder beibehalten.

Die abschließende Frage in welcher Höhe man optimalerweise trainieren sollte, lässt sich nicht ganz eindeutig beantworten. Das hängt entscheidend von der Höhener- fahrung und der aeroben Leistungsfähigkeit ab. So wird für Höhenunerfahrene eine Einstiegshöhe unter 2.000 m über NN empfohlen. Erste Anpassungserscheinungen sind bereits auf 800-1.000 m Höhe nachweisbar. Somit wäre beispielsweise für Kinder und Jugendliche ohne Höhenerfahrung auch ein Training auf dem Sportkomplex Rabenberg (sächsische Landessportschule) denkbar. Hier sind die Auswirkungen der Hypoxie noch relativ gering und somit auch die Gefahr einer Fehlbelastung.

Empfehlenswert ist es in jedem Fall, die Höhe schrittweise zu steigern. Die Trainings- strecken zwischen St. Moritz (Schweiz) und Davos befinden sich in einer Höhe zwischen 1.700 m und 1.800 m und eignen sich so idealerweise für Höhenunerfahrene. Der Sportkomplex Belmeken im bulgarischen Rilagebirge liegt auf ca. 2.050 m. Viele der Trainingsstrecken liegen aber auf ca. 1.800-1.900 m, sodass diese auch gut für Höhen- einsteiger geeignet sind.

Höhen über 2.000 m sind nur Sportlern zu empfehlen, die bereits über Höhenerfah- rungen verfügen. Beispiele wären Flagstaff (USA) ca. 2.200 m und Eldoret (Kenia) ca. 2.400 m. Höhentraining für Ausdauersportler macht nur bis zu einem Höhenlevel von ca. 3.000 m über NN Sinn. In noch größeren Höhen sind die Auswirkungen der Hypoxie so stark, dass ein leistungssportliches Lauftraining nicht mehr möglich ist.

7

Neben dem Höhentraining wird von vielen Athleten auch ein sogenanntes *Klimatraining* betrieben. Dieses wird vorrangig in den Wintermonaten durchgeführt. Bekanntlich ist das Klima zwischen November und Mitte März eine sehr unsichere Komponente. Wenn man Pech hat, kann der Winter auch in Mitteleuropa für einige Wochen oder sogar Monate Einzug halten. Jeder Läufer kennt die Situation, wenn von einer Schneeschicht bedeckte Fuß- oder Waldwege festgetreten werden und ein schnelleres Laufen unmöglich machen. Meist kann nur noch DL 1 mit „Abstrichen" realisiert werden.

Das sich irgendwann anschließende Tauwetter kann sich auch noch mehrere Wochen hinziehen, wenn die Sonne am Tag den Schnee zum Schmelzen bringt und der Frost bei Nacht den Weg in eine spiegelglatte Eisfläche verwandelt. Aus genannten Gründen sind diese Wege für den Läufer fast gar nicht mehr zu nutzen. Zusätzlich bringt die frühe Dunkelheit Einschränkungen beim Lauftraining mit sich. Diese hat auch negative Auswirkungen auf unsere Gemütslage und unser vegetatives Nervensystem.

Deshalb verbringen viele Profiläufer mittlerweile fast den ganzen Winter außerhalb von Mitteleuropa. Diese Möglichkeit haben die meisten Leistungs- und Hobbysportler leider nicht. Dennoch kann es Sinn machen, im zeitigen Frühjahr einen Trainingsaufenthalt in sonnigeren Gefilden zu suchen. Dafür sind Januar und Februar die geeignetsten Monate. Ich bevorzuge dabei den Februar, um nicht nach einer Rückkehr aus südlichen Gefilden im Februar noch einmal in den Winter „abzustürzen".

Für das Klimatraining eignen sich in Europa vor allem Italien, Spanien und Portugal. Dabei kann man oft beobachten, dass es zu bestimmten Trendentwicklungen kommt. Bevorzugt der eine oder andere Bundestrainer eine Region für das Training seiner Kaderathleten, folgen oft viele leistungsorientierte Läufer in die Trainingsregion. So war in den 1990er-Jahren das toskanische Städtchen Cecina lange ein bevorzugter Trainingsort für damalige Spitzenmarathonläufer wie Conrad Dobler. Dort finden sich wunderschöne Pinienwälder auf deren nadelbedeckten Wegen man ein muskel- und bindegewebsschonendes Lauftraining durchführen kann. Leider ist der am besten zum Laufen geeignete Wald nicht sehr groß, sodass der größte Teil des Trainings auf einer 5-km-Pendelstrecke absolviert werden muss. Dennoch kann man diese leicht profilierte Laufstrecke als eine der schönsten bekannten Strecken bezeichnen.

Bild 9: Sonnenuntergang in Cecina

Bild 10: Cecina

Bild 11: Laufstrecke Cecina

Ein anderer beliebter Trainingsort in der Toskana ist Viareggio. Hier findet man weitläufige und teilweise vermessene Trainingsstrecken, die aber zum Teil aus Straßen bestehen. Highlight ist die kilometerweit asphaltierte und gut zu belaufende Strandpromenade, die streckenweise ein grandioses Panorama bietet.

Zudem ist es ein besonderes Erlebnis kultureller Art, wenn von Januar bis Ende Februar die Karnevalsumzüge stattfinden.

Bild 12: Karnevalsumzug in Viareggio

Allerdings muss man anmerken, dass die Toskana im Januar und Februar noch recht kühl und regenreich ist. So können die Temperaturen auch mal in den einstelligen Bereich abrutschen.

In diesen Monaten bieten die Trainingsorte im Süden Spaniens und Portugals klimatisch deutlich bessere Bedingungen. Die andalusische Kleinstadt Chiclana ist ein solcher Ort, der von vielen leistungsorientierten Läufern in den letzten Jahren genutzt wurde. Auch hier findet man einen Pinienwald, welcher aber schwer zu belaufen ist und nicht selten unter Wasser steht. So muss man einen Großteil seines Trainings auf den umliegenden Straßen absolvieren. Es gibt dort auch einen fantastischen, sehr breiten Strand, der aber zum Lauftraining nicht wirklich geeignet ist (auch wenn einschlägige Sport-Reiseprospekte dies behaupten). Von einem ausgiebigen Lauftraining auf einem solchen, relativ weichen und instabilen Untergrund ist generell abzuraten. Etwas störend wirkt sich der immer präsente, böige Wind aus, welcher die eigentlich angenehmen Temperaturen von um die 15-16° C kälter erscheinen lässt.

Bild 13: Sonnenuntergang in Chiclana   *Bild 14: Strand bei Chiclana*

Bevorzugter Trainingsort vieler deutscher Spitzenläufer ist in inzwischen das portugiesische Städtchen Monte Gordo geworden.

Bild 15: Monte Gordo

Und obwohl das Städtchen seitens der Trainingsbedingungen nichts Außergewöhnliches zu bieten hat, ist es in den letzten Jahren auch für viele internationale Läufer und Geher zu einem Mekka geworden. Hier sind unzählige Laufgruppen und kleine Grüppchen unterwegs.

Bild 16: Trainingsgruppe Monte Gordo   *Bild 17*

Die Laufstrecken bestehen überwiegend aus Straßen, welche allerdings meist über ausreichend breite Fuß- oder Radwege verfügen. Das Stadion mit der gepflegten Tartanbahn (gebührenpflichtig) befindet sich im Zentrum der Laufstrecken. Dort findet man auch physiotherapeutische Praxen, die sich auf die typischen Beschwerden der Läuferschaft spezialisiert haben. Ausgesprochen mediterran und angenehm ist das Klima, selbst bei leichtem Regen meint man, mitten im Frühling zu sein und Meer und Strand stellen eine beeindruckende Kulisse dar.

Bild 18: Strand von Monte Gordo

Wer die Möglichkeit hat, sein Wintertrainingslager in Kenia durchführen zu können, hat somit die Vorzüge des Klimatrainings mit denen des Höhentrainings verbunden. Ob man die im Vergleich zu südeuropäischen Trainingsorten deutlich längeren Reisestrapazen und die nicht unerheblichen Gesundheitsrisiken auf sich nehmen will, muss jeder für sich abwägen.

Klimatrainingseinheiten können aber nicht nur in der Winterüberbrückung eingesetzt werden, sondern auch, um sich auf spezielle Wettkampfbedingungen vorzubereiten. Da wären vor allem große Hitze oder hohe Luftfeuchtigkeit zu nennen. Die extremsten Situationen findet man vor, wenn beides zusammenkommt. Wer unter solchen Bedingungen seine volle Leistung abrufen will, muss sich vorher genau unter diesen Bedingungen akklimatisieren. Im Zweifelsfall ist ein solches Klimagewöhnungstraining dem Höhentraining in der unmittelbaren Wettkampfvorbereitung vorzuziehen.

Bild 19: Trainingsgruppe mit „Promi-Alarm"

8

BESONDERHEITEN
DES LAUFTRAININGS
BEI FRAUEN

Zunächst ist es offensichtlich, dass Frauen nicht das Tempo ihrer männlichen Kollegen auf der jeweiligen Strecke erreichen. Und obwohl die Differenz in den letzten Jahren geringer geworden ist, bleibt diese bestehen. Als Ursachen werden häufig die geringeren Kraftfähigkeiten und das schlechtere Last-Kraft-Verhältnis aufgrund des höheren Anteils an Fettgewebe im Körper genannt. Ebenso ist nachgewiesen, dass Frauen eine geringere VO_2max besitzen, auch wenn man diese auf das Körpergewicht relativiert.

All diese Faktoren führen letztlich zu einer geringeren Laufleistung als die der Männer auf vergleichbarem Niveau. Dabei wird angenommen, dass sich der Nachteil der Frauen durch weniger Muskelkraft am stärksten über die Mittelstrecken 800 m / 1.500 m auswirken würde und mit zunehmender Streckenlänge an Einfluss verliert. Während umgekehrt die Nachteile durch geringere VO_2max und das schlechtere Last-Kraft-Verhältnis auf den Strecken 800 m / 1.500 m den wenigsten Einfluss haben, sich mit zunehmender Streckenlänge bis hin zum Marathon aber stärker auswirken. Die Grafik zeigt, wie viel Prozent in Bezug zur Geschwindigkeit die Frauen im Vergleich zur Männerleistung erreichen. Untersucht wurden die ersten 30 der Weltbestenliste (Stand: 07 / 2016) und die ersten 30 der ewigen deutschen Bestenliste (Stand: 31.12.15).

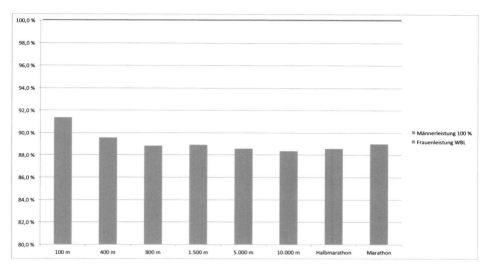

Abb. 13: Leistungsverhältnis Männer/Frauen Welt

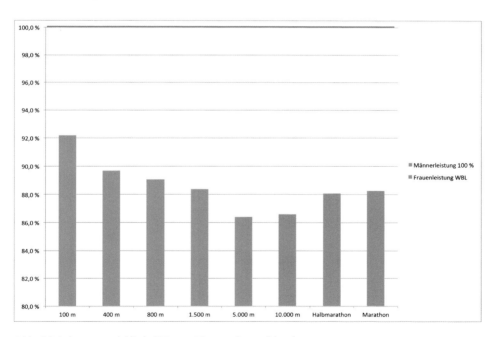

Abb. 14: Leistungsverhältnis Männer/Frauen Deutschland

Die Erwartung, dass die Frauenleistung sich dort am weitesten der Männerleistung annähert, wo der Einfluss der Kraftfähigkeiten am geringsten ist, nämlich beim Marathon, wurde nicht bestätigt. Prozentual liegt die Leistung im Bereich der weltbesten Frauen auf den Strecken von 800 m bis Marathon zwischen 88,4 und 89,0 %. Bei den deutschen Frauen sieht es ähnlich aus. Nur die 5.000 m und 10.000 m fallen mit einer prozentualen Leistung um 86 % sichtbar ab. Es ist weiter erkennbar, dass auch im Bereich der Weltbesten die prozentuale Leistung über 5.000 m / 10.000 m am niedrigsten ausfällt. Auch wenn der Unterschied deutlich geringer ausfällt als bei den deutschen Frauen. Eine mögliche Erklärung wäre, dass alle genannten Nachteil-Faktoren über 5.000 m und 10.000 m einen relativ großen Einfluss haben.

Daraus ließe sich ableiten, dass das Frauentraining noch stärker auf die Entwicklung der Kraftfähigkeiten und der VO_2max ausgerichtet werden müsste.

In vielen Trainingsplanungen werden für Frauen geringere Umfänge genannt. Das ist aber kaum zu rechtfertigen, da die Wettkampfstrecken doch die gleichen wie die der Männer sind. Auch eine geringere Belastungsverträglichkeit konnte ich in der Trainingspraxis nicht feststellen. Und obwohl einige Studien darauf hinweisen, dass bei Frauen häufiger Schwächen im Bindegewebe und im Bandapparat als bei Männern auftreten, konnte noch keine signifikant höhere Verletzungsquote in Bezug auf das Lauftraining nachgewiesen werden.

Zusammenfassend kann man sagen, dass sich das Frauentraining in wesentlichen Aspekten nicht vom Männertraining unterscheidet. Das Training auf gleichem Leistungsniveau wird mit einer etwas geringeren Intensität durchgeführt, was zwangsläufig zu einer längeren Trainingsdauer führt. Dies sollte aus Sicht der Regeneration aber beachtet werden.

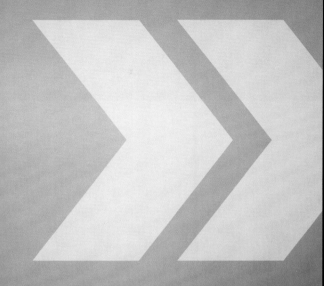

9

BESONDERHEITEN
IM MARATHONLAUF

BESONDERHEITEN IM MARATHONLAUF

9.1 MARATHONSPEZIFISCHE LÄUFE

Marathonspezifische Läufe sind das wichtigste Trainingsmittel zur Vorbereitung auf einen Marathonlauf. Bei meinen Analysen habe ich alle Läufe mit einer Streckenlänge => 25 km als marathonspezifisch gewertet. Damit ist die streckenspezifische Untergrenze zwar relativ kurz gewählt, jedoch wurde die 25-km-Strecke von den analysierten Langstreckenläufern sehr häufig absolviert und sollte deshalb mit in die Analyse einbezogen werden.

Untersucht wurde das Durchschnittstempo der marathonspezifischen Läufe und deren Relation zum Wettkampfergebnis. Des Weiteren habe ich die Häufigkeit des Einsatzes dieser Läufe sowie deren durchschnittliche Länge ermittelt und deren Anteil am Gesamttrainingsumfang dargestellt. Eine entscheidende Frage ist, wie oft und wie schnell müssen diese Läufe absolviert werden. Dafür habe ich verschiedene Trainingsaufzeichnungen ausgewertet und zur besseren Verständlichkeit grafisch dargestellt.

Bei allen untersuchten Marathonvorbereitungen werden marathonspezifische Läufe eingesetzt. Hierbei gibt es allerdings große Unterschiede, insbesondere in Bezug auf die Häufigkeit. Die früheren DDR-Spitzenläufer J. Eberding, J. Peter und der Doppelolympiasieger W. Cierpinski sind führend, was die Häufigkeit angeht. Dabei kommen in der UWV meist zwei, manchmal sogar drei marathonspezifische Läufe pro Woche zum Einsatz. J. Peter absolvierte in der Vorbereitung zum damaligen deutschen Rekord sogar bis zu vier lange Läufe in der Woche.

Auffällig ist, dass bei S. Franke (London-Marathon 2011) und A. Gabius, dem heutigen deutschen Rekordhalter, diese Läufe deutlich seltener zum Einsatz kommen. Bei ihnen dominiert ein eher intensitätsbetontes Training in den letzten Vorbereitungswochen. Deutlich wird vor allem, dass Umfang, Häufigkeit und Intensität der marathonspezifischen Läufe auch vom Umfang und Qualität des Tempolauf-, DL 3 und Tempowechsel-Dauerlauftrainings abhängen.

9.1.1 WALDEMAR CIERPINSKI

Cierpinski selbst untersucht in seiner Diplomarbeit (Cierpinski, 1982) drei Marathon-vorbereitungen seiner Karriere. Dabei fällt auf, dass die marathonspezifischen Läufe in der Olympiavorbereitung 1976 deutlich sparsamer zum Einsatz kommen als vor dem olympischen Marathon in Moskau. Auch die durchschnittliche Intensität der langen Läufe ist vor Moskau deutlich höher. Dennoch erreicht Cierpinski keine Verbesserung seiner Bestleistung. Cierpinski selbst nennt als Ursache die hohen Außentemperaturen von 29° C am Wettkampftag.

Beim Training der intensiveren Einheiten sind keine gravierenden Unterschiede festzu-stellen. Dieses besteht bei Cierpinski vor allem aus einem 20 km Tempowechsel-Dau-erlauf mit 1.000-m-/600-m-Abschnitten und kurzen Testläufen über 5 km und 10 km. Anzumerken ist, dass die in der Grafik abgebildeten Geschwindigkeiten nur die Durch-schnittsgeschwindigkeiten darstellen.

In der Realität erreichte er auf den 1.000-m-Abschnitten Primärgeschwindigkeiten bis zu 5,8 m/s (2:52 min/km). Mir persönlich gefällt auch die dritte dargestellte Marathon-vorbereitung Karl-Marx-Stadt 1980. Insbesondere die ansteigende Intensität der mara-thonspezifischen Läufe ist gut zu erkennen. Ein Ergebnis, dass ich in der Trainingspraxis häufig beobachten konnte: Nicht immer ist die absolute Intensität einer Trainingsleis-tung für das Wettkampfergebnis verantwortlich, sondern manchmal auch die Dynamik, mit der sich eine Trainingsleistung entwickelt.

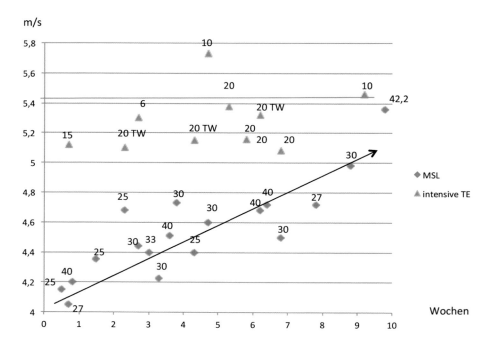

Abb. 15: Marathonspezifische Läufe W.Cierpinski, Karl-Marx-Stadt 1980

Tab. 70: Analyse der MSL W. Cierpinski, Karl-Marx-Stadt 1980

Zielleistung	2:10:00 h (5,41 m/s)
Ergebnis	2:11:17 h (5,36 m/s)
%	99,0 %

Wo.	Ø V MSL in m/s	% von Zielleistung in % V-Ziel	Ø 3 schnellsten MSL in m/s	Ø 3 schnellsten in %	Anzahl MSL	Umfang MSL in km	Anteil MSL vom Gesamtumfang in %	Ø Länge MSL in km
10	4,50	83,2	4,81	88,9	17	527	26,9 %	31,0
							1.962	

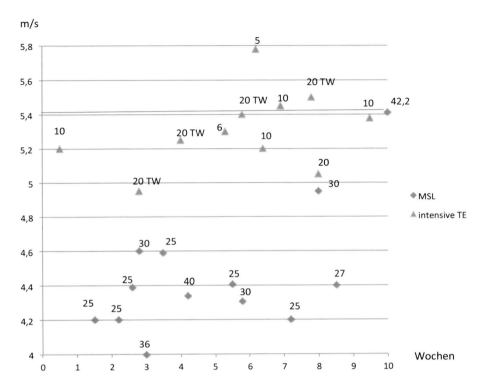

Abb. 16: Marathonspezifische Läufe W. Cierpinski, Montreal 1976

Tab. 71: Analyse der marathonspezifischen Läufe W. Cierpinski, Montreal 1976

Zielleistung	2:10:00 h (5,41 m/s)
Ergebnis	2:09:55 h (5,41 m/s)
%	100 %

Wo.	Ø V MSL in m/s	% von Zielleistung in % V-Ziel	Ø 3 schnellsten MSL in m/s	Ø 3 schnellsten in %	Anzahl MSL	Umfang MSL in km	Anteil MSL vom Gesamtumfang in %	Ø Länge MSL in km
10	4,50	83,2	4,71	87,1	12	385	23,7 %	29,6
							1.621	

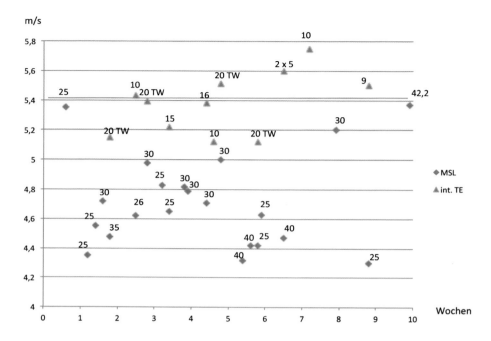

Abb. 17: Marathonspezifische Läufe W. Cierpinski, Moskau 1980

Tab. 72: Analyse der marathonspezifischen Läufe W. Cierpinski, Moskau 1980

Zielleistung	2:10:00 h (5,41 m/s)							
Ergebnis	2:11:03 h (5,37 m/s)							
%	99,3 %							
Wo.	Ø V MSL in m/s	% von Zielleis-tung in % V-Ziel	Ø 3 schnell-sten MSL in m/s	Ø 3 schnell-sten in %	Anzahl MSL	Umfang MSL in km	Anteil MSL vom Gesamt-umfang in %	Ø Länge MSL in km
10	4,67	86,3	5,18	95,8	20	591	30,6 %	29,6
						1.930		

150

Anders ist In vieler Hinsicht die Marathonvorbereitung des neuen deutschen Rekordhalters im Marathonlauf. Auch bei ihm kommen marathonspezifische Läufe zum Einsatz, aber nicht in konsequenter Regelmäßigkeit. In der 2014er-Vorbereitung häufen sich die Läufe in der 36.-38. Kalenderwoche. In den nächsten drei Wochen fehlen diese vollständig. Erst zum Ende der Vorbereitung kommen diese noch einmal zum Einsatz. Dazwischen liegt der Fokus auf intensiven Tempowechselläufen und einigen Wettkämpfen.

So lief A. Gabius sowohl 2014 als auch 2015 drei Wochen vor dem Höhepunkt noch jeweils einen schnellen 10-km-Wettkampf um 28:00 Minuten. Diese Zeit liegt durchaus im Bereich seiner Bestzeit. Überhaupt finden wir in seiner Vorbereitung einige spektakuläre Tempowechselläufe. Zum Beispiel absolviert er ein 5 x 5-km-Programm gleich zweimal innerhalb von vier Tagen. Bei nur 3 Minuten Trabpause, die sehr zügig absolviert wird, trägt auch dieses Programm eher Tempowechselcharakter. A. Gabius erreicht dabei ein Durchschnittstempo von 3:03 min/km, das sind 101 % seines Zieltempos. Das Programm steigert er 2015 noch einmal um vier Sekunden und erreicht sogar 102 % des angepeilten Tempos. Auch ein 23 km Tempowechsellauf mit 1.000-m-Abschnitten von 2:55 min/km und 3:25 min/km stellt eine äußerst anspruchsvolle Trainingseinheit dar.

Auch in der 2015er-Vorbereitung sind in 16 Wochen Vorbereitungszeit nur 15 marathonspezifische Läufe zu finden. Wieder liegt der Fokus auf Tempowechselprogrammen und Wettkämpfen von 6,5 km bis Halbmarathon. Dabei erreichen die Tempowechselprogramme Streckenlängen von über 20 km und Primärgeschwindigkeiten, welche deutlich über dem geplanten Marathontempo liegen. Besonders erwähnenswert: In der 37. Kalenderwoche läuft Gabius innerhalb von fünf Tagen insgesamt 40 km im oder über dem geplanten Renntempo. Gepuffert werden diese hohen Intensitäten von einem umfangreichen Anteil aeroben Trainings. An den Zwischentagen absolviert er fast durchgängig zwei Laufeinheiten in stabil aerobem Tempo und bewältigt häufig bis zu 40 km am Tag.

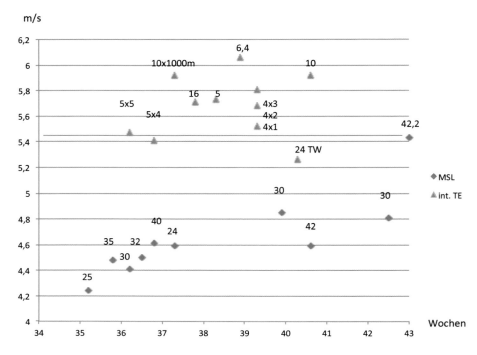

Abb. 18: Marathonspezifische Läufe A. Gabius, Frankfurt 2014

Tab. 73: Analyse der marathonspezifischen Läufe A. Gabius, Frankfurt 2014

Zielleistung	2:09:30 h (5,43 m/s)
Ergebnis	2:09:32 h (5,43 m/s)
%	100 %

Wo.	Ø V MSL in m/s	% von Zielleistung in % V-Ziel	Ø 3 schnellsten MSL in m/s	Ø 3 schnellsten in %	Anzahl MSL	Umfang MSL in km	Anteil MSL vom Gesamtumfang in %	Ø Länge MSL in km
9	4,55	83,8	4,76	87,7	10	320	19,0 %	32,0
							1.684	

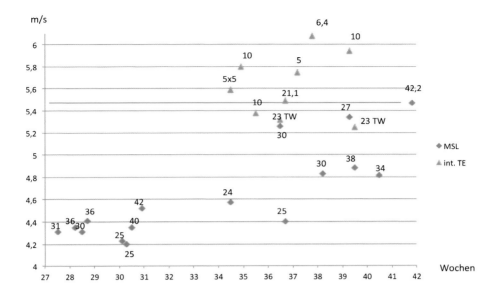

Abb. 19: Marathonspezifische Läufe A. Gabius, Frankfurt 2015

Tab. 74: Analyse der marathonspezifischen Läufe A. Gabius, Frankfurt 2015

Zielleistung	2:08:30 h (5,47 m/s)
Ergebnis	2:08:32 h (5,43 m/s)
%	100 %

Wo.	Ø V MSL in m/s	% von Zielleis- tung in % V-Ziel	Ø 3 schnell- sten MSL in m/s	Ø 3 schnell- sten in %	Anzahl MSL	Umfang MSL in km	Anteil MSL vom Gesamt- umfang in %	Ø Länge MSL in km
16	4,58	83,7	5,16	94,3	15	473	18,1 %	31,5
						2.620		

9.1.3 STEPHANE FRANKE

Bei der 12-wöchigen Vorbereitung auf den London Marathon 1997 fällt vor allem das sehr niedrige Niveau der marathonspezifischen Läufe auf, auch wenn man berücksichtigen muss, dass ein großer Teil der Läufe in der Höhe absolviert wurde. S. Franke

beschränkt sich auf einen langen Lauf pro Woche. Nur ein Lauf am Ende der Vorbereitungsperiode erreicht ein Niveau von 95 % seiner erreichten Marathonzeit. Das ist
allerdings ein sehr hohes Niveau für einen Trainingslauf. Ansonsten absolviert er eine
Vielzahl von kürzeren Tempoläufen, welche keinen wirklichen Bezug zur Marathonleistung erkennen lassen.

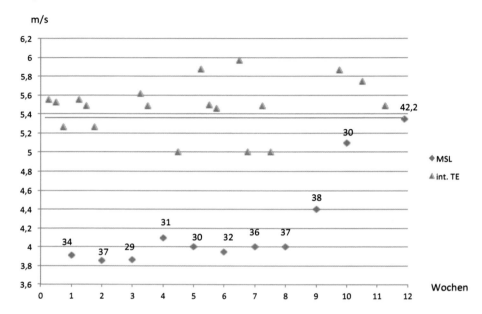

Abb. 20: Marathonspezifische Läufe S. Franke, London-Marathon 1997

Tab. 75: Analyse der marathonspezifischen Läufe S. Franke, London-Marathon 1997

Zielleistung								
Ergebnis	2:11:26 h (5,35 m/s)							
Wo.	**Ø V MSL in m/s**	**% von Zielleistung in % V-Ziel**	**Ø 3 schnellsten MSL in m/s**	**Ø 3 schnellsten in %**	**Anzahl MSL**	**Umfang MSL in km**	**Anteil MSL vom Gesamtumfang in %**	**Ø Länge MSL in km**
12	4,11	76,8	4,53	84,7	10	334	15,3 %	33,4
							2.177	

Im Gegensatz zu S. Franke, fällt bei J. Peter der relativ hohe Umfang an marathonspe-zifischen Läufen auf. Dabei liegt die durchschnittliche Intensität mit 4,38 m/s (3:48 min/km) im Vergleich zu anderen Spitzenläufern relativ niedrig. Man muss allerdings erwähnen, dass der größte Teil der Vorbereitung (2.-8. Woche) in der Höhe absolviert wurde. Dies hatte auch einen hohen Einfluss auf die Durchschnittsintensität, da im Höhentraining meist mit reduziertem Dauerlauftempo trainiert wurde. Auch intensive Einheiten kamen nur sehr spärlich zum Einsatz. Diese Vorbereitung mit klarer Priorität auf der Entwicklung der aeroben Mechanismen führte ihn 1988 zum deutschen Rekord, der immerhin 27 Jahre hielt.

J. Peter kam er in der UWV auf Wochenumfänge von 280 km und absolvierte bis zu vier marathonspezifische Läufe pro Woche. In der dargestellten, wenig erfolgreichen Marathonvorbereitung von Stuttgart 1986 absolvierte J. Peter gerade mal 11 mara-thonspezifische Läufe. Stattdessen fällt doch eine gewisse Häufung von intensiven Trainingseinheiten auf.

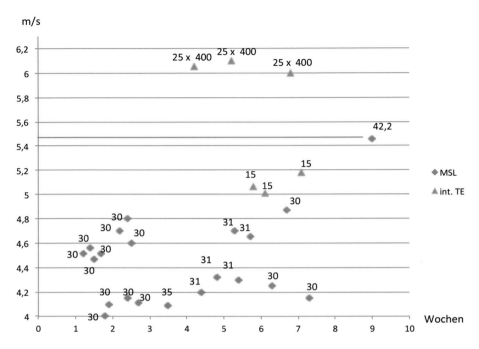

Abb. 21: Marathonspezifische Läufe J .Peter, Tokio-Marathon 1988

Tab. 76: Analyse der marathonspezifischen Läufe J. Peter, Tokio-Marathon 1988

Zielleistung									
Ergebnis	2:08:47 h								
%									
Wo.	Ø V MSL in m/s	% von Zielleistung in % V-Ziel	Ø 3 schnell-sten MSL in m/s	Ø 3 schnell-sten in %	Anzahl MSL	Umfang MSL in km	Anteil MSL vom Gesamt-umfang in %	Ø Länge MSL in km
---	---	---	---	---	---	---	---	---
9	4,38	80,2	4,77	87,2	20	640	34 %	32,0
							1.881	

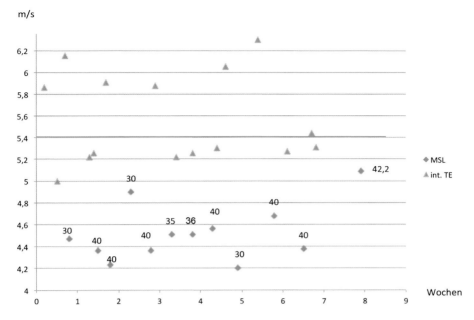

Abb. 22: Marathonspezifische Läufe J .Peter, Stuttgart-Marathon 1986

Tab. 77: Analyse der marathonspezifischen Läufe J. Peter, Stuttgart-Marathon 1986

Zielleistung	2:10:00 h (5,4 m/s)							
Ergebnis	2:18:05 h							
%								

Wo.	Ø V MSL in m/s	% von Zielleis- tung in % V-Ziel	Ø 3 schnell- sten MSL in m/s	Ø 3 schnell- sten in %	Anzahl MSL	Umfang MSL in km	Anteil MSL vom Gesamt- umfang in %	Ø Länge MSL in km
8	4,47	81,9	4,71	87,2	11	401	25,1 %	36,4
						1.661		

9.1.5 JÜRGEN EBERDING

Die Marathonvorbereitung von J. Eberding auf den Marathon in Karl-Marx-Stadt 1980 ähnelt von der grundlegenden Anlage der von J. Peter. Er erreicht Spitzenumfänge von 300 Wochenkilometern bei zwei bis drei marathonspezifischen Läufen pro Woche. Allerdings fehlen hier Läufe im geplanten Renntempo völlig. Das Tempo der durchgeführten Tempowechseldauerläufe lag meines Erachtens zu weit unter dem geplanten Renntempo. In der weniger erfolgreichen Vorbereitung von Seoul 1987 liegt das Tempo näher am Renntempo, aber hier fehlt ein ausreichend häufiger Einsatz von marathonspezifischen Läufen wie in seiner erfolgreichen Vorbereitung von 1980.

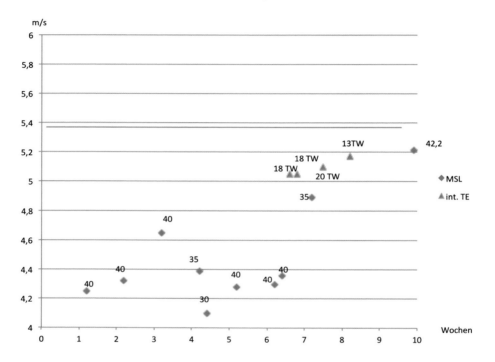

Abb. 23: Marathonspezifische Läufe J. Eberding, Seoul-Marathon 1987

Tab. 78: Analyse der marathonspezifischen Läufe J. Eberding, Seoul 1987

Zielleistung	2:11:00 h (5,37 m/s)							
Ergebnis	2:14:59 h (5,21 m/s)							
%	97,0							
Wo.	Ø V MSL in m/s	% von Zielleistung in % V-Ziel	Ø 3 schnellsten MSL in m/s	Ø 3 schnellsten in %	Anzahl MSL	Umfang MSL in km	Anteil MSL vom Gesamtumfang in %	Ø Länge MSL in km
10	4,39	81,8	4,64	86,4	9	340	19,3 %	37,8
							1.860	

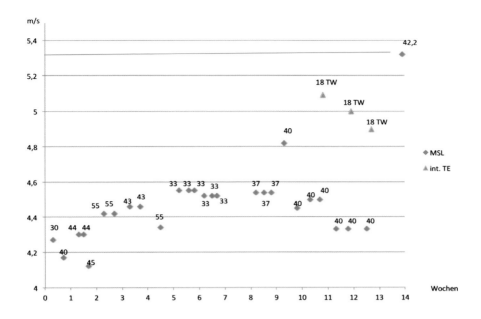

Abb. 24: Marathonspezifische Läufe J. Eberding, Chemnitz-Marathon 1980

Tab. 79: Analyse der marathonspezifischen Läufe J. Eberding, Karl-Marx-Stadt 1980

Zielleistung	2:11:00 h (5,37 m/s)							
Ergebnis	2:12:13 h (5,32 m/s)							
%	99,1							
Wo.	Ø V MSL in m/s	% von Zielleis- tung in % V-Ziel	Ø 3 schnell- sten MSL in m/s	Ø 3 schnell- sten in %	Anzahl MSL	Umfang MSL in km	Anteil MSL vom Gesamt- umfang in %	Ø Länge MSL in km
14	4,43	82,5	4,64	86,4	26	1.043	32,9 %	
						3.168		

9.1.6 MATTHIAS KÖRNER

Betrachten wir nun die drei Marathonvorbereitungen von 1992-1994 des Leipziger Läufers M. Körner, welche sich eine Leistungsebene tiefer abspielen. Dennoch finden wir hier ganz ähnliche Strukturen. M. Körner verbessert 1993 seine 1992 erzielte Bestleistung, obwohl der Geschwindigkeitsdurchschnitt seiner marathonspezifischen Läufe 1993 um 0,16 m/s (~ 10 s/km) niedriger lag als 1992.

Der Grund lag an der hohen Anzahl von intensiveren Einheiten, die er nahe am geplanten Renntempo absolvierte. Außerdem bewältigte er die drei schnellsten marathonspezifischen Läufe im exakt demselben Tempo wie 1992. Dies dürften dann auch die Gründe sein, weshalb er keine deutlichere Steigerung verbuchen konnte. Der Hamburg-Marathon 1994 wurde für M. Körner eine große Enttäuschung, verfehlte er doch die angepeilte Zielzeit von 2:15:30 h sehr deutlich. Heute wird klar, dass sowohl der Gesamtschnitt als auch die drei schnellsten marathonspezifischen Läufe langsamer waren als in den beiden Jahren zuvor. Die Orientierung auf hohe Intensitäten auf kürzeren Strecken (= < 20 km) brachte also nicht den erhofften Leistungszuwachs auf der Marathonstrecke.

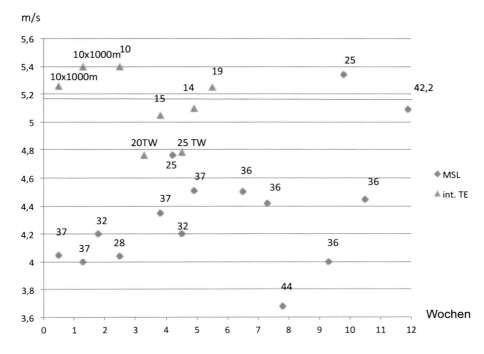

Abb. 25: Marathonspezifische Läufe M. Körner, Essen-Marathon 1992

Tab. 80: Analyse der marathonspezifischen Läufe M. Körner, Essen-Marathon 1992

Zielleistung	2:16:30 h (7/5,17 m/s)							
Ergebnis	2:18.13 h (5,09 m/s)							
%	98,4							
Wo.	Ø V MSL in m/s	% von Zielleis-tung in % V-Ziel	Ø 3 schnell-sten MSL in m/s	Ø 3 schnell-sten in %	Anzahl MSL	Umfang MSL in km	Anteil MSL vom Gesamt-umfang in %	Ø Länge MSL in km
12	4,28	82,7	4,67	90,3	14	478	31,1 %	34

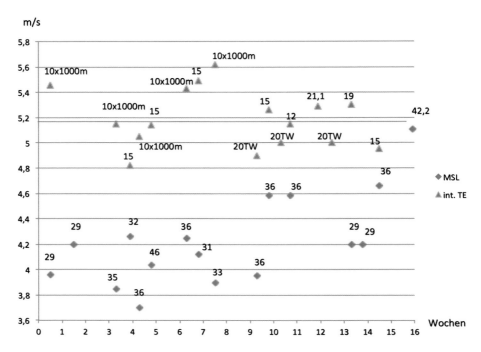

Abb. 26: Marathonspezifische Läufe M. Körner, Essen-Marathon 1993

Tab. 81: Analyse der marathonspezifischen Läufe M. Körner, Essen-Marathon 1993

Zielleistung	2:16:30 h (5,17 m/s)
Ergebnis	2:17:38 h (5,11 m/s)
%	98,8

Wo.	Ø V MSL in m/s	% von Zielleis- tung in % V-Ziel	Ø 3 schnell- sten MSL in m/s	Ø 3 schnell- sten in %	Anzahl MSL	Umfang MSL in km	Anteil MSL vom Gesamt- umfang in %	Ø Länge MSL in km
16	4,12	79,7	4,66	90,2	16	540	23,4 %	33,8

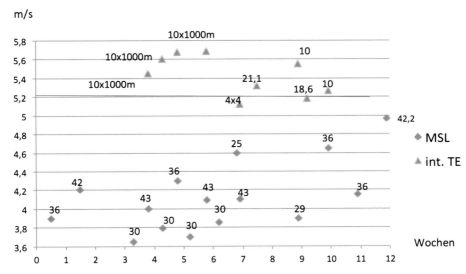

Abb. 27: Marathonspezifische Läufe M. Körner, Hamburg-Marathon 1994

Tab. 82: Analyse der marathonspezifischen Läufe M. Körner, Hamburg-Marathon 1994

Zielleistung	2:15:30 h (5,19 m/s)							
Ergebnis	2:21:38 h/							
%								
Wo.	Ø V MSL in m/s	% von Zielleis-tung in % V-Ziel	Ø 3 schnell-sten MSL in m/s	Ø 3 schnell-sten in %	Anzahl MSL	Umfang MSL in km	Anteil MSL vom Gesamt-umfang in %	Ø Länge MSL in km
12	4,07	78,4	4,52	87,0	14	489	27,7 %	34,9
						1.764		

9.1.7 JAKOB STILLER

Zu der Vorbereitung des Läufers J. Stiller auf den Leipzig-Marathon 2011 muss man anmerken, dass er diese in sein Aufbautraining für die Saison 2011 integriert hatte. Der Fokus lag also nicht auf einer Marathonvorbereitung. Trotzdem kann man gut die ansteigende Tendenz der marathonspezifischen Läufe erkennen. Auch mit den durch-schnittlichen Geschwindigkeiten liegt er im Bereich der Spezialisten.

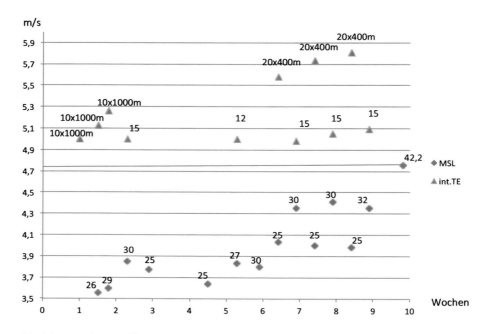

Abb. 28: Marathonspezifische Läufe J. Stiller, Leipzig-Marathon 2011

Tab. 83: Analyse der marathonspezifischen Läufe J. Stiller, Leipzig-Marathon 2011

Zielleistung								
Ergebnis	2:27:58 h (4,76 m/s)							
Wo.	Ø V MSL in m/s	% von Zielleistung in % V-Ziel	Ø 3 schnellsten MSL in m/s	Ø 3 schnellsten in %	Anzahl MSL	Umfang MSL in km	Anteil MSL vom Gesamtumfang in %	Ø Länge MSL in km
9	3,95	82,9	4,37	91,8	13	359	30 %	27,6

9.1.8 CARINA SCHIPP

Interessant auch die Auswertung von insgesamt acht Marathonvorbereitungen der Leipziger Marathonläuferin C. Schipp. Untersucht wurden hier die Durchschnittsgeschwindigkeit der marathonspezifischen Läufe, der Gesamtumfang und das Streckenmittel der marathonspezifischen Läufe. Zusätzlich wurden Umfang, Streckenmittel und Intensität des DL-3-Trainings analysiert.

Ordnet man die Läufe nach ihrem Ergebnis, kann man einige wichtige Tendenzen erkennen. Betrachtet man alle marathonspezifischen Läufe einer Vorbereitungsperiode zusammen, lässt sich aus dem Mittelwert der Geschwindigkeiten kein Zusammenhang zur Wettkampfleistung erkennen. Nehmen wir jedoch den Mittelwert der drei schnellsten Läufe, lässt sich ein deutlicher Zusammenhang zwischen Trainingsgeschwindigkeit und Wettkampfergebnis erkennen. Die höchsten Trainingsgeschwindigkeiten führten auch zu den besten Wettkampfergebnissen.

Die Läuferin C Schipp erreichte in fast allen ihren Vorbereitungen mit ihren schnellsten marathonspezifischen Läufen ein Niveau von 96-98 % des späteren Renntempos. Ein Zusammenhang zum Wettkampfergebnis ist auch bei der Umfangsgestaltung zu erkennen. Die besten Ergebnisse erzielte sie auch meist mit den höchsten Umfängen im marathonspezifischen Bereich.

Nur die Vorbereitung zum Leipzig-Marathon 2010 fällt etwas im Umfang ab. Hier hat sie aber die höchsten Umfänge im DL-3-Bereich mit einem Streckenmittel von über 15 km absolviert, womit sie den relativ niedrigen Kilometerumfang im spezifischen Bereich ausgleichen konnte. Bei der DL-3-Gestaltung wird deutlich, dass die reine Tempoüberhöhung zum Renntempo keine entscheidende Rolle spielt, wenn das Streckenmittel unter 15 km liegt. Bedeutet also im Fall dieser Läuferin: Besser nur 102 % und 20 km DL 3 als 105 % und 10-15 km Streckenlänge.

Tab. 84: Übersicht über die wichtigsten Trainingsparameter von acht Marathonvorbereitungen
C. Schipp

	Ergebnis	V in m/s	Int. MSL	% RT	U MSL	Ø SM	Int. Top 3	% RT	Int. DL 3	% RT	SM DL 3	G-Umf DL 3
Dresden 2010	2:51:15	4,10	3,56	87 %	522	30,7	4,04	98 %	4,20	102 %	14,2	142
Leipzig 2010	2:53:15	4,07	3,76	92 %	388	29,8	3,97	97 %	4,19	103 %	15,6	140
Leipzig 2013	2:54:46	4,03	3,57	89 %	486	34,7	3,83	93 %	4,08	101 %	19,3	135
Dresden 2011	Abbr. 30 km	4,00	3,52	88 %	441	31,5	3,75	92 %	4,07	102 %	15,5	124
Leipzig 2012	2:57:35	3,96	3,68	93 %	392	30,1	3,85	94 %	4,23	107 %	13,8	55
Dresden 2012	2:58:50	3,94	3,63	92 %	314	31,4	3,85	94 %	4,14	105 %	13,9	125
Leipzig 2009	3:01:25	3,87	3,67	95 %	397	28,4	3,81	93 %	4,01	104 %	15,0	75
Leipzig 2008	3:04:44	3,81	3,63	95 %	392	30,2	3,73	91 %	4,02	105 %	13,3	106

Zusammenfassend kann man sagen, dass marathonspezifische Läufe das entscheidende Trainingsmittel zur Leistungsausprägung im Marathonlauf sind. Die Häufigkeit ihres Einsatzes wird auch von den sonstigen intensiven Einheiten im Wochenverlauf und vom Sportlertypus beeinflusst. Zwei marathonspezifische Läufe pro Belastungswoche sollten nicht unterschritten werden. Dabei empfiehlt es sich, den Schwerpunkt bei der Laufgestaltung etwas zu differenzieren. Zum einen sollte man im Streckenbereich von 25-30 km die Laufintensität entwickeln und möglichst nahe an das Renntempo heranschieben. Aus dem Durchschnittstempo dieser Läufe in der letzten Vorbereitungsphase (ca. 12 Wochen) lässt sich ziemlich genau das zu erwartende Wettkampfergebnis ableiten.

In dieser Untersuchung wurden die drei schnellsten marathonspezifischen Läufe zur Auswertung herangezogen. Unbedingt sollte man einen Lauf in Richtung Streckenspezifik entwickeln. Diese beginnt bei etwa 30 km Streckenlänge. Bis zu welcher Länge man diese Läufe ausdehnt, hängt letztlich vom Läufertypus und von der psychischen und physischen Belastbarkeit des Sportlers ab. Läufer, deren Kraftausdauer und motorische Fähigkeiten relativ schlecht entwickelt sind, müssen versuchen, diesen Nachteil durch hohe Streckenlängen teilweise zu kompensieren. Allerdings sollten auch die streckenorientierten marathonspezifischen Läufe eine notwendige Grundintensität aufweisen. Wobei diese 75 % des Renntempos nicht unterschreiten sollte.

Zunächst muss man bei der Betrachtung von Rennverläufen unterscheiden, ob es sich um taktische Rennen wie bei Meisterschaften oder ob es sich um eine Bestzeitorientierte Renngestaltung handelt. Während taktische Rennen meist schwer zu planen sind und fast immer durch Zwischen- und Endspurts gewonnen werden, gibt es für bestzeitorientierte Rennen Erfolgsstrategien. Grundsätzlich lassen sich drei verschiedene Grundabläufe charakterisieren: **Rennverlauf mit abfallendem, mit konstantem und mit ansteigendem Geschwindigkeitsverlauf.**

Bei der weitaus größten Anzahl von Rennverläufen bei Volkssportveranstaltungen von 10 km bis Marathon wird man einen Geschwindigkeitsabfall während des Rennens beobachten können. Das ist in diesem Bereich durchaus normal, da eine gleichmäßige Renneinteilung sehr viel Training und Wettkampferfahrung voraussetzt. Auch mit abfallendem Geschwindigkeitsverlauf werden viele persönliche Bestzeiten erzielt, was im Umkehrschluss aber nicht bedeutet, dass dies ein optimaler Rennverlauf ist.

Will man die Charakteristik eines optimalen Rennverlaufs erkennen, muss man in den Grenzbereich des menschlich Machbaren gehen und sich anschauen, wie Weltrekorde gelaufen werden. Betrachtet man die Rennverläufe, wird man feststellen, dass fast alle Weltrekorde bereits ab der 1.500-m-Strecke mit gleichmäßigem oder sogar leicht ansteigendem Geschwindigkeitsverlauf erzielt wurden. Ein gleichmäßiger Geschwindigkeitsverlauf stellt die kräfteschonendste Möglichkeit der Leistungsentfaltung dar.

Eine weitere wichtige Ursache dürfte in der Art der Energiebereitstellung liegen. Der anaerobe Stoffwechselanteil ist bei Langstreckenläufen nur mit einem geringen Teil an der Energiegewinnung beteiligt (siehe **Tab. 29**), jedoch bei einer Leistung im menschlichen Grenzbereich ist auch dieser kleine Teil notwendiger Bestandteil der Leistung. Es ist immer sinnvoll, das anaerobe Potenzial am Ende eines Rennens auszuspielen, da das zu frühe Forcieren anaerober Prozesse sich negativ auf den Fettstoffwechsel auswirkt. So ist es gerade bei Marathonrennen wichtig, den Fettstoffwechsel möglichst lange und mit hohem Anteil an der Energiebereitstellung zu beteiligen, da dies die Kohlenhydratdepots schont. Zudem darf auch die psychische Komponente nicht außer Acht gelassen werden. Somit gerät ein Langstreckenrennen, bei dem schon früh Ermüdungserscheinungen infolge eines zu hohen Anfangstempos auftreten, sehr schnell zu einer Quälerei. Ganz anders fühlt es sich an, wenn man während des Rennens das Tempo forcieren kann. Dabei gerät der Läufer häufig in eine Art Euphorie, die ihn aufkommende Ermüdung und Schmerzen kaum wahrnehmen lassen.

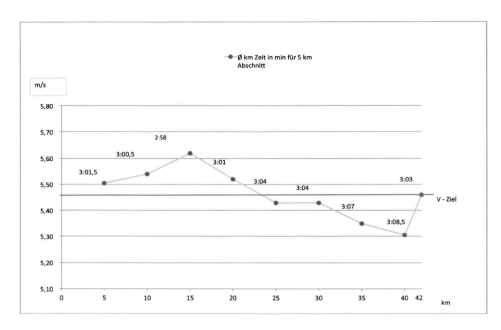

Abb. 29: Rennverlauf A. Gabius beim Frankfurt-Marathon 2015 (www.frankfurt-marathon.com, 2015)

Bei der Analyse des Rekordrennens von A. Gabius in Frankfurt 2015 wird sichtbar, wie das Lauftempo ab km 15 immer weiter abfällt. Bei km 40 war der deutsche Rekord eigentlich bereits verspielt. Doch mit einer unglaublichen Energieleistung steigerte er sein Lauftempo noch einmal deutlich und konnte so den Rekord noch aus dem Feuer reißen. Dass er sich trotz einer zu schnellen ersten Hälfte noch den deutschen Rekord holen konnte, lässt ahnen, welche Zeit bei einer optimalen Renneinteilung möglich gewesen wäre.

Abb. 30 zeigt den Rennverlauf des diesjährigen Berlin-Marathon-Siegers Kenenisa Bekele. Von der Grundanlage war es ein relativ gleichmäßiges Rennen mit einigen leichten Wellen nach oben. Wir haben es hier eher mit einer Mischung aus Taktik und geschwindigkeitsorientiertem Rennverlauf zu tun. Zwar war der Weltrekord bis km 35 immer in Reichweite, aber im Vordergrund stand sicher der Kampf um den Sieg. Erst das Taktieren kurz vor km 40 brachte den Weltrekord außer Reichweite. Beachtenswert auch die beiden Schlusskilometer, die im Schnitt mit 2:48 min/km zurückgelegt wurden! Das ist nur von einem Läufer möglich, der wie Kenenisa Bekele die 1.000 m unter 2:20 Minuten laufen kann bzw. konnte.

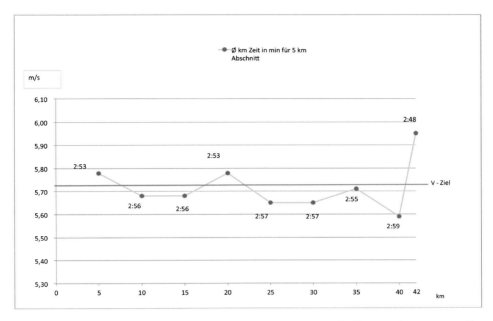

Abb. 30: Rennverlauf K. Bekele, Berlin-Marathon 2016 (www.bmw-berlin-marathon.com, 2016)

Auch der Rennverlauf der Fünftplazierten und besten deutschen Frau des Berlin-Marathons 2016, Katarina Heinig, lohnt sich, hier vorgestellt zu werden. Im Bemühen, ein gleichmäßiges Tempo durchzuhalten, durchläuft sie die ersten 40 km wie ein Uhrwerk, um dann noch mit einem furiosen Endspurt ihre alte Bestzeit um Minuten zu unterbieten. Nur zwei Sekunden Abweichung pro Kilometer über das gesamte Rennen hinweg dürfte weltrekordverdächtig in Sachen Laufpräzision sein.

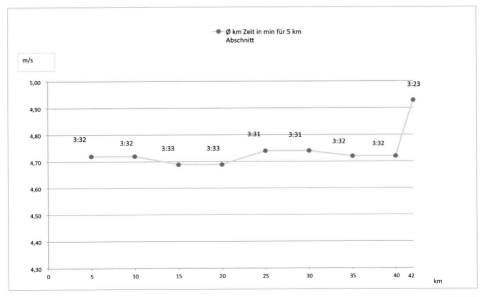

Abb. 31: Rennverlauf K. Heinig, Berlin-Marathon 2016

10

DIE BEKANNTESTEN LANGSTRECKEN- UND MARATHON- TRAININGSSYSTEME

DIE BEKANNTESTEN LANGSTRECKEN- UND MARATHON- TRAININGSSYSTEME

In diesem Kapitel möchte ich die aus meiner Sicht fundamentalsten und interessantesten Trainingssysteme näher vorstellen.

10.1 LANGSTRECKENTRAINING NACH LYDIARD

Der Neuseeländer Arthur L. Lydiard gilt als einer der erfolgreichsten Mittel-und Langstreckentrainer der Geschichte. Nachdem er in den frühen 1960er-Jahren mit den neuseeländischen Läufern Snell, Murray und Halberg viele internationale Medaillen errang, trainierte er in den 1970er-Jahren auch finnische Läufer und führte dabei Lasse Viren zu olympischen Goldmedaillen. Seine Trainingsmethodik erschien zunächst in der Schriftenreihe *Beiträge zur sportlichen Leistungsförderung* als: *Das systematische Mittel- und Langstreckentraining* (Lydiard, 1985).

Und obwohl es darin keinen wirklichen Marathonplan gibt, sind viele formulierten Grundsätze als fundamental und bis heute gültig anzusehen. Dabei hebt er hervor, welche Bedeutung das aerobe Dauerlauftraining für den gesamten Saisonaufbau hat und welchen angemessenen Zeitrahmen man diesem widmen muss. Der Jahresaufbau entspricht einer klassischen Einzelperiodisierung und es gibt folgende Abschnitte.

Tab. 85: Lydiards Einfachperiodisierung

Das Marathontraining	Das Hügeltraining	Das Bahntraining	Wettkampfsaison
12-16 Wochen (oder so lang wie möglich)	6-8 Wochen	6-8 Wochen	

Der Abschnitt des **Dauerlaufkonditionstrainings** (Lydiard nennt es **Marathontraining**) steht am Anfang des Wettkampfjahres. Dabei werden in einem zügigen, aber nicht zu schnellen Tempo täglich abwechselnd lange Strecken zurückgelegt. Im ersten Abschnitt empfiehlt er, nach Zeit und nicht nach Strecke zu trainieren. Damit vermeidet man den sogenannten *Wettkampfeffekt*, der bei ehrgeizigen Läufern schnell dazu führen kann, dass sie allzu oft versuchen, ihre Streckenzeit vom letzten Training wieder zu unterbieten. Dabei sollten zunächst folgende Umfänge erreicht werden:

Montag: 1 Stunde
Dienstag: 1,5 Stunden
Mittwoch: 1 Stunde
Donnerstag: 2 Stunden
Freitag: 1 Stunde
Samstag: 2-3 Stunden
Sonntag: 1,5 Stunden

Ist das geschafft, empfiehlt er, nach folgendem Plan vorzugehen:

Montag: 16 km ½ Krafteinsatz − welliges Gelände
Dienstag: 24 km ¼ Krafteinsatz − flaches Gelände
Mittwoch: 19 km ½ Krafteinsatz − welliges Gelände
Donnerstag: 29 km ¼ Krafteinsatz − flaches Gelände
Freitag: 16 km ¾ Krafteinsatz − flaches Gelände
Samstag: 32-40 km ¼ Krafteinsatz − flaches Gelände
Sonntag: 24 km ¼ Krafteinsatz

Dabei dürften die verwendeten Intensitätsangaben ¼, ½, ¾, den im Buch verwendeten Begriffen: DL 1, DL 2, DL 3 sehr nahekommen. Die etwas sonderbaren Streckenlängen dürften wohl dadurch zustande kommen, dass Lydiard sich im Original auf die englische Landmeile bezieht (ca. 1.600 m).

Noch anzumerken ist, dass dieses Training überwiegend auf der Straße absolviert wurde. Da hier der Kraftschluss zwischen Schuh und Oberfläche am besten ist, und somit die höchsten Geschwindigkeiten gelaufen werden konnten. Dabei wird allerdings auch auf die große Bedeutung eines gut gedämpften Laufschuhs hingewiesen,um Verletzungen zu vermeiden. Im Ergebnis von verschiedenen Konferenzen und Kolloquien mit Kari Sinkkonen wird eine für finnische Verhältnisse modifizierte „Methode Lydiard" vorgestellt (Bellotti, 1974). Die Periode des aeroben Ausdauertrainings dauert dabei 26 Wochen. Es werden drei Geschwindigkeitsbereiche für das Dauerlauftraining benannt:

> gleichmäßig „schneller" Dauerlauf,
> gleichmäßiger Dauerlauf,
> lockerer Dauerlauf.

Der gleichmäßig schnelle Dauerlauf soll im sogenannten *Steady State* stattfinden. Ein Zustand, bei dem die Sauerstoffaufnahme gerade noch dem Sauerstoffverbrauch entspricht. Dieser wird praktisch ermittelt, indem man den Sportler eine Strecke zwischen 10 und 20 km (je nach Entwicklungsstand des Sportlers) als Pendelstrecke absolvieren lässt. Die Aufgabe besteht darin, die gesamte Strecke in einem gleichmäßig schnellen Tempo zu durchlaufen. Der Bereich des Steady States galt als getroffen, wenn der Sportler beide Teilhälften im gleichen Tempo absolviert hatte. Lag das Tempo der zweiten Teilhälfte unter dem der ersten, dann hatte der Sportler zu schnell begonnen, lag es über dem Tempo der ersten Hälfte, dann hatte er zu langsam begonnen. In diesem Fall musste der Test mit korrigierter Geschwindigkeit wiederholt werden.

Diese Grenze darf nicht mit dem VL 3 oder VL 4 verwechselt werden. Diese liegt auf jeden Fall darunter. Die Geschwindigkeit für den gleichmäßigen Dauerlauf liegt etwa bei 92 % des Steady States und der lockere Dauerlauf bei etwa 83 %. Somit ergibt sich vom Bereich „schnell" bis zum Bereich „locker" eine Spanne von 40-60 s/km. Dabei werden die Umfänge, beginnend mit 60-80 km pro Woche, systematisch und mehrjährig in den Bereich von 160-200 km (für Langstreckler) gesteigert. Grundlage für das Ausgangsniveau der Umfangsgestaltung ist dabei der erreichte Umfang am Ende der letzten aeroben Konditionierungsphase. K. Sinkkonen hält eine jährliche Steigerungsrate im aeroben Konditionstraining von 25 % für notwendig. Hier ein Beispiel für einen Sportler, der 100 km pro Woche zu absolvieren hat:

    Montag: 10 km schnell
    Dienstag: 15 km gleichmäßig
    Mittwoch: 10 km Fahrtspiel
    Donnerstag: 20 km locker
    Freitag: 10 km schnell
    Samstag: 15 km gleichmäßig
    Sonntag: 20 km locker

Die Gestaltung der einzelnen Streckenlängen und die Anordnung der Geschwindigkeiten im Wochenverlauf schnell-mittel-langsam ähnelt stark der im Buch bereits vorgestellten Methodik des aeroben Grundlagentrainings.

a) **Das Hügeltraining**

Dieser Abschnitt befasst sich mit der Verbesserung der Schnelligkeit, Schnellkraft, Beweglichkeit und der anaeroben Ausdauer. Das finnische Modell spricht von der Erhöhung der Elastizität der Muskulatur, was nichts anderes bedeutet, als die Verbesserung der Schnellkraft und Dehnfähigkeit des Muskels. Das klassische Hügeltraining sollte ebenfalls auf der Straße oder einem Waldweg stattfinden. Dazu suche man sich einen Anstieg mit 200-800 m Länge und sich daran anschließender flacher Strecke. Am Fuße des Anstiegs sollte sich ebenfalls eine flache Strecke befinden.

Nach einer Phase des Aufwärmens wird am Anstieg mit einem Sprunglauf bergan begonnen. Der Kopf ist angehoben, die Hüfte leicht nach vorn gedrückt und Beine arbeiten mit schnellkräftigem Abdruck. Die Knie werden zügig bis auf Hüfthöhe nach oben gezogen. Bei diesem Sprunglauf kommt es nicht auf die Geschwindigkeit an, mit der man nach oben gelangt, sondern auf eine technisch saubere Ausführung und eine hohe vertikale Kraftkomponente. Hat man das Plateau erreicht, schließt sich ein kurzer Abschnitt regenerativen Trabens an. Es folgt ein entspannter Lauf bergab, wobei auf eine große Schrittlänge geachtet werden sollte. Am Fuße des Anstiegs schließen sich dann einige Sprints mit Strecken von 40-350 m an, bevor nach einer erneuten Trabpause der Zyklus wieder von vorn beginnt.

Der Athlet sollte den Sprunglauf am Berg abbrechen, sobald er das Gefühl hat, seine Beine seien ausreichend belastet und müssten sich ausruhen. Man setze diese Belastungsform nie stärker ein, als es die Kondition des Läufers erlaubt, und steigere die Belastung erst dann, wenn die Muskeln sich daran gewöhnt haben (Lydiard, 1985). Auch für das Hügeltraining werden Schuhe mit hohem Dämpfungsgrad empfohlen.

Diese Trainingsform soll die Woche zum Einsatz kommen, am siebten Tag soll dann ein langer aerober Lauf durchgeführt werden. Das Hügeltraining erstreckt sich über einen Zeitraum von sechs Wochen. Dieses Training stellt eine außerordentlich hohe Belastung für die Beinmuskulatur und insbesondere für das Binde- und Stützgewebe dar. So, dass es doch fraglich erscheint, wie viele Athleten ein solche Trainingsphase unverletzt oder völlig erschöpft überstanden haben. Wie schon an anderer Stelle erwähnt, empfiehlt Lydiard in späteren Publikationen, zwischen den Hügeltrainingstagen jeweils einen ruhigen Dauerlauftag einzulegen. Die finnische Variante geht von einem ein- bis fünfmaligen Einsatz pro Woche aus und erwähnt, dass der 1.500-m-Olympiasieger P. Vasala in zwei Wochen 4 x und in einer anderen zweiwöchigen Phase 5 x am Hügel trainierte.

b) Das Bahntraining

Wenn ich Läufern beim Trainieren zusah, fragte ich sie oft, welches Training sie betrieben, wie sich das Training auf ihren Körper auswirkt, warum sie es durchführten und was sie ihrer Ansicht nach schließlich erreichen würden. Sehr viele messen dem Bahntraining und den entsprechenden Trainingsplänen eine übertriebene Bedeutung zu. Ihnen ist nicht klar, wie ungeheuer wichtig das Aufbautraining ist, durch das der Körper auf die kommende harte Schnelligkeitsarbeit und die Renntätigkeit vorbereitet wird. Ohne ein gut vorbereitetes Aufbautraining sind alle Bahntrainingspläne das Papier nicht wert, auf dem sie geschrieben sind (Lydiard, 1985).

Dieses Originalzitat A. Lydiards gilt heute wie damals und trifft die Problematik des Bahntrainings im Kern. Lydiards Bahntraining erstreckt sich über einen Zeitraum von 10 Wochen, in dem auch keine Wettkämpfe bestritten werden sollen. An sechs von sieben Wochentagen werden im Wechsel kurze und längere Tempoläufe im submaximalen Geschwindigkeitsbereich durchgeführt. Am siebten Tag folgt dann ein langer Lauf. Lydiards Erfolge sind unbestritten, doch stellen die veröffentlichten Bahntrainingspläne eine extreme anaerobe Belastung dar. Derartig hohe anaerobe Trainingsanteile dürften nicht nur bei Langstrecklern zu einem baldigen Verfall der aeroben Grundlagen führen. Im Folgenden zwei Beispiele einer Formtrainingswoche für einen 10.000-m-Läufer und einen Marathonläufer:

Tab. 86: Erste Woche 10.000-m-Läufer

Mo.	Di.	Mi.	Do.	Fr.	Sa.	So.
5.000 m ½ Kraft	20 x 200 m ¼ Kraft	Sprinttraining/ 100- u. 200-m-Rennen	5.000 m nach jeder Runde 100 m Sprint	Sprint-training	20 x 200 m ¼ Kraft	120 min DL

Tab. 87: Sechste Woche 10.000-m-Läufer

Mo.	Di.	Mi.	Do.	Fr.	Sa.	So.
5.000 m WS	5.000 m ½ Kraft	Sprinttraining/ 100- u. 800-m-Rennen	10.000 m FKL	Sprint-training	5.000-m-Rennen	120 min DL

WS = Windsprints
FKL = Form-Kontroll-Lauf

Tab. 88: Neunte Woche 10.000-m-Läufer

Mo.	Di.	Mi.	Do.	Fr.	Sa.	So.
1.500 m WS 50-50	60 min Traben	10.000 m FKL	10 x 200 m schnell	3 x 200 m max.	1.500-m-Rennen	120 min DL

Inwieweit mit einer solchen Vorbereitung ein erfolgreiches 10.000-m-Rennen bestritten werden kann, bleibt recht umstritten. Etwas realistischer stellt sich das Formtraining eines Marathonläufers dar. Dabei findet der Hauptwettkampf in der 10. Vorbereitungs-woche statt. In der Hauptphase der Marathonvorbereitung finden wir relativ niedrige Wochenumfänge. Ungefähr 133 km (ohne E∕A Laufen) in der ersten Woche, 127 km (ohne E∕A) in der fünften Woche und 90 km (ohne E∕A) in der vorletzten Vorberei-tungswoche. Außerdem wenig zu finden sind marathonspezifische Belastungen, da die meisten längeren Läufe nur mit ¼ Krafteinsatz bestritten werden. Lediglich der 29-km-Lauf unter der Woche, welcher mit ½ Krafteinsatz absolviert wird, kommt einem marathonspezifischen Lauf relativ nahe.

Tab. 89: Erste Woche Marathon

Mo.	Di.	Mi.	Do.	Fr.	Sa.	So.
20 x 200 m ¼ Kraft	24 km ½ Kraft	5.000 m ½ Kraft	29 km ½ Kraft	3 x 800 m ½ Kraft	45 km ¼ Kraft	24 km ¼ Kraft

Tab. 90: Fünfte Woche Marathon

Mo.	Di.	Mi.	Do.	Fr.	Sa.	So.
3.000 m WS 50-50	24 km ½ Kraft	10.000 m FKL	29 km ½ Kraft	5.000 m FKL	32 km ¼ Kraft	24 km ¼ Kraft

Tab. 91: Neunte Woche Marathon

Mo.	Di.	Mi.	Do.	Fr.	Sa.	So.
19 km ¼ Kraft	3.000 m WS 50-50	24 km ¼ Kraft	10.000 m ½ Kraft	5.000 m Traben	5.000 m Rennen	24 km Traben

Um die Trainingspläne richtig einschätzen zu können, folgen noch einige Originaltabellen mit den genauen Geschwindigkeitsangaben zum Trainingsplan:

Tab. 92: 200-m-Zeittabelle in Sekunden

1 / 1 Kraft	¾ Kraft	½ Kraft	¼ Kraft
22	24	27	31
23	25	28	32
24	26	29	33
25	27	30	34
26	28	31	35
27	29	32	36
28	30	33	37
29	31	34	38
30	32	35	39
31	33	36	40
32	34	37	41
33	35	38	42
34	36	39	43
35	37	40	44
36	38	41	45
37	39	42	46

Tab. 93: 5.000-m-Zeittabelle in min/km

1/1 Kraft	¾ Kraft	½ Kraft	¼ Kraft
15:20	15:45	16:10	16:45
15:40	16:10	16:40	17:00
16:00	16:30	17:00	17:20
16:20	16:50	17:20	17:40
16:40	17:10	17:40	18:00
17:00	17:30	18:00	18:20
17:20	17:50	18:25	18:45
17:40	18:10	18:45	19:05
18:00	18:30	19:05	19:25

Tab. 94: 10.000-m-Zeittabelle in min/km

1/1 Kraft	¾ Kraft	½ Kraft	¼ Kraft
27:00	27:40	28:20	29:00
27:30	28:10	28:50	29:30
28:00	28:40	29:20	30:00
28:30	29:10	29:50	30:30
29:00	29:40	30:20	31:00
29:30	30:10	30:50	31:30
30:00	30:40	31:20	32:00
30:30	31:10	31:50	32:30
31:00	31:40	32:20	33:00
31:30	32:10	32:50	33:30
32:00	32:40	33:20	34:00
32:30	33:10	33:50	34:40
33:00	33:40	34:20	35:00
33:30	34:10	34:50	35:20
34:00	34:40	35:20	36:00
34:30	35:10	35:50	36:30
35:00	35:40	36:20	37:00
35:30	36:10	36:50	37:30
36:00	36:40	37:20	38:00

Nach meiner Auffassung sind diese Intensitätsvorgaben differenziert zu betrachten. Die Vorgaben für die 200-m-Intervalle erscheinen in Bezug auf Krafteinsatz und Intensität realistisch. Je länger die Intervall werden (auf eine weitere Darstellung anderer Teilstrecken wurde verzichtet), desto mehr müssen die Intensitäten hinterfragt werden. So sollen mit ¼ Krafteinsatz über 10 km Geschwindigkeiten trainiert werden, die 93-95 % der aktuellen Bestleistung auf dieser Strecke entsprechen! Dies erscheint mir äußerst unrealistisch.

Abschließend kann gesagt werden: Das Neue an Lydiards Methodik war, dass erstmalig das Dauerlauftraining in seiner ganzen Komplexität in den Fokus der Saisonvorbereitung gestellt wurde. Dies macht den Unterschied zu vielen vorherigen intervalldominierten Trainingssystemen aus. Auch mit dem Hügeltraining stellt er ein anspruchsvolles Trainingsmittel zur Verbesserung der Schnellkraft und Schnellkraftausdauer vor. Die Bahntrainingspläne sollten allerdings kritisch betrachtet werden. Zu viele Details widersprechen heutigen Erkenntnissen zur Ausprägung der wettkampfspezifischen Ausdauer. Die Anwendung des Lydiardschen Saisonaufbaus unter mitteleuropäischen Verhältnissen ist allerdings problematisch. Wenn ein Athlet nicht in der Situation ist, einen Großteil des Winters im Süden trainieren zu können (was den wenigsten vorbehalten ist), muss er sich mit dem mitteleuropäischen Winter arrangieren. Für die meisten Jugendlichen beginnt die Saisonvorbereitung im September, sodass das Dauerlaufkonditionstraining zunächst ohne Probleme durchgeführt werden kann. Jedoch zum Ende des Abschnitts November/Dezember kann bereits ein erster Wintereinbruch das Dauerlauftraining stark erschweren. Das anschließende Hügeltraining wird bei winterlichen Verhältnissen schlichtweg unmöglich. Nur bei einem Saisonstart etwa im März steht genügend Zeit zur Verfügung, um ein solches Trainingssystem in vollem Umfang realisieren zu können.

10.2 DAS MARATHONTRAINING VON WALDEMAR CIERPINSKI

Ein wichtiges Merkmal seines Trainingssystems war die mehrjährige Ausrichtung. Wie im DDR-Leistungssport üblich war, erstreckte sich die Planung über den jeweils nächsten Olympiazyklus (vier Jahre). In den ersten drei Jahren sollte demnach die Belastung mehr auf die Ausprägung der Leistungsgrundlagen, wie spezifische Geschwindigkeits- und Kraftvoraussetzungen und aerobe Kapazität, gerichtet sein. Dabei nimmt er auch eine zeitweise geminderte Leistungsfähigkeit im Marathonlauf bewusst in Kauf. Im Olympiajahr sollten nun die erreichten Trainingsparameter zur Ausbildung der spezifischen Marathonleistung optimiert werden (Cierpinski, 1982). Ein wichtiges Element seiner Planung ist die Steigerung der Belastungskennziffern im Mehrjahresverlauf. Cierpinski unterscheidet **unspezifische** und **spezifische Trainingsmittel**. Als **unspezifische Trainingsmittel** klassifiziert er:

- Dauerläufe langsamer als 4 m/s (4:10 min/km),
- kurze Tempoläufe 200-400 m,
- der gesamte Komplex der allgemeinathletischen Ausbildung.

Deren Einsatzschwerpunkt steht sowohl im Mehrjahresverlauf als auch im Saisonverlauf vor den im Folgenden genannten, **spezifischer** wirkenden Trainingsmittel:

- Dauerlauf in 4,2-4,6 m/s (3:59 min/km-3:37 min/km),
- Dauerlauf schneller als 4,6 m/s (3:37 min/km),
- Dauerlauf mit Tempowechsel,
- marathonspezifische Läufe.

Er geht dabei vom Grundsatz der teilweisen Übertragbarkeit von Ausdauerfähigkeiten aus. Auf der Grundlage des zu Beginn des Trainingsjahres vorhandenen Niveaus der Leistungsfähigkeit sollte im Verlauf des Trainingsjahres ein systemhafter Aufbau der Geschwindigkeit im Dauerlauf (15-20 km), des Umfangs an Laufkilometern und des Streckenmittels erfolgen. Dabei gewinnen die Trainingsmittel, welche die Marathonleistung am stärksten beeinflussen, wie Dauerlauf, schneller als 4,6 m/s (3:37 min/km) und Läufe über 25 km mit einem Tempo um und über 4,6 m/s, zunehmend an Bedeutung. Diese müssen in der zweiten Hälfte des Jahres die größten Steigerungsraten aufweisen.

(Zum Verständnis des Begriffs **Jahreshälfte** sei angemerkt, dass diese nicht mit dem Kalenderhalbjahr identisch ist, sondern sich auf den Jahreshauptwettkampf bezieht. Liegt dieser beispielsweise im September, so erstreckt sich die erste Jahreshälfte der Vorbereitung etwa vom November des Vorjahres bis März des aktuellen Jahres, und die zweite Jahreshälfte von April bis September des aktuellen Jahres.)

Als die entscheidenden Trainingsmittel zur Ausprägung der Marathonform sieht W. Cierpinski die Spitzengeschwindigkeit der Dauerläufe 10-20 km sowie deren zunehmenden Einsatz im Saisonverlauf, und die marathonspezifischen Läufe mit Streckenlängen über 25 km und Geschwindigkeiten um oder über 4,6 m/s (3:37 min/km).

W. Cierpinski unterscheidet in seiner Diplomarbeit folgende zwei Varianten, **marathonspezifische Läufe mit Ausrichtung auf den Umfang und marathonspezifische Läufe mit Ausrichtung auf die notwendige Geschwindigkeit**. Nach einem längerfristigen Aufbau beider Komponenten kommen in der UWV echte marathonspezifische Läufe zum Einsatz. Bei Cierpinski bewährten sich Läufe mit Streckenlängen über 70 % (> 30 km) und einer Intensität von mindestens 85 % der Zielgeschwindigkeit.

Der entscheidende Abschnitt zur endgültigen Formausprägung ist für Cierpinski die unmittelbare Wettkampfvorbereitung (im folgenden UWV genannt). Diese dauert 10-12 Wochen vom Tage des Wettkampfhöhepunkts zurückgerechnet. Einen hohen Einfluss auf die Wettkampfleistung W. Cierpinskis haben auch Tempolaufprogramme und Dauerläufe mit Tempowechsel. Da die Tempoläufe zwar von der Geschwindigkeit her einen hohen Einfluss auf die Wettkampfleistung haben, die Streckenlänge jedoch am weitesten von allen eingesetzten Trainingsmitteln vom Marathonspezifischen entfernt ist, muss ihr Einsatz schwerpunktmäßig in der ersten Jahreshälfte erfolgen. Diese Intensivierung des Trainings bringt jedoch keine sofortige Verbesserung der Marathonleistung mit sich. Die entwickelten „Geschwindigkeitsreserven" müssen erst durch das nachfolgende Training konditioniert und marathonspezifisch umgesetzt werden. Die Tempoläufe werden bei Cierpinski systemhaft eingesetzt:.

> erster Abschnitt: Tempoläufe kurz 200-400 m,
> zweiter Abschnitt: Tempoläufe lang 1.000-5.000 m,
> dritter Abschnitt: Dauerlauf mit Tempowechsel 1.000 m.

Der Tempowechsellauf wurde meist als 20-km-Lauf auf der Bahn durchgeführt, dabei wechselten sich 1.000-m-Abschnitte in Primärgeschwindigkeit und 600 m in Sekundärgeschwindigkeit ab. Lag das Durchschnittstempo dieser Läufe zu Beginn bei 3:26-3:20 min/km (66-68 Minuten auf 20 km) und die Primärgeschwindigkeit bei 3:05 min/km, stieg das Durchschnittstempo am Ende der UWV auf 3:08-3:02 min/km (61:40- 60:40 Minuten auf 20 km!) bei Spitzenprimärgeschwindigkeiten von 2:52 min/km.

Betrachtet man die Primärgeschwindigkeiten und das Durchschnittstempo dieser Läufe, wird klar, dass auch die Sekundärgeschwindigkeiten, die ja der teilweisen Erholung dienen sollen, ein anspruchsvolles Niveau (3:30-3:20 min/km) erreichten. Damit wurde ein wirksamer Mechanismus trainiert, es ermöglichte, die bei Tempovariationen entstehenden Laktatanhäufungen auch im Zustand fortgeschrittener Ermüdung abzubauen.

Ein besonderes Highlight im Training von Cierpinski stellte die Einführung eines „Umfangstages" dar. Dabei wurden 8-9 Stunden Training innerhalb 10-11 Stunden absolviert. Inhalt waren sowohl Dauerläufe im DL-1- und DL-2-Tempo mit Streckenlängen bis 25 km, allgemeinathletische Übungen und Übungen zur Entwicklung der Kraftausdauer. Nach Beherrschen des Trainingstages wurden solche Belastungen auf drei Tage und später auf eine ganze Woche ausgeweitet. Ziel dieses Trainings war es, vor allem die psychischen Eigenschaften Cierpinskis sowie seine Widerstandskraft gegen Ermüdung zu stärken. In der folgenden Tabelle sind die grundlegenden Umfangsparameter der verschiedenen Trainingsbereiche der Jahre 1972-1980 dargestellt.

Tab. 95: Trainingsanteile W. Cierpinski im Mehrjahresverlauf (Cierpinski, 1982)

Trainingsjahr	1972/73	1973/74	1974/75	1975/76	1976/77	1977/78	1978/79	1979/80
Umfang in km	8.230	7.200	8.700	8.160	7.450	8.300	8.950	9.050
Wochenschnitt km Gesamtes Jahr	165	144	174	163	149	166	189	191
DL > 4,6 m/s in km % vom Gesamtumfang	1.820 22,1	1.450 20,1	2.100 24,1	1.700 21,1	1.200 16,1	1.560 18,8	1.900 21,2	2.450 27,1
DL 4,2-4,6 m/s in km % vom Gesamtumfang	3.040 36,9	2.630 36,5	3.390 39,0	2.950 36,2	2.900 38,9	3.000 36,0	3.100 34,6	3.330 36,9
TL / TW-DL in km % vom Gesamtumfang	75 0,9	230 2,8	180 2,1	230 2,8	480 6,4	380 4,6	320 3,6	380 4,2
MSL > 25 km % vom Gesamtumfang	1.050 12,8	916 12,7	1.170 13,5	1.800 22,1	940 12,6	1.744 21,0	1.816 20,3	2.200 24,3
KA in km % vom Gesamtumfang		65 0,9	100 1,2	25 0,3	60 0,8	60 0,7	120 1,3	65 0,7
Allgemein-athletisches Training in h		180	146	165	190	188	244	264

Die genauen Relationen nach heutigen Standards (DL 1, DL 2, DL 3) lassen sich allerdings nur schätzen, da die Intensitätsbereiche damals in der Regel nach Prozentangaben
der Marathonzielzeit eingeteilt wurden. Der Bereich 4,2-4,6m/s enthält somit sowohl
DL-1-als auch DL-2-Anteile. Die DL-2-Grenze dürfte bei Cierpinski im Bereich zwischen 4,4
und 4,6 m/s gelegen haben. Unterstellt man einmal, dass der Bereich 4,2-4,6 m/s 50 %
DL-2-Anteile enthält und der Bereich >> 4,6 m/s ebenfalls, dann kommt man auf einem
durchschnittlichen DL-2-Anteil von 27-31 %. In einer anderen Darstellung verschiedener
UWV-Verläufe (10 Wochen) stellt Cierpinski dann seine Umfänge geschlüsselt nach DL 3,

DL 2 und TL/TW dar. Allerdings deuten die außerordentlich hohen DL-3-Anteile darauf hin, dass dieser hier anders definiert wird als bisher von mir dargestellt.

Tab. 96: Trainingsanteile bei verschiedenen Marathonvorbereitungen 1974-1980 W. Cierpinski

Jahr	Ort	Ergebnis	km gesamt	DL 3 km	%	DL 2 km	%	TL/ TW	%	MSL km	%
1974	Kosice	2:20:28 h	1.516	327	21,6	462	30,5	49	3,2	177	11,7
1976	Chemnitz	2:13:57 h	1.662	424	25,5	635	38,2	32	1,9	214	12,9
1976	Montreal	2:09:55 h	1.621	454	28,0	540	33,3	72	4,4	238	14,7
1978	Prag	2:12:20 h	1.659	364	21,9	484	29,2	97	5,8	189	11,4
1980	Chemnitz	2:11:17 h	1.962	783	39,9	529	27,0	100	5,1	569	29,0
1980	Moskau	2:11:03 h	1.930	581	30,1	669	34,7	88	4,6	640	33,2
1980	Fokuoka	2:10:24 h	1.768	300	17,0	442	25,0	23	1,3	252	14,2

Auffällig ist hier, wie sich die Anteile des DL 3 und bei den marathonspezifischen Läufen im Verlauf der Jahre progressiv entwickelt, ja teilweise verdoppelt haben. Dabei erreichen die 1980er-Jahre-Vorbereitungen auf Chemnitz und Moskau jeweils die Maximalwerte im DL-3-Bereich und beim marathonspezifischen Training. Der Olympiasieg in Montreal mit persönlicher Bestzeit wird dagegen mit vergleichsweise bescheidenen Umfängen erreicht. Das deutet darauf hin, dass die Belastungsgestaltung 1976 ein individuelles Optimum für Cierpinski darstellte. Auch wenn die klimatischen Bedingungen in Moskau als schwierig einzustufen waren, zeigt die Vorbereitung und das Ergebnis in Moskau, dass die Belastung nicht vollständig transformiert wurde. Dafür spricht auch, dass er beim anschließenden Herbstmarathon in Japan mit deutlich geringerem Aufwand noch einmal in den Bereich seiner Bestzeit gelangte.

10.3 DIE TRAININGSPHILOSOPHIE VON RENATO CANOVA

Das Trainingssystem R. Canovas weist in der übersetzten Form viele interessante Ansätze für ein tempoorientiertes Training auf. Die Geschwindigkeitsgestaltung im Fundamentaltraining, sowie die hohen Intensitäten bei Streckenlängen von 25-40 km im späteren Specifictraining werfen für mich allerdings die Frage auf, wovon sie abgeleitet wurden und ob sie überhaupt realisierbar sind. Dennoch sollte R. Canovas Trainingsphilosophie im Buch Erwähnung finden, da der Italiener, der in den 1980er-Jahren eine Vielzahl italienischer Topathleten, wie S. Antibo, G. Bordin u. a., zu internationalen Erfolgen verhalf, seit einiger Zeit eine Renaissance erlebt. Der in Kenia lebende italienische Trainer trainiert von dort aus viele deutsche und internationale Spitzenläufer. Die folgenden Ausführungen basieren auf seiner im englischsprachigen Forum *letsrun.com* veröffentlichten Trainingsphilosophie, welche von Sebastian Reinwand ins Deutsche übersetzt wurde. R. Canova unterscheidet vier grundlegende Trainingsformen:

Regenerativtraining: dient der Erholung von harten Trainingseinheiten.

Fundamentaltraining: dient der Erhöhung der aeroben Basis und Vorbereitung auf intensivere Trainingseinheiten.

Specialtraining: dient der Vorbereitung des *Specifictrainings*.

Specifictraining: wirkt sich unmittelbar auf die Wettkampfleistung aus.

a) **Regenerativtraining**

Ist der Ruhelaktatspiegel, der normalerweise beim vollständig regenerierten Athleten unter 1,0 mmol/l liegen sollte, auf 1,2-1,5 mmol/l erhöht, hält Canova einen regenerativen Trainingsabschnitt für notwendig. Als Tempo für ein regeneratives Training nennt er 60-70 % der Schwellengeschwindigkeit. Damit beginnt für einen absoluten Weltklasseläufer mit einem Schwellenwert von 2:48 min/km der regenerative Bereich bereits bei einem Tempo von 4:00 min/km. Es spiele dabei aber keine Rolle, ob man 4:00 min/km oder 5:00 min/km läuft, der Effekt sei derselbe.

R. Canova warnt aber vor zu langsamem Lauftempo. Dieses habe einen nachteiligen Einfluss auf die Bewegungsstruktur der Wettkampfleistung. In dem Falle empfiehlt er lieber auf alternative Bewegungsarten wie Aquajogging auszuweichen.

b) **Fundamentaltraining**

Dabei handelt es sich um ein Dauerlauftraining, welches für die jeweiligen Disziplingruppen mit einem unterschiedlich zum Renntempo abgestuften Tempo und mit unterschiedlicher Dauer absolviert wird. Canova errechnet die Geschwindigkeiten in dem er die 100-m-Laufzeit des Zieltempos in Sekunden mit dem in der Tabelle angegebenen Faktor multipliziert. Die folgende Tabelle zeigt jeweils zwei Beispiele pro Disziplin:

Tab. 97

5.000 m	Beispiel A	ØVL 3	Beispiel B	ØVL 3	
	13:00 min	5,85 m/s	15:00 min	5,0 m/s	Dauer
1,15 Faktor zum RT	2:59 min/km	95 %	3:27 min/km	97 %	45 min-1:10 h
1,25 Faktor zum RT	3:15 min/km	88 %	3:45 min/km	89 %	

Tab. 98

10.000 m	Beispiel A	ØVL 3	Beispiel B	ØVL 3	
	26:40 min	6 m/s	32:00 min	4,9 m/s	Dauer
1,15 Faktor zum RT	3:04 min/km	90 %	3:40 min/km	93 %	1:00-1:30 h
1,25 Faktor zum RT	3:20 min/km	83 %	4:00 min/km	85 %	

Tab. 99

Halbmarathon	Beispiel A	Beispiel B	
	59:47 min	70:40 min	Dauer
1,15 Faktor zum RT	3:15 min/km	3:50 min/km	1:20-1:40 h
1,25 Faktor zum RT	3:32 min/km	4:10 min/km	

Tab. 100

Marathon	Beispiel A	ØVL 3	Beispiel B	ØVL 3	
	2:05 h	5,9 m/s	2:49 h	4,4 m/s	Dauer
1,1 Faktor zum RT	3:15 min/km	87 %	4:24 min/km	86 %	1:45-2:30h
1,2 Faktor zum RT	3:32 min/km	80 %	4:48 min/km	79 %	

In den rosa hinterlegten Spalten sind die von mir errechneten Geschwindigkeiten, bezogen auf das durchschnittliche Schwellenniveau zur angegebenen Leistung. Für den 5.000-m-Läufer bedeutet dies, dass er sein Fundamentaltraining im Bereich des DL-3-Tempos (- 97 %) absolvieren muss. Während sich das Training der Marathonläufer eher im DL-2-Bereich abspielt.

c] *Specialtraining*

Das *Specialtraining* enthält im Wesentlichen Tempoläufe über Distanzen von 400-5.000 m. Angaben zu Wiederholungen und Pausen gibt es dabei nicht.

Tab. 101

5.000-m-Läufer		10.000-m-Läufer	
400 m	97-101 % Renntempo	400 m	97-100 % Renntempo
1.000 m	94-102 % Renntempo	1.000 m	94-97 % Renntempo
2.000 m	95-97 % Renntempo	2.000 m	92-95 % Renntempo
3. 000 m	90-93 % Renntempo	3.000 m	91-94 % Renntempo
Crossläufe, 10-km-WK		15-km-TDL Crossläufe	89-91 % Renntempo

Tab. 102

Halbmarathon		Marathon	
1.000 m	97-100 % Renntempo	1.000 m	105-110 % Renntempo
2.000 m	96-98 % Renntempo	2.000 m	104-108 % Renntempo
3.000 m	95-97 % Renntempo	3.000 m	103-105 % Renntempo
Crossläufe, 25-30-km-WK		5.000 m	102-103 % Renntempo
		20-km-Tempodauerlauf im Renntempo	
		45-50-km-Läufe	90 % Renntempo

d) Specifictraining

In dieser Phase erfolgt die Formausprägung. Die angegebenen Zeiten beziehen sich auf absolute Weltspitzenzeiten und wurden deshalb von mir in Prozentwerte umgerechnet. Im Folgenden werden Programme für 5.000 m bis Marathon empfohlen.

Tab. 103

5000-m-Läufer			
15 x 400 m	104 %	Renntempo	Pause: 45 s
6 x 1.000 m	100-103 %	Renntempo	Pause: 2-3 min
3 x 2.000 m	98 %	Renntempo	Pause: 3-4 min

Tab. 104

10.000-m-Läufer			
15 x 600 m	100-103 %	Renntempo	Pause: 90 s
10 x 1.000 m	101-102 %	Renntempo	Pause: 1:30-2 min
4 x 2.000 m	101 %	Renntempo	Pause: 4 min

Tab. 105

Halbmarathonläufer			
7 x 2.000 m	100-101 %	Renntempo	Pause: 2 min
5 x 3.000 m	101 %	Renntempo	Pause: 1.000 m in 3:20 min
3 x 5.000 m	100 %	Renntempo	Pause: 1.000 m in 3:15 min
15 km	102 %	Renntempo	
25 km	97 %	Renntempo	

Tab. 106

Marathonläufer			
6 x 4.000 m	101 %	Renntempo	Pause: 1.000 m in 3:20 min
5 x 5.000 m	101 %	Renntempo	Pause: 1.000 m in 3:20 min
4 x 6.000 m	100 %	Renntempo	Pause: 1.000 m in 3:20 min
4 x 7.000 m	98 %	Renntempo	Pause: 1.000 m in 3:20 min
5 x 2.000 m	104 %	integriert in 35 km Long Run in Tempo 3:15 min/km	
25 km Long Run	102 %	Marathonrenntempo	
30 km Long Run	100 %	Marathonrenntempo	
35 km Long Run	97 %	Marathonrenntempo	
40 km Long Run	92 %	Marathonrenntempo	

In der folgenden Tabelle ist dargestellt, welches Lauftempo sich aus den von R. Canova empfohlenen Geschwindigkeiten auf den einzelnen Trainingsstrecken ergibt.

Tab. 107: Tempotabelle für den Long Run (nach Canova) für verschiedene Marathonzeiten (TE in min/km)

Marathonzeit (in h)	25 km TE	30 km TE	35 km TE	40 km TE
2:08:30	2:59/km	3:03/km	3:08/km	3:19/km
2:14:00	3:07/km	3:11/km	3:16/km	3:27/km
2:20:00	3:15/km	3:19/km	3:25/km	3:36/km
2:30:00	3:29/km	3:33/km	3:40/km	3:52/km
2:40:00	3:43/km	3:48/km	3:55/km	4:07/km
2:50:00	3:57/km	4:02/km	4:09/km	4:23/km
3:00:00	4:11/km	4:16/km	4:24/km	4:38/km
3:15:00	4:32/km	4:37/km	4:46/km	5:01/km
3:30:00	4:53/km	4:59/km	5:08/km	5:23/km
3:45:00	5:14/km	5:20/km	5:30/km	5:48/km
4:00:00	5:35/km	5:41/km	5:52/km	6:11/km
4:30:00	6:18/km	6:24/km	6:36/km	6:57/km
5:00:00	6:58/km	7:07/km	7:20/km	7:44/km

Das Trainingsjahr wird zweifach periodisiert, d. h., der Saisonaufbau wiederholt sich zweimal im Jahr, sei es für die Hallen- und Freiluftsaison oder für den Frühjahrs- und Herbstmarathon. Der Aufbau des Trainingsjahres beginnt mit einer dreiwöchigen *Introductive Period*. In dieser Phase soll die allgemeine Grundfitness auf ein hohes Niveau gebracht werden. Zum Einsatz kommen allgemeine Trainingsmittel, kurze Bergsprints und Long Runs.

Danach beginnt die *Fundamental Period*, welche bis zu zwei Monate dauern kann. R. Canova bezeichnet diese als die wichtigste Phase der Vorbereitung: In der ersten Hälfte entwickelt sich der Umfang auf sein Maximum und in der zweiten Hälfte steigt die Intensität bei gleichbleibenden Umfängen.

Daran schließt sich die *Special Period* an, in der sich das Training vom fundamentalen zum wettkampfspezifischen Training entwickelt.

In der abschließenden *Specific Period* geht es um die Ausprägung der wettkampfspezifischen Ausdauer. Bei den Langstrecken arbeitet er mit 102-105 % des Renntempos, dabei werden mit den verschiedenen Intervalltrainingsformen Umfänge von 10-12 km für 10.000-m-Läufer, 12-15-km für Halbmarathonläufer und 20-30 km für Marathonläufer erreicht. Zwischen den spezifischen Tempolaufeinheiten wird zwei Tage locker trainiert.

10.4 DAS MARATHONTRAINING VON ARNE GABIUS

Das Training von A. Gabius enthält viele Grundzüge des Systems Canova. Dennoch weist dieses einige Besonderheiten auf und lohnt sich, hier noch einmal explizit erläutert zu werden.

A. Gabius war wie viele seiner Marathonkollegen zunächst Bahnläufer. Die Konzentration lag dabei auf den kürzeren Langstrecken 3.000 m und 5.000 m. Nach der U 23 entwickelte er seine 5.000-m-Leistung bis in den Bereich knapp unter 13:30 Minuten. Bis 2011 kam es aber zu keiner wesentlichen Verbesserung mehr. Die 10 km wurden nur ab und an einmal auf der Straße gelaufen und die Ergebnisse standen in keinem Verhältnis zu seiner 5.000-m-Zeit. Nachdem es im Sommer 2011 zur Trennung zwischen ihm und seinem damaligen Trainer Dieter Baumann kam, nahm er zunächst sein Training in die eigenen Hände und stellte es grundlegend um (Gabius, 2011).

Später trainierte A. Gabius nach eigenen Angaben nach dem Trainingssystem von Renato Canova, welches ich im vorherigen Kapitel beschrieben habe. Die wesentlichste Änderung bestand in der Erhöhung des Dauerlauftempos. Hatte er früher nicht auf das Tempo geachtet und seine Dauerlaufeinheiten „heruntergetrabt", begann er nun, diese deutlich zu forcieren und ständig zu kontrollieren.

Diese Veränderung zeigte schon nach wenigen Wochen Erfolg. So lief er die 10 km bei einem Straßenlauf erstmals unter 29 Minuten (28:58 min). Auch über 5.000 m gelang A. Gabius in den nächsten Jahren der Durchbruch. Er erzielte eine respektable 5.000-m-Zeit von 13:12,50 min, die ihn auch in der ewigen deutschen Bestenliste auf Rang fünf brachte. Damit hatte er in Deutschland ein Alleinstellungsmerkmal erreicht.

Im internationalen Vergleich mit einer Vielzahl afrikanischer Läufer, welche die 13-min-Marke pulverisieren, sind die Erfolgsaussichten jedoch begrenzt, zumal es hier auch noch deutlich stärkere Endspurter gibt. Möglicherweise war das eine Überlegung, die A. Gabius dazu brachte, sein Training in Richtung Marathon umzustellen. 2014 absolvierte er erstmalig die 10.000 m auf der Bahn und unterbot dabei die 28:00-min-Grenze (27:55 min). 2015 verbesserte er diese Zeit noch einmal auf 27:43 Minuten.

Im Spätsommer 2014 begann A. Gabius mit seiner ersten Marathonvorbereitung. Im Folgenden möchte ich die beiden Marathonvorbereitungen 2014 und 2015 in ihren Grundzügen skizzieren. Legt man die in Kap. 2 „Schnelligkeitsvoraussetzungen" angestellten Berechnungen zugrunde, so ermöglicht ihm seine 5.000-m-Leistung ein 10.000-m-Potenzial von 27:05-27:30 Minuten. Gehen wir hier einmal von einer Zeit von 27:30 Minuten aus, entstände ein Halbmarathonzeitfenster von 1:00-1:01 Stunden. Und dieses wiederum ermöglicht eine Marathonzeit von 2:06:30-2:04:00 Stunden. Natürlich nur unter der Voraussetzung, dass das dafür notwendige Ausdauertraining absolviert wird. Damit wird klar, welches Potenzial Arne Gabius in den nächsten Jahren noch haben kann.

Schaut man sich die aktuelle deutsche Bestenliste (Stand: 30.10.2015) einmal an, ist festzustellen, dass die letzte Veränderung auf den Plätzen hinter A. Gabius Rekord von 2015 15 Jahre zurückliegt. Die Hälfte der Leistungen der Top Ten ist sogar schon 30 Jahre oder älter. Die Ursache dafür liegt zu einem Großteil an falschen Trainingskonzepten, welche ihr Hauptaugenmerk auf die Intensivierung des Marathontrainings legten und dabei den hohen Laufumfängen nicht mehr den nötigen Stellenwert einräumten.

Tab. 108

2:08:33 h	Arne Gabius (81)	LAV Stadtwerke Tübingen	25.10.15	Frankfurt/Main
2:08:47 h	Jörg Peter (23.10.55)	SC Einheit Dresden	14.02.88	Tokio/JPN
2:09:03 h	Michael Heil- mann (26.10.61)	TSC Berlin	14.04.85	Hiroshima/JPN
2:09:23 h	Christoph Herle (19.11.55)	VfL Waldkraiburg	21.04.85	London/GBR
2:09:45 h	Stephan Timo Freigang (27.9.67)	SC Cottbus	30.09.90	Berlin
2:09:55 h	Waldemar Cier- pinski (3.8.50)	SC Chemie Halle	31.07.76	Montreal/CAN
2:10:01 h	Ralf Salzmann (6.2.55)	PSV Grün-Weiß Kassel	14.02.88	Tokio/JPN
2:10:22 h	Carsten Eich (9.1.70)	LAC Quelle Fürth/München	25.04.99	Hamburg
2:10:59 h	Michael Fietz (13.11.67)	LG Ratio Münster	26.10.97	Frankfurt/Main
2:11:17 h	Herbert Steffny (5.9.53)	Pos Jahn Freiburg	26.10.86	Chicago/USA
2:11:26 h	Stephane Olivier Franke (12.2.64)	SCC/Nike Berlin	13.04.97	London/GBR

Die Umfangsgestaltung betreffend setzt A. Gabius ein klares Zeichen in die richtige Richtung. So beginnt er seine erste Marathonvorbereitung mit zwei Grundlagenwochen von 250 km! Enorm, wenn man bedenkt, dass er in den 10 Wochen davor nur rund 90 km pro Woche trainiert hat.

Tab. 109:: KW 35/2014 Marathonvorbereitung Arne Gabius

Ges. 255 km	Mo.	Di.	Mi.	Do.	Fr.	Sa.	So.
Datum	25.08.	26.08.	27.08.	28.08.	29.08.	30.08.	31.08
Vor- mittag	24 km 3:52 min/km	25 km 3:56 min/km	15 km 3:48 min/km	32 km 3:50 min/km	16 km 3:49 min/km	16 km 3:48 min/km	35 km 3:43 min/km
Nach- mittag	16 km 3:49 min/km	10 km 3:48 min/km	20 km 3:47 min/km	10 km 3:53 min/km	20 km 3:52 min/km	16 km 3:47 min/km	
km/Tag	40	35	35	42	36	32	35

Zwar stellt das Tempo keine hohen Anforderungen, aber ein Tageskilometerdurchschnitt von über 35 km ist eine besonders hohe Anforderung an die Belastungsverträglichkeit. Bereits nach zwei Wochen Grundlagentraining wird das Training deutlich intensiver, trotzdem bleibt der Wochenumfang mit 220 km relativ hoch.

Ges. 220 km	Mo.	Di.	Mi.	Do.	Fr.	Sa.	So.
Datum	08.09.14	09.09.14	10.09.14	11.09.14	12.09.14	13.09.14	14.09.14
Vor-mittag	10 km 3:50 min/km	15 km 3:38 min/km	Einlaufen 5 x 5 km 3 min TP 3:08-3:00 min/km	15 km 3:40 min/km	10 km 3:45 min/km	24 km 3:35 min/km	20 km 3:36 min/km
Nach-mittag	Einlaufen 15 x 200 m bergauf 5 km 15:37 min	10 km locker		20 km 3:41 min/km	10 km 3:51 min/km	Einlaufen 5 x 5 km 3 min TP 3:03-3:08 min/km	
km/Tag	30	25	36	35	20	54	20

Hierbei realisiert er drei Einheiten (mit insgesamt 55 km) innerhalb einer Woche, in denen er im Bereich seiner Marathonzielzeit trainiert. Das mag für einen Hobbyläufer, der beispielsweise 3:30 Stunden anpeilt, kein Problem darstellen, für A. Gabius, der laut eigenen Angaben eine Zeit zwischen 2:10 Stunden und 2:09 Stunden geplant hatte, was einem Kilometerschnitt von ~ 3:05 Minuten entspricht, ist dies aber ein äußerst anspruchsvolles Training. Insbesondere der Samstag mit 54 Tageskilometern stellt eine echte Herausforderung dar. Nachdem er vormittags 24 km im DL-2-Tempo gelaufen ist, setzt er am Nachmittag noch einmal 5 x 5 km im Renntempo drauf.

Im Anschluss folgt eine Entlastungswoche (131 km), an deren Ende ein Straßenlaufwettkampf über 16 km absolviert wird. Das dabei realisierte Tempo von 2:55 min/km zeugt von einem guten DL-3-Niveau. Die nächsten beiden Belastungswochen liegen wieder über 200 km im Schnitt. Diese sind gekennzeichnet von ruhigem Dauerlauftraining, in das immer wieder harte Tempoeinheiten eingestreut werden. Als Beispiel hier die 40. Kalenderwoche.

Tab. 111: KW 40 Marathonvorbereitung Arne Gabius

Ges. 217 km	Mo.	Di.	Mi.	Do.	Fr.	Sa.	So.
Datum	29.09.14	30.09.14	01.10.14	02.10.14	03.10.14	04.10.14	05.10.15
Vor-mittag	15 km 3:50 min/km	Tempo-läufe 4 x (3+2+1) 2 min TP/ 6 min SP Ø9:04 min Ø5:52 min Ø2:52 min	12 km 3:47 min/km	10 km locker	42 km 3:37 min/km mit 5 x 1,66 km 3:00 min/km	15 km 3:45 min/km	10 km 3:49 min/km
Nach-mittag	15 km 3:46 min/km		15 km 3:46 min/km	20 km 3:34 min/km			20 km 3:51 min/km
km/Tag	30	38	27	35	42	15	30

Hier fällt wieder die Dienstagstrainingseinheit ins Auge. Insgesamt läuft er 24 km in einem Tempo oberhalb seines Renntempos. Ermittelt man den gewichteten Durchschnitt, kommt man auf ein Tempo von 2:58 min/km, welches 104 % seines geplanten Renntempos entspricht. Insgesamt trainiert A. Gabius in dieser Trainingseinheit 38 km, das heißt, es kommen noch einmal 14 Ein- und Auslaufkilometer dazu. Diese Tatsache ist durchaus als typisch für sein Training anzusehen. In manchen seiner Trainingswochen findet man weit über 30 Ein- und Auslaufkilometer.

Es folgt eine typische Doppelbelastung nach einem 20-km-Lauf in 3:34 min/km absolviert er am nächsten Tag einen 42-km-Lauf in 3:37 min/km. Dieses Tempo ist für einen 42-km-Lauf schon recht anspruchsvoll, obwohl R. Canova hier eigentlich 92 % Renntempo fordert (das wären etwa 3:20 min/km), bekommt aber durch die eingestreuten 5 x 5-min-Stufen im Tempo von 3:00 min/km noch einmal eine andere Dimension.

Es schließen sich wieder eine Entlastungswoche mit 131 km und ein 10-km-Straßenlauf an, den er in guten 28:08 Minuten beendet an. In der vorletzten Woche bleibt der Umfang mit 126 km ebenfalls relativ niedrig und außer den Dauerläufen im mittleren

Dauerlaufbereich läuft A.Gabius 30-km in 3:28 min/km mit einem 5-km-Schlussabschnitt in 15:15 Minuten. In der Wettkampfwoche fährt er den Umfang noch ein Stück weiter nach unten.

Am Dienstag absolviert er noch ein Fahrtspiel mit kurzen, scharfen Intervallen und am Mittwoch legt er einen Ruhetag ein. Damit ist seine Vorbereitung abgeschlossen. Bekanntlich erreichte A. Gabius am 26.10.2014 sein selbstgestecktes Ziel und unterbot die 2:10-h-Schallmauer als erster deutscher Läufer seit 25 Jahren mit 2:09:32 h deutlich.

Möchte man die Marathonvorbereitung noch einmal zusammenfassen, ist zunächst der extrem verkürzte Vorbereitungszeitraum hervorzuheben. Da bekanntermaßen in der Vorwettkampfwoche nicht mehr wirklich viel trainiert wird, blieben ihm somit acht Wochen für das eigentliche Marathontraining. In **Tab. 112** habe ich noch einmal versucht, einen Gesamteindruck seines Trainings 2014 zu geben. Dabei wurde das gesamte Training nach meinem Einteilungssystem gegliedert.

Hierbei ist zu berücksichtigen, dass zur Vereinfachung alle Straßenläufe ab 10 km im DL 3 und kürzere Bahnwettkämpfe im Tempolauf-Anteil enthalten sind. Die Unterteilung in DL 1 und 2 erfolgte nach eigenem Schwellenkonzept. Wesentliche Unterschiede bestehen jedoch nur in der Abgrenzung des mittleren Dauerlaufs. Dabei ist es wichtig zu wissen, dass der Bereich mittlerer Dauerlauf nach dem Tübinger Modell ein weitaus breiterer ist als der DL 2 im engeren Sinne. Der beginnt bei A. Gabius bei einem Tempo von 4:10 min/km und reicht bis an den Tempodauerlauf bei etwa 90 % VL 3 heran. Der hier dargestellte DL 2 beginnt erst bei etwa 3:45 min/km und erstreckt sich bis zu einem Tempo von ca. 3:25 min/km.

Tab. 112: Trainingsanteile A. Gabius 2014

Trainingsbereich	Gesamt-km	DL 3/Tempo-dauerlauf	DL 2	DL 1/E+AL	Tempo-lauf	Berg-sprint
Jahressumme	6.211 km	482 km	2.643 km	2.729 km	328 km	29 km
Anteil/Jahr		7,8 %	42,5 %	44 %	5,2 %	0,5 %

Betrachtet man die Zahlen, findet man bekannte Relationen wie bei anderen Spitzenlangstrecklern. Insbesondere der Anteil des intensiven Trainings (DL 3,TL) liegt, auf das Jahr gesehen, bei 13 %, auch wenn A. Gabius diesen Anteil in einigen Wochen bis auf rund 20 % steigert. Typisch ist auch der hohe DL-2-Anteil, der auch in intensiven Trainingsphasen die aerobe Ausdauer absichern muss.

2015 beginnt A. Gabius seine Marathonvorbereitung bereits im Juli (KW 27). Wie schon 2014 startet er sofort mit Umfängen von über 250 km/Woche. Beispielhaft die Kalenderwoche 28.

Tab. 113: KW 28 2015 Marathonvorbereitung A. Gabius

Ges. 252 km	Mo.	Di.	Mi.	Do.	Fr.	Sa.	So.
Datum	13.07.15	14.07.15	15.07.15	16.07.15	17.07.15	18.07.15	19.07.15
Vor- mittag	36 km 3:50 min/km	18 km 3:47 min/km	24 km 3:53 min/km	10 km 3:49 min/km	16 km 3:53 min/km	24 km 3:54 min/km	36 km 3:47 min/km
Nach- mittag		18 km 3:51 min/km	12 km 3:54 min/km	30 km 3:53 min/km	16 km 3:57 min/km	12 km 3:55 min/km	
km/Tag	36	36	36	40	32	36	36

Am Ende der sich anschließenden Entlastungswoche begibt sich A. Gabius ins Höhentraining nach St. Moritz. Während er in der ersten Woche weiter beim Grundlagentraining bleibt und unter anderem zwei 40-km-Läufe absolviert, beginnt er in Woche 2, sein Training durch intensive Einheiten zu ergänzen, wie man in Tab. 108 sehen kann.

Tab. 114: KW 31/2015 Marathonvorbereitung A. Gabius

Ges. 168 km	Mo.	Di.	Mi.	Do.	Fr.	Sa.	So.
Datum	03.08.15	04.08.15	05.08.15	06.08.15	07.08.15	08.08.15	09.08.15
Vor-mittag	15 km 3:52 min/km	12 km + 10 km 3:53 min/km 3:04 min/km	23 km 3:53 min/km	Tempoläufe 4 x (2+1) 4 min TP Ø 5:47 min/km 2:36 min/km	15 km 3:56 min/km	Fahrt-spiel 1 h 20 x 1/1 min 20 x 30/30 s	10 km 3:43 min/km
Nach-mittag	12 km 3:53 min/km + Berg-sprints	12 km 3:53 min/km		12 km 3:49 min/km Hürden-sprünge		Rückfahrt	
km/Tag	30	34	23	30	15	26	10

Grund dafür ist die bevorstehende Weltmeisterschaft in Peking, bei der er über 10.000 m an den Start gehen wird. Dafür unterbricht er leider seine Marathonvorbereitung für ca. drei Wochen und trainiert deutlich intensiver, um die notwendige Tempohärte für die 10.000 m zu bekommen. Ein Kompromiss, der sich letztlich nicht bezahlt gemacht hat. Mit seinem Abschneiden als 17. und einer Zeit von 28:24 Minuten dürfte Arne Gabius wohl selbst am wenigsten zufrieden gewesen sein. Nach seiner Rückkehr aus Peking nimmt er die Marathonvorbereitung wieder auf. Er beginnt mit einer Grundlagenwoche und trainiert in Woche 35 folgendes Programm.

Tab. 115: KW 35 / 2015 Marathonvorbereitung A. Gabius

Ges. 203 km	Mo.	Di.	Mi.	Do.	Fr.	Sa.	So.
Datum	31.08.15	01.09.15	02.09.15	03.09.15	04.09.15	05.09.15	06.09.15
Vor- mittag	16 km 3:48 min/km	20 km 3:49 min/km	5 x 5 km 3 min TP Ø 14:55 min	10 km 3:51 min/km	10 km 3:52 min/km		DM Straße 10 km 28:44 min 1. Platz
Nach- mittag	10 km 3:55 min/km	10 km 3:53 min/km		10 km 3:51 min/km	15 km 3:59 min/km	12 km locker Berg- sprints	22 km 3:19 min/km
km/Tag	26	30	37	20	25	15	50

Dabei ragt die Mittwochtempoeinheit heraus, A. Gabius selbst als Schlüsseleinheit bezeichnet (Gabius). Nicht weniger herausragend der Sonntag: Nach gewonnener Meisterschaft und einer Zeit von 28:44 Minuten läuft er kurzerhand am Nachmittag nochmals einen Tempodauerlauf oder DL 3 über 22 km in 3:19 min/km! Dieses Programm absolviert er am Ende einer 200-km-Woche. Der am Ende der Folgewoche gelaufene 30-km-Tempodauerlauf stellt ebenfalls eine wichtige Schlüsseleinheit dar. Erreicht A. Gabius doch dabei 96 % des Zieltempos (deutscher Rekord). Es folgt KW 37, in welcher er noch einmal trotz hohen Umfangs zwei anspruchsvolle Tempoeinheiten bewältigt.

Tab. 116: KW 37/2015 Marathonvorbereitung A. Gabius

Ges. 201 km	Mo.	Di.	Mi.	Do.	Fr.	Sa.	So.
Datum	14.09.15	15.09.15	16.09.15	17.09.15	18.09.15	19.09.15	20.09.15
Vor-mittag	15 km 3:44 min/km	17 km 3:44 min/km	Tempo-wechsel 3-5-3-5-3 km Pause 1 km 3:45 min/km		12 km 3:49 min/km	12 km 3:52 min/km	Halb-marathon 21,1 km Hamburg 63:49 min 1. Platz
Nach-mittag	15 km 3:44 min/km	12 km 3:42 min/km Berg-sprints		25 km 3:47 min/km	15 km 3:59 min/km	12 km 3:58 min/km Berg-sprints	
km/Tag	30	32	33	25	27	27	27

Die Mittwocheinheit möchte ich noch einmal etwas genauer darstellen:

Tab. 117: Tempowechseldauerlauf vom 16.09.15

Teilabschnitt	3 km	1 km	5 km	1 km	3 km	1 km	5 km	1 km	3 km
min/km	2:58	3:45	3:01	3:43	2:59	3:46	3:02	3:45	3:00

Innerhalb dieses 23-km-Tempowechseldauerlaufs absolviert A. Gabius 19 km in einem Gesamtdurchschnitt von 3:00 min/km! Am darauf folgenden Sonntag kommen noch einmal 21 km in einem Tempo von 3:01 min/km dazu. Damit läuft er in dieser Woche 40 km über seinem geplanten Renntempo! Hierdurch ergeben sich in dieser Woche folgende Relationen in den einzelnen Trainingsbereichen:

Tab. 118: Prozentuale Verteilung der Trainingsbereiche KW 37/2015

DL 3	DL 2	DL 1	E/Auslaufen	Bergsprints
40 km	84 km	51 km	21 km	2-4 km (geschätzt)
20 %	42 %	36 %		1-2 %

20 % im Schwellen- oder Übergangsbereich bei hohem Gesamtumfang sind schon sehr anspruchsvoll. Wiederholt man das zu oft, besteht die akute Gefahr eines Formeinbruchs. Solche Relationen kommen aber auch bei A. Gabius relativ selten vor. In den letzten fünf Wochen vor dem Frankfurt-Marathon orientierte er sich nach eigenen Angaben an seinem Vorjahresplan. So gestaltet er die nächsten drei Wochen wie 2014, indem er zwei intensive Einheiten in das übliche Dauerlauftraining einbettet. Der Gesamtumfang sinkt dabei auf 120 Wochenkilometer ab. Ein echtes Highlight ist die 39. Kalenderwoche.

Tab. 119: KW 39/2015 Marathonvorbereitung A. Gabius

Ges. 171 km	Mo.	Di.	Mi.	Do.	Fr.	Sa.	So.
Datum	28.09.15	29.09.15	30.09.15	01.10.15	02.10.15	03.10.15	04.10.15
Vor-mittag	15 km 3:45 min/km	Tempo-wechsel 7+5+4+ 3+2+1 Ø3:01 min/km Pause 1 km Ø 3:43 min/km		10 km 3:52 min/km	Temporun 46 km 7 x 2 km 5:55 min/km 8 x 4 km 3:45 min/km	Frei	15 km 3:48 min/km
Nach-mittag	15 km 3:45 min/km		21 km 3:44 min/km				10 km 3:51 min/km
km/Tag	30	22	21	10	46		25

Im Konkreten sieht die Dienstagseinheit folgendermaßen aus:

Tab. 120: Tempolaufprogramm vom 29.09.2015

Teilab-schnitt	7 km	1 km	5 km	1 km	4 km	1 km	3 km	1 km	2 km	1 km	1 km
min/km	3:04	3:40	3:02	3:41	3:00	3:44	2:59	3:43	2:57	3:44	2:49

Insgesamt also ein 27-km-Lauf, in dem 22 km im oder schneller als Renntempo gelaufen werden. Am Freitag folgt ein 46-km-Lauf in einem km Ø von 3:31 min, was bereits sehr ambitioniert ist, aber durch die 7 x 2 km unter 3:00 min/km noch einmal deutlich aufgewertet wird. In der folgenden 40. KW bestreitet A. Gabius wie im Vorjahr einen internationalen Straßenlauf in Berlin und erreicht eine beachtliche Zeit von 28:07 Minuten, die noch mehr an Gewicht gewinnt, wenn man bedenkt, dass große Teile der Strecke in recht heftigem Gegenwind bestritten wurden.

Dieses Ergebnis erreicht er, obwohl er in den letzten Wochen eigentlich kein spezielles 10.000-m-Training absolviert hatte. Das unterstreicht die Aussage, dass mit einem guten Marathontraining auch eine sehr gute 10-km-Zeit gelaufen werden kann. Trotz unterschiedlichem Tempo, ist die Art der Energiebereitstellung ganz ähnlich (10 km ca. 90 % aerob, Marathon 95-99 % aerob). Der Rest der Vorbereitung läuft identisch wie im Vorjahr ab. Sein letzter langer Lauf findet wieder neun Tage vor Frankfurt statt, ein 34-km-Lauf in 3:28 min/km mit gesteigertem 5-km-Schlussabschnitt. Im Ergebnis dieses Trainings läuft A. Gabius am 25.10.2015 eine neue persönliche Bestzeit mit 2:08:33 h und löscht damit den 27 Jahre alten deutschen Rekord von Jörg Peter aus. Man kann zusammenfassend sagen, das Marathontraining von A. Gabius ist durch folgende Merkmale gekennzeichnet:

Seine Unterdistanzvoraussetzungen in Bezug auf seine Marathonzielsetzung sind exzellent. Es werden hohe Laufumfänge von bis 250 km/Woche zu Beginn der Vorbereitung absolviert. Marathonspezifische Läufe werden nur am Anfang der Vorbereitung als kontinuierliche Läufe durchgeführt, später fast durchgängig als Tempowechsel. Die intensiven Abschnitte liegen teilweise deutlich über dem Renntempo.

In den letzten acht Wochen bestreitet er maximal einen marathonspezifischen Lauf pro Woche. Es gibt eine klare Gliederung von Belastungs- und Entlastungswochen. Intensive Trainingseinheiten werden durch langes Ein- und Auslaufen begleitet. Klassisches DL-3-Training führt er relativ selten durch, dafür werden häufiger Wettkämpfe über kürzere Strecken in die Vorbereitung einbezogen (fünf in 2015). Ist A. Gabius vom Training auch am Folgetag noch stark ermüdet, scheut er sich nicht, einen Tag ganz zu pausieren. Ebenso Bestandteil seiner Trainingsphilosophie ist ein dreimaliges Höhentraining pro Jahr, welches er konsequent in Kenia und St. Moritz durchführt.

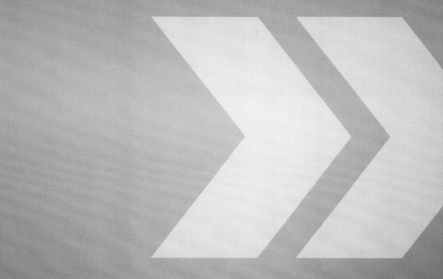

11

TRAININGSSTEUERUNG

Eine effektive Trainingssteuerung erfordert folgende Herangehensweisen. Zum einen muss das absolvierte Training erfasst und ausgewertet werden, um daraus Schlussfolgerungen für die weitere Vorgehensweise zu ziehen und andererseits gilt es, durch den Einsatz von leistungsdiagnostischen Testverfahren Informationen über den aktuellen Formzustand des Athleten zu gewinnen. Ersteres ist allerdings mit nicht unerheblichem Aufwand verbunden und wird deshalb von vielen Athleten/Trainern gemieden. Beide Aspekte gehören jedoch zusammen. Aussagen über die Veränderungen leistungsdiagnostischer Messgrößen ohne das zugrunde liegende Training zu kennen, sind nur von bedingtem Nutzen.

11.1 LEISTUNGSDIAGNOSTIK UND TRAININGSSTEUERUNG

Aus Sicht der Leistungsdiagnostik in den Langzeitausdauerdisziplinen gibt es drei Organsysteme, die zur Trainingssteuerung herangezogen werden können:

das Atmungssystem (Gasstoffwechsel),
das Herz-Kreislauf-System,
der Stoffwechsel.

In den meisten Instituten, in denen Leistungsdiagnostiken angeboten werden, werden alle drei Systeme gemessen und zur Auswertung herangezogen. Für die unmittelbare Steuerung des Trainings muss man sich jedoch für eine Größe entscheiden. Das heißt, entweder ich teile meine Trainingsbereiche anhand des Laktatschwellenwerts ein, oder nach der gemessenen VO_2max oder nach der relativen Höhe der Herzfrequenz zu ihrem Maximum. Der Stoffwechsel anhand des Laktatschwellenwerts stellt dabei die sensibelste und sich am schnellsten verändernde Größe dar und wird damit als Hauptsteuerungsgröße klar favorisiert.

11.1.1 DER GASSTOFFWECHSEL

Die Messgrößen des Gasstoffwechsels werden mithilfe der Atemfunktionsdiagnostik (oder Spiroergometrie) bestimmt. Dabei wird die Luft während einer Laufbandbelastung über eine Atemmaske zu einem Sensor geleitet, der dann die Menge und die Zusammensetzung von Sauerstoff- und Kohlendioxidgehalt misst.

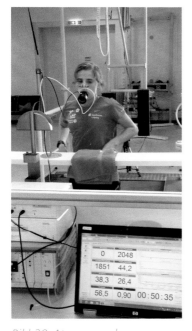

Bild 20: Atemgasanalyse beim Laufbandtest

Bild 21: Athletin beim Stufentest

Im Ergebnis werden folgende Größen erfasst: **Atemzugvolumen** (AZV) in Liter (l), **Atemminutenvolumen** (AMV) in l/min und **Atemfrequenz** in 1/min (AF). Diese sind rein mechanische Größen, die auch im starken Maße von der Konstitution der Atmungsorgane abhängig sind. Ein Anstieg dieser Werte ist Ausdruck der zunehmenden Beanspruchung durch die Testbelastung. Aussagen über die Effizienz der Atmung kann man mithilfe des **Atemäquivalents** (AAE) in l/min machen. Das Atemäquivalent gibt an, wie viel Liter Umgebungsluft eingeatmet wird, um einen Liter Sauerstoff aufzunehmen. Da die Atmung unter zunehmender Belastung vor allem aufgrund der steigenden Frequenz immer ineffizienter wird, steigt auch das **Atemäquivalent** an.

Eine weitere wichtige Messgröße der Spiroergometrie ist der **respiratorische Quotient** (RQ). Dieser ist der Quotient aus Kohlendioxidabgabe/Sauerstoffaufnahme und informiert über die Anteiligkeit des Umsatzes von Kohlenhydraten und Fetten. Der RQ liegt unter Belastung zwischen 0,7 und > 1,0. So hat der Fettstoffwechsel einen RQ von 0,70 und der Kohlenhydratstoffwechsel einen Wert von 1,0. Da es im submaximalen Belastungsbereich immer einen Mischstoffwechsel gibt, finden wir in der diagnostischen Praxis Werte zwischen ~ 0,78 und ca. 1,1. Steigen die Werte über 0,9 an, deutet das bereits auf einen stark dominanten Kohlenhydratstoffwechsel hin, der bei 1,0 100 % erreicht hat. Unter Ausbelastungsbedingungen (anaerobe Grenzbelastung) kann er auch über 1 ansteigen.

Für die Trainingspraxis bedeutet ein niedrigerer RQ bei vergleichbarer Geschwindigkeit, dass durch eine verbesserte Sauerstoffaufnahme der Fettstoffwechsel verstärkt in den Leistungsumsatz einbezogen wurde. Dies stellt eine wichtige Aufgabe im Grundlagentraining dar, um die Kohlenhydratressourcen in Muskel und Leber zu schonen.

11.1.2 DIE MAXIMALE SAUERSTOFFAUFNAHME

Die zentrale Messgröße der Spiroergometrie ist jedoch die **maximale Sauerstoffaufnahme,** kurz **VO_2max** genannt, die in ml/min gemessen wird. Um einen objektiveren Eindruck davon zu bekommen, wie viel Sauerstoff der Arbeitsmuskulatur wirklich zur Verfügung steht, setzt man die Menge in Relation zum Körpergewicht, die sogenannte *relative VO_2max* in ml/kg/min.

WELCHE TESTFORMEN ZUR ERMITTLUNG DER VO_2MAX KOMMEN ZUM EINSATZ?

Die Bestimmung der VO_2max wird in der Regel als Laufbandtest mit verschiedenen Geschwindigkeitsstufen durchgeführt. Die Testabläufe zur VO_2max Bestimmung unterscheiden sich in den einzelnen Leistungsdiagnostikzentren durchaus voneinander. Allen gemeinsam ist jedoch ein Anstieg der Belastungsintensität, in der Regel bis zur Ausbelastung und damit zum Abbruch des Tests. Unterschiede bei der Testgestaltung findet man vor allem in der Länge der einzelnen Belastungsstufen und beim Intensitätsgrad der Startstufe. Daraus resultiert auch eine unterschiedliche Gesamtdauer des VO_2max-Tests.

Einige Institute führen die Bestimmung der Laktatschwelle und der VO_2max in einem gemeinsamen Test durch. Somit ist klar, dass der Testaufbau einen Kompromiss darstellen muss. Nach meiner Erfahrung hat sich der am IAT Leipzig durchgeführte VO_2max-Test bewährt. Die Schwellenbestimmung wird hier mit einem separaten Test durchgeführt. Beim VO_2max-Test wird mit einem Tempo von 4 m/s für die Frauen und 4,5 m/s für die Männer begonnen. Die einzelnen Stufen sind mit 30 Sekunden relativ kurz gehalten. Dies führt zu einem schnellen Belastungsanstieg und eine Gesamtdauer des Tests von 5-7 Minuten.

Dadurch wird sichergestellt, dass der Athlet durch die vorangegangene Belastung nicht zu stark ermüdet ist, und so möglicherweise seine VO_2max gar nicht ausschöpfen kann. Betrachten wir die einzelnen Testabläufe einmal näher, kann man feststellen, dass die VO_2max fast immer ein oder zwei Stufen vor dem Testabbruch erreicht wird. Allerdings stellt dieser Test im Verständnis der IAT-Wissenschaftler auch ein Qualitätskriterium für die Willensstärke und Mobilisationsfähigkeit des Athleten dar. Für eine reine Messung der VO_2max wäre also eine hundertprozentige Ausbelastung nicht nötig.

In meiner Diplomarbeit von 1991 konnte ich feststellen, dass auch bei Tempolaufbe-lastungen über 600-1.000 m mit wenigen Wiederholungen und annähernd 100 % Krafteinsatz O_2-Aufnahmen im Bereich des Maximums gemessen werden konnten.

11.1.3 TRAININGSSTEUERUNG NACH SAUERSTOFFAUFNAHME UND IHRE BEDEUTUNG FÜR DIE WETTKAMPFLEISTUNG

Die **VO_2max** (in der Literatur auch oft als **Messgröße der aeroben Kapazität** bezeich-net) stellt eine wichtige Größe dar. Ihre Komplexität wurde bereits im Kapitel „aerobe Leistungsvoraussetzungen" beschrieben. Ihr Einfluss auf die Wettkampfleistung wird aber in der Literatur häufig überschätzt. Nur in inhomogenen Gruppen kommt es zu hohen Korrelationen zwischen VO_2max und Wettkampfleistung. Bei der Untersuchung des Zusammenhangs von VO_2max und Wettkampfleistung hängt der Zusammenhang stark von der Art der untersuchten Sportlerpopulation ab. Leider haben die großen Vari-ationen hinsichtlich der Versuchsgruppen zu einer großen Breite von Korrelationskoef-fizienten (von r = 0,08 bis r= 0,91) zwischen der VO_2max und der Wettkampfleistung geführt (McConell, 1988).

In statistischen Analysen bedeutet ein Korrelationskoeffizient von 0,91 eine ziemlich enge lineare Beziehung zwischen zwei Vergleichsvariablen. Wenn die Sportlerpopu-lation sehr heterogen ist, das heißt, aus Personen besteht, deren Fitnesszustand sehr unterschiedlich ist (was sich in einer großen Spannbreite an VO_2max-Werten z. B. von 35-85 ml/kg/min niederschlägt), besteht eine hohe statistische Korrelation zwischen der aeroben Kapazität und der Wettkampfleistung. Wenn die Untersuchungsgruppe homogen ist, das heißt, wenn man die 20 weltbesten Athleten einer gegebenen Mittel- oder Langstreckendisziplin untersucht, ist die Korrelation zwischen Leistung und VO_2max geringer.

Mit anderen Worten, wenn wir die VO_2max all dieser Athleten unter ähnlichen Labor-bedingungen eine Woche vor einem Wettkampf messen würden und diese unter identi-schen Bedingungen an dem Wettkampf teilnehmen ließen, würde die Reihenfolge des Einlaufs wahrscheinlich nicht mit der Rangfolge der VO_2max-Werte übereinstimmen. Die Korrelation zwischen der aeroben Kapazität und der Leistung würde sich eher als niedrig herausstellen (Martin, 1992). Martin nennt für Athleten der Weltspitze VO_2max-Werte von durchschnittlich 77 ml/kg/min und bei Athletinnen der Weltspitze 66 ml/kg/min.

Zwar zeigen Spitzenläufer hohe Aufnahmen von über 75 ml/min/kg, darüber hinaus wird es aber indifferent und direkte Korrelationen zur Wettkampfleistung können nicht mehr nachgewiesen werden (Gohlitz, 2010). Gohlitz weist z. B. auch darauf hin, dass im Spitzenbereich nicht unbedingt die Leistungsstärksten auch die höchsten Werte aufwei-sen (z. B. Jan Fitschen ~ 70-75 ml/kg/min). Diesen Sachverhalt unterstreichen auch Messungen an von mir trainierten männlichen und weiblichen Athleten. Die Athleten J. Stiller und ein weiterer Athlet erreichten VO_2max-Werte von ~ 78 ml/kg/min bei einem Leistungsniveau von 29:40-29:50 Minuten über 10 km. Und die weiblichen Ath-letinnen L. Clart und C. Schipp zeigten VO_2max-Werte von ~ 66 ml/kg/min bei einer Leistung von 36:00 – 36:30 min über 10 km. Dies unterstreicht noch einmal deutlich, dass die VO_2max nur eine Komponente der Ausdauerleistung ist und im Leistungsbe-reich keine klare Aussage über die Leistungsfähigkeit eines Athleten zulässt.

So stellte ich auch bei den Athleten meiner TG nach einigen Trainingsjahren keine oder nur noch sehr geringe Weiterentwicklungen der maximale Sauerstoffaufnahme (M. Kör-ner, J. Stiller) fest. In jedem Fall ist aber eine individuelle Verbesserung der maximalen Sauerstoffaufnahme positiv zu bewerten.

Keinesfalls außer Acht lassen sollte man auch, dass bei den derzeitig auf dem Markt befindlichen Atemgasanalysegeräten eine gewisse Fehleranfälligkeit zu beobachten ist. So erinnere ich mich an eine Leistungsdiagnostik, bei der durchweg alle Athleten meiner TG sehr deutliche Verbesserungen bei der Sauerstoffaufnahme zeigten. Dies ist sehr ungewöhnlich und deutet auf Ungenauigkeiten bei der Messsensorik hin.

11.1.4 HERZ-KREISLAUF-SYSTEM

Die wichtigsten Größen des Herz-Kreislauf-Systems sind das **Herzminutenvolumen**, der sogenannte **Sauerstoffpuls** und die **Herzfrequenz**. Hierbei werden die maximale Herzfrequenz und die Herzfrequenz auf definierten Belastungsstufen unterschieden. Das Herzminutenvolumen ist der Faktor aus Schlagfrequenz und Schlagvolumen, d. h. der Menge ausgestoßenen Blutes pro Herzschlag und repräsentiert damit die Transportkapazität des Herzens. Der Sauerstoffpuls drückt aus, wie viel Milliliter Sauerstoff pro Herzschlag aufgenommen werden und errechnet sich aus der Sauerstoffaufnahme in ml pro Minute und der Herzfrequenz. Unter leistungsdiagnostischem Aspekt im Langstreckenlauf spielen der Sauerstoffpuls und das Herzminutenvolumen nur eine untergeordnete Rolle. Hier liegt der Schwerpunkt auf der Erfassung der jeweiligen Herzfrequenz.

11.1.5 DAS HERZ-KREISLAUF-SYSTEM – TRAININGSSTEUERUNG NACH DER HERZFREQUENZ

Das Messen der Herzfrequenz stellt wohl die älteste Methode zur Erfassung der Belastungswirkung eines Trainingsreizes dar. Dabei wurde früher die einfache Zweifingermethode, d. h., das Messen des Herzschlages mit zwei Fingern an der Halsschlagader angewandt. Die Frequenz wird aber nur für 10 oder 15 Sekunden gemessen, da diese bei einem längeren Zeitraum sonst zu stark absinken würde. Das Ergebnis wird dann mit 6 oder 5 multipliziert und so erhält man die ungefähre Schlagfrequenz pro Minute. Auch ich habe in meiner Jugendzeit noch mit dieser Methode gearbeitet.

Bevor das Zeitalter der Puls- und GPS-Uhren begann, war dies eine akzeptable Methode, um die Höhe einer Belastung zu bestimmen. Der klare Nachteil dieser Methode besteht natürlich darin, dass die Laufbewegung zum Messen jedes Mal unterbrochen werden muss. Dieser Umstand besteht durch die heutigen Pulsmesssysteme nicht mehr. Dennoch stellt diese einfache Form der Messung eine gute Ersatzvariante dar, wenn unsere Pulsuhr einmal den Dienst verweigert oder nicht rechtzeitig aufgeladen wurde. Mit einer ungefähren Genauigkeitsabweichung von 3-5 Schlägen pro Minute kann man in der Trainingspraxis durchaus leben. Zumal auch moderne Pulsmesssysteme nicht 100 %ig genau messen. So können verschiedene Störquellen durchaus auch Messfehler verursachen. Diese Tatsache ist insbesondere von Hochspannungsleitungen bekannt.

Die heutige Generation von Pulsuhren bietet eine Vielzahl von mehr oder weniger sinnvollen Features an. Ein sinnvoller Standard ist die gleitende Berechnung des Durchschnittspulses pro Minute. Dabei sollte man aber nicht vergessen, dass auch fehlerhafte Messwerte mit verarbeitet werden und nicht jeder am Ende ausgegebene Durchschnittswert auch exakt der Wahrheit entsprechen muss.

Ich empfehle deshalb eine einfache Kontrollmethode: Man merkt sich die angezeigte Pulsfrequenz nach einem Viertel, nach der Hälfte, nach drei Viertel und nach dem Ende der Strecke. Aus diesen vier Werten wird der Mittelwert gebildet und so erhält man den ziemlich genauen Durchschnittspuls der Trainingseinheit. Voraussetzung dafür ist natürlich, dass die Trainingsstrecke mit annähernd gleichmäßigem Tempo durchlaufen wurde.

Weniger sinnvoll dagegen sind Funktionen, die anhand von Messungen der Ruheherzfrequenz und der Herzfrequenzvariabilität Trainingsbereiche vorgeben oder definieren.

Auch Uhrenfunktionen, die Sauerstoffaufnahmen messen oder errechnen, sind kritisch zu hinterfragen. Hierbei handelt es sich um rein statistische Berechnungen. Eine Grundlage dieser Berechnungen stellt der Sachverhalt dar, dass die Herzfrequenz/Minute und die Sauerstoffaufnahme über den größten Teil des Leistungsspektrums linear ansteigen.

Als zweite Grundlage dieser Berechnungen wird eine Statistik herangezogen, aus der hervorgeht, dass eine Person X eines bestimmten Geschlechts, eines bestimmten Alters, eines bestimmten Gewichts und eines bestimmten Aktivitätsniveaus (Nichtsportler, Hobbysportler, Leistungssportler) bei einer Herzfrequenz Y eine Sauerstoffaufnahme von beispielsweise 40 ml/kg/min. hat. Dies kann durchaus ein gewisser Anhaltspunkt sein, hat jedoch mit einer wirklichen Messung nichts zu tun.

a) **Was sagt die Höhe der Herzfrequenz nun wirklich aus?**
Der einfache Wert einer Herzfrequenz, isoliert betrachtet, sagt eigentlich überhaupt nichts aus. Hier einige Beispiele, welche individuellen Schwankungsbreiten die Herzfrequenz in verschiedenen Bereichen aufweisen kann:

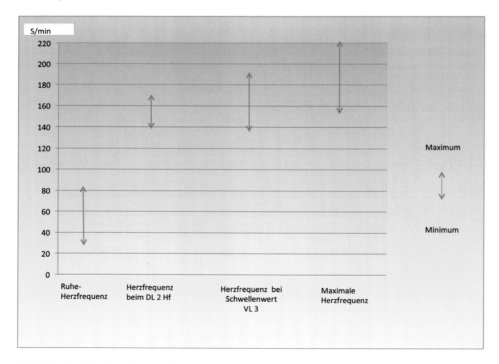

Abb. 32: Bandbreiten der Herzfrequenz

b] **Was bedeutet es, wenn ein Sportler am Ende eines Laufes einen Durchschnitts-puls von 150 Schläge/min gemessen hat?**
Tab. 121 zeigt, welche Bandbreiten ich bei über 500 Laktat-Stufen-Tests, die ich selbst durchgeführt oder ausgewertet habe, gefunden habe.

Tab. 121: Bandbreiten der Herzfrequenz in den Trainingsbereich DL 1-DL 3

	Maximum	Minimum
DL 3	>180	150
DL 2	140	170
DL 1	120	150

Vorher erwähnte Herzfrequenz könnte also in allen drei Intensitätsbereichen liegen. Um zu einer Aussage über die Belastungsintensität zu kommen, benötigen wir entweder die maximale Herzfrequenz des Sportlers oder die Herzfrequenz muss zu einem anderen Parameter, wie beispielsweise dem Stoffwechsel, in Beziehung gesetzt werden. Dabei ist es aber von wesentlicher Bedeutung, dass die maximale Herzfrequenz wirklich bestimmt und nicht mit irgendwelchen statistischen Formeln berechnet wurde. Die bekannteste Formel 220 minus Lebensalter ist für den Leistungssport absolut nicht zu gebrauchen.

Ebenfalls zu beachten ist, dass die maximale Herzfrequenz mit zunehmendem Lebens-alter absinkt. Oben genannte Formel unterstellt, dass die maximale Herzfrequenz um einen Schlag pro Lebensalter abnimmt. Will man also die Herzfrequenz als Steuergröße im Training verwenden, sollte man den Maximalpuls alle 2-3 Jahre bestimmen lassen. Hier einige Beispiele für die Einteilung der Trainingsbereiche nach der relativen Höhe der Herzfrequenz zur maximalen Herzfrequenz. Hier ein Beispiel, wie es Schomaker in seinem Buch *Die Lauffibel* beschreibt:

Tab. 122: Einteilung der Trainingsbereiche anhand der maximalen Herzfrequenz (Schomaker, 2013)

	Maximale Herzfrequenz
Regeneratives Training	68-73 %
GA 1	73-80 %
GA 1-2	80-87 %
GA 2	87-93 %
Wettkampfspezifische Ausdauer	93-100 %

Man sollte beachten, dass es die wettkampfspezifische Ausdauer so nicht gibt. Die Höhe der Herzfrequenz des wettkampfspezifischen Trainings richtet sich nach der jeweiligen Wettkampfstrecke. Wettkampfspezifisches Marathontraining dürfte wohl kaum bei solch hohen Herzfrequenzen stattfinden. Ein anderes Modell zur Steuerung des Trainings mithilfe der maximalen Herzfrequenz (Raatz, 2003) nennt insgesamt sechs Trainings-bereiche.

Tab. 123: Einteilung der Trainingsbereiche nach der prozentualen maximalen Herzfrequenz (nach Raatz)

Intensitäts-bereich	1	2	3	4	5	6
% der max. HF	50-60 %	60-70 %	71-75 %	76-80 %	81-90 %	91-100 %
Trainings-bereich	Regeneration	GA 1	GA 1	GA 1-2	GA 2/WSA	GA 2/WSA
Beschrei-bung der Belastung		Locker/ gemütlich	Locker/ ange-nehm	Zügig anstren-gend	Schnell sehr an-strengend	Voll erschöp-fend

Auch hier taucht wieder die wettkampfspezifische Ausdauer mit 90-100 % am Ende der Intensitätsskala auf, ohne zu erläutern, welche Wettkampfspezifik dabei gemeint ist. Ansonsten sieht man doch große Unterschiede zum vorherigen Modell. Dies zeigt, dass es bei der Einteilung der Trainingsbereiche nach der prozentualen maximalen Herzfre-quenz keinen wirklich einheitlichen Ansatz gibt. Obwohl die maximale Herzfrequenz ein relativ eindeutiges physiologisches Kriterium ist (im Unterschied zu den vielen Schwellenwertmodellen), interpretiert jeder Autor die Bereiche anders. Hinzu kommt noch die teilweise unterschiedliche Auslegung der Begriffe GA 1 und GA 2.

11.1.6 CONCONI-TEST

Eine andere Variante der herzfrequenzbasierenden Trainingssteuerung ist die anhand des Conconi-Tests. Der Test wurde, wie der Name bereits verrät, von dem italienischen Wissenschaftler Francesco Conconi entwickelt. Dabei durchläuft der Sportler 200-m-Teilabschnitte, beginnend mit einem ruhigen Tempo und steigert sein Tempo dann um 2-3 Sekunden je 200 m. Dabei werden 12-16 Stufen absolviert. Am Ende jeden 200-m-Abschnitts wird die Herzfrequenz erfasst. Die Herzfrequenz steigt über den größten Teil des Leistungsspektrums linear zur Geschwindigkeit an. Nur im Bereich des Leistungsmaximums kommt es zu einem „Abflachen" der Geraden, oder, anders ausgedrückt: Der Anstieg der Herzfrequenz fällt im Verhältnis zur Geschwindigkeit geringer aus. Conconi bezieht seine Aussagen zur Trainingssteuerung auf diesen **Deflektions-** oder **Knickpunkt**.

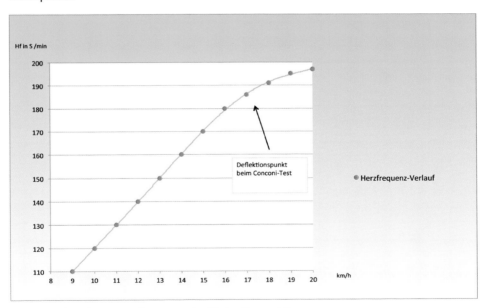

Abb. 33: Idealisierter Herzfrequenzverlauf beim Conconi-Test

Hier ein Beispiel für eine auf Herzfrequenzen basierende Einteilung der Trainingsbereiche, die der erfolgreiche Langstreckler und Marathonläufer S. Franke für sich nennt. Die Prozentzahlen beziehen sich auf den beim Conconi-Test bestimmten Knickpunkt im belastungsbedingten Anstieg der Herzfrequenz.

Tab. 124: Einteilung der Trainingsbereiche mit Conconi-Test

	Knickpunkt „SL"
Regeneratives Training	70-80 %
DL 1	80-87 %
DL 2	87-94 %
Tempodauerlauf	94-97 %
Schwellenläufe	97-100 %

Kritisch muss angemerkt werden, dass die Herzfrequenz in einem solch kurzen Zeitabschnitt von unter einer Minute nur ungenügend Zeit hat, sich auf das neue Belastungslevel einzupegeln. Des Weiteren muss man darauf hinweisen, dass die praktische Durchführung große Probleme mit sich bringt. Aufgrund dessen das der Test überwiegend als Feldtest durchgeführt wird, ist eine präzise Geschwindigkeitssteigerung um zwei Sekunden je Stufe schwer machbar. Mag das bei langsamer Stufengeschwindigkeit zu Beginn des Tests z. B. mit einem akustischen Timer noch ganz gut steuerbar sein, wird dies bei höheren Geschwindigkeiten extrem schwierig.

Zu beachten ist auch, dass bei einem solchen Testaufbau kein wirklich linearer Geschwindigkeitsverlauf vorliegt. Eine Steigerung beispielsweise von 60 auf 58 Sekunden entspricht einer Steigerung von 3,6 %. Steigern wir uns dagegen von 38 auf 36 Sekunden entspricht das einer Steigerung von 5,7 %. Topläufer, die ihre Geschwindigkeit am Ende von 32 auf 30 s/200 m steigern können, erreichen sogar eine Steigerung von 6,7 %.

Laufen diese die geforderten 16 Stufen, fällt deren Geschwindigkeitsanstieg am Ende fast doppelt so hoch aus wie zu Beginn des Tests. Wenn man überhaupt in Betracht zieht, einen Conconi-Test zu absolvieren, sollte man diesen auf dem Laufband durchführen. Dort kann die Geschwindigkeit exakt und mit wirklich linearem Verlauf vorgegeben werden. Wichtig ist noch, zu erwähnen, dass es keinen eindeutigen Zusammenhang zwischen Knickpunkt und Laktatakkumulation gibt.

Eigene Versuche mit dem Conconi-Test brachten keine klaren Ergebnisse. Ein eindeutig interpretierbarer „Knickpunkt" wurde nur selten gefunden. Auch ein Verfechter dieses Tests, Prof. Kuno Hottenrott, räumt ein, dass ein Knickpunkt nicht immer eindeutig bestimmt werden kann (Neumann, 2008).

Ich halte eine Trainingssteuerung anhand der Herzfrequenz für sinnvoll, aber nur, wenn sie vorher anhand einer Laktat-Schwellenwert-Bestimmung auf den Stoffwechsel „geeicht" wurde. Man verwendet die Herzfrequenz in der Trainingspraxis eher als Kontrollinstrument. Dabei gilt es zu beachten, dass die Herzfrequenz einer Vielzahl von Einflüssen und Schwankungen unterliegt. So haben Tageszeit, Außentemperatur und emotionale Stimmungslage einen erheblichen Einfluss auf diese.

Betrachten wir ein Beispiel: Bei einem Sportler wurde bei einem Laktat-Schwellentest ein DL-2-Bereich von 4:20-4:30 min/km ermittelt. Dabei wurden Herzfrequenzen von 155-160 Schläge/min gemessen. Der Sportler absolviert jetzt einen 20-km-Dauerlauf in diesem Tempo. Er startet also mit einem Tempo von 4:30 min/km und einer Herzfrequenz 152 Schl./min (nach 10 Minuten). Nach ca. 10 km ist seine Herzfrequenz auf 158 Schläge/min angestiegen. Nach weiteren 5 km hat er auch das Tempo in den Bereich von 4:20 min/km gesteigert. Die Herzfrequenz ist nun auf 163 Schl./min angestiegen.

Nun müsste der Sportler, wenn er sich nur an der Herzfrequenz als Steuergröße orientiert, sein Lauftempo reduzieren. Der Anstieg der Herzfrequenz ist aber nicht unbedingt nur auf einen Anstieg des Laktatspiegels zurückzuführen, sondern auch Faktoren, wie erhöhte Anforderungen an die Thermoregulation und eine zunehmende Dehydrierung führen zu einer höheren Beanspruchung des Herz-Kreislauf-Systems und damit zu einer höheren Belastungsherzfrequenz.

Ein Anstieg der Herzfrequenz im Verlaufe einer Dauerlauf-Trainingseinheit ist somit normal und sollte nicht unbedingt zu einer Reduzierung des Lauftempos führen. Wie stark ein solcher Anstieg im Verlaufe einer Trainingseinheit ausfällt, hängt neben klimatischen Faktoren, wie starke Hitze, vor allem am Ausdauertrainingszustand des Athleten ab. Bei der Athletin C. Schipp, bei welcher Wochenumfänge von 150 km Standard sind, fallen diese Anstiege an normalen Tagen nur noch sehr gering aus. Manchmal bleibt der Puls sogar über die gesamte Dauerlaufstrecke stabil, ohne dass es zu einer Verringerung des Lauftempos kommt.

11.1.7 STOFFWECHSEL/LAKTAT

Die wichtigste Steuergröße des Stoffwechsels ist das **Laktat**. Es entsteht, wenn die Zellen nicht mehr ausreichend mit Sauerstoff versorgt werden und die benötigten Kohlenhydrate ohne Sauerstoff verbrannt werden müssen. Die dabei entstehende Milchsäure dissoziiert im Blut in das Anion Laktat und das Wasserstoff-Ion. Mit ansteigender Laktatkonzentration fällt es dem Sportler zunehmend schwerer, die Belastungsintensität aufrechtzuerhalten. Ursache hierfür ist allerdings nicht das Laktation, sondern das frei werdende H^+ Ion, welches den pH-Wert des Blutes in den sauren Bereich verschiebt (Buhl, 2001) (stark vereinfachte Darstellung!).

Misst man bei einer stufenförmig ansteigenden Belastung den Laktatwert am Ende jeder Stufe und stellt diesen grafisch dar, erhält man eine sogenannte *Laktat-Leistungs-Kurve*. Der Anstieg der Laktatwerte entspricht einer Exponentialfunktion, welche durch die rote Verbindungslinie gekennzeichnet ist. **Abb. 34** zeigt ein solches Beispiel.

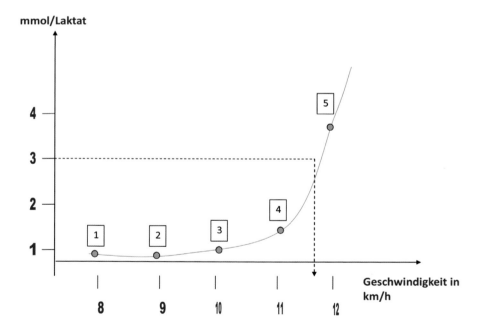

Abb. 34: Darstellung der Laktat-Leistungskurve

Im dargestellten Beispiel steigt die Belastung von Stufe zu Stufe um jeweils einen km/h. Trotz des Anstiegs zeigen Messung 1 und 2 den gleichen Wert. Man spricht dann vom sogenannten *Basislaktat*. Erst Stufe 3 zeigt einen ersten geringen Anstieg von 1 mmol/l auf etwa 1,3 mmol/l. Das bedeutet, dass bereits bei dieser Intensität die ersten anaeroben Prozesse im Stoffwechsel einsetzen. Einen weiteren bereits deutlichen Anstieg auf ~ 2,0 mmol/l finden wir auf Stufe 4. Danach beginnt die Kurve einen noch deutlicheren Anstieg und auf Stufe 5 erreichen wir einen Wert von 4,0 mmol/l Blut.

Wird nun eine solche Laktat-Leistungs-Kurve analysiert, kann man damit die einzelnen Trainingsbereiche festlegen. Der aerobe Bereich erstreckt sich etwa bis zu Stufe 4. Zwischen Stufe 4 und 5 finden wir den sogenannten *Übergangsbereich* und danach befinden wir uns im anaeroben Bereich. Um nun die geeigneten Geschwindigkeiten für die einzelnen Trainingsbereiche zu finden, muss man einen Bezugspunkt definieren. Der relevante Bereich hierfür ist im aerob-anaeroben Übergangsbereich zu finden. Da der aerobe und der anaerobe Bereich fließend ineinander übergehen, muss man, um Berechnungen anstellen zu können, einen fixen Punkt bestimmen. Dies erreicht man mithilfe eines Modells des sogenannten Laktatschwellenwertes.

Nun existiert in der Sportwissenschaft leider nicht *das* Schwellenwertmodell, sondern unzählige. Mir sind rund ein Dutzend davon bekannt. Weltweit sollen über 60 Schwellenwertmodelle diskutiert werden. Die Bekanntesten sind das Modell nach Mader, das Dickhut-Modell, sowie die fixen Schwellenwertmodelle VL 3 und VL 4. Es gibt auch Schwellenwertmodelle, die sich an respiratorischen Größen orientieren. Trainer und Athleten müssen sich entscheiden, mit welchem Modell sie arbeiten wollen. Nach über 500 Schwellenwertbestimmungen, die ich selbst an Volks- und Leistungssportlern durchgeführt habe, sind aus meiner Sicht folgende Kriterien bei der Arbeit mit Laktatschwellen zu beachten.

Zunächst sollte man sich ein für die eigenen Zwecke geeignetes Modell aussuchen. Fixe Schwellen haben den Vorteil, dass sie eine bessere Vergleichbarkeit von verschiedenen Tests auch über mehrere Jahre bieten. Während flexible Schwellen, wie zum Beispiel das Dickhut-Modell (Basislaktat + 1,5 mmol/l), die individuelle Dynamik der Laktat-Leistungs-Kurve besser berücksichtigen. So hat sich beispielsweise im DDR-Leistungssport nach vielen Untersuchungen und Forschungsprojekten die Geschwindigkeit bei 3 mmol/l Laktat, kurz VL 3 genannt, durchgesetzt.

Dieser Schwellenwert wird auch von mir in der Praxis fast durchgängig verwendet. Hat man sich für ein Modell entschieden, sollte man dieses auch konsequent weiter einsetzen. Noch wichtiger als das Schwellenwertmodell sind die Ableitungen, die zur Trainingssteuerung getroffen werden.

11.1.8 VERHÄLTNIS VO$_2$MAX ZUR LAKTAT-SCHWELLENGESCHWINDIGKEIT

In der Literatur findet man dazu häufig fixe Angaben, wie zum Beispiel, dass der VL 4 (Laktat 4 mmol/l) bei beispielweise 90 oder 95 % der VO$_2$max erreicht wird. So kann das Schwellentempo in Abhängigkeit von der läuferischen Fitness und der genetischen Veranlagung ganz erheblich schwanken. Martin (1992) gibt für die Laktatschwelle eine Bandbreite von 75-90 % der VO$_2$max an. Aus den Leistungsdiagnostiken der von mir betreuten Athleten geht sogar eine noch größere Bandbreite hervor. So erreichten die Frauen ihren VL 3 zwischen 78 % und 94 % der VO$_2$max. Die Männer lagen zwischen 81 % und 99 %.

11.1.9 DIE BESTIMMUNG DES VL-3-WERTS

Die Messung der Schwellengeschwindigkeit erfolgt am besten mit einem Stufentest auf dem Laufband. Dabei werden in der Praxis sehr unterschiedliche Testverfahren verwendet. Beginnend mit einer relativ niedrigen Ausgangsgeschwindigkeit, wird die Laufgeschwindigkeit von Stufe zu Stufe gesteigert. In Bezug auf Stufendauer und Intensitätsabstufung gibt es aber sehr unterschiedliche Auffassungen. Die kürzeste, mir bekannte Stufendauer liegt bei drei Minuten (z. B. Uniklinik Tübingen), die Längste bei 4.000 m (IAT Leipzig). Eine unter Medizinern verbreitete Auffassung besagt, dass nach einer dreiminütigen Belastung 90 % der intensitätsspezifischen Laktatkonzentration erreicht sind.

Selbst durchgeführte Laktattests belegen aber eindeutig, dass eine Verlängerung der Laufstrecke je Stufe zum Teil erhebliche Änderungen im Schwellenwert mit sich bringt. Führt man z. B. statt eines Testes mit 3-min-Stufen einen Test von 4 x 2.000 m durch, liegt der ermittelte Schwellenwert weitgehend deutlich darunter. Wählt man ein Testprotokoll von 4 x 4.000 m, würde der Schwellenwert noch einmal niedriger ausfallen.

Der Tatsache, dass die nach drei Minuten gemessenen Laktatwerte nicht stabil sind, versuchten die Sportwissenschaftler am ehemaligen FKS (Forschungsinstitut für Körperkultur und Sport) durch einen speziellen Versuchsaufbau zu kompensieren. Nachdem man am Vortag einen Stufentest mit drei bzw. fünf Minuten Stufendauer absolviert hatte, wurde am Folgetag eine 45-60-minütiger Dauerlauftest mit 100 bzw. 95 % des ermittelten VL-3-Werts durchgeführt. Damit sollte eine Aussage über die Stabilität des ermittelten VL-3-Werts gemacht werden.

Die Instabilität der ermittelten VL-3-Werte bestätigte sich, die meisten der Testprobanden mussten den Test deutlich vor 45 Minuten abbrechen, da die Laktatwerte deutlich über den Wert 3-4 mmol/l angestiegen waren. In der Sportpraxis war ein solches Vorgehen aber zu aufwendig und hat sich daher nicht durchgesetzt. Der heute im IAT Leipzig praktizierte Test für Langstreckler und Marathonläufer von 4 x 4.000 m (Männer) und 4 x 3.000 m (Frauen) stellt einen guten Kompromiss zwischen den beiden eben beschriebenen Testformen dar.

Zu diskutieren wäre aus meiner Sicht, aus welchem Grund Frauen nur 3.000-m-Abschnitte laufen, da sie doch im Prinzip die gleichen Umfänge und Streckenmittel wie die Männer zurücklegen. Einige Trainer haben dies schon in die Testpraxis umgesetzt und lassen ihre Athletinnen den gleichen Test wie die Männer absolvieren. Die Gesamtlänge des Tests liegt mit 16 km in dem Bereich, die ein Leistungssportler Langstrecke/Marathon pro Trainingseinheit durchschnittlich absolviert. Für einen 10-km-Wettkampf ist damit auch eine gute Wettkampfprognose möglich.

Ein solcher Test erfordert natürlich eine genaue Planung der einzelnen Geschwindigkeitsstufen. Optimalerweise liegt der VL 3 zwischen der dritten und vierten Stufe. Wählt man die Anfangsgeschwindigkeit zu hoch, erreicht man diesen Wert schon früher und dies führt meistens zum vorzeitigen Testabbruch. Muss der Test während der vierten Stufe abgebrochen werden, ist das noch zu verkraften, da sich aus drei Messwerten durchaus noch eine vernünftige Laktatleistungskurve berechnen lässt. Mit nur zwei Werten infolge eines Abbruchs bei Stufe 3 ist dies allerdings nicht mehr möglich.

Wird die Anfangsgeschwindigkeit jedoch zu niedrig festgelegt, kann es passieren, dass man den Laktatwert 3 gar nicht erreicht. Hier bliebe nur ein sogenanntes *Hochrechnen* des VL-3-Wertes, welches allerdings oft ungenau ist. Aus diesen genannten Gründen wird schnell klar, dass dieser Test nicht für Hobbyläufer geeignet ist, welche einfach mal ihren Laktatschwellenwert bestimmen wollen und die ihr Leistungsniveau meistens auch nicht genau einschätzen können (deswegen wollen sie ja den Laktattest machen). Für Hobbyläufer wäre ein solcher Test nur sinnvoll, wenn ein Vortest absolviert wurde, eventuell auch mit kürzeren Stufenlängen und wenn ein ausreichendes Trainingsniveau vorhanden ist.

Die „Glaubensfrage" der Laufbanddiagnostik lautet: Laufband ankippen oder nicht? Die Befürworter des „Ankippens" argumentieren mit dem fehlenden Luftwiderstand. Es is unstrittig, dass der Luftwiderstand ab ca. 10 km/h energetisch nachweisbar ist. Deshalb empfehlen die Befürworter ein Kippen des Bandes von 1°, denn dies soll energetisch dem fehlenden Luftwiderstand bei ca. 14 km/h entsprechen. Manche Befürworter empfehlen ab 18 km/h ein Ankippen um 2°, was aus energetischer Sicht korrekt sein mag. Die Grundfrage ist jedoch, gibt es durch eine Kippung des Bandes von 1° nachweisbare Veränderungen an den diagnostischen Messgrößen, wie z. B. Herzfrequenz, Laktat, O_2-Aufnahme, usw.

Ich habe selbst an Laufbandtests im FKS Leipzig teilgenommen, mit denen versucht wurde, dieses zu untersuchen, und kann bestätigen, dass bei einer Kippung von 1° keine wirklich relevanten Unterschiede gefunden wurden. Nachweisbare Unterschiede waren erst bei 3° messbar. Hier veränderte sich allerdings die Schrittstruktur so stark, dass eine Kippung schon aus diesem Grund abzulehnen ist. Deshalb vertrete ich die Ansicht, dass eine Ankippung des Bandes zum Ausgleich des fehlenden Luftwiderstandes unnötig ist.

Natürlich gibt es Läufer, die auf dem Band bessere Werte erreichen als auf natürlichem Geläuf. Die Gründe hierfür können in dem meist federnden Untergrund bei Laufbändern, in der Lauftechnik oder psychischer Natur (man „wird gewissermaßen gelaufen") liegen. Diese Tatsache wiederum führt zwangsläufig zu der Frage, ob für solche Läufer nicht ein Feldstufentest besser wäre.

Feldtests haben grundsätzlich den Nachteil, dass sie stark wetterabhängig sind (es sei denn, man hat eine Halle zur Verfügung), denn ein kräftiger und böiger Wind kann einem schnell die Messergebnisse verhageln. Eine weitere entscheidende Schwachstelle, besteht in der Schwierigkeit der Geschwindigkeitssteuerung. Hierfür gibt es eine Reihe optischer und akustischer Systeme, welche die Geschwindigkeit vorgeben, allerdings ist dies noch kein Garant dafür, dass die Testperson das Tempo exakt umsetzen kann. Ein erfahrender Tempomacher, welcher die vorgegebene Geschwindigkeit präzise beherrscht, wäre hier die bessere Lösung. Diese Vorgehensweise ist jedoch nur schwer umsetzbar, da solche Uhrwerk-Läufer eher schwierig zu finden sind.

11.1.10 TRAININGSSTEUERUNG MIT DER LAKTAT-LEISTUNGS-KURVE

Betrachten wir noch einmal eine Laktat-Leistungs-Kurve, die aus den Messergebnissen eines Stufentests mithilfe einer Analysesoftware errechnet wird und eine Exponential-funktion ist.

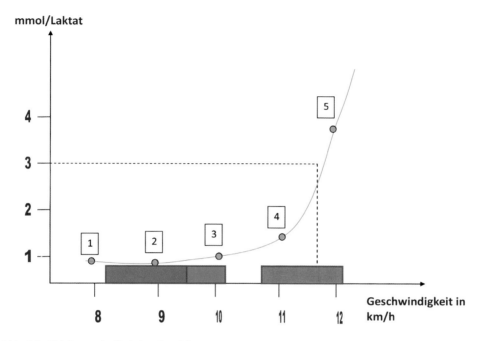

Abb. 35: Ableitung der Trainingsbereiche

Anhand dieser Kurve können wir nun die einzelnen Trainingsbereiche festlegen. Der Übergangsbereich, in dem sich ein Großteil des spezifischen Trainings im Langstrecken-training abspielt, ist in der Abbildung rot gekennzeichnet. Der „rote Bereich" beginnt an dem Punkt der Laktat-Leistungs-Kurve, an dem die Krümmung nach oben deutlich zunimmt, in der Regel um die 95 % des Schwellenwertes. Die Dauerläufe in diesem Bereich (ab ca. 8-10 km) werden knapp unterhalb der Schwellengeschwindigkeit gelaufen. Kürzere Dauerläufe und die langen Tempoläufe von 1.000-2.000 m werden dagegen knapp oberhalb der Schwelle platziert.

Während das Basislaktat bei rund 1 mmol/l liegt und der VL 3 bei 11,7 km/h zu finden ist, sehen wir auf Stufe 3 den ersten sichtbaren Anstieg der Laktatkonzentration. Hier handelt es sich um den Bereich, in dem die aeroben Systeme gerade noch im Gleichge-wicht arbeiten. Bei Laktat-Leistungs-Kurven von trainierten Läufern liegt dieser Punkt in der Regel bei 85 % des VL 3. In unserem Beispiel wären das 9,9 km/h.

Ziemlich genau dort finden wir auch den ersten Anstieg der Laktatkonzentration. Dieser Bereich kann sich individuell geringfügig nach oben oder unten verschieben. Um diesen Punkt herum definieren wir einen Bereich von etwa 5 %, bezogen auf die Geschwindigkeit und damit haben wir die erste wichtige Ableitung: den Trainingsbereich DL 2. Unmittelbar darunter befindet sich der DL-1-Bereich und dieser erstreckt sich in einem Bereich von 70-80 % des VL 3. Dies ist, obwohl es nicht so aussieht, doch eine recht große Spannbreite und wird in **Tab. 125** verdeutlicht.

Tab. 125: Spannbreiten DL 1

Tempo VL 3		80 %	70 %
5,5 m/s	19,8 km/h	3:47 min	4:20 min
5,0 m/s	18,0 km/h	4:10 min	4:46 min
4,5 m/s	16,2 km/h	4:38 min	5:17 min
4,0 m/s	14,4 km/h	5:12 min	5:57 min
3,5 m/s	12,6 km/h	5:57 min	6:48 min
3,0 m/s	10,8 km/h	6:56 min	7:56 min

Wie weit nach unten ein Läufer mit seinem DL-1-Tempo gehen kann oder muss, hängt stark von individuellen Faktoren und vom Ziel des jeweiligen DL-1-Tempos ab. Dabei müssen Läufer mit einem hohen VL 3 tendenziell eher einen Teil ihres DL-1-Trainings in Richtung 70-%-Grenze schieben als weniger gut Trainierte.

Laktat-Leistungs-Kurven von wenig oder von einseitig intensiv Trainierten können aber auch anders aussehen. **Abb. 36** zeigt die Kurve eines deutlich zu intensiv trainierenden Hobbyläufers.

mmol/Laktat

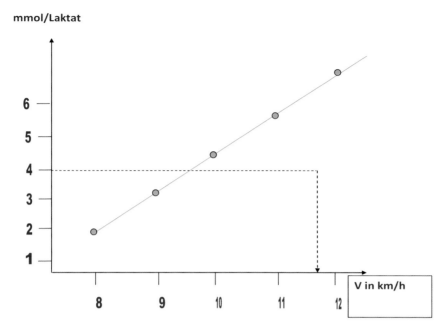

Abb. 36: Laktat-Leistungs-Kurve (2)

Die Kurven haben oft eher die Form einer Geraden, als einer Exponentialfunktion. Zudem liegt das Basislaktat oft schon über 2 mmol/l. Die Umstände machen eine Schwellenbestimmung deutlich schwieriger. Die Probanden zeigen meistens eine hohe Laktattoleranz, sodass man auch anhand ihrer subjektiven Belastungswiderspiegelung wenig Rückschlüsse auf ihre Stoffwechselsituation ziehen kann. In der Regel muss man hier einen höheren festen Schwellenwert verwenden. (eher Laktat 4 mmol/l).

11.1.11 MARATHONPROGNOSE

Wie schon erwähnt, kann man selbst mit einem so umfangsorientierten Stufentest wie 4 x 4.000 m noch keine Prognose über eine mögliche Marathonleistung abgeben. Dafür bedarf es einer anderen Testform. Eine Möglichkeit bestünde darin, den Athleten einem Dauertest über beispielsweise 20 km zu unterziehen. Als Tempo wird der VL 2 (Geschwindigkeit bei 2 mmol/l) des vorher absolvierten Stufentests (4 x 4.000 m) zugrunde gelegt, da die Marathonleistung sich etwa in diesem Stoffwechselbereich abspielt. Die Streckenlänge von 20 km ist dabei relativ willkürlich gewählt und stellt in etwa die Hälfte der Wettkampfstrecke dar.

Natürlich könnte man auch eine noch längere Strecke wählen, was allerdings eine Höchstbelastung für den Athleten darstellen würde, da er ja auch noch den Stufentest „in den Knochen hat".

Aus der Höhe des Laktatwerts am Ende des Dauertests lassen sich Schlussfolgerungen über die Stabilität des VL-2-Werts und somit der wettkampfspezifischen Ausdauer treffen. Ist der Laktatwert stabil geblieben, bestehen gute Chancen, bei entsprechendem Training, dieses Tempo auch über die Marathonstrecke beibehalten zu können.

11.1.12 SERUMHARNSTOFF

Die gesamte Eiweißsubstanz des Organismus unterliegt einem ständigen Umbau, der neben der Erneuerung funktionsuntüchtiger Proteine auch eine Nutzung des Proteins als Energiequelle ermöglicht. Beim Menschen werden täglich ungefähr 2 % des Körperproteins, also ca. 300 g, erneuert. Spaltprodukte des Körper- und Nahrungsproteins sind die Aminosäuren, aus denen die Proteine wieder synthetisiert werden.

Hauptsächliches Abbauprodukt der Aminosäuren ist neben CO_2 und Wasser der **Harnstoff** (Lorenz, 1984). Somit ist der Serumharnstoffgehalt im Blut eine weitere relevante Messgröße des Stoffwechsels. Schon seit Ende der 1970er-Jahre wird die Serumharnstoffkonzentration zur Beurteilung der Belastungssummation herangezogen. Aufgrund intensiver und lang dauernder Muskelarbeit kommt es zu einem verstärkten Proteinabbau in der Muskulatur. Dabei steigt der Harnstoffgehalt im Blut an. Man unterscheidet bei der Messung zwischen Morgen- und Abendwerten. Bei Leistungssportlern liegen die Morgenwerte bei 4,5-6 (Frauen) und 5-7 mmol/l (Männer) und somit ca. 2-3 mmol/l höher als bei der normalen Bevölkerung (Neumann, 2008). Im Verlauf eines Trainingstages steigen die Werte bei Leistungssportlern um ca. 4 mmol/l an. Dies ist notwendig und unbedenklich. Allerdings sollten die Werte am folgenden Morgen wieder ihr Ausgangsniveau erreicht haben.

Nach Extrembelastungen wie Langtriathlon (Ironman) oder 100-km-Läufen können die Serumharnstoffwerte 12-17 mmol/l erreichen. Solche Konzentrationen benötigen jedoch mindestens eine Woche, um sich wieder auf das Normalmaß einzupegeln (Neumann, 2008).

Kommt es in trainingsreichen Phasen zu einem summativen Ansteigen der Morgenwerte, deutet dies auf eine nicht vollständige Wiederherstellung der muskulären Strukturen hin. Wenn die Serumharnstoffkonzentrationen an mehreren Tagen Werte von 7-8 mmol/l (Frauen) und 9-10 mmol/l (Männer) erreichen, sollte die Belastung reduziert oder eine

Belastungspause eingelegt werden. Bereits nach einer Pause von einem Tag können die morgendlichen Serumharnstoffkonzentrationen um 1-3 mmol/l absinken **(Neumann, 2008)**.

Lorenz (1984) weist aber auch darauf hin, dass die Proteinbilanz nicht nur von der Leistungsabgabe bestimmt wird, sondern auch von der Proteinaufnahme. Das heißt, dass auch die Ernährungsgewohnheiten des Sportlers zu einem Schwanken der Serumharnstoffwerte führen können und der Diagnostik damit gewisse Grenzen gesetzt sind. Einen genauen Aufschluss über eine Proteinzu- oder -abnahme gibt die Stickstoffbilanz. Dabei ist eine vollständige Erfassung der Proteinaufnahme und der Stickstoffverluste notwendig, welches für eine Routineanwendung zu aufwendig und für den Sportler zu belastend ist. Er verweist auch darauf, dass eine Beurteilung der Serumharnstoffwerte aufgrund der individuellen Schwankungsbreiten nur im individuellen Längsschnitt sinnvoll ist.

11.1.13 KREATINKINASE (CK-WERT)

Wird die muskuläre Belastbarkeit bei Kurz- oder Langzeitbelastungen überschritten, tritt aus den Muskelzellen das Enzym **Kreatinkinase** aus und wird aus dem Zwischenzellraum über das Lymphsystem in die Blutbahn transportiert. Dieser Prozess dauert in etwa 4-8 Stunden. Das Messen der CK-Aktivität im Blut hat sich als geeignete Messgröße zur Beurteilung der muskulären Belastbarkeit herausgestellt (Neumann, 2008).

Die in Laborbefunden angegebenen klinischen Ruhenormwerte sind auf Leistungssportler nicht zutreffend, da diese zu niedrig sind. Schaut man auf die Internetseite von Wikipedia (2016), findet man die vom IFCC (Internationale Gesellschaft für Klinische Chemie) angegebenen Ruhenormwerte bei Frauen von 145 U/l und bei Männern < 170 U/l. Bei normalem moderaten Training liegt der CK-Wert etwa bei 120-300 U/l und kann bei intensiven Belastungen auf Werte um 900 U/l steigen. Unter Extrembelastung können Werte von über 3.000 U/l erreicht werden. Hohe CK-Werte sind ein sicheres Zeichen für muskuläre Überforderung und Strukturzerstörung.

Leicht erhöhte CK-Werte bei Sportlern in Ruhe spiegeln das allgemein muskuläre Belastungsniveau wider und haben keine Bedeutung für das Training. In gewissen Belastungssituationen verläuft der Anstieg des CK-Werts mit dem des Serumharnstoffs parallel. Eine muskulär ungewohnte Belastung kann jedoch auch dann zu einer erhöhten CK- Aktivität führen, ohne dass die Konzentration des Serumharnstoffs ansteigt **(Neumann, 2008)**.

11.2 ANALYSE DES TRAININGS

Grundlage einer Trainingsanalyse ist eine verwertbare Trainingsprotokollierung. Sinn einer Protokollierung ist es, die Daten später auszuwerten, um daraus Rückschlüsse auf die zukünftige Trainingsgestaltung ziehen zu können.

11.2.1 DAS TRAININGSPROTOKOLL

Dabei gibt es eine Vielzahl von Vorlagen, die versuchen, die wichtigsten Informationen über das Training darzustellen. Die meisten davon sind jedoch praxisuntauglich. Welches sind nun aber die wichtigsten Informationen, die es zu erfassen gilt? Im Dauerlauftraining finden wir zunächst in fast allen Protokollen die Länge der zurückgelegten Strecke. Nur im absoluten Hobby- und Gesundheitsbereich finden sich auch Angaben, die sich auf die Zeitdauer des Trainingslaufs beschränken. Der nächste wichtige Fakt ist die Laufgeschwindigkeit.

In der Vergangenheit wurden mir oft Protokolle mit der Bitte vorgelegt, die Ursache für den einen oder anderen Sachverhalt herauszufinden. Hauptübel bei vielen Aufzeichnungen ist die Tatsache, dass zwar Strecke und Laufzeit notiert wurden, jedoch keine Geschwindigkeiten. Diese müssten dann erst einmal nachgetragen werden, welches eine Auswertung und Bewertung im augenblicklichen Gespräch unmöglich macht.

Am anschaulichsten ist die Darstellung der Geschwindigkeiten in min/km. Da man in späteren Auswertungen aber häufig Durchschnitte berechnen muss oder Prozentsätze festlegen will, ist es erforderlich, die Geschwindigkeiten auch in m/s zu erfassen. Nur so sind spätere Berechnungen möglich. Als weitere wichtige Information sollte zumindest zweimal bis dreimal pro Woche die Durchschnittsherzfrequenz des jeweiligen Dauerlaufs erfasst werden.

Handelt es sich bei dem zu erfassenden Training um ein Intervalltraining, wird die Streckenlänge und die Anzahl der Wiederholungen protokolliert. Des weiteren ist auch die Angabe der Pausenlänge und die Pausengestaltung (Trabpause oder Gehpause). Will man bei einem Intervallprogramm die Herzfrequenz erfassen, stellt die sinnvollste Methode dar, einen Mittelwert aller Pulswerte am Ende der Intervallläufe zu bilden. Einige Athleten protokollierten auch ihren Durchschnittspuls über die gesamte Intervalltrainingseinheit, sodass die Pulswerte der Pausen ebenfalls mit in den Durchschnitt eingehen. Ein solcher Gesamtdurchschnitt hat allerdings keine wirklich verwertbare Aussage.

Sollte einem die Höhe der durchschnittlichen Belastungsendwerte nicht reichen, ist es sinnvoll, einen Mittelwert aus den Pulswerten am Ende der Laufpause zu bilden. Diese Pulswerte liefern jedoch keine grundsätzlich andere Aussage als die Höhe der Belastungswerte. In den meisten Fällen entwickelt sich die Höhe der Belastungs- und Erholungsherzfrequenzen in die gleiche Richtung. Alle anderen Varianten der Pulswertedokumentation eines Intervalltrainings ergeben keinen Sinn.

Und damit sind bereits die wichtigsten Informationen protokolliert. Für den leistungsorientierten Hobbyläufer sind diese Informationen bereits völlig ausreichend. In vielen Protokollen findet man noch Angaben über Befinden, Wetter, Laufschuh und Ähnliches. Diese Auskünfte mögen ja durchaus interessant sein, für eine spätere Auswertung sind sie jedoch zu entbehren. Das Trainingsprotokoll sollte optimalerweise auf das Wesentlichste beschränkt werden. Je mehr Informationen man protokollieren lässt, desto größer ist die Wahrscheinlichkeit, dass der „faule" Athlet in Verzug gerät. Außerdem werden so die Protokolle immer unübersichtlicher.

Ein späteres Recherchieren wird durch das sparsame Dokumentieren von Trainingsinformationen erheblich erleichtert. Bei manchen Athleten, vor allem im Nachwuchsbereich, empfiehlt es sich, noch das tägliche Gewicht (am besten morgens) und eventuelle Hinweise auf einen veränderten Gesundheitszustand aufzeichnen zu lassen.

Das von mir entwickelte Protokoll hat den Vorteil, dass es einfach gehalten und übersichtlich gestaltet ist und nur die wichtigsten Informationen enthält. Auf einer A-4-Seite lassen sich so im Querformat 3-4 Wochen übersichtlich darstellen. Des Weiteren halte ich es für unabdingbar, dass die Daten, besonders von jungen Athleten, zunächst handschriftlich eingetragen werden. Ein sofortiges Eintragen in Excel oder ähnliche Programme verleitet zu sehr dazu, die Kopierfunktion zu benutzen. Ob man das spätere Eintippen in die EDV selbst vornimmt oder an den Athleten delegiert, hängt stark vom Reifegrad des Athleten und vom Vertrauensverhältnis zwischen Trainer und Sportler ab. Hier das von mir seit vielen Jahren verwendete Protokoll.

Tab. 126: Vereinfachtes Trainingsprotokoll F. Hennig

Woche vom	Mo.		Di.		Mi.		Do.		Fr.		Sa.		So.		Gesamt-km
	1. TE	2. TE	1. TE	2. TE	1. TE	2. TE	1. TE	2. TE	1. TE	2. TE	1. TE	2. TE	1. TE	2. TE	
Strecke/ Programm Pause															
Intensität m/s und min/km Ø Zeit u. Wiederholungen bei Intervallen															
Ø Herzfrequenz															
Ein-/Auslaufen															
Gewicht/ Gesundheit															

Als Nächstes folgt nun die Frage, wie das protokollierte Training zu klassifizieren ist. Ein wichtiger Punkt dabei ist, Umfänge in den einzelnen Trainingsbereichen zusammenzufassen, und als Wochen-, Monats- und Jahressummen darzustellen. Schaut man auf das vom DLV entwickelte Schema, wird das Training in 40 verschiedene Positionen gegliedert.

Bereich		Kenn-ziffer	Inhalt	
Wettkämpfe und Tests	WK	01	Spezialdisziplin	
	WK	02	Unterdistanz	
	WK	03	Überdistanz	
	WK	04	Cross/Straße	
	T	06	vL10 (8)	
	T	07	vL3	
	T	08	100 m flach	
WA-Training	WA/WM	10	Tempoläufe - Wiederholungsmethode	
	WA/VM	11	Tempoläufe - Intervallmethode	
SA-Training	SA/TL	20	Tempoläufe - Wiederholungsmethode	
GA2-Training	GA2/TL	30	Tempoläufe - Intervallmethode	
	GA2/TW	32	Tempoläufe im Dauerlauf	
	GA2/DL	33	Dauerlauf	
	GA2/DL prof.	35	Dauerlauf mit Berganstrecken	
	GA2/Rad	36	Radfahren/Ergometer	(DM/IVM)
	GA2/Ski	37	Skilauf/Skiroller	(DM/IVM)
	GA2/W+S	38	Wasserlaufen/Schwimmen	(DM/IVM)
GA1-Training	GA1/DL	40	Dauerlauf	
	GA1/DL prof.	43	Dauerlauf mit Berganstrecken	
	GA1/Rad	44	Radfahren/Ergometer	
	GA1/Ski	45	Skilauf/Skiroller	
	GA1/W+S	46	Wasserlaufen/Schwimmen	
Schnellig-keitstraining	S/L	50	Läufe - Wiederholungsmethode	
	S/A	51	andere Mittel	
Krafttraining	SKA/BAL	60	Berganläufe	(intensiv)
	SKA/ZWL	61	Zugwiderstandsläufe	(intensiv)
	SKA/Spr.	62	Sprünge	
	KA/BAL	63	Berganläufe	(extensiv)
	KA/ZWL	64	Zugwiderstandsläufe	(extensiv)
	KA/Spr.	65	Sprünge	
	KT	67	Kreistraining	
	ST	68	Stationstraining	
	KG	69	Konditionsgymnastik	
Kompensation	Komp./DL	70	Dauerlauf	
	Komp./EA	72	Ein- und Auslaufen	
	Komp./Rad	73	Rad/Ergometer	
	Komp./Ski	74	Skilauf	
	Komp./W+S	75	Wasserlaufen/Schwimmen	
Beweglich-keitstraining/	Bew./Training	81	Beweglichkeitstraining (einschließlich allgemeine Gymnastik)	
Spiele	Spiele	82	alle Spiele	

Abb. 15: Leistungs- und fähigkeitsorientierte Kennziffernschlüssel für die Leistungs- und Trainingsdokumentation - Mittel und Langstreckenlauf -

Abb. 16: Sportartspezifisches Trainingsprotokoll für den Mittel- und Langstreckenlauf und das Gehen

Abb. 37: Vom DLV verwendetes Protokoll

Ein derart kompliziertes Schema dürfte bereits für die meisten Trainer ein Hindernis für eine sinnvolle Weiterbearbeitung der protokollierten Daten darstellen, geschweige denn für den Athleten. Hier gewinnt der banale Spruch „Weniger ist oft mehr", enorm an Bedeutung. Bei der Zusammenfassung des Trainings unterscheide ich lediglich neun Bereiche. DL 1, DL 2, DL 3, Tempoläufe, spezielles Krafttraining (Läufe und Sprünge), Schnelligkeitstraining und allgemeines Training, das nur in Stunden erfasst wird, sowie Wettkämpfe und Ein- und Auslaufen.

11.2.2 AUSWERTUNG DER TRAININGSDATEN

Wie ich bereits weiter oben erwähnt habe, ist eine langfristige Leistungssteigerung an eine systematische Belastungssteigerung gebunden. Ohne eine Aufbereitung der Trainingsdaten ist eine systematische Planung unmöglich.

Dieser Umstand stellt einen nicht ganz unerheblichen Aufwand dar. Im Bereich der Bundeskader wird diese Arbeit weitestgehend von beauftragten Partnern des DLV durchgeführt. Inwieweit man diesen Aufwand für die eigene Leistungsentwicklung betreiben will, muss jeder leistungsorientierte Läufer für sich entscheiden. Im Nachwuchsleistungssport ist dieser Planungsaufwand eigentlich unverzichtbar.

Meist haben wir es hier mit ehrenamtlichen Trainern zu tun, die sich neben dem Training nun auch noch um Planungsfragen kümmern müssten. Von ihnen kann man einen solchen Aufwand eigentlich nicht einfordern. Sicher kann man auch interessierte Sportler mit einbeziehen, hier ist aber Kontrolle oberste Pflicht. Ich selbst habe in den Jahren zwischen 2003 und 2013 die gesamten Trainingsdaten für bis zu 12 Athleten gesammelt und ausgewertet.

Mit der Absicht, aus dem protokollierten Training möglichst viele hilfreiche Informationen herauszufiltern, sind von mir in den vergangenen Jahren verschiedene Auswertungsschemata entwickelt worden.

So ist es sinnvoll, die einzelnen Trainingsmittel eines Trainingsjahres gesondert zu erfassen und diese dann in den einzelnen Jahressummen darzustellen.

Voraussetzung dafür ist eine einfache und klare Unterteilung in wenige überschaubare Trainingsbereiche.

Dabei möchte ich noch einmal auf die von mir verwendeten neun Bereiche verweisen. Bei der Ermittlung der Jahresumfänge kann man die Wettkämpfe separat erfassen, ich habe sie aber in der Regel nach ihrer Charakteristik den anderen Trainingsbereichen mit zugeordnet. Bahnwettkämpfe über 5.000 m und kürzer werden bei den Tempoläufen erfasst und Wettkämpfe ab 10 km und länger beim DL 3 (Ausnahme Marathon).

Zunächst einmal kann man mithilfe der folgenden Excel-Tabelle die wichtigsten Dauerlaufparameter erfassen.

Dabei werden DL 1/DL 2 und DL 3 getrennt ausgewertet. Eine Trennung von DL 1 und DL 2 bei der Berechnung des Durchschnittstempos im GA-Training ist schwierig, da es häufig zu Abgrenzungsproblemen und gemischten Einheiten kommt. Überwiegend habe ich mich darauf beschränkt, die DL-2-Kilometer als Summe separat zu erfassen. Will man einen genauen Geschwindigkeitsdurchschnitt über das Trainingsjahr erhalten, muss man in der Spalte ØV den gewichteten Durchschnitt mit folgender Formel eingeben (Beispiel Woche 1) = (10*3,9+15*4,0+15*4,07+12*4,1+10*3,96+22*4,07)/84. Als Ergebnis erhält man dann den gewichteten Wochenschnitt 4,03 m/s. Aus der Anzahl der Dauerlauf-TE und dem Gesamtjahresumfang kann man in der letzten Zeile auch noch die durchschnittliche Länge der Dauerläufe im GA-Training errechnen.

Tab. 127: Schemata zur Erfassung der wichtigsten GA-Dauerlaufparameter

	GA (DL 1+DL 2)				
Woche	km	TE	Ø S km	Ø V m/s	Davon km DL 2
1	84	6		4,03	25
2	80	6		4,09	40
3	60	3		4,03	32
4	105	7		4,04	44
6	115	7		4,14	60
....					
47	95	5		4,10	50
48	140	8		4,11	70
49	40	3		4,10	10
50	25	1		3,96	0
51	65	4		4,09	20
52	90	4		4,11	40
Summen:	5.068	330	15,4	4,01	1.465

Ganz ähnlich gestaltet sich das Schema bei der Auswertung des DL 3/Tempowechseltrainings. Zusätzlich wird in der ersten Spalte noch eine kurze Angabe zum absolvierten Programm gemacht. Bei der Eingabe der absolvierten Kilometer muss man sich entscheiden, ob man bei Tempowechselprogrammen nur die Abschnitte mit Primärgeschwindigkeit (TS-1) oder das gesamte Programm als DL 3 wertet. Im Beispiel wurde das gesamte Programm eingerechnet. Ich tendiere allerdings dazu, nur die schnellen Abschnitte anzurechnen. In der Auswertung wird nicht die Anzahl der Trainingseinheiten, sondern die Anzahl der einzelnen Laufwiederholungen eingegeben, um am Jahresende wieder die durchschnittliche Streckenlänge beim DL-3-Training ermitteln zu können. Die letzte Spalte ist wieder für den gewichteten Durchschnitt der Trainingswoche vorgesehen.

Tab. 128: Schemata zur Erfassung der wichtigsten Parameter beim DL 3 / TW

	DL 3 / TW				
Woche	Programm	km	WdH	Ø S km	ØV m / s
1	DL	15	1		5,05
2	DL	20	1		4,9
3	4 x 4 km	16	4		5,2
4	DL/TW	35	2		4,6
6	DL/TW	45	2		4,45
.....					
50	3 x 5 km	15	3		5,1
51	TW	20	1		4,6
52	DL	20	1		4,5
Summen:		1.257	69	18,2	4,65

Nach dem gleichen Schema werden die absolvierten Tempoläufe erfasst.

Tab. 129: Schemata zur Erfassung der wichtigsten Parameter beim Tempolauftraining

	Tempolauf				
Woche	Programm	km	WdH	Ø S km	Ø V m/s
1					
2	15 x 400 m/15 x 1.000 m	21	30		5,34
3	12 x 400 m/20 x 200 m	8,8	32		5,94
4	15 x 1.000 m	15	15		5,24
5	5 x 1.000 m	5	5		5,68
6					
50	15 x 400 m/8 x 1.000 m	14	23		5,80
51	10 x 400 m	4	10		5,86
52	8 x 1.000 m	8	8		5,81
Summen:		344	712	0,48	5,76

Beim Auswerten des Schnelligkeits- und Schnelligkeitsausdauertrainings sowie des spezifischen Krafttrainings (Bergaufläufe/Sprünge) ist das Protokollieren der Intensitäten in m/s wenig sinnvoll, zumal beim Schnelligkeitstraining, das überwiegend aus Steigerungsläufen besteht, häufig keine Geschwindigkeiten gemessen werden. Hier beschränke ich mich auf das Erfassen der quantitativen Parameter Streckenlänge, Wiederholungen und Umfang. Das alternative Training wird ebenfalls nur in Stunden erfasst.

Die hier zur besseren Verständlichkeit einzeln vorgestellten Schemata existieren in meiner Auswertungspraxis in Form einer einzigen großen Excel-Tabelle, in der die einzelnen Trainingsbereiche nebeneinander erfasst werden. Für jeden Sportler, dessen Training ausgewertet werden soll, existiert eine solche Datei. Hierzu wird für jedes Trainingsjahr ein einzelnes Registerblatt angelegt. Auf dem jeweils ersten Registerblatt werden anschließend die wichtigsten Informationen in Form einer Zusammenfassung dargestellt.

Die folgende Tabelle zeigt diese Informationen im Mehrjahresverlauf.

Tab. 130: Zusammengefasste Trainingsparameter der Jahre 2003-2007 von Michael Schering

	2003/2004		2004/2005		2005/2006		2006/2007	
Umfang in km								
Gesamt	5.503	Anteil	7.378	Anteil	5.832	Anteil	3.959	Anteil
GA (DL 1+DL 2)	3.987	72 %	5.068	69 %	4.154	71 %	2.721	69 %
DL 3/TW	703	13 %	1.257	17 %	911	16 %	588	15 %
Spez. Kraft	0	0 %	57	1 %	29	0,5 %	0	0 %
Tempoläufe	302	5 %	344	5 %	217	4 %	240	6 %
Wettkämpfe	75	1 %	99	1 %	120	2 %	94	2 %
Schnelligkeit/SA	39	1 %	34	0,5 %	29	0,5 %	22	1 %
Ein/Auslaufen	397	7 %	519	7 %	373	6 %	294	7 %
Intensitäten in m/s								
GA (DL 1+DL 2)	3,83		4,01		4,03		4,04	
DL 3/TW	4,77		4,65		4,65		4,54	
Spez. Kraft								
Tempoläufe	5,80		5,71		5,72		5,51	
Streckenmittel in km								
GA (DL 1+DL 2)	14,1		15,4		15,1			
DL 3/TW	15,3		18,2		16,9			
Tempoläufe	0,52		0,48		0,49			
Schnelligkeit/SA	0,04		0,04		0,05			

Das Trainingsjahr 2004/2005 war das erfolgreichste für M. Schering. Dies drückt sich auch im Mehrjahresverlauf seiner Trainingsparameter aus. So lässt sich erkennen, dass es in fast allen Bereichen zu deutlichen Umfangssteigerungen kommt. Bei den Intensitäten hingegen weist er nur im GA-Bereich eine Erhöhung von 3,83 m/s auf 4,01 m/s auf, was durchaus eine beträchtliche Steigerung und ein hohes Niveau darstellt, bedenkt man, dass der 2006er-10.000-m Europameister J. Fitschen in diesem Jahr auch nur einen GA-Durchschnitt von 4,2 m/s hatte.

Dass M. Schering seine Leistungsfortschritte vor allem über extensives GA- und WSA-Training realisierte, erkennt man an den hohen Umfangskennziffern und dem enormen Streckenmittel von über 18 km beim DL 3 und Tempowechseltraining. Ebenso gut ist im Mehrjahresverlauf zu erkennen, dass die in den Jahren 2006 und 2007 folgende Leistungsstagnation ihre Ursachen in der Stagnation aller Trainingsparameter hatte. Das Beispiel soll zeigen, welche wichtige Rolle ein solches Auswertungsinstrument bei der Suche nach Ursachen für eine Leistungsstagnation haben kann.

Natürlich besitzt ein solches Schema auch Schwächen. Die vor allem darin liegen, dass z. B. im Tempolauftraining völlig unterschiedliche Streckenlängen zusammengefasst und als Gesamtdurchschnitt dargestellt werden. Da eine Durchschnittsgeschwindigkeit nur bedingt aussagekräftig ist, ist es durchaus sinnvoll, das Tempolauftraining noch etwas differenzierter auszuwerten. Dabei werden die verschiedenen Strecken einzeln dargestellt. Voraussetzung dafür ist, dass im Training bestimmte Standardprogramme eingesetzt werden. Als Beispiel folgt das gesamte Tempolauftraining von J. Stiller aus der Saison 2006/2007. Dabei wurden im Grunde nur drei Tempolaufstrecken eingesetzt.

Tab. 131: Das Tempolauftraining von J. Stiller aus der Saison 2007/2008

Wo-che	200 m	km	m/s	400 m	km	m/s	1.000 m	km	m/s	WK km	
2	20 x 200 m	4	5,64				10 x 1.000 m		4,76		
3											
4	20 x 200 m	4	6,06								
5											
6	20 x 200 m	4	6,07				10 x 1.000 m	10	4,98		
7	30 x 200 m	6	5,9								
8				20 x 400 m	8	5,51					
9	20 x 200 m	4	5,93								
10				20 x 400 m	8	5,6	8 x 1.000 m	8	5,09		
11				20 x 400 m	8	5,67	8 x 1.000 m	8	5,1		
12	20 x 200 m	4	6,00							3	5,92
13	10 x 200 m	2	6,00							1,5	6,39
14											
15	40 x 100 m	4	6,5								

Wo-che	200 m			400 m			1.000 m			WK	
		km	m/s		km	m/s		km	m/s	km	
16	40 x 100 m	4	6,5								
17	20 x 100 m	2	6,5								
18	5 x 200 m	1	6,5	20 x 400 m	8	5,53	10 x 1.000 m	10	5,05		
19				20 x 400 m	8	5,6	10 x 1.000 m	10	5,24		
20	20 x 200 m	4	6,4								
21							10 x 1.000 m	10	5,05		
22	15 x 200 m	3	6,25				10 x 1.000 m	10	5,26		
23	20 x 200 m	4	6,15				10 x 1.000 m	10	5,4		
24	30 x 200 m	6	6,26				9 x 1.000 m	9	5,4		
25	10 x 200 m	2	6,34				10 x 1.000 m	10	5,43		
26										5	5,79
27	20 x 200 m	4	6,38				8 x 1.000 m	8	5,15		
28	20x 200 m	4	6,36				8 x 1.000 m	8	5,31		
29	15 x 200 m	3	6,25							1,5	6,27

Wo-che	200 m	km	m/s	400 m	km	m/s	1.000 m	km	m/s	WK km	
30							8 x 1.000 m	8	5,4	3	5,95
31	20 x 200 m	4	6,3				8 x 1.000 m	8	5,47		
32										2	5,78
33	20 x 200 m	4	6,13							5	5,79
34				15 x 400 m	6	5,86					
35	10 x 200 m	2	6,49								
36											
		79	6,02		46	5,628		137	5,206	21	5,92
		5,59									
	TL-km gesamt	283,0									

Jakob Stillers 283 TL-Kilometer wurden von ihm in einer Durchschnittsgeschwindigkeit von 5,59 m/s absolviert. Um den Einfluss der Tempolaufprogramme auf die Wettkampf-leistung genauer beurteilen zu können muss man die verschiedenen Strecken einzeln betrachten. So wurde fast die Hälfte – nämlich 137 km auf der 1.000-m-Strecke in einer Geschwindigkeit von 5,206 m/s (3:12 min) gelaufen. Diese 1.000-m-Programme haben den höchsten Bezug zur 10-km-Wettkampfstrecke, auf welche sich J. Stiller ab 2008 in erster Linie konzentrierte.

Die 200-m- und 400-m-Programme hingegen dazu haben eine Zubringerfunktion. Mit diesen werden die Voraussetzungen für eine weitere Entwicklung auf der 1.000-m-Strecke geschaffen. Davon entfallen 73 km auf die 200-m-Strecke bei einer Durchschnitts-geschwindigkeit von 6,22 m/s (32,15 Sekunden) und 46 km auf die 400-m-Strecke bei einem Schnitt von 5,62 m/s (71,2 Sekunden). Mithilfe dieser gewonnenen Informationen lassen sich nun die Umfänge und die Intensitäten entsprechend der Zielstellung für das Folgejahr gut planen. Auch unter diesem Aspekt ist es von Vorteil, immer wieder Trainingsstandards einzusetzen.

Ein weiteres Kontroll- und Steuerungsinstrument möchte ich im Folgenden erörtern. Dies dient der Beobachtung und Kontrolle des individuellen Formverlaufs und der sich oft schleichend entwickelnden Ermüdungsprozesse.

Nach jedem durchgeführten Stufentest zur VL-3-Wertbestimmung erstelle ich eine Geschwindigkeits-Herzfrequenz-Funktion in Form einer Tabelle. Da die Geschwindig-keits-Herzfrequenz-Funktion in einem großen Leistungsbereich linear verläuft, lässt sich aus den beim Stufentest gemessenen Belastungsherzfrequenzen auch zu jeder anderen Geschwindigkeit eine Herzfrequenz zuordnen. Diese Werte ergeben anschließend eine „Soll-Wert"-Tabelle.

Meine Sportler sind angehalten, möglichst oft ihre Dauerlauf-Durchschnittsherzfre-quenzen und ihre Tempolaufherzfrequenzen ins Trainingsprotokoll einzutragen. Nach-folgend trage ich mit Rotstift die Differenzen zwischen den Ist-Herzfrequenzen und den Soll-Herzfrequenzen in die Trainingsprotokolle ein. Zunächst werden die gemessenen Herzfrequenzen beim Training etwas höher liegen als die Testwerte, da diese unter Laborbedingungen erzielt wurden und die Stufen natürlich kürzer als die Trainings-dauerläufe sind. Erreichen die Trainingswerte schließlich das Niveau der Testwerte, ist das bereits ein sicheres Zeichen, dass sich die aerobe Form positiv entwickelt hat. Nach Trainingseinheiten mit hohem Umfang und hoher Intensität werden die Durchschnitts-herzfrequenzen an den Folgetagen etwas ansteigen. Das ist aus Sicht von 2-3 Tagen kein Problem, danach sollten diese sich aber wieder auf ihr vorheriges Niveau einpegeln. Ansonsten läuft man Gefahr, sich in eine nachhaltige Übermüdung hineinzutrainieren. Anhand der Entwicklung dieser Differenzen lassen sich positive Anpassungen oder auch Verschlechterungen infolge zunehmender Ermüdung gut verfolgen und damit auch besser steuern.

Hier eine solche Tabelle aus der Trainingspraxis.

Die rot gekennzeichneten Werte sind die auf dem Band gelaufenen Geschwindigkeitsstu-fen und die dazu gemessenen Herzfrequenzen dazwischen sind die berechneten Werte.

Tab. 132: Geschwindigkeits-Herzfrequenzverhalten J. Stiller (Stand: Frühjahr 2010)

m/s	km-Zeit	Herz-frequenz		m/s	km-Zeit	Herz-frequenz
5,25	3:10,5	176		4,33	3:50,9	146
5,23	3:11,2	175		4,31	3:52,0	145
5,21	3:11,9	175		4,29	3:53,1	145
5,18	3:13,1	174		4,27	3:54,2	144
5,15	3:14,2	174		4,26	3:54,7	144
5,13	3:14,9	173		4,24	3:55,8	143
5,1	3:16,1	173		4,22	3:57,0	143
5,08	3:16,9	172		4,2	3:58,1	142
5,05	3:18,0	172		4,18	3:59,2	141
5,04	3:18,4	171		4,17	3:59,8	141
5,02	3:19,2	171		4,15	4:01,0	140
5	3:20,0	170		4,13	4:02,1	140
4,97	3:21,2	169		4,11	4:03,3	139
4,95	3:22,0	168		4,1	4:03,9	139
4,93	3:22,8	167		4,08	4:05,1	138
4,9	3:24,1	166		4,06	4:06,3	138
4,88	3:24,9	165		4,05	4:06,9	137
4,85	3:26,2	163		4,03	4:08,1	136
4,83	3:27,0	162		4,02	4:08,8	136
4,81	3:27,9	161		4	4:10,0	135
4,78	3:29,2	160		3,98	4:11,3	135
4,76	3:30,1	159		3,97	4:11,9	134
4,74	3:31,0	158		3,95	4:13,2	134

m/s	km-Zeit	Herz-frequenz		m/s	km-Zeit	Herz-frequenz
4,72	3:31,9	158		3,94	4:13,8	133
4,69	3:33,2	157		3,92	4:15,1	132
4,67	3:34,1	156		3,91	4:15,8	132
4,65	3:35,1	156		3,89	4:17,1	131
4,63	3:36,0	155		3,88	4:17,7	131
4,61	3:36,9	154		3,86	4:19,1	130
4,59	3:37,9	154		3,85	4:19,7	130
4,57	3:38,8	153		3,83	4:21,1	129
4,55	3:39,8	152		3,82	4:21,8	129
4,52	3:41,2	152		3,8	4:23,2	128
4,5	3:42,2	151		3,79	4:23,9	127
4,48	3:43,2	150		3,77	4:25,3	127
4,46	3:44,2	150		3,76	4:26,0	126
4,44	3:45,2	149		3,75	4:26,7	126
4,42	3:46,2	149		3,73	4:28,1	125
4,4	3:47,3	148		3,72	4:28,8	125
4,38	3:48,3	148		3,7	4:30,3	124
4,37	3:48,8	147		3,69	4:31,0	124
4,35	3:49,9	147		3,67	4:32,5	123

Es folgen drei exemplarische Trainingswochen, in denen der Formverlauf von J. Stiller gut nachvollzogen werden kann. In der Juniwoche liegen die Durchschnittsherzfrequenzen noch 5-6 Schläge über den gemessenen Laborwerten. Dies stellt in etwa die normale Abweichung bei J. Stiller in der Trainingspraxis dar. Zusehen ist auch, dass es beim langen Lauf am Sonntag infolge der fortschreitenden Ermüdung zu einem weiteren Anstieg des Pulses kommt.

Tab. 133: Herzfrequenzkontrollen J. Stiller Juni 2010

Woche vom 14.06-20.06.10	Mo. 1.TE	Mo. 2.TE	Di. 1.TE	Di. 2.TE	Mi. 1.TE	Mi. 2.TE	Do. 1.TE	Do. 2.TE	Fr. 1.TE	Fr. 2.TE	Sa. 1.TE	Sa. 2.TE	So. 1.TE	So. 2.TE	Gesamt-km
Strecke/Programm Pause	15 km DL 2	60 min Aqua	20 x 200 m 31,2 s	12 km DL 1	15 km DL 2	15 km DL 1	8 km DL 1	15 x 400 m 2 min TP	15 km DL 2	12 km DL 1	3 x 3 km 8 min TP	10 km DL 1	30 km DL 2		165 km
Intensität in m/s und min/km, Ø Zeit und Wiederholungszahl bei Intervallen	3:51 /km			4.30 /km	3:52 /km	4.25 /km	4:45 /km	68 s	3.55 /km	4.28 /km	Ø 9:33	4.40 /km	3:58 /km		
Ø Herzfrequenz	152				150								150		
Differenz zur Soll-Herzfrequenz	+6					+5							+8		
Ein-/Auslaufen															
Gewicht/Gesundheit															

246

Im Trainingslager im August kommt es dann bei qualitativ hochwertigem Training und ca. 200 Wochenkilometern zum erhofften Formanstieg. Die Pulswerte pendeln sich zunächst auf dem Testniveau ein, um schließlich in der zweiten Woche noch weiter abzusinken.

Tab. 134: Herzfrequenzkontrollen J. Stiller Trainingslager August 2010 (1)

Woche vom 02.08.-08.08.10	Mo. 1.TE	Mo. 2.TE	Di. 1.TE	Di. 2.TE	Mi. 1.TE	Mi. 2.TE	Do. 1.TE	Do. 2.TE	Fr. 1.TE	Fr. 2.TE	Sa. 1.TE	Sa. 2.TE	So. 1.TE	So. 2.TE	Gesamt-km
Strecke/Programm Pause	15 km DL 1	50 min	20 x 400 m 2 min TP 68 s	15 km DL 1	15 km DL 2	15 km 4:30 min/km	3 x 4 km 8 min TP	15 km DL 1	15 km DL 2	15 km DL 1	15 km DL 3	15 km DL 1	30 km DL 1		199
Intensität m/s und min/km / Ø Zeit u. Wiederholungen bei Intervallen	4:40 /km	Ath-letik		4:47 /km	3:53 /km		12:20 min	4:30 /km	3:52 /km	4:20 /km	3:18 /km	4:18 /km	4:29 /km		
Ø Herzfrequenz					147				147		171				
Differenz zur Soll-Herzfrequenz					+2				+2		-1				
Ein-/Auslaufen															
Gewicht/Gesundheit															

Tab. 135: Herzfrequenzkontrollen J. Stiller Trainingslager August 2010 (2)

Woche vom	Mo. 1. TE	Mo. 2.TE	Di. 1.TE	Di. 2. TE	Mi. 1.TE	Mi. 2. TE	Do. 1.TE	Do. 2. TE	Fr. 1.TE	Fr. 2. TE	Sa. 1. TE	Sa. 2.TE	So. 1. TE	So. 2.TE	Gesamt-km
Strecke/Programm Pause	20 x 400 m 2 min TP	15 km DL 1	15 km DL 2	15 km DL 1	2 x 5 km 8 min TP	15 km DL 1	15 km DL 2	15 km DL 1	15 km DL 3	15 km DL 1	30 km DL 1		15 km DL 1		203
Intensität m/s und min/km Ø Zeit u. Wiederholungen bei Intervallen	67,9 s	4:38 /km	3:54 /km	4:45 /km	15:26 min	4:22 /km	3:48 /km	4:25 /km	3:17 /km	4:25 /km	4:24 /km				
Ø Herzfrequenz			143				145								
Differenz zur Soll-Herzfrequenz				-1				-3							
Ein-/Auslaufen															
Gewicht/Gesundheit															

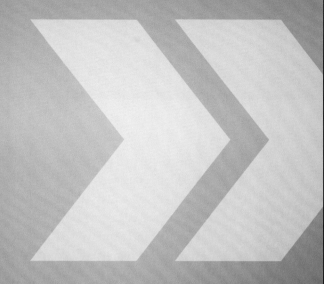

12

TRAININGSPLANUNG

Die Trainingsplanung beginnt mit der Festlegung der jeweiligen Prognoseleistung. Anschließend muss das notwendige Fähigkeitsniveau anhand von Zielprogrammen und leistungsdiagnostischen Messgrößen definiert werden. Nun wird der zur Verfügung stehende Zeitraum mit entsprechenden Trainingsinhalten gefüllt. So beginnt die Planung mit dem zukünftigen Zeitpunkt der Zielleistung und wird von da an rückwärts durchgeführt. Gestaltet man die einzelnen Etappen unter Berücksichtigung einer realistischen Leistungsentwicklung, bekommt man schnell einen Eindruck, ob die geplante Zeit zur Leistungsrealisierung ausreichend ist. Nur so ist gewährleistet, dass keine unrealistischen Zielprognosen gestellt werden. Für Leistungssportler, insbesondere für Nachwuchsläufer ist es sinnvoll, eine solche Planung auch im Mehrjahresverlauf vorzunehmen.

EINIGE GRUNDSÄTZLICHE BEMERKUNGEN ZUR WETTKAMPFPLANUNG

Obwohl moderne Trainingssysteme im Vergleich zu Lydiards Einfachperiodisierung recht komplex sind und oft mehrere Höhepunkte beinhalten, ist es doch notwendig, längere Trainingsphasen ohne Wettkämpfe einzubauen. So benötigt die nachhaltige Verbesserung des Dauerlaufniveaus einen Zeitraum von 8-12 Wochen. Auch für die Verbesserung der wettkampfspezifischen Ausdauer wird in der Literatur (z. B. Pöhlitz) meistens ein Zeitraum von acht Wochen angegeben. Ein „Durchhangeln" von Wettkampf zu Wettkampf führt gewöhnlich nicht zu den erwünschten Leistungssteigerungen.

Dies gilt insbesondere für junge Nachwuchsläufer. Denn diese müssen genug Zeit bekommen, ihre konditionellen Fähigkeiten in Ruhe zu entwickeln. Das Sammeln von Wettkampferfahrung steht bei der Entwicklung von jungen Langstreckenläufern erst an zweiter Stelle. Ein weiterer wichtiger Aspekt beim Jahresaufbau besteht darin, ihn so zu gestalten, dass die Saisonbestleistung auch zum Jahreshöhepunkt erbracht werden kann. Bei den 18 Starts bei deutschen Meisterschaften, die Athleten meiner Trainingsgruppe zwischen 2004-2014 absolvierten, konnten sie den Wettkampf 14 Mal mit persönlicher Bestleistung beenden.

Dies unterstreicht meine Auffassung, dass zu viele Wettkämpfe ein systematisch aufgebautes Langstreckentraining stören. Dieser Grundsatz war immer Kernbestandteil meiner Trainerarbeit, auch wenn ich oft aufgefordert worden bin, mehr Wettkämpfe mit meinen Athleten zu bestreiten. Wettkämpfe sollten immer einen Höhepunkt im Saisonaufbau darstellen.

12.1 ERGEBNISPLANUNG MIT INDIVIDUELLEN ZIELPROGRAMMEN

Für das Erreichen sportlicher Zielstellungen empfiehlt es, sich ein langfristiges Anforderungsprofil zu erstellen. Als Beispiel habe ich zunächst ein Voraussetzungsprofil von Pöhlitz dargestellt, bei dem allerdings keine Angaben zum Entstehen dieser Werte gemacht werden. Folgende Zubringerleistungen nennt Pöhlitz in seinem Hand-out zur A-Trainer-Ausbildung:

Tab. 136: Anforderungsprofil 5.000 m (Pöhlitz, 2013)

Zielleistung	5.000 m		
	Männer		Frauen
	13:25 min	13:15 min	15:12-15:15 min
400-m-Leistung	52,0 s	51,0 s	55,0-57,0 s
1.500-m-Leistung	3:40-3:42 min	3:38-3:40 min	4:10-4:12 min
VL 3 4 x 3 km	5,6-5,8		4,9-5,2
15 km DL 3	44:00-45:00 min		48:30-51:00 min

Tab. 137: Anforderungsprofil 10.000 m (Pöhlitz, 2013)

Zielleistung	10.000 m		
	Männer		Frauen
	28:20 min	27:45 min	32:00-31:45 min
400-m-Leistung	52,0 s		56,0 s
5.000-m-Leistung	13:30 min	13:20 min	15:25-15:15 min
VL 3 4 x 3 km	5,5-5,7		4,9-5,2
15 km DL 3	44:00-46:00 min		51:00-48:30 min

Ein weiteres Beispiel zeigt das Anforderungsprofil, welches ich für J. Stiller zum Erreichen der EM-Norm erstellt hatte. Alle Teilleistungen wurden, wie in den vorhergehenden Abschnitten dokumentiert, detailliert abgeleitet und mit Zahlen unterlegt. Vor allem sollte ein solches Anforderungsprofil immer die individuellen Eigenheiten berücksichtigen, sonst sind die anzugebenden Spannen relativ groß.

Das Profil sollte die Zielgeschwindigkeit, die notwendigen Unterdistanzleistungen, den erforderlichen Schwellenwert und sogenannte *Zielprogramme* enthalten.

Im konkreten Fall werden der 15 km DL 3 und das DL-2-Tempo benannt. Weiterhin werden ein wettkampfnahes Tempolaufprogramm (8-10 x 1.000 m) sowie ein langstreckenspezifisches Schnelligkeitsausdauerprogramm definiert. Alle aufgezeigten Werte wurden aus früheren Trainings- und Wettkampfleistungen abgeleitet.

In **Tab. 138** habe ich bereits den notwendigen VL-3-Wert für die Zielleistung (28:35 min) errechnet. Im Folgenden habe ich nun aus dem individuellen Verhältnis der Sportler S. Weyer und J. Stiller von VL-3-Wert zum 15 km DL 3, das zu erreichende Trainingsniveau im DL 3 für die Zielleistung EM-Norm (28:35 min) bestimmt.

Tab. 138: Zielprogramme im DL-3-Training (in min/km)

Weyer	VL-3-Ziel	5,44 m/s		Stiller	VL-3-Ziel	5,48 m/s	
	DL-3-Ziel 97,4 %	5,30 m/s	47:05 min		DL-3-Ziel 96,2 %	5,27 m/s	47:25 min
		bis				bis	
	DL-3-Ziel 99 %	5,40 m/s	46:18 min		DL-3-Ziel 97,4 %	5,34 m/s	46:49 min

Ersichtlich ist, dass S. Weyer eine etwas höhere Intensität für das gleiche Ergebnis trainieren musste. Oder im Umkehrschluss kann man sagen, dass S. Weyer die bessere Trainingsleistung im DL 3 nicht in ein besseres Wettkampfergebnis umsetzen konnte. Auch wenn es sich bei den errechneten Spannen nur um 1-2 % handelt, entscheidet dieses „Feintuning" über die Effektivität des DL-3-Trainings.

Nachfolgende Tabelle zeigt, wie ich das wettkampfspezifische Tempolaufprogramm 8-10 x 1.000 m für J. Stiller ermittelt habe.

Tab. 139: Ableitung von individuellen Zielprogrammen im Tempolauf zweier Athleten meiner TG

	2009	2010
	Stiller	Weyer
10-km-Leistung	29:50 min	29:40 min
in m/s	5,58	5,62
Zeitnah absolviertes Programm		
TL 8 x 1.000 m	2:55 min	2:52 min
m/s	5,71	5,8
Diff.: zu V 10 km m/s	0,13	0,18

So ergibt sich für eine Zielleistung von 28:35 min unter Beibehaltung obiger Differenz ein Zielprogramm in folgender Qualität:

8 x 1.000 m in 5,94 - 5,99 m/s (2:48 - 2:47 min/ km)

Hierbei wird auch deutlich, dass, ähnlich wie beim DL 3, dieses Verhältnis individuell geringfügig schwankt.

Wie präzise diese Vorgaben waren, lässt sich an folgendem Beispiel erläutern. J. Stiller absolvierte im April 2014 ein Tempolaufprogramm 10 x 1.000 m in 2:49,5 min mit zwei Minuten Trabpause. Und genau diese 1,5 Sekunden, um die er das Zielprogramm verfehlt hatte, fehlten ihm am Ende pro Kilometer zur EM-Norm. Solche Zielprogramme sollten als Standard über mehrere Trainingsjahre eingesetzt werden. So hat man auch ohne leistungsdiagnostische Tests immer den Überblick, wie weit man noch von seiner Zielstellung entfernt ist.

Tab. 140 zeigt ein Anforderungsprofil für eine WK-Leistung im Bereich der 10.000-m-EM-Norm der Männer. Dabei wurden bei den Trainingsstandards die individuellen Gegebenheiten von J. Stiller zugrunde gelegt.

Tab. 140: Anforderungsprofil J. Stiller 10.000 m 28:35 min

	10.000 m 28:35 min
V-Ziel	5,81 m/s
400-m-Leistung	53,0-53,5 s
5.000 m	13:37-13:54 min
VL 3	5,4-5,5 m/s
Trainingsstandards	
15 km DL 3	46:50-47:20 min
DL 2 Niveau 85 % VL 3	3:34-3:40 min/km
8-10 x 1.000 m 2 min TP	2:47-2:48 min
10-12 x 400 m 2-3 min TP	60-61 s

Die Kriterien sind erst dann als erfüllt anzusehen, wenn alle Leistungen zeitnah erbracht werden können.

Dabei ist zu berücksichtigen, dass diese Zubringerleistungen nacheinander erarbeitet werden müssen.

Der Prozess muss in drei Phasen unterteilt werden:

1. Einsatz von Zubringerprogrammen und Blockbildung mit Konzentration auf eine Teilleistung bis zum erstmaligen Erreichen dieser.

2. Stabilisierung der Teilleistung. Die Leistung muss mehrfach und auch unter nicht optimalen Bedingungen abrufbar sein.

3. Alle Teilleistungen müssen zeitnah erbracht werden.

Nachfolgend ein Beispiel für zwei Trainingswochen, in denen die oben genannten Zielprogramme zeitnah erbracht werden. Wichtig ist, dass man nicht versucht, alle drei intensiven Programme in einer Woche unterzubringen.

Tab. 141: Beispielwoche mit Zielprogrammen J. Stiller (1)

Ges: ca. 140 km	Mo.	Di.	Mi.	Do.	Fr.	Sa.	So.
Vor-mittag	15 km DL 1	20 x 200 m 29 s 1,5 min TP	15 km DL 2	15 km DL 1/2	10 x 1.000 m 2:48 min 2 min TP	15 km DL 1	30 km DL 2
Nach-mittag	Aqua-jogging	15 km DL 1	10 km DL 1	Athletik	10 km DL 1		

Ges: ca. 145 km	Mo.	Di.	Mi.	Do.	Fr.	Sa.	So.
Vor-mittag	15 km DL 1	10 x 400 m 60,5 s 3 min TP	15 km DL 2	15 km DL 1/2	15 km DL 3 46:50-47:20 min	15 km DL 1	30 km DL 2
Nach-mittag	Aqua-jogging	15 km DL 1	10 km DL 1	Athletik	10 km DL 1		

12.2 JAHRESAUFBAU IM LANGSTRECKENTRAINING

Zunächst gilt es, dabei vier grundlegende Abschnitte zu definieren:

Erste Phase: Allgemein athletischer Grundaufbau

Zweite Phase: Läuferisches Grundlagentraining

Dritte Phase: Ausprägung der notwendigen Unterdistanzleistung

Vierte Phase: Ausprägung der wettkampfspezifischen Leistung

Es sei angemerkt, dass es sich hier um einen vollständigen Saisonaufbau nach einer Erholungsphase handelt. Sollen alle Phasen in voller Länge absolviert werden, ist dies nur mit einer Einfachperiodisierung möglich. Je nach Situation des Athleten bzw. nach der Zielstellung des Hauptwettkampfs kann eine Phase auch sehr kurz ausfallen oder ganz wegfallen. In Phase 1 und 2 unterscheiden sich die Trainingsmittel und Methoden der 5.000-m/10.000-m-Läufer kaum von denen der Halb- und Marathonläufer. Lediglich die Gesamtumfänge der Marathonläufer fallen für gewöhnlich etwas höher aus. Erst ab Phase 3 wird es deutlich differenzierter.

12.2.1 CHARAKTERISTIK DER EINZELNEN TRAININGSPHASEN

Phase 1 beinhaltet, neben DL-1- und DL-2-Training mit relativ kurzen Strecken, einen hohen Anteil an allgemeinen Trainingsmitteln. Es können auch leichte Läufe zum Einsatz kommen, welche die motorischen Fähigkeiten des Athleten ansprechen. Die Laufumfänge bewegen sich im unteren Bereich dessen, was der Athlet zu leisten imstande ist. Hauptaugenmerk ist auf das allgemeinathletische Training gerichtet. Welche Trainingsmittel zum Einsatz kommen (siehe Kapitel Allgemeinathletisches Training), hängt stark vom Athletentyp und vom Vorhandensein bestimmter Trainingsbedingungen, wie vom Vorhandensein einer Schwimmhalle oder eines Radergometers bzw. Rennrades ab. Besonders im Jugendtraining sollte dieser Abschnitt nicht vernachlässigt werden.

Die hohen allgemein-athletischen Belastungen stellen dabei eine wichtige Grundlage für eine spätere Belastungssteigerung im laufspezifischen Training dar. In der Praxis fällt dieser Abschnitt meist sehr kurz aus oder wird vor allem im Erwachsenentraining häufig ganz weggelassen. Ursache ist nicht zuletzt ein dicht gedrängter Wettkampfter- minkalender. Die meisten Athleten sind heute gezwungen, ihr Trainingsjahr doppelt zu periodisieren. Somit bleibt für diesen Abschnitt zwangsläufig nur sehr wenig Platz. Wett- kämpfe sollten in dieser Phase nicht durchgeführt werden. Eine Dauer von 4-6 Wochen wird empfohlen.

In **Phase 2** wird nun die läuferische Grundlagenausdauer entwickelt. Schwerpunkt liegt auf dem aeroben Lauftraining und, wenn nötig, dem läuferischen Kraftausdauertraining. Die Umfänge müssen auf das notwendige Maß entwickelt werden und auch die Qualität der Dauerläufe muss angehoben werden. Neben dem DL 1 liegt das Augenmerk vor allem auf der Entwicklung des DL 2 in Streckenlänge und Geschwindigkeit. Der lange Lauf sollte als DL 1 bereits mit der notwendigen Streckenlänge zum Einsatz kommen.

Inwieweit man in dieser Phase bereits den DL 3 oder das extensive Tempolauftraining durchführt, hängt stark von der Ausprägung der dritten Phase ab. Fällt diese zum Bei- spiel weg, da die notwendige Unterdistanzleistung bereits vorhanden ist, sollte man bereits in Phase 2 den DL 3 und, wenn notwendig, das Tempolauftraining forcieren. Wettkämpfe sollten nur sehr sparsam absolviert werden. Ausnahme: Phase 3 entfällt, dann kann auch der eine oder andere Unterdistanzwettkampf als Leistungsnachweis dienen.

Die **Phase 3** im Marathonlauf ist ganz auf das Erreichen der notwendigen Unterdis- tanzleistung ausgerichtet. Bei Halb- und Marathonläufern bezieht man sich meist auf die 10.000-m-Bahn- oder 10-km-Straßenleistung. Natürlich kann man auch die 5.000-m-Leistung heranziehen. Allerdings ist es oftmals schwieriger, ein gutes 5.000-m-Rennen zu finden. Schnelle Bahnläufer, welche über vergleichsweise gute 5.000-m-Leistungen verfügen und auf die Marathonstrecke umsteigen, können diesen Abschnitt in der Regel kurz halten oder ganz weglassen. Anders der klassische Mara- thontyp, welcher von seinen Schnelligkeitsvoraussetzungen oft stark limitiert ist (weswe- gen er ja die Marathonstrecke als Spezialstrecke gewählt hat). Der Athlet muss in dieser Phase versuchen, seine Unterdistanzleistung zu verbessern, um so wieder Potenzial für eine Verbesserung auf der Marathonstrecke zu erhalten.

Ein typisches Beispiel stellen die Hahner-Zwillinge dar. Sie erreichen mit ihren aktuellen Marathonzeiten 95-96 % (bezogen auf die Geschwindigkeit) ihrer 10-km-Leistung. Diese Tatsache charakterisiert einen absoluten Weltspitzenwert. Die Werte sprechen natürlich für ein effizientes und wirksames Marathontraining, stellen aber auf der anderen Seite inzwischen auch eine Hürde für eine weitere Verbesserung ihrer Marathonleistungen dar. Für diese Athletinnen muss der Phase drei eine entscheidende Bedeutung zukommen, wenn sie ihre Marathonleistung weiter verbessern wollen.

Die deutsche Serienmeisterin Sabrina Mockenhaupt kann als das Gegenbeispiel aufgeführt werden. Legt man eine 10.000-m-Leistung von 31:30 Minuten zugrunde (Bestleistung 31:13 min), so ergibt sich ein Potenzial auf der Marathonstrecke bis in den Bereich um 2:20 h. Dessen Realisierung natürlich ein entsprechendes Ausdauertraining erfordert.

Als Trainingsmittel kommen neben dem stabilisierenden DL-1- und DL-2-Training DL-3-Läufe im Schwellenbereich, Tempowechseldauerläufe sowie Tempolaufprogramme, die die notwendige Spezifik für die angepeilte Unterdistanzleistung haben (siehe: Training der Tempoläufe), zum Einsatz. Inwieweit man den langen Lauf bereits in den DL-2-Bereich hineinschiebt, was diesem bereits eine Marathonspezifik verleiht, hängt wiederum von der Gesamtbelastung im Mikrozyklus ab.

Inwieweit in dieser Phase Wettkämpfe zum Einsatz kommen, hängt nicht zuletzt von der Länge des Zyklus ab. Auf jeden Fall dürfen die intensiven DL 3 und Tempoaufbelastungen nicht durch die Wettkämpfe beeinträchtigt werden. Ein Testwettkampf zum Nachweis des erarbeiteten neuen Unterdistanzniveaus am Ende dieses Abschnittes ist sinnvoll.

In der **Phase 3** (Ausprägung der Unterdistanzleistung) ist streng auf den regelmäßigen Einsatz von Entlastungszyklen zu achten! Aufgrund der notwendigen hohen Anteile an aerob-anaeroben und anaeroben Training haben diese eine noch größere Bedeutung als in den Abschnitten davor. In Phase 2 reduziert man in den Entlastungswochen vor allem den Umfang um ca. 30 %, bei sehr hohen Umfängen auch mal um 40 %.

Die Belastungsgestaltung darf aber durchaus ein wenig intensiver sein als in den Belastungswochen. In Phase 3 muss sowohl der Umfang als auch die Intensität der Trainingseinheiten reduziert werden.

Phase 3 ist auch bei 5.000-m- und 10.000-m-Läufern auf die Verbesserung ihrer Unterdistanzfähigkeiten ausgerichtet. 10.000-m-Läufer sollten hier ihre Leistungsfähigkeit über 5.000 m verbessern und 5.000-m-Läufer ihre Leistung im Bereich der 1.500-m-Strecke.

Das Training gestaltet sich deutlich intensiver als beim Marathonläufer. Hauptziel ist es, bestimmte, möglichst vorher definierte Tempolaufprogramme (wie im Kapitel: Training der Tempoläufe beschrieben) mit der notwendigen Intensität zu absolvieren. Dabei kommen auch kurze Tempoläufe, die eher dem Schnelligkeitsausdauertraining zuzuordnen sind und motorikerhaltende Sprint- oder Steigerungsläufe zum Einsatz.

Auf Training im Bereich der aerob-anaeroben Schwelle, insbesondere DL 3 oder Tempowechselläufe, sollte in dieser Phase weitestgehend verzichtet werden. Auch die langen Läufe sollten in dieser Phase etwas defensiver gestaltet werden. Das DL-1- und DL-2-Training dient der aeroben Stabilisierung.

Ziel in **Phase 4** ist nun die Ausprägung der Marathonleistung. Haupttrainingsmittel in dieser Phase stellen die marathonspezifischen Läufe dar. Dabei sollten in dieser Phase auch die höchsten Umfänge absolviert werden. Diese sollten allerdings mindestens drei Wochen vor dem Hauptwettkampf wieder etwas reduziert werden. Je nach Sportlertyp, individuellen Stärken und Schwächen und dem Entwicklungsstand des Athleten können 1-3 solcher marathonspezifischen Läufe im Mikrozyklus (ca. 1 Woche) zum Einsatz kommen.

Die marathonspezifischen Läufe können dabei einen Anteil von 30-35 % am Gesamttrainingsumfang erreichen. Zu beachten ist dabei auch, dass eine zu hohe Ballung solcher Läufe eine häufige Ursache für ein Nichterreichen der gesteckten Zielzeit ist (siehe auch Kap. Marathonspezifische Läufe). Ein besonderes Risiko geht dabei von marathonspezifischen Läufen mit hoher Intensität aus. Obwohl diese Läufe für eine optimale Ausprägung der Marathonform unabdingbar sind, kann ein zu häufiger Einsatz zu einem nachhaltigen Formabfall führen.

Besondere Vorsicht sollte man bei Läufen walten lassen, die mit geplanten Geschwindigkeiten in Prozent zum Renntempo durchgeführt werden und schneller als im definierten DL-2-Tempo absolviert werden. Dazu ist es notwendig, eine zeitnahe Bestimmung des VL-3-Werts, am besten zu Beginn dieses Trainingsabschnitts, durchzuführen.

Ein weiteres Trainingsmittel, welches in dieser Phase zum Einsatz kommt, ist ein DL-3- oder Tempodauerlauf. Dieser wird oft auch als Tempowechseldauerlauf mit Primärgeschwindigkeiten über dem geplanten Renntempo durchgeführt. Dabei ist bei der Planung die hohe Gesamtbelastung durch die marathonspezifischen Läufe zu berücksichtigen. Auch hier gilt, weniger ist manchmal mehr.

Gerade in dieser entscheidenden Phase der Marathonvorbereitung ist es wichtig, dass die Umfangsanteile im Schwellenbereich 15 % pro Woche nicht wesentlich überschreiten. Bei einer hohen Belastungsballung im Wochenzyklus kann es passieren, dass ein intensitätsbetonter, marathonspezifischer Lauf schon nach wenigen Kilometern im Schwellenbereich stattfindet. Läuft ein Athlet in einem solchen Lauf 15 km oder sogar 20 km im Übergangsbereich und führt zusätzlich noch einen Tempowechseldauerlauf von 15-20 km durch, erreicht er beispielsweise bei 150 Wochenkilometern einen Umfangsanteil 20-27 % im Übergangsbereich. Dieser Umstand dürfte nur schwer zu verkraften sein.

Bewährt hat sich auch ein systematisches Ansteigen der Durchschnittsgeschwindigkeiten der marathonspezifischen Läufe in der Phase der letzten 12 Wochen der Vorbereitung. Die letzte Phase der Vorbereitung sollte nicht durch häufige Wettkämpfe gestört werden. Viele Athleten bevorzugen aber 2-3 Wochen vor dem Hauptwettkampf noch einen Testwettkampf, nicht zuletzt, um sich dadurch ein wenig Selbstvertrauen für den Marathon zu holen. Häufig werden Wettkämpfe über 10-15 km absolviert. Von einem Halbmarathon so kurz vor dem Jahreshöhepunkt ist aufgrund des hohen Kräfteverschleißes aber eher abzuraten.

Auch bei den Bahn- und Straßenläufern über 5.000 m/10.000 m geht es in **Phase 4** um die notwendige Ausprägung der Wettkampfleistung. In der Praxis finden wir meistens einen gleitenden Übergang von Phase 3 zu Phase 4. Die Tempolaufprogramme müssen jetzt der Spezifik der Wettkampfstrecke entsprechen. Beispiele dazu finden sich im Kapitel „Training der Tempoläufe".

Wurde im vorherigen Abschnitt beispielsweise ein relativ kurzes Tempolaufprogramm (400-600 m) auf ein neues Geschwindigkeitsniveau gehoben, geht es nun darum, diesem die notwendige Spezifik in Bezug auf die Wettkampfstrecke zu geben. Dies kann grundsätzlich durch folgende Veränderungen erfolgen:

❱ Erhöhen der Wiederholungszahl pro Trainingseinheit,
❱ Verkürzen der Pausenlänge,
❱ Verlängerung der Streckenlänge.

Diese Möglichkeiten können auch miteinander kombiniert werden. Außerdem kommen in dieser Phase auch der DL 3 und der Tempowechseldauerlauf wieder zum Einsatz. Wichtig ist es, die vorher aufgebaute aerobe Qualität in dieser Phase nicht zu zerstören. Dies passiert insbesondere durch zu starke Häufung an intensiven Tempolaufeinheiten oder durch zu hoch gewählte Intensitäten in den einzelnen Programmen. Ebenso negativ wirkt sich eine zu starke Reduzierung des aeroben Grundlagentrainings (DL 1 und DL 2) aus. Ein wichtiger Aspekt hierbei ist die Beibehaltung des DL-2-Niveaus.

Eine andere Variante zur Gestaltung der Phase der unmittelbaren Wettkampfvorbereitung ist der Verzicht auf Tempolaufprogramme. Stattdessen wird das Dauerlauftraining bei notwendigen Umfängen in allen drei Bereichen auf ein qualitativ hohes Niveau gebracht. Kernstück der Vorbereitung ist ein DL 3 oder Tempowechseldauerlauf. Der DL-2-Anteil sollte bei 35-40 % liegen.

Eben genannte Gestaltungsvariante ist durchaus erfolgsträchtig, wird aber eher selten von Läufern und Trainern genutzt. Der Grund liegt meistens in der Überbewertung von Tempolauf-Programmen oder der „Angst", seine Schnelligkeit zu verlieren. Diese Bedenken sind für einen Zeithorizont von 6-8 Wochen völlig unbegründet. Notfalls kann man dieser „Angst" mit einigen Steigerungsläufen am Ende der Dauerlaufeinheiten zu Leibe rücken.

Natürlich gehören Tempolaufprogramme auch zum Langstreckentraining und deren langfristige Weiterentwicklung ist vor allem für junge Athleten sehr wichtig. Jedoch ist eine gute Wettkampfleistung (auch über 5.000 m) auch ohne Tempolaufeinsatz in der unmittelbaren Wettkampfvorbereitung möglich. Die notwendige Unterdistanzleistung muss aber auch bei dieser Vorbereitungsvariante vorhanden sein. Der größte Vorzug dieser Art der Wettkampfvorbereitung besteht im nahezu sicheren Erhalt der aeroben Grundlagen während der Wettkampfvorbereitung.

12.2.2 EINFACHPERIODISIERUNG UND DOPPELPERIODISIERUNG IM MARATHONLAUF

Tab. 143: Einfachperiodisierung

Phase des allgemein athletischen Grundaufbaus	Phase des läuferischen Grundlagentrainings	Phase der Ausprägung der notwendigen Unterdistanzleistung	Phase der Ausprägung der marathonspezifischen Leistung
Vier Wochen	10 Wochen	12 Wochen	12 Wochen

Diese Variante der Periodisierung erstreckt sich über 38 Wochen. Das entspricht in etwa dem Zeitraum von Januar bis zum Herbstmarathon im September und enthält genügend Zeit, um alle Teilaufgaben einer langfristigen Marathonvorbereitung ohne Zeitdruck abzuarbeiten. Auch von der klimatischen Seite dürfte es kaum Störfaktoren geben. Lediglich zu Beginn des Grundlagentrainings im Februar könnte ein Wintereinbruch das Lauftraining stärker beeinträchtigen. Hier könnte man sich mit einem Laufband behelfen oder in ein Trainingslager im Süden ausweichen.

Leider macht der in Deutschland auf den Vorgaben des Deutschen Leichtathletik-Verbandes basierende Wettkampfkalender eine solche Periodisierung schwer möglich. Da neben dem Hauptwettkampf noch Qualifizierungswettbewerbe bestritten werden müssen, sind die meisten Athleten gezwungen, bereits zu einem frühen Zeitpunkt der Saison in persönlicher Bestform zu sein. Lediglich die (ausschließlichen) Marathonläufer, welche sich bereits im Vorjahresherbst für internationale Wettbewerbe qualifiziert haben, hätten die Chance, über diese Variante einmal nachzudenken, da sie im Frühjahr nur einen moderaten Halbmarathon-Formnachweis erbringen müssen (derzeitige Verbandspraxis). Aber auch für die vielen leistungsorientierten Hobbyläufer, die nicht weniger fleißig ständig um neue Bestzeiten ringen, wäre eine solche langfristige Vorbereitung eine Chance, in neue Sphären vorzudringen.

Tab. 144: Doppelperiodisierung (1)

Phase des allgemein athletischen Grundaufbaus	Phase des läuferischen Grundlagentrainings	Phase der Ausprägung der notwendigen Unterdistanzleistung	Phase der Ausprägung der marathonspezifischen Leistung
Zwei Wochen	Vier Wochen	Sechs Wochen	10 Wochen

Die dargestellte Doppelperiodisierung umfasst 22 Wochen (ca. fünf Monate) und kann im Jahr zweimal durchlaufen werden. Diese würde beispielsweise zwischen Frühjahrs- und Herbstmarathon bzw. zwischen Herbst- und Frühjahrsmarathon zum Einsatz kommen. Hierbei schränkt die deutlich kürzere Gesamtdauer natürlich auch die einzelnen Teiletappen merklich ein. Beim zeitlichen Umfang hat zunächst einmal die unmittelbare Marathonvorbereitung den Vorrang. Kürzer als 10 Wochen sollte keine Marathonvorbereitung dauern. Folgende Variante unterstellt, dass die Unterdistanzleistung bereits erbracht bzw. beherrscht wird.

Tab. 145: Doppelperiodisierung (2)

Phase des allgemein athletischen Grundaufbaus	Phase des läuferischen Grundlagentrainings	Phase der Ausprägung der marathonspezifischen Leistung
Zwei Wochen	Acht Wochen	12 Wochen

Denkbar wäre auch die Variante, dass die allgemeine athletische Vorbereitung nur einmal im Jahr durchgeführt und im zweiten Zyklus weggelassen wird. Die gewonnene Zeit wird somit dort verwendet, wo die größten Defizite bestehen.

12.2.3 PERIODISIERUNG UND GESTALTUNG DER MIKROZYKLEN

Wie erfolgt nun die Periodisierung innerhalb der einzelnen Phasen? Diese Phasen setzen sich nun aus den kleinsten Planungsabschnitten, den sogenannten *Mikrozyklen,* zusammen.

Die am häufigsten angewandte Belastungsvariante ist Folgende: Zwei-Wochen-Belastung/Eine-Woche-Entlastung. Bei langjährig trainierenden Athleten mit hoher Belastungsverträglichkeit kann auch ein 3:1-Wochenrhythmus zum Einsatz kommen. In Phase 1 ist aufgrund der hohen Vielseitigkeit und der moderaten Gesamtbelastung zu Beginn des Trainingsjahres keine Differenzierung in Belastungs- und Entlastungswochen notwendig.

In der Phase des läuferischen Grundlagentrainings sollte man mit dem gezielten Einsatz von Entlastungswochen beginnen. Nachfolgendes Beispiel zeigt einen neunwöchigen Abschnitt des läuferischen Grundlagentrainings eines Marathonläufers, welcher nach vier Wochen allgemeinathletischer Belastung, in denen er ca. 70-80 Wochenkilometer absolvierte, und im Vorjahr etwa 5.500 Gesamtkilometer zurückgelegt hat.

Tab. 146: Belastungsgestaltung im läuferischen Grundlagentraining (Marathonläufer)

Woche	Charakteristik	Umfang gesamt	DL 1	DL 2	DL 3	Bergaufläufe	Allg. Training
		In km	km	km	km	km	In h
1	Belastung	100	70	30	--	-	3
2	Belastung	121	80	40	--	1	3
3	Entlastung	90	60	30	--	--	5
4	Belastung	122	80	30	10	2	2
5	Belastung	142	75	50	15	2	2
6	Entlastung	100	60	40	--	--	5
7	Belastung	150	80	50	15	5	2
8	Belastung	155	70	60	15	10	2
9	Entlastung	100	60	40	--	--	5

Ein zweites Beispiel zeigt das Periodisierungsschema eines Nachwuchsathleten auf der Langstrecke, welcher im Vorjahr 3.000 Jahreskilometer zurückgelegt hat und während der allgemeinen athletischen Phase ca. 40-50 Wochenkilometer gelaufen ist.

Tab. 147: Belastungsgestaltung im läuferischen Grundlagentraining (Nachwuchsläufer)

Woche	Charakteristik	Umfang Gesamt	DL 1	DL 2	DL 3	Bergaufläufe	Allg. Training
		km	km	km	km	km	In h
1	Belastung	60	40	20		--	2
2	Belastung	70	50	20		--	2
3	Belastung	80	50	30		--	2
4	Entlastung	52	25	25		2	4
5	Belastung	82	40	40		2	3
6	Belastung	94	50	40		4	3
7	Entlastung	62	40	20		2	4
8	Belastung	94	50	30	10	4	3
9	Belastung	104	50	40	10	4	3
10	Entlastung	70	40	30		--	4

Grundsätzlich wäre es am sinnvollsten, die Inhalte eines Mikrozyklus so zu planen, dass es methodisch am optimalsten ist, unabhängig davon, ob es fünf, sechs, sieben oder acht Tage dauert. Da die meisten Athleten jedoch auch sozialen und organisatorischen Zwängen wie Schule, Studium, Arbeitsalltag, Familie usw., unterliegen wird in der Regel mit der Kalenderwoche geplant. Bestehen diese Zwänge nicht, wie zum Beispiel in Trainingslagern oder bei Berufssportlern, welche keiner anderen Tätigkeit nachgehen, sind aber auch von der Sieben-Tage-Woche abweichende Mikrozyklen denkbar.

Ein Nachteil der gängigen Wochenplanung ist, dass die Trainingseinheiten oft in die Kalenderwoche „hineingestopft" werden, oder „freie Tage" mit sonstigem Training, dem keine spezielle Bedeutung zukommt, aufgefüllt werden. Ich selbst experimentierte öfter mit einer Variante fünf oder sechs Tage Belastung / drei Tage Entlastung.

Der Grund für eine solche Variante ist dann gegeben, wenn die zur Verfügung stehende Zeit z. B. vor einem wichtigen Wettkampf für eine klassische 2:1-Wochenperiodisierung nicht ausreicht bzw. die Wochenanzahl nicht durch 3 teilbar ist.

Die folgende Abbildung zeigt ein praktisches Beispiel aus der Trainingsphase 3 (Vorbereitung der notwendigen Unterdistanzleistung), wie ein solcher Belastungszyklus von sechs Tagen in knapp fünf Wochen 4 Mal durchgeführt wurde.

Tab. 148: Beispiel für einen Mikrozyklus von schs Tagen

Mo.	Di.	Mi.	Do.	Fr.		Sa.		So.	
				VM	NM	VM	NM	VM	NM
Aufbautraining nach Infekt				SA	DL 2	DL 2	DL 1	TL ext	DL 1

Mo.		Di.		Mi.		Do.		Fr.		Sa.		So.	
VM	NM	VM	NM	VM	NM	VM	NM	VM	NM	VM	NM	VM	NM
DL 2	DL 1	Berg-aufläufe	DL 1	DL 2 lang		DL 1		DL 1		DL 1		SA	DL 2

Mo.		Di.		Mi.		Do.		Fr.		Sa.		So.	
VM	NM	VM	NM	VM	NM	VM	NM	VM	NM	VM	NM	VM	NM
DL 2	DL 1	TL ext	DL 1	DL 2	DL 1	Berg-aufläufe	DL 1	DL 2 lang		DL 1		DL 1	

Mo.		Di.		Mi.		Do.		Fr.		Sa.		So.	
VM	NM	VM	NM	VM	NM	VM	NM	VM	NM	VM	NM	VM	NM
DL 1		SA	DL 2	DL 2	DL 1	TL ext	DL 1	DL 2	DL 1	Berg-aufläufe	DL 1	DL 2 lang	

Mo.		Di.		Mi.		Do.		Fr.		Sa.		So.	
VM	NM	VM	NM	VM	NM	VM	NM	VM	NM	VM	NM	VM	NM
DL 1		DL 1		DL 1		SA	DL 2	DL 2	DL 1	TL ext	DL 1	DL 2	DL 1

Mo.		Di.		Mi.		Do.		Fr.		Sa.		So.	
VM	NM	VM	NM	VM	NM	VM	NM	VM	NM	VM	NM	VM	NM
Berg-aufläufe	DL 1	DL 2 lang										Wettkampf	

12.2.4 INSTRUMENTE ZUR TRAININGSPLANUNG

Zur Planung der Trainingsinhalte habe ich folgendes Excel-Modul entwickelt. Alle 7 Wochentage sind als Hauptspalten nebeneinander dargestellt. Innerhalb eines Tages sind noch einmal mit gestrichelter Linie 4 Unterspalten abgegrenzt. Die Anzahl der Unterspalten ergibt sich aus der Menge der Trainingsmittel, die man maximal an einem Tag unterbringen will. Die ersten zwei Spalten ordne ich dem Vormittag zu und die restlichen zwei dem Nachmittagstraining.

Jeder Wochentag enthält außerdem drei Zeilen. In der ersten Zeile wird der Gesamtumfang des Trainingsmittels pro Trainingseinheit in Kilometer eingetragen. Folgendermaßen kommt in die zweite Zeile der Zuordnungsschlüssel für das Trainingsmittel und in die eventuelle Zusatzbemerkungen wie z. B. die Kurzbeschreibung eines Tempolaufprogramms.

Die einzelnen Trainingsmittel sind im Beispiel (welches aus Gründen der Übersichtlichkeit nur mit fünf Trainingsmitteln auskommt) mit den Zahlen 1-5 geschlüsselt. Dabei ist die Anzahl beliebig erweiterbar, jedoch sollte man bedenken, je mehr Trainingsmittel man schlüsselt, desto größer und unübersichtlicher wird die Excel-Tabelle.

    1-langsamer Dauerlauf –DL 1
    2-mittlerer Dauerlauf- DL 2
    3-schneller Dauerlauf-DL 3
    4-Tempoläufe
    5-spezielle Kraft (Bergaufläufe, Sprünge)

Am Ende der Wochentagsspalten befindet sich das Feld, in dem die gesamten Wochenkilometer aufaddiert werden. Rechts daneben befinden sich die Spalten, in denen die Wochensummen der einzelnen Trainingsmittel angezeigt werden. In diesen Feldern werden alle Kilometer zusammengerechnet, die den gleichen Schlüssel in Zeile zwei haben. Rechts daneben wird zusätzlich der prozentuale Anteil am Wochenumfang errechnet. Dies ist besonders wichtig, um die richtigen Relationen zwischen den einzelnen Trainingsmitteln einzuhalten. Auf das richtige Verhältnis zwischen intensiven

Trainingsmitteln wie Tempoläufen und DL 3 und den aeroben Dauerläufen DL 1 und DL 2 hatte ich an anderer Stelle bereits hingewiesen. Die Tabelle enthält alle 52 Wochen eines Trainingsjahres, so sind der Gesamtumfang und die Umfangsanteile auch als Jahressumme sichtbar.

Tab. 149

Woche vom - bis		Mo.		Di.		Mi.		Do.	Fr.		Sa.		So.		Ges.-Km
29.12	4.1	4	10	12		15		18	12		18		25		114
		5	1	3		2		1	3		2		1		
		20 x 200 Sprünge													
5.1	11.1	4	10	12	10	15		18	15		18		25		127
		5	1	3	1	2		1	3		2		1		
		20 x 200 Sprünge													
12.1	18.1	4	10	12	10	15		18	15	10	18		25		137
		5	1	3	1	2		1	3	1	2		1		
		20 x 200 Sprünge													
19.1	25.1	4	10	15	10	15		18	15	10	18		25		140
		5	1	3	1	2		1	3	1	2		1		
		20 x 200 Sprünge													
26.1	1.2	AT		4		10		10	15		15		25		79
				4		2		1	2		1		1		
				20 x 200											
2.2	8.2		15	10	15	15	15	12	15		4	15	25		141
			1	4	1	2	1	3	1		5	1	2		
				8 x 1.000							20 x 200 berg				
9.2	15.2		15	10	15	15	15	15	15		4	15	25		144
			1	4	1	2	1	3	1		5	1	2		
				8 x 1.000							20 x 200 berg				
16.2	22.2	AT	AT	4		10		10	15		15		25		79
				4		2		1	2		1		1		
				20 x 200											
23.2	1.3		15	10	15	15	15	12	15		4	15	25		141
			1	4	1	2	1	3	1		5	1	2		
				8 x 1.000							20 x 200 berg				
2.3	8.3		15	10	15	15	15	15	15		4	15	25		144
			1	4	1	2	1	3	1		5	1	2	1	
				8 x 1.000							20 x 200 berg				

DL 1		DL 2		DL 3		TL		KA		Kontrolle
53	46 %	33	29 %	24	21 %	-	0 %	4	4 %	114
										100 %
DL 1		DL 2		DL 3		TL		KA		Kontrolle
63	50 %	33	26 %	27	21 %	-	0 %	4	3 %	127
										100 %
DL 1		DL 2		DL 3		TL		KA		Kontrolle
73	53 %	33	24 %	27	20 %	-	0 %	4	3 %	137
										100 %
DL 1		DL 2		DL 3		TL		KA		Kontrolle
73	52 %	33	24 %	30	21 %	-	0 %	4	3 %	140
										100 %
DL 1		DL 2		DL 3		TL		KA		Kontrolle
50	63 %	25	32 %	-	0 %	4,0	5 %	0	0 %	79
										100 %
DL 1		DL 2		DL 3		TL		KA		Kontrolle
75	53 %	40	28 %	12	9 %	10,0	7 %	4	3 %	141
										100 %
DL 1		DL 2		DL 3		TL		KA		Kontrolle
75	52 %	40	28 %	15	10 %	10,0	7 %	4	3 %	144
										100 %
DL 1		DL 2		DL 3		TL		KA		Kontrolle
50	63 %	25	32 %	-	0 %	4,0	5 %	0	0 %	79
										100 %
DL 1		DL 2		DL 3		TL		KA		Kontrolle
75	53 %	40	28 %	12	9 %	10,0	7 %	4	3 %	141
										100 %
DL 1		DL 2		DL 3		TL		KA		Kontrolle
75	52 %	40	28 %	15	10 %	10,0	7 %	4	3 %	144
										100 %

Eine solche Jahresübersicht ist für mich im Hochleistungs- und Nachwuchsleistungs-sport unverzichtbar. So nehme ich bereits zu Jahresbeginn eine erste Grobplanung für das Jahr vor. Natürlich müssen die einzelnen Trainingsphasen noch einmal konkretisiert oder überarbeitet werden. Aktualisiert man dann die Tabelle noch mit dem tatsächlich absolvierten Training, hat man bereits während des Trainingsjahres einen Überblick über den Stand der wichtigsten Planungskennziffern.

12.3 MEHRJAHRESPLANUNG

Die folgende Übersicht wurde von mir 2014 für eine talentierte Nachwuchsmarathon-läuferin erstellt, welche wie viele junge Sportler das große Ziel hatte, einmal an Olympi-schen Spielen teilnehmen zu können. Auch hier muss man zunächst das Ziel definieren, welches in diesem Fall die Olympianorm für 2020 ist. Auch wenn diese heute noch nicht bekannt ist, kann man aus den Erfahrungen vergangener Jahre eine recht verlässliche Schätzung vornehmen. Sicherheitshalber baut man noch ein kleines Zeitpolster in die Planung ein.

Tab. 150: Mehrjahresplanung einer Nachwuchsmarathonläuferin

Jahr	2015	2016	2017	2018	2019	2020
Alter	21	22	23	24	25	26
1.500 m	4:29-4:41 min	4:22-4:34 min	4:16-4:29 min	4:14-4:26 min		
5.000 m	16:40 min	16:15 min	15:55 min	15:45 min	15:35-15:45 min	
10.000 m	34:45 min	33:50 min	33:10 min	32:50 min	32:30 min	
Halbmarathon	1:16:30 h	1:14:30 h	1:13:30 h	1:12:30 h	1:11:30 h	
Marathon		2:43 h	2:34 h	2:31 h	2:28 h	2:28 h
Hauptwettkampf	10.000 m DM	Marathondebüt	Herbstmarathon	2 Marathonläufe	Herbstmarathon Norm OS	Olympia-Marathon
Jahresumfänge:	6.000 km	6.000 km	6.500 km	7.000 km	7.500 km	8.000 km
Aerobes Niveau/VL 3	4,5 m/s	4,7 m/s	4,8 m/s	4,9 m/s	5,0 m/s	5,0 m/s
DL 3 Niveau 15 km	56:45 min	54:45 min	53:11 min	52:30 min	51:30 min	51:30 min
DL 2 Niveau 15-20 km	3,82 m/s	3,99 m/s	4,08 m/s	4,16 m/s	4,25 m/s	4,25 m/s
85 %	4:22-4:12 min/km	4:12-4:02 min/km	4:05-3:55 min/km	4:00-3:52 min/km	3:56-3:50 min/km	3:56-3:50 min/km
Zielprogramm TL (bezogen Halbmarathon)	10 x 1.000 m 1,5-2 min TP 3:28 min	10 x 1.000 m 1,5-2 min TP 3:23 min	10 x 1.000 m 1,5-2 min TP 3:20 min	10 x 1.000 m 1,5-2 min TP 3:18 min	10 x 1.000 m 1,5-2 min TP 3:15 min	

Nun gilt es, die einzelnen Leistungsschritte mit einer realistischen Einschätzung im Rückwärtsgang festzulegen. Da die jeweiligen Marathonleistungen auch von bestimmten Zubringerleistungen abhängig sind, habe ich auch die erforderlichen Unterdistanzleistungen für die einzelnen Jahre geplant. Dabei sind alle Strecken von 1.500 m, 5.000 m, 10.000 m bis zur Halbmarathonleistung in die Planung einbegriffen, obwohl klar ist, dass nicht alle diese Leistungen in einer Saison abgerufen werden können. Oft gelingt es nur ein oder zwei Unterdistanzleistungen optimal auf den Punkt zu bringen. Man kann jedoch anhand von Trainingsprogrammen oft einschätzen, ob das Niveau für die geplante Unterdistanz vorhanden ist.

Als Nächstes sind die jeweiligen Hauptwettkämpfe des Jahres zu planen. Wenn es sich, wie im Beispiel, um Marathonläufe handelt, liegen die Termine der großen Stadtmarathons ja bekanntermaßen seit Jahren auf den gleichen Wochenenden. Außerdem finden diese aus klimatischen Gründen fast alle innerhalb eines Monats im Frühjahr (Mitte April-Mitte Mai) oder im Herbst (Ende September-Ende Oktober) statt. Diese Gegebenheit erlaubt eine langfristige Wettkampfplanung.

Ist alles so weit geplant, geht es nun darum, die wichtigsten Trainingsparameter festzulegen. Eine wesentliche Rolle spielt dabei die Entwicklung des Gesamtumfangs. Dieser muss natürlich die richtigen Relationen in den einzelnen Trainingsbereichen und das notwendige qualitative Niveau aufweisen. Auch wenn im Beispiel nur der Gesamtumfang geplant ist, könnte man weiterführend die wichtigsten Bereiche DL 1, DL 2, DL 3 und Tempoläufe in die Mehrjahresplanung einbeziehen.

Ein nächster Schritt besteht in der Planung des wichtigsten Leistungskriteriums des VL 3. Das für die Zielleistung notwendige Niveau muss ermittelt werden und danach, ausgehend vom derzeitigen Niveau, schrittweise von Jahr zu Jahr verbessert werden. Dabei ist eine mindestens zweimalige Kontrolle anhand eines Laufbandstufentests Pflicht. Im konkreten Fall geht es also darum, einen damals vorhandenen VL 3 von 4,3 m/s (4 x 4 km Stufen) bis 2020 auf 5,0 m/s zu erhöhen.

Da Verbesserungen im VL 3 mit zunehmendem Trainingsalter immer schwieriger werden, ist es notwendig, in den ersten beiden Jahren jeweils 0,2 m/s zu verbessern, später reichen dann 0,1 m/s. Zur Veranschaulichung: Eine Verbesserung um 0,1 m/s bedeutet in diesem Geschwindigkeitsbereich eine Steigerung von ca. 5 s/km. Das Erreichen der genannten VL-3-Werte wiederum erfordert ein bestimmtes Trainingsniveau insbesondere im DL-2- und DL-3-Bereich.

Im Beispiel habe ich das 15 km DL-3-Zielprogramm und das nötige DL-2-Trainingstempo in min/km angegeben. Als Letztes sind die Qualitätsstufen eines Tempolaufprogramms angegeben, das standardisiert eingesetzt wird. Dabei bezieht sich die Tempolaufintensität auf das Erfüllen der Halbmarathonzielleistung. Für das Erreichen der 5.000-m- und 10.000-m-Vorgaben müssen jedoch noch intensivere Programme zum Einsatz kommen.

Auch wenn Gegner von Trainingsplanungen den Sinn einer solchen Planung in Abrede stellen werden, nur so behält man aber über einen langen Zeitraum von mehreren Jahren den Überblick über die einzelnen Trainingsabschnitte. Nur mit diesem hohen Aufwand kann man eine realistische Einschätzung über den Stand der Leistungsentwicklung in Bezug auf ein langfristiges Ziel treffen.

Natürlich vollzieht sich eine Leistungsentwicklung in den seltensten Fällen mit der geplanten Linearität. Es gibt Rückschläge durch Verletzungen und Formtiefs, die ein Erreichen der geplanten Leistungen verhindern können. Andererseits kann es auch zu Leistungssprüngen und sprunghaften Formverbesserungen kommen, mit denen man verlorene Zeit wieder aufholen kann. Durch ein ständiges Abgleichen zwischen SOLL-Werten aus der Langfristplanung und den IST-Werten kann man schon lange vorher erkennen, inwieweit die geplante Zielleistung noch realistisch ist, oder vielleicht nach unten korrigiert werden muss.

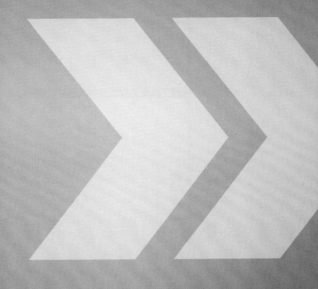

13

DIE TRAININGSPLÄNE

Die nachfolgenden Trainingspläne sind für drei Leistungskategorien erstellt worden. Die erste Kategorie ist der Hochleistungs- oder Profibereich, in welchem fast täglich zweimal trainiert wird. Die zweite Kategorie ist der Leistungssportler, welcher täglich eine Trainingseinheit absolviert und die dritte Kategorie umfasst die ambitionierten Hobbyläufer, die sicher die größte Gruppe repräsentieren. Hier wurden zunächst fünf Trainingseinheiten pro Woche geplant. Um auch den Läufern ein systematisches Training zu ermöglichen, die keine fünf Einheiten in der Woche trainieren können oder wollen, wurden in den Plänen für die Hobbyläufer jeweils zwei Einheiten gekennzeichnet (grau hinterlegt), die im Bedarfsfall weggelassen werden können. Allerdings sollten die drei verbleibenden Einheiten möglichst gleichmäßig über die Woche verteilt werden. Es gibt Trainingspläne für Marathon-, Halbmarathon- und 5.000-m-/10.000-m-Läufer. Für alle aufgeführten Strecken wurden Beispielwochen für alle vier im Buch beschriebenen Trainingsphasen erstellt. Das heißt also nicht, dass die Pläne so hintereinander abgearbeitet werden müssen. Die erste Belastungswoche stellt immer das etwaige Einstiegsniveau in der jeweiligen Phase dar und die zweite Belastungswoche in etwa das Niveau am Ende der Phase. Dazu wurde jeweils noch eine typische Entlastungswoche dargestellt. Die Pläne geben das menschlich machbare auf dem jeweiligen Niveau wieder. Diese sind allerdings nicht für das Jugendtraining geeignet und sollten frühestens ab der U 23 angewendet werden. Natürlich können die Pläne auch eingekürzt werden, dabei sollten aber die grundlegenden Relationen nicht verändert werden.

Folgende Übersicht zeigt, in welcher Reihenfolge die Trainingspläne im Buch dargestellt sind:

MARATHON

Hochleistungstraining Phase der allgemeinathletischen Grundlagen
Hochleistungstraining Phase des läuferischen Grundlagentrainings
Hochleistungstraining Phase der Entwicklung der Unterdistanzleistung
Hochleistungstraining Phase der Entwicklung der wettkampfspezifischen Ausdauer
Leistungssportler Phase der allgemeinathletischen Grundlagen
Leistungssportler Phase des läuferischen Grundlagentrainings
Leistungssportler Phase der Entwicklung der Unterdistanzleistung
Leistungssportler Phase der Entwicklung der wettkampfspezifischen Ausdauer
Ambitionierter Hobbyläufer Phase der allgemeinathletischen Grundlagen
Ambitionierter Hobbyläufer Phase des läuferischen Grundlagentrainings
Ambitionierter Hobbyläufer Phase der Entwicklung der Unterdistanzleistung
Ambitionierter Hobbyläufer Phase der Entwicklung der wettkampfspezifischen Ausdauer

HALBMARATHON
Siehe Marathon

5.000 M/10.000 M
Siehe Marathon

ABKÜRZUNGSVERZEICHNIS TRAININGSPLÄNE:

AT - allgemeines Training
EL - Einlaufen
EW - Erwärmung
GA - Grundlagenausdauer
NB - Nachbereitung
STL - Steigerungslauf
SKA - Schnellkraft-Ausdauer
TP- Trabpause
TS-1 - schnelle Teilstrecke beim Tempowechsel
TS-2 - langsamere Teilstrecke beim Tempowechsel
TL - Tempolauf
TW - Tempowechsel
UG - Untergrenze
WSA - Wettkampfspezifische Ausdauer

Tab. 151: Hochleistungstraining Phase 1 allgemein-athletische Grundlagen

Wo 1	Belastung	Montag 1. TE	Dienstag 1. TE	Mittwoch 1. TE	Donnerstag 1. TE	Freitag 1. TE	Samstag 1. TE	Sonntag 1. TE	Wochensumme
EW									Lauf/allg. Trg.
GA		60 min Crosstrainer — GA	15 km DL 2 — GA	120 min Rad — GA	15 km DL 2 — GA	120 min Skiroller — GA	15 km DL 2 — GA	25 km DL 1 — GA	105 km
NB									AT 9,5 h

	Belastung	Montag 2. TE	Dienstag 2. TE	Mittwoch 2. TE	Donnerstag 2. TE	Freitag 2. TE	Samstag 2. TE	Sonntag 2. TE	
EW									
AT		60 min Kraftkreis	60 min Aqua	20 km DL 1 — GA	60 min Kraftkreis — GA	15 km DL 1 — AT	90 min Aqua — AT		
NB									

Tab. 152: Hochleistungstraining / Phase 2 läuferisches Grundlagentraining

Wo 1	Belastung	Montag 1.TE	Dienstag 1.TE	Mittwoch 1.TE	Donnerstag 1.TE	Freitag 1.TE	Samstag 1.TE	Sonntag 1.TE	Wochensumme
	EW								Lauf/ allg. Trg.
	GA	15 km DL 1	GA 15 km DL 2	GA 20 km DL 1	GA 15 km DL 1	GA 15 km DL 2	GA 15 km DL 1	GA 25 km DL 1	150 km
	NB	8 km AL				30 min Dehnung			AT 3 h

	Belastung	Montag 2.TE	Dienstag 2.TE	Mittwoch 2.TE	Donnerstag 2.TE	Freitag 2.TE	Samstag 2.TE	Sonntag 2.TE	
	EW								
	AT	60 min Kraftkreis	GA 15 km DL 1	AT 60 min Aqua	GA 15 km DL 1		AT 60 min Radergo		
	NB		30 min Dehnung		30 min Dehnung				

Wo 2

Belastung	Montag 1. TE	Dienstag 1. TE	Mittwoch 1. TE	Donnerstag 1. TE	Freitag 1. TE	Samstag 1. TE	Sonntag 1. TE	Wochensumme
EW								Lauf/ allg. Trg.
GA	15 km DL 2 (GA)	15 km DL 2 (GA)	20 km DL 1 (GA)	20 km DL 2 (GA)	20 km DL 1 (GA)	18 km DL 2 (GA)	35 km DL 1 (GA)	200 km
NB	8 km AL						30 min Dehnung	AT · 2 h

Belastung	Montag 2. TE	Dienstag 2. TE	Mittwoch 2. TE	Donnerstag 2. TE	Freitag 2. TE	Samstag 2. TE	Sonntag 2. TE
EW							
GA	15 km DL 1 (GA)	12 km DL 2 (GA)	60 min Aqua (AT)	15 km DL 1 (GA)	60 min Aqua (AT)	15 km DL 1 (GA)	
NB		30 min Dehnung		15 min Dehnung		15 min Dehnung	

Wo 3 – Belastung	Montag 1.TE	Dienstag 1.TE	Mittwoch 1.TE	Donnerstag 1.TE	Freitag 1.TE	Samstag 1.TE	Sonntag 1.TE	Wochensumme
EW								Lauf/ allg. Trg.
GA	GA 15 km DL 2	GA 20 km DL 2	GA 30 km DL 1	GA 25 km DL 2	GA 30 km DL 1	GA 20 km DL 2	GA 40 km DL 1	250 km
NB							30 min Dehnung	AT 2 h

Wo 3 – Belastung	Montag 2.TE	Dienstag 2.TE	Mittwoch 2.TE	Donnerstag 2.TE	Freitag 2.TE	Samstag 2.TE	Sonntag 2.TE
EW							
GA	GA 25 km DL 1	AT 15 km DL 1	AT 60 min Aqua	GA 15 km DL 1	AT 60 min Aqua	GA 15 km DL 1	
NB	15 min Dehnung	15 min Dehnung		15 min Dehnung		15 min Dehnung	

Wo 4

Belastung		Montag 1. TE	Dienstag 1. TE	Mittwoch 1. TE	Donnerstag 1. TE	Freitag 1. TE	Samstag 1. TE	Sonntag 1. TE	Wochensumme
EW			EL/Lauf ABC 3 x 100 m StL				EL/Lauf ABC 3 x 100 m StL		Lauf/ allg. Trg.
GA	SK / GA	15 km DL 2	30 x 200 m Bergansprünge	20 km DL 1	20 km DL 2	20 km DL 1	15 x 600 m Berganlauf	35 km DL 1	195 km
NB			Auslaufen 15 min Dehnung	15 min Dehnung		15 min Dehnung	Auslaufen 15 min Dehnung	30 min Dehnung	AT 2 h

Belastung		Montag 2. TE	Dienstag 2. TE	Mittwoch 2. TE	Donnerstag 2. TE	Freitag 2. TE	Samstag 2. TE	Sonntag 2. TE
EW								
	GA / AT	15 km DL 2		60 min Aqua	15 km DL 1	60 min Kraftkreis	15 km DL 1	
NB					15 min Dehnung			

Tab. 153: Hochleistungstraining Phase 3 Entwicklung Unterdistanz

Wo 1	Belastung	Montag 1. TE	Dienstag 1. TE	Mittwoch 1. TE	Donnerstag 1. TE	Freitag 1. TE	Samstag 1. TE	Sonntag 1. TE	Wochensumme
	EW		EL/Lauf ABC 3 x 100 m StL			EL/Lauf ABC 3 x 100 m StL			Lauf/ allg. Trg.
	GA	12 km DL 1	WSA 15 x 1.000 m 1,5 min TP 102 % VL 3	GA 20 km DL 2	GA 20 km DL 1	WSA 20 km TW 2 km/1 km TS-1: 99-100 % VL 3 TS2: DL 2 UG	GA 15 km DL 2	GA 35 km DL 1	190 km
	NB		Auslaufen		30 min Dehnung	Auslaufen		30 min Dehnung	AT 2 h

	Belastung	Montag 2. TE	Dienstag 2. TE	Mittwoch 2. TE	Donnerstag 2. TE	Freitag 2. TE	Samstag 2. TE	Sonntag 2. TE
	EW	60 min Kraft-kreis	GA 10 km DL 1	GA 15 km DL 1		AT 60 min Aqua	GA 15 km DL 1	
	NB		15 min Dehnung	20 min Dehnung			15 min Dehnung	

Wo 2

Belastung	Montag 1. TE	Dienstag 1. TE	Mittwoch 1. TE	Donnerstag 1. TE	Freitag 1. TE	Samstag 1. TE	Sonntag 1. TE	Wochensumme
EW		EL/Lauf ABC 3 x 100 m StL			EL/Lauf ABC 3 x 100 m StL			Lauf/ allg. Trg.
GA	12 km DL 1	WSA 12 x 1.000 m 2 min TP 107 % VL 3	GA 15 km DL 2	GA 20 km DL 1	WSA 3 x 5 km 5 min TP 98-100 % VL 3	GA 20 km DL 2	GA 35 km DL 1	180 km
NB		Auslaufen		30 min Dehnung	Auslaufen	15 min Dehnung	30 min Dehnung	AT 2 h

Belastung	Montag 2. TE	Dienstag 2. TE	Mittwoch 2. TE	Donnerstag 2. TE	Freitag 2. TE	Samstag 2. TE	Sonntag 2. TE
EW							
AT	GA 60 min Kraft-kreis	GA 10 km DL 1	GA 15 km DL 1		GA 15 km DL 1	GA 60 min Aqua	
NB	15 min Dehnung	15 min Dehnung	15 min Dehnung		15 min Dehnung		

Wo 3

Belastung	Montag 1. TE	Dienstag 1. TE	Mittwoch 1. TE	Donnerstag 1. TE	Freitag 1. TE	Samstag 1. TE	Sonntag 1. TE	Wochensumme
EW		EL/Lauf ABC 3 x 100 m StL			EL/Lauf ABC 3 x 100 m StL			Lauf/ allg. Trg.
GA	12 km DL 1	10 x 1.000 m 2 min TP 110 % VL 3 (WSA)	20 km DL 2 (GA)	20 km DL 1	15 km 97-98 % VL 3 (WSA)	20 km DL 2 (GA)	35 km DL 1	184 km
NB		Auslaufen		30 min Dehnung	Auslaufen	15 min Dehnung	30 min Dehnung	AT 2 h

Belastung	Montag 2. TE	Dienstag 2. TE	Mittwoch 2. TE	Donnerstag 2. TE	Freitag 2. TE	Samstag 2. TE	Sonntag 2. TE
EW							
AT	60 min Kraft-kreis	10 km DL 1 (GA)	15 km DL 1 (GA)		15 km DL 1 (GA)	60 min Aqua (AT)	
NB	15 min Dehnung	15 min Dehnung	15 min Dehnung		15 min Dehnung		

	Montag 1.TE	Dienstag 1.TE	Mittwoch 1.TE	Donnerstag 1.TE	Freitag 1.TE	Samstag 1.TE	Sonntag 1.TE	Wochensumme
Wo 4 Entlastung								
EW				EL/Lauf ABC 3 x 100 m StL				Lauf/ allg. Trg.
AT	120 min Rad	15 km DL 2 — GA	20 km DL 1 — GA	20 x 400 m 112 % VL 3 2 min TP — SA	15 km DL 2 — GA	15 km DL 2 — GA	25 km DL 1 — GA	125 km
NB			15 min Dehnung	Auslaufen		15 min Dehnung	30 min Dehnung	AT 4 h

	Montag 2.TE	Dienstag 2.TE	Mittwoch 2.TE	Donnerstag 2.TE	Freitag 2.TE	Samstag 2.TE	Sonntag 2.TE
EW							
AT	60 min Kraft-kreis			10 km DL 1 — GA	12 km DL 1 — GA	60 min Aqua — AT	
NB				15 min Dehnung	15 min Dehnung		

Tab. 154: Hochleistungstraining Phase 4 der wettkampfspezifischen Ausdauer

Wo 1	Belastung	Monntag 1. TE	Dienstag 1. TE	Mittwoch 1. TE	Donnerstag 1. TE	Freitag 1. TE	Samstag 1. TE	Sonntag 1. TE	Wochensumme
	EW		EL/Lauf ABC 3 x 100 m StL		EL	EL/Lauf ABC 3 x 100 m StL			Lauf/ allg. Trg.
	GA	12 km DL 1	WSA / TW 15 km 1 km/1 km TS1:105 % VL 3 TS-2: DL 2 UG	GA / 15 km DL 2	WSA / 25 km DL 2* MSL	15 km DL 1	GA / 15 km DL 2	WSA / 35 km DL 2 MSL	200 km
	NB		Auslaufen		30 min Dehnung	Auslaufen	15 min Dehnung	30 min Dehnung	AT 2 h

	Belastung	Monntag 2. TE	Dienstag 2. TE	Mittwoch 2. TE	Donnerstag 2. TE	Freitag 2. TE	Samstag 2. TE	Sonntag 2. TE	
	EW								
	AT	GA / 60 min Kraft-kreis	GA / 15 km DL 1	AT / 15 km DL 1	AT / 60 min Aqua	15 km DL 1	GA / 15 km DL 1		
	NB	15 min Dehnung	15 min Dehnung	15 min Dehnung		15 min Dehnung			

Wo 2	Belastung	Montag 1.TE	Dienstag 1.TE	Mittwoch 1.TE	Donnerstag 1.TE	Freitag 1.TE	Samstag 1.TE	Sonntag 1.TE	Wochensumme
	EW		EL/Lauf ABC 3 x 100 m StL		EL	EL/Lauf ABC 3 x 100 m StL			Lauf/ allg. Trg.
	GA	12 km DL 1	WSA — TW 20 km 1 km/1 km TS1:105 % VL 3 TS-2: DL 2 UG — GA	15 km DL 2	WSA — 30 km DL 2 MSL	15 km DL 1	GA — 15 km DL 2	WSA — 35 km DL 2 MSL	210 km
	NB		Auslaufen		30 min Dehnung	Auslaufen	15 min Dehnung	30 min Dehnung	AT 2 h

	Belastung	Montag 2.TE	Dienstag 2.TE	Mittwoch 2.TE	Donnerstag 2.TE	Freitag 2.TE	Samstag 2.TE	Sonntag 2.TE
	EW							
	AT	GA — 60 min Kraftkreis	15 km DL 1	GA — 15 km DL 1	AT — 60 min Aqua	AT — 15 km DL 1	GA — 15 km DL 1	
	NB		15 min Dehnung	15 min Dehnung		15 min Dehnung		

Wo 3

Belastung	Montag 1.TE	Dienstag 1.TE	Mittwoch 1.TE	Donnerstag 1.TE	Freitag 1.TE	Samstag 1.TE	Sonntag 1.TE	Wochen-summe
EW		EL/Lauf ABC 3 x 100 m StL		EL/Lauf ABC 3 x 100 m StL				Lauf/ allg. Trg.
GA	15 km DL 2	TL — 10 x 1.000 m 2 min TP 105 % VL 3	GA — 15 km DL 1	WSA — 20 km DL 3 V-Ziel	GA — 15 km DL 1	WSA — 35 km DL 2 MSL	GA — 20 km DL 1	197 km
NB		Auslaufen		30 min Dehnung		15 min Dehnung	30 min Dehnung	AT 1 h

Belastung	Montag 2.TE	Dienstag 2.TE	Mittwoch 2.TE	Donnerstag 2.TE	Freitag 2.TE	Samstag 2.TE	Sonntag 2.TE
EW							
GA	GA — 12 km DL 1	GA — 15 km DL 1	GA — 15 km DL 1	GA — 10 km DL 1	GA — 15 km DL 1	GA	AT — 60 min Aqua
NB		15 min Dehnung	15 min Dehnung		15 min Dehnung		

1. TE

	Montag 1.TE	Dienstag 1.TE	Mittwoch 1.TE	Donnerstag 1.TE	Freitag 1.TE	Samstag 1.TE	Sonntag 1.TE	Wochensumme
EW		EL/Lauf ABC 3 x 100 m StL			EL/Lauf ABC 3 x 100 m StL			Lauf/ allg. Trg.
GA	15 km DL 1	TL 10 x 1.000 m 2 min TP 110 % VL 3	20 km DL 2	GA 20 km DL 1	WSA 15 km 95 % VL 3	GA 15 km DL 2	GA 30 km DL 1	145 km
NB		Auslaufen		30 min Dehnung	Auslaufen	15 min Dehnung	30 min Dehnung	AT 2 h

2. TE

	Montag 2.TE	Dienstag 2.TE	Mittwoch 2.TE	Donnerstag 2.TE	Freitag 2.TE	Samstag 2.TE	Sonntag 2.TE
EW							
AT	60 min Kraftkreis	10 km DL 1			AT	60 min Aqua	
NB		15 min Dehnung					

Tab. 155: Leistungstraining Phase (1) allgemein athletische Grundlagen

Wo 1	Belastung	Montag 1.TE	Dienstag 1.TE	Mittwoch 1.TE	Donnerstag 1.TE	Freitag 1.TE	Samstag 1.TE	Sonntag 1.TE	Wochensumme
	EW								Lauf/ allg. Trg.
	AT	90 min Kraft-kreis — GA	20 km DL 1 — GA	90 min Aqua — AT	120 min Rad — AT	15 km DL 1 — GA	60 min Aqua — AT	20 km DL 1 — GA	55 km
	NB		30 min Dehnung		30 min Dehnung			30 min Dehnung	AT 6 h

Tab. 156: Leistungstraining Phase (2) läuferisches Grundlagentraining

Wo 1	Belastung	Montag 1. TE		Dienstag 1. TE		Mittwoch 1. TE		Donnerstag 1. TE		Freitag 1. TE		Samstag 1. TE		Sonntag 1. TE	Wochensumme
	EW		AT		GA		GA		GA		GA		GA		Lauf/ allg. Trg.
	GA	15 km DL 1		15 km DL 2		20 km DL 1		15 km DL 2		15 km DL 1		15 km DL 2		25 km DL 1	120 km
	NB			15 min Dehnung		15 min Dehnung		15 min Dehnung		15 min Dehnung				30 min Dehnung	

Wo 2	Belastung	Montag 1. TE	Dienstag 1. TE	Mittwoch 1. TE	Donnerstag 1. TE	Freitag 1. TE	Samstag 1. TE	Sonntag 1. TE	Wochensumme
EW									Lauf/ allg. Trg.
GA		15 km DL 2 GA	15 km DL 1 + 10 x 100 m StL GA	20 km DL 2 GA	20 km DL 1 GA	20 km DL 2 GA	15 km DL 1 GA	30 km DL 1 GA	138 km
NB			Auslaufen	15 min Dehnung	15 min Dehnung	15 min Dehnung		30 min Dehnung	

Wo 3	Belastung	Montag 1. TE	Dienstag 1. TE	Mittwoch 1. TE	Donnerstag 1. TE	Freitag 1. TE	Samstag 1. TE	Sonntag 1. TE	Wochensumme
EW							EL/Lauf ABC 3 x 100 m StL		Lauf/ allg. Trg.
AT		60 min Kraftkreis — GA	15 km DL 2 + 2 x 10 x 50 m KKMT — GA	12 km DL 2 — GA	15 km DL 1 — GA	12 km DL 2 — GA	20 x 200 m Bergansprints — SKA	20 km DL 1 — GA	90 km
NB			Auslaufen	15 min Dehnung	15 min Dehnung	15 min Dehnung	Langes AL	30 min Dehnung	AT 1h

Wo 4	Belastung	Montag 1.TE		Dienstag 1.TE		Mittwoch 1.TE		Donnerstag 1.TE		Freitag 1.TE		Samstag 1.TE		Sonntag 1.TE		Wochen-summe
	EW			EL/Lauf ABC 3 x 100 m StL								EL/Lauf ABC 3 x 100 m StL				Lauf/ allg. Trg.
	GA	15 km DL 2	SKA	20 x 200 m Bergansprünge	GA	20 km DL 1	GA	15 km DL 2	GA	20 km DL 1	SK	15 x 600 m Berganläufe	GA	20 km DL 1		140 km
	NB			Auslaufen		15 min Dehnung				15 min Dehnung		Langes AL		30 min Dehnung	AT	1 h

Tab. 157: Leistungstraining Phase (3) Entwicklung Unterdistanzleistung

Wo 1	Belastung	Montag 1. TE	Dienstag 1. TE	Mittwoch 1. TE	Donnerstag 1. TE	Freitag 1. TE	Samstag 1. TE	Sonntag 1. TE	Wochen-summe
	EW		EL/Lauf ABC 3 x 100 m StL			EL/Lauf ABC 3 x 100 m StL			Lauf/ allg. Trg.
	GA	12 km DL 1 (TL)	15 x 1.000 m 1,5 min TP 102 % VL 3 (TL)	20 km DL 2 (GA)	20 km DL 1 (GA)	15 km TW 2 km/1 km 99-100 % VL 3 (GA)	15 km DL 2 (GA)	35 km DL 1 (GA)	144 km
	NB		Auslaufen 15 min Dehnung	15 min Dehnung	15 min Dehnung	Auslaufen 15 min Dehnung		30 min Dehnung	

Wo 2	Belastung	Montag 1. TE		Dienstag 1. TE		Mittwoch 1. TE		Donnerstag 1. TE		Freitag 1. TE		Samstag 1. TE		Sonntag 1. TE		Wochen-summe
	EW			EL/Lauf ABC 3 x 100 m StL						EL/Lauf ABC 3 x 100 m StL						Lauf/ allg. Trg.
	GA	12 km DL 1	TL	10 x 1.000 m 2 min TP 107 % VL 3	GA	15 km DL 2	GA	20 km DL 1	GA	3 x 5 km 5 min TP 98-100 % VL 3	GA	20 km DL 2	GA	35 km DL 1		140 km
	NB			Auslaufen 15 min Dehnung		15 min Dehnung		15 min Dehnung		Auslaufen 15 min Dehnung		15 min Dehnung		30 min Dehnung		

299

Wo 3 / Belastung	Montag 1. TE	Dienstag 1. TE	Mittwoch 1. TE	Donnerstag 1. TE	Freitag 1. TE	Samstag 1. TE	Sonntag 1. TE	Wochen-summe
EW		EL/Lauf ABC 3 x 100 m StL			EL/Lauf ABC 3 x 100 m StL			Lauf/ allg. Trg.
GA	12 km DL 1 (GA)	10 x 1.000 m 2 min TP 110 % VL 3 (TL)	18 km DL 2 (GA)	20 km DL 1 (GA)	15 km DL 3 5 min TP 97-98 % VL 3 (GA)	20 km DL 2 (GA)	35 km DL 1 (GA)	142 km
NB		Auslaufen 15 min Dehnung	15 min Dehnung	15 min Dehnung	Auslaufen 15 min Dehnung	15 min Dehnung	30 min Dehnung	

Wo 4	Entlastung	Montag 1. TE	Dienstag 1. TE	Mittwoch 1. TE	Donnerstag 1. TE	Freitag 1. TE	Samstag 1. TE	Sonntag 1. TE	Wochen- summe
EW					EL/Lauf ABC 3 x 100 m StL				Lauf/ allg. Trg.
AT		60 min Kraft- kreis — GA	15 km DL 2	20 km DL 1 — GA	20 x 400 m 2 min TP 112 % VL 3 — TL	12 km DL 1 — GA	15 km DL 2 — GA	25 km DL 1 — GA	100 km
NB				15 min Dehnung	Auslaufen 15 min Dehnung		15 min Dehnung	30 min Dehnung	AT 1 h

Tab. 158: Leistungstraining Phase (4) der wettkampfspezifischen Ausdauer

Wo 1	Belastung	Montag 1. TE	Dienstag 1. TE	Mittwoch 1. TE	Donnerstag 1. TE	Freitag 1. TE	Samstag 1. TE	Sonntag 1. TE	Wochensumme
EW			EL/Lauf ABC 3 x 100 m StL		EL	EL/Lauf ABC 3 x 100 m StL			Lauf/ allg. Trg.
GA	GA	12 km DL 1	15 km TW 1 km/1 km TS-1: 105 % VL 3 TS-2: DL 2 UG	15 km DL 1	25 km DL 2⁺ MSL	15 km DL 1	15 km DL 1	35 km DL 2 MSL	140 km
NB			Auslaufen 15 min Dehnung	15 min Dehnung	30 min Dehnung		15 min Dehnung	30 min Dehnung	

302

Wo 2	Belastung	Montag 1. TE		Dienstag 1. TE		Mittwoch 1. TE		Donnerstag 1. TE		Freitag 1. TE		Samstag 1. TE		Sonntag 1. TE		Wochensumme
	EW			EL/Lauf ABC 3 x 100 m StL				EL		EL/Lauf ABC 3 x 100 m StL						Lauf/ allg. Trg.
	GA	15 km DL 1		10 x 1.000 m 2 min TP 105 % VL 3	TL	15 km DL 1	GA	20 km DL 3 V Ziel	WSA	15 km DL 1	GA	35 km DL 2	GA	15 km DL 1	GA	148 km
	NB			Auslaufen 15 min Dehnung		15 min Dehnung		30 min Dehnung		15 min Dehnung		30 min Dehnung		15 min Dehnung		

Wo 3	Belastung	Montag 1. TE	Dienstag 1. TE	Mittwoch 1. TE	Donnerstag 1. TE	Freitag 1. TE	Samstag 1. TE	Sonntag 1. TE	Wochensumme
	EW		EL/Lauf ABC 3 x 100 m StL						Lauf/ allg. Trg.
	GA	12 km DL 1	WSA 20 km-TW 1 km/1 km 105 % VL 3 TS-1: 105 % VL 3 TS-2: DL 2 UG	GA 15 km DL 1	WSA 30 km DL 2	GA 15 km DL 1	GA 15 km DL 1	WSA 35 km DL 2	150 km
	NB		Auslaufen 15 min Dehnung	15 min-Dehnung	30 min Dehnung	15 min Dehnung		30 min Dehnung	

Wo 4	Entlastung	Montag 1. TE	Dienstag 1. TE	Mittwoch 1. TE	Donnerstag 1. TE	Freitag 1. TE	Samstag 1. TE	Sonntag 1. TE	Wochen-summe
EW			EL/Lauf ABC 3 x 100 m StL			EL/Lauf ABC 3 x 100 m StL			Lauf/ allg. Trg.
AT		60 min Aqua	GA 15 km DL 2	GA 10 km DL 1	WSA 15 km DL 3 95 % VL 3	GA 15 km DL 1	GA 15 km DL 2	GA 30 km DL 1	105 km
NB			Auslaufen 15 min Dehnung	15 min Dehnung	30 min Dehnung	15 min Dehnung	30 min Dehnung	15 min Dehnung	AT 1 h

Tab. 159: ambitionierter Hobbyläufer Phase (1) allgemein athletische Grundlagen

Wo 1	Belastung	Montag 1. TE	Dienstag 1. TE	Mittwoch 1. TE	Donnerstag 1. TE	Freitag 1. TE	Samstag 1. TE	Sonntag 1. TE	Wochensumme
	EW		90 min Kraftkreis	120 min Rad	15 km DL 1		60 min Aqua	20 km DL 1	Lauf/ allg. Trg.
		AT	AT	GA	GA		AT / GA	GA	35 km
	NB			30 min Dehnung				30 min Dehnung	4,5 h AT

Tab. 160: ambitionierter Hobbyläufer Phase (2) läuferische Grundlagen

Wo 2 / Belastung	Montag 1. TE	Dienstag 1. TE	Mittwoch 1. TE	Donnerstag 1. TE	Freitag 1. TE	Samstag 1. TE	Sonntag 1. TE	Wochensumme
EW		15 km DL 2 + 10 x 100 m StL	GA 20 km DL 1	GA 15 km DL 2		GA 20 km DL 2	GA 30 km DL 1	Lauf/ allg. Trg. 103 km
NB		Auslaufen 15 min Dehnung	30 min Dehnung			15 min Dehnung	30 min Dehnung	

Wo 3 Entlastung	Montag 1. TE	Dienstag 1. TE	Mittwoch 1. TE	Donnerstag 1. TE	Freitag 1. TE	Samstag 1. TE	Sonntag 1. TE	Wochensumme
EW								Lauf/ allg. Trg.
		GA	GA	GA		GA	GA	
		12 km DL 2	15 km DL 1	12 km DL 1 + 20 x 100 m StL		15 km DL 2	25 km DL 1	83 km
NB			30 min Dehnung	Auslaufen 15 min Dehnung		15 min Dehnung	30 min Dehnung	

Wo 4	Belastung	Montag 1. TE	Dienstag 1. TE	Mittwoch 1. TE	Donnerstag 1. TE	Freitag 1. TE	Samstag 1. TE	Sonntag 1. TE	Wochen-summe
EW			EL/Lauf ABC 3 x 100 m StL					EL/Lauf ABC 3 x 100 m StL		Lauf/ allg. Trg.
			SKA 20 x 200 m Bergansprünge	GA 15 km DL 1	GA 20 km DL 2		SKA 15 x 600 m Berganläufe	GA 30 km DL 1	105 km
NB			Auslaufen 15 min Dehnung	15 min Dehnung	30 min Dehnung		Auslaufen 15 min Dehnung	30 min Dehnung	

Tab. 161: ambitionierter Hobbyläufer Phase (3) Entwicklung Unterdistanzleistung

Wo 1	Belastung	Montag 1. TE	Dienstag 1. TE	Mittwoch 1. TE	Donnerstag 1. TE	Freitag 1. TE	Samstag 1. TE	Sonntag 1. TE	Wochensumme
				GA	GA		GA	GA	
EW			EL/Lauf ABC 3 x 100 m StL						Lauf/allg. Trg.
	TL		15 x 1.000 m 1,5 min TP	20 km DL 1	15 km DL 2		15 km DL 2	30 km DL 1	100 km
NB			Auslaufen 15 min Dehnung	15 min Dehnung	15 min Dehnung		Auslaufen 15 min Dehnung	30 min Dehnung	

Wo 2	Belastung	Montag 1.TE	Dienstag 1.TE	Mittwoch 1.TE	Donnerstag 1.TE	Freitag 1.TE	Samstag 1.TE	Sonntag 1.TE	Wochensumme
	EW		EL/Lauf ABC 3 x 100 m StL; 3 x 5 km 5 min TP 98-100 % VL 3	20 km DL 1 GA	15 km DL 2 GA		20 km DL 2 GA	30 km DL 1 GA	Lauf/ allg. Trg. 110 km
	NB		Auslaufen 15 min Dehnung	15 min Dehnung	15 min Dehnung		Auslaufen 15 min Dehnung	30 min Dehnung	

Wo 3	Belastung	Montag 1.TE	Dienstag 1.TE	Mittwoch 1.TE	Donnerstag 1.TE	Freitag 1.TE	Samstag 1.TE	Sonntag 1.TE	Wochensumme
EW			EL/Lauf ABC 3 x 100 m StL						Lauf/ allg. Trg.
			15 km DL 3 97-98 % VL 3	15 km DL 2	20 km DL 1		20 km DL 2	30 km DL 1	105 km
			GA	GA	GA		GA	GA	
NB			Auslaufen 15 min Dehnung	15 min Dehnung	15 min Dehnung		Auslaufen 15 min Dehnung	30 min Dehnung	

312

Wo 4	Entlastung	Montag 1.TE	Dienstag 1.TE	Mittwoch 1.TE	Donnerstag 1.TE	Freitag 1.TE	Samstag 1.TE	Sonntag 1.TE	Wochensumme
EW			GA 12 km DL 2	GA 15 km DL 1	EL/Lauf ABC 3 x 100 m StL 8 x 1.000 m 2 min TP 105 % VL 3 GA		GA 12 km DL 2	GA 25 km DL 1	Lauf/ allg. Trg. 80 km
NB				15 min Dehnung	Auslaufen 15 min Dehnung		Auslaufen 15 min Dehnung	30 min Dehnung	

Tab. 162: ambitionierter Hobbyläufer Phase (4) Entwicklung wettkampfspezifischer Ausdauer

Wo 1	Belastung	Montag 1.TE	Dienstag 1.TE	Mittwoch 1.TE	Donnerstag 1.TE	Freitag 1.TE	Samstag 1.TE	Sonntag 1.TE	Wochensumme
EW			EL/Lauf ABC 3 x 100 m StL	GA / 15 km DL 1	GA / 20 km DL 2		GA / 30 km DL 2 MSL	GA / 15 km DL 1	Lauf/ allg. Trg. 100 km
NB			15 km-TW 1 km/1 km TS-1: 105 % VL 3 TS 2: DL 2 UG Auslaufen 15 min Dehnung	15 min Dehnung	15 min Dehnung		30 min Dehnung		

314

Wo 2

Belastung	Montag 1. TE	Dienstag 1. TE	Mittwoch 1. TE	Donnerstag 1. TE	Freitag 1. TE	Samstag 1. TE	Sonntag 1. TE	Wochen-summe
EW		EL/Lauf ABC 3 x 100 m StL						Lauf/ allg. Trg.
		20 km DL 3 V Ziel	GA 15 km DL 1	GA 20 km DL 2		GA 30 km DL 2 MSL	GA 15 km DL 1	100 km
NB		Auslaufen 15 min Dehnung	15 min Dehnung	15 min Dehnung		30 min Dehnung		

Wo 3	Entlastung	Montag 1. TE	Dienstag 1. TE	Mittwoch 1. TE	Donnerstag 1. TE	Freitag 1. TE	Samstag 1. TE	Sonntag 1. TE	Wochen- summe
		EW	GA 10 km DL 2	GA 15 km DL 1	EL/Lauf ABC 3 x 100 m StL GA 15 km DL 3 95 % V Ziel		GA 15 km DL 2	GA 25 km DL 1	Lauf/ allg. Trg. 85 km
		NB		15 min Dehnung	Auslaufen 15 min Dehnung		30 min Dehnung		

TRAININGSPLÄNE HALBMARATHON

Tab. 163: Hochleistungstraining Phase (1) allgemein athletische Grundlagen

Wo 1	Belastung	Montag 1.TE	Dienstag 1.TE	Mittwoch 1.TE	Donnerstag 1.TE	Freitag 1.TE	Samstag 1.TE	Sonntag 1.TE	Wochensumme
	EW						EL/ Lauf ABC 3 x 100 m StL		Lauf/ allg. Trg.
	AT	GA 60 min Crosstrainer	GA 15 km DL 2	AT 120 min Rad	AT 60 min Kraftkreis	AT 120 min Skiroller	GA 15 km DL 2	GA 20 km DL 1	80 km
	NB	15 min Dehnung		30 min Dehnung		15 min Dehnung		30 min Dehnung	AT 10,5 h

	Belastung	Montag 2.TE	Dienstag 2.TE	Mittwoch 2.TE	Donnerstag 2.TE	Freitag 2.TE	Samstag 2.TE	Sonntag 2.TE
	EW							
	AT	AT 60 min Kraftkreis	AT 60 min Aqua	GA 15 km DL 1	AT 60 min Kraftkreis	GA 15 km DL 1	AT 90 min Aqua	
	NB				15 min Dehnung			

317

Tab. 164: Hochleistungstraining Phase (1) läuferisches Grundlagentraining

Wo 1 – 1. TE

Belastung	Montag 1.TE	Dienstag 1.TE	Mittwoch 1.TE	Donnerstag 1.TE	Freitag 1.TE	Samstag 1.TE	Sonntag 1.TE	Wochensumme
EW								
GA	15 km DL 1	10 km DL 2	20 km DL 1	15 km DL 1	15 km DL 1	15 km DL 2	25 km DL 1	Lauf 140 km
NB	15 min Dehnung		30 min Dehnung		15 min Dehnung		30 min Dehnung	AT 3 h

(GA gilt für Dienstag–Sonntag 1.TE; Sonntag GA)

2. TE

Belastung	Montag 2.TE	Dienstag 2.TE	Mittwoch 2.TE	Donnerstag 2.TE	Freitag 2.TE	Samstag 2.TE	Sonntag 2.TE
EW							
AT	60 min Kraftkreis	10 km DL 1 (GA)	60 min Aqua	15 km DL 1 (GA)		60 min Radergo	
NB				15 min Dehnung		15 min Dehnung	

Wo 2

Belastung	Montag 1. TE	Dienstag 1. TE	Mittwoch 1. TE	Donnerstag 1. TE	Freitag 1. TE	Samstag 1. TE	Sonntag 1. TE	Wochensumme
EW						EL/Lauf ABC 3 x 100 m StL		Lauf
GA	15 km DL 1	15 km DL 2 + 10 x 100 m StL	20 km DL 1	15 km DL 2	15 km DL 2	SKA 15 x 600 m Berganläufe	30 km DL 1	173 km
NB	15 min Dehnung	Auslaufen 15 min Dehnung	30 min Dehnung		15 min Dehnung	Langes Auslaufen 30 min Dehnung	30 min Dehnung	AT 2 h

Belastung	Montag 2. TE	Dienstag 2. TE	Mittwoch 2. TE	Donnerstag 2. TE	Freitag 2. TE	Samstag 2. TE	Sonntag 2. TE
EW							
AT	60 min Kraftkreis		60 min Aqua	GA 15 km DL 1	GA 15 km DL 1	GA 15 km DL 2	
NB				15 min Dehnung	15 min Dehnung	15 min Dehnung	

Wo 3	Entlastung	Montag 1. TE	Dienstag 1. TE	Mittwoch 1. TE	Donnerstag 1. TE	Freitag 1. TE	Samstag 1. TE	Sonntag 1. TE	Wochensumme
EW							EL/Lauf ABC 3 x 100 m StL		Lauf
GA		10 km DL 2	10 km DL 2 + 2 x 10 x 30 m KKMT	15 km DL 1	10 km DL 2	12 km DL 2	20 x 200 m Berganläufe	25 km DL 1	120 km
NB		15 min Dehnung	Auslaufen 15 min Dehnung	30 min Dehnung		15 min Dehnung	Langes Auslaufen 30 min Dehnung	30 min Dehnung	2 h

Zonen: GA (Dienstag), GA (Donnerstag), SKA (Freitag), GA (Samstag); AT (Wochensumme)

		Montag 2. TE	Dienstag 2. TE	Mittwoch 2. TE	Donnerstag 2. TE	Freitag 2. TE	Samstag 2. TE	Sonntag 2. TE
EW								
AT		60 min Kraftkreis		60 min Aqua	12 km DL 1	10 km DL 1		
NB					15 min Dehnung	15 min Dehnung		

Zonen: AT (Mittwoch), GA (Donnerstag)

Tab. 165: Hochleistungstraining Phase (3) Entwicklung Unterdistanzleistung

Wo 1 – 1. TE

Belastung	Montag 1.TE	Dienstag 1.TE	Mittwoch 1.TE	Donnerstag 1.TE	Freitag 1.TE	Samstag 1.TE	Sonntag 1.TE	Wochensumme
EW		EL/Lauf ABC 3 x 100 m StL		EL/Lauf ABC 3 x 100 m StL				Lauf
GA	15 km DL 1	10 x 1.000 m 1,5 min TP 103 % VL 3 (TL)	20 km DL 1 (GA)	5 x 4 km DL 3 5 min TP 97 % VL 3 (WSA)	15 km DL 2 (GA)	20 km DL 2 (GA)	30 km DL 1 (GA)	160 km
NB	15 min Dehnung	Auslaufen 15 min Dehnung	30 min Dehnung	Auslaufen 15 min Dehnung	15 min Dehnung	15 min Dehnung	30 min Dehnung	

Wo 1 – 2. TE

Belastung	Montag 2.TE	Dienstag 2.TE	Mittwoch 2.TE	Donnerstag 2.TE	Freitag 2.TE	Samstag 2.TE	Sonntag 2.TE	Wochensumme
EW								
AT	60 min Kraftkreis (GA)	15 km DL 1			60 min Aqua (AT)			AT 2 h
NB		15 min Dehnung						

Wo 2	Belastung	Montag 1.TE	Dienstag 1.TE	Mittwoch 1.TE	Donnerstag 1.TE	Freitag 1.TE	Samstag 1.TE	Sonntag 1.TE	Wochensumme
	EW		EL/Lauf ABC 3 x 100 m StL		EL/Lauf ABC 3 x 100 m StL				Lauf
	GA	15 km DL 1	TL 10 x 1.000 m 2 min TP 107 % VL 3	GA 25 km DL 1	GA 4 x 5 km DL 3 5 min TP 99-100 % VL 3	GA 15 km DL 2	GA 20 km DL 2	GA 30 km DL 1	165 km
	NB	15 min Dehnung	Auslaufen 15 min Dehnung	30 min Dehnung	Auslaufen 15 min Dehnung	15 min Dehnung	15 min Dehnung	30 min Dehnung	AT 2 h

Belastung	Montag 2.TE	Dienstag 2.TE	Mittwoch 2.TE	Donnerstag 2.TE	Freitag 2.TE	Samstag 2.TE	Sonntag 2.TE
EW							
AT	60 min Kraftkreis	GA 15 km DL 1		AT	60 min Aqua		
NB		15 min Dehnung					

Wo 3	Entlastung	Montag 1. TE	Dienstag 1. TE	Mittwoch 1. TE	Donnerstag 1. TE	Freitag 1. TE	Samstag 1. TE	Sonntag 1. TE	Wochensumme
	EW				EL/Lauf ABC 3 x 100 m StL				Lauf
	GA	90 min Skiroller (GA)	12 km DL 2 (GA)	15 km DL 1 (GA)	20 x 400 m 1,5 min TP 110 % V-Ziel (TL)	15 km DL 1 (GA)	12 km DL 2 (GA)	25 km DL 1 (GA)	115 km
	NB	15 min Dehnung		15 min Dehnung	Auslaufen 15 min Dehnung	15 min Dehnung	15 min Dehnung	30 min Dehnung	AT 4,5 h

		Montag 2. TE	Dienstag 2. TE	Mittwoch 2. TE	Donnerstag 2. TE	Freitag 2. TE	Samstag 2. TE	Sonntag 2. TE
	EW							
	AT	60 min Kraftkreis (GA)	10 km DL 1 (GA)	60 min Aqua (AT)	10 km DL 1 (GA)	60 min Aqua (AT)		
	NB		15 min Dehnung					

Tab. 166: Hochleistungstraining Phase (4) Entwicklung wettkampfspezifische Ausdauer

Wo 1	Belastung	Montag 1.TE	Dienstag 1.TE	Mittwoch 1.TE	Donnerstag 1.TE	Freitag 1.TE	Samstag 1.TE	Sonntag 1.TE	Wochensumme
	EW		EL/Lauf ABC 3 x 100 m StL			EL/Lauf ABC 3 x 100 m StL			Lauf
	GA	12 km DL 1	WSA 20 km TW 1 km/1 km TS-1: 100 % V Ziel TS-2: DL 2 UG	18 km DL 2	10 km DL 1	15 km DL 3 95 % VL 3	15 km DL 1	25 km DL 2	150 km
	NB	15 min Dehnung	Auslaufen 15 min Dehnung	30 min Dehnung		Auslaufen 15 min Dehnung	15 min Dehnung	30 min Dehnung	

	Belastung	Montag 2.TE	Dienstag 2.TE	Mittwoch 2.TE	Donnerstag 2.TE	Freitag 2.TE	Samstag 2.TE	Sonntag 2.TE	Wochensumme
	EW								
	AT	60 min Kraft- kreis	15 km DL 1	60 min Aqua		10 km DL 1			AT 2 h
	NB		15 min Dehnung						

324

Wo 2

Belastung	Montag 1. TE		Dienstag 1. TE		Mittwoch 1. TE		Donnerstag 1. TE	Freitag 1. TE		Samstag 1. TE		Sonntag 1. TE		Wochensumme
EW			EL/Lauf ABC 3 x 100 m StL					EL/Lauf ABC 3 x 100 m StL						Lauf
GA	12 km DL 1	TL	20 km TW 1 km/1 km TS-1: 104 % V-Ziel TS-2: D L 2 UG	GA	18 km DL 2	GA	10 km DL 2	15 km DL 3 97-98 % VL 3	GA	15 km DL 1	GA	30 km DL 2	GA	165 km
NB	15 min Dehnung		Auslaufen 15 min Dehnung		30 min Dehnung			Auslaufen 15 min Dehnung		15 min Dehnung		30 min Dehnung		AT 2 h

Belastung	Montag 2. TE		Dienstag 2. TE		Mittwoch 2. TE		Donnerstag 2. TE		Freitag 2. TE	Samstag 2. TE	Sonntag 2. TE
EW											
AT	60 min Kraftkreis	GA	15 km DL 1	AT	60 min Aqua	GA	15 km DL 1	AT	15 km DL 1		
NB			15 min Dehnung				15 min Dehnung				

325

Wo 3 — Entlastung

	Montag 1.TE	Dienstag 1.TE	Mittwoch 1.TE	Donnerstag 1.TE	Freitag 1.TE	Samstag 1.TE	Sonntag 1.TE	Wochensumme
EW				EL/Lauf ABC 3 x 100 m StL				Lauf
GA	90 min Skiroller	15 km DL 2	18 km DL 1	8 x 1.000 m 2 min TP 110 % V-Ziel	20 km DL 1	15 km DL 2	25 km DL 1	98 km
		GA	GA	TL	GA	GA	GA	
NB	15 min Dehnung	15 min Dehnung		Auslaufen 15 min Dehnung	30 min Dehnung	15 min Dehnung	30 min Dehnung	AT 3,5 h

	Montag 2.TE	Dienstag 2.TE	Mittwoch 2.TE	Donnerstag 2.TE	Freitag 2.TE	Samstag 2.TE	Sonntag 2.TE	
EW								
AT	60 min Kraftkreis				60 min Aqua (AT)			
NB								

Tab. 167: Leistungssportler Phase (1) allgemein athletische Grundlagen

Wo 1	Belastung	Montag 1. TE	Dienstag 1. TE	Mittwoch 1. TE	Donnerstag 1. TE	Freitag 1. TE	Samstag 1. TE	Sonntag 1. TE	Wochen-summe
	EW								Lauf/ allg. Trg.
	AT	90 min Kraft-kreis (GA)	15 km DL 1 (AT)	90 min Skiroller (AT)	120 min Rad (GA)	15 km DL 1 (AT)	90 min Aqua (GA)	20 km DL 1 (AT)	50 km / AT 6,5 h
	NB		30 min Dehnung		30 min Dehnung			30 min Dehnung	

Tab. 168: Leistungssportler Phase (2) läuferisches Grundlagentraining

Wo 1	Belastung	Montag 1. TE	Dienstag 1. TE	Mittwoch 1. TE	Donnerstag 1. TE	Freitag 1. TE	Samstag 1. TE	Sonntag 1. TE	Wochen-summe
	EW		AT						Lauf/ allg. Trg.
	GA	15 km DL 1	10 km DL 2	20 km DL 1	15 km DL 2	15 km DL 1	15 km DL 2	20 km DL 1	110 km
	NB		15 min Dehnung	15 min Dehnung	15 min Dehnung		15 min Dehnung	30 min Dehnung	

Wo 2	Belastung	Montag 1. TE	Dienstag 1. TE	Mittwoch 1. TE	Donnerstag 1. TE	Freitag 1. TE	Samstag 1. TE	Sonntag 1. TE	Wochensumme
	EW						EL/Lauf ABC 3 x 100 m StL		Lauf/ allg. Trg.
	GA	15 km DL 2 — GA	15 km DL 2 + 10 x 100 m StL — GA	20 km DL 1 — GA	15 km DL 2 — GA	12 km DL 2 — SK	10 x 600 m Berganläufe — SK	30 km DL 1 — GA	124 km
	NB		Auslaufen	15 min Dehnung	15 min Dehnung	15 min Dehnung	Langes Auslaufen 15 min Dehnung	30 min Dehnung	

329

Wo 3 Entlastung	Montag 1. TE	Dienstag 1. TE	Mittwoch 1. TE	Donnerstag 1. TE	Freitag 1. TE	Samstag 1. TE	Sonntag 1. TE	Wochensumme
EW						EL/Lauf ABC 3 x 100 m StL		Lauf/ allg. Trg.
AT	90 min Aqua GA	10 km DL 1 + 2 x 10 x 50 m KKMT GA	12 km DL 2 GA	15 km DL 1 GA	12 km DL 2 GA	20 x 200 m Bergansprints SK	20 km DL 1 GA	85 km
NB		Auslaufen	15 min Dehnung	15 min Dehnung	15 min Dehnung	Langes Auslaufen 15 min Dehnung	30 min Dehnung	AT 1,5h

Tab. 169: Leistungssportler Phase (3) Entwicklung Unterdistanzleistung

Wo 1	Belastung	Montag 1. TE	Dienstag 1. TE	Mittwoch 1. TE	Donnerstag 1. TE	Freitag 1. TE	Samstag 1. TE	Sonntag 1. TE	Wochensumme
	EW		EL/Lauf ABC 3 x 100 m StL			EL/Lauf ABC 3 x 100 m StL			Lauf/ allg. Trg.
	GA	15 km DL 1	TL 8 x 1.000 m 2 min TP 104 % V-Ziel	GA 15 km DL 2	WSA 18 km DL 1	3 x 5 km 5 min TP 97 % VL 3	GA 12 km DL 2	GA 30 km DL 1	123 km
	NB		Auslaufen 15 min Dehnung	15 min Dehnung	15 min Dehnung	Auslaufen 15 min Dehnung		30 min Dehnung	

Wo 2 / Belastung	Montag 1. TE	Dienstag 1. TE	Mittwoch 1. TE	Donnerstag 1. TE	Freitag 1. TE	Samstag 1. TE	Sonntag 1. TE	Wochensumme
EW		EL/Lauf ABC 3 x 100 m StL			EL/Lauf ABC 3 x 100 m StL			Lauf/ allg. Trg.
GA	15 km DL 1	TL 10 x 1.000 m 2 min TP 107-108 % V-Ziel	GA 15 km DL 2	GA 18 km DL 1	WSA 3 x 5 km 5 min TP 98-100 % VL 3	GA 12 km DL 2	GA 30 km DL 1	123 km
NB		Auslaufen 15 min Dehnung	15 min Dehnung	15 min Dehnung	Auslaufen 15 min Dehnung	15 min Dehnung	30 min Dehnung	

Wo 3	Entlastung	Montag 1.TE	Dienstag 1.TE	Mittwoch 1.TE	Donnerstag 1.TE	Freitag 1.TE	Samstag 1.TE	Sonntag 1.TE	Wochensumme
	EW					EL/Lauf ABC 3 x 100 m StL			Lauf/ allg. Trg.
	AT	90 min Aqua GA	12 km DL 2 GA	15 km DL 1 GA	12 km DL 1 GA	20 x 400 m 1,5 min TP 110 % V-Ziel GA	12 km DL 2 GA	25 km DL 1 GA	90 km
	NB			15 min Dehnung	15 min Dehnung	Auslaufen 15 min Dehnung	15 min Dehnung	30 min Dehnung	AT 1,5

Tab. 170: Leistungstraining Phase (4) der wettkampfspezifischen Ausdauer

Wo 1	Belastung	Montag 1. TE	Dienstag 1. TE	Mittwoch 1. TE	Donnerstag 1. TE	Freitag 1. TE	Samstag 1. TE	Sonntag 1. TE	Wochensumme
	EW		EL/Lauf ABC 3 x 100 m StL			EL/Lauf ABC 3 x 100 m StL			Lauf/ allg. Trg.
	GA	12 km DL 1	WSA: 15 km TW 1 km/1 km TS-1:100 % V-Ziel TS-2:DL 2 UG	GA: 15 km DL 2	GA: 18 km DL 1	WSA: 15 km DL 3 95 % VL 3	GA: 15 km DL 1	GA: 25 km DL 2	125 km
	NB		Auslaufen 15 min Dehnung	15 min Dehnung	30 min Dehnung	Auslaufen 15 min Dehnung	15 min Dehnung	30 min Dehnung	

334

Wo 2	Belastung	Montag 1. TE	Dienstag 1. TE	Mittwoch 1. TE	Donnerstag 1. TE	Freitag 1. TE	Samstag 1. TE	Sonntag 1. TE	Wochen-summe
	EW		EL/Lauf ABC 3 x 100 m StL		EL	EL/Lauf ABC 3 x 100 m StL			Lauf/ allg. Trg.
	GA	12 km DL 1 — WSA	15 km TW 1 km/1 km TS-1:103 % V-Ziel TS-2:DL 2 UG — WSA	15 km DL 2 — GA	18 km DL 1 — WSA	15 km DL 3 97-98 % VL 3	15 km DL 1 — GA	30 km DL 2 — GA	130 km
	NB		Auslaufen 15 min Dehnung	15 min Dehnung	30 min Dehnung	15 min Dehnung	15 min Dehnung	30 min Dehnung	

335

Wo 3	Entlastung	Montag 1. TE	Dienstag 1. TE	Mittwoch 1. TE	Donnerstag 1. TE	Freitag 1. TE	Samstag 1. TE	Sonntag 1. TE	Wochen- summe
EW			EL/Lauf ABC 3 x 100 m StL			EL/Lauf ABC 3 x 100 m StL			Lauf/ allg. Trg.
GA		GA 90 min Aqua	GA 15 km DL 2	GA 15 km DL 1	TL 8 x 1.000 m 2 min TP 110 % V-Ziel	GA 20 km DL 1	GA 15 km DL 2	GA 25 km DL 1	100 km
NB			Auslaufen 15 min Dehnung	15 min Dehnung	30 min Dehnung	15 min Dehnung	30 min Dehnung	15 min Dehnung	AT 1 h

Tab. 171: ambitionierter Hobbyläufer Phase (1) allgemein athletische Grundlagen

Wo 1	Belastung	Montag 1. TE	Dienstag 1. TE	Mittwoch 1. TE	Donnerstag 1. TE	Freitag 1. TE	Samstag 1. TE	Sonntag 1. TE	Wochensumme
	EW		90 min Kraftkreis	15 km DL 1	120 min Rad		90 min Aqua	20 km DL 1	Lauf/ allg. Trg.
		AT	GA	GA	AT		AT	GA	35 km
	NB				30 min Dehnung			30 min Dehnung	AT 5 h

Tab. 172: Leistungssportler Phase (2) läuferisches Grundlagentraining

Wo 1	Belastung	Montag 1. TE	Dienstag 1. TE	Mittwoch 1. TE	Donnerstag 1. TE	Freitag 1. TE	Samstag 1. TE	Sonntag 1. TE	Wochensumme
	EW		15 km DL 2 / GA	10 km DL 2 / GA	15 km DL 1 / GA		15 km DL 2 / GA	20 km DL 1 / GA	Lauf/ allg. Trg. 75 km
	NB		15 min Dehnung	15 min Dehnung	15 min Dehnung		15 min Dehnung	30 min Dehnung	

Wo 2	Belastung	Montag 1. TE	Dienstag 1. TE	Mittwoch 1. TE	Donnerstag 1. TE	Freitag 1. TE	Samstag 1. TE	Sonntag 1. TE	Wochen-summe
EW			EL/Lauf ABC 3 x 100 m StL						Lauf/ allg. Trg.
			WSA 12 km DL 3 98 % VL 3	GA 15 km DL 2	GA 18 km DL 1 + 10 x 100 m StL	GA	GA 15 km DL 2	GA 30 km DL 1	95 km
NB			Auslaufen 15 min Dehnung	15 min Dehnung	15 min Dehnung			30 min Dehnung	

Wo 3 / Entlastung	Montag 1. TE	Dienstag 1. TE	Mittwoch 1. TE	Donnerstag 1. TE	Freitag 1. TE	Samstag 1. TE	Sonntag 1. TE	Wochensumme
EW		AT 90 min Aqua	GA 12 km DL 2	GA 10 km DL 1 + 10 x 80 m StL		GA 12 km DL 2	GA 20 km DL 1	Lauf/ allg. Trg. 55 km AT 1,5h
NB			15 min Dehnung	15 min Dehnung			30 min Dehnung	

Tab. 173: ambitionierter Hobbyläufer (3) Entwicklung Unterdistanzleistung

Wo 1	Belastung	Montag 1. TE	Dienstag 1. TE	Mittwoch 1. TE	Donnerstag 1. TE	Freitag 1. TE	Samstag 1. TE	Sonntag 1. TE	Wochensumme
	EW		EL/Lauf ABC 3 x 100 m StL	GA 15 km DL 2	GA 20 km DL 1		GA 15 km DL 2	GA 30 km DL 1	Lauf/ allg. Trg.
			TL 10 x 1.000 m 2 min TP 105 % V-Ziel						95 km
	NB		Auslaufen 15 min Dehnung	15 min Dehnung	15 min Dehnung			30 min Dehnung	

Wo 2 Belastung	Montag 1.TE	Dienstag 1.TE		Mittwoch 1.TE		Donnerstag 1.TE		Freitag 1.TE	Samstag 1.TE		Sonntag 1.TE		Wochensumme
EW		EL/Lauf ABC 3 x 100 m StL	WSA: 3 x 5 km 5 min TP 98-100 % VL 3	GA	20 km DL 1	GA	15 km DL 2		GA	15 km DL 2	GA	30 km DL 1	Lauf/allg. Trg. 100 km
NB		Auslaufen 15 min Dehnung			15 min Dehnung		15 min Dehnung			15 min Dehnung		30 min Dehnung	

Wo 3	Entlastung	Montag 1. TE	Dienstag 1. TE	Mittwoch 1. TE	Donnerstag 1. TE	Freitag 1. TE	Samstag 1. TE	Sonntag 1. TE	Wochensumme
EW			AT 90 min Aqua	GA 15 km DL 2	GA 12 km DL 1 + 10 x 100 m StL		GA 12 km DL 2	GA 25 km DL 1	Lauf/ allg. Trg. 64 km
NB				15 min Dehnung	15 min Dehnung		15 min Dehnung	30 min Dehnung	AT 1,5

343

Tab. 174: ambitionierter Hobbyläufer Phase (4) der wettkampfspezifischen Ausdauer

Wo 1	Belastung	Montag 1. TE	Dienstag 1. TE	Mittwoch 1. TE	Donnerstag 1. TE	Freitag 1. TE	Samstag 1. TE	Sonntag 1. TE	Wochensumme
EW			EL/Lauf ABC 3 x 100 m StL	GA 20 km DL 1	GA 15 km DL 2		GA 15 km DL 1	GA 25 km DL 2	Lauf/ allg. Trg.
			WSA 15 km TW 1 km/1 km TS-1:100 % V-Ziel TS-2:DL 2 UG						95 km
NB			Auslaufen 15 min Dehnung	15 min Dehnung	15 min Dehnung		15 min Dehnung	30 min Dehnung	

344

Wo 2	Belastung	Montag 1. TE	Dienstag 1. TE	Mittwoch 1. TE	Donnerstag 1. TE	Freitag 1. TE	Samstag 1. TE	Sonntag 1. TE	Wochensumme
	EW		EL/Lauf ABC 3 x 100 m StL		EL				Lauf/ allg. Trg.
	WSA		15 km-DL 3 97-98 % VL 3	20 km DL 1	15 km DL 2		15 km DL 1	25 km DL 2	95 km
			GA				GA	GA	
	NB		Auslaufen 15 min Dehnung	15 min Dehnung	30 min Dehnung		15 min Dehnung	30 min Dehnung	

Wo 3 Entlastung	Montag 1. TE	Dienstag 1. TE	Mittwoch 1. TE	Donnerstag 1. TE	Freitag 1. TE	Samstag 1. TE	Sonntag 1. TE	Wochen-summe
EW				EL/Lauf ABC 3 x 100 m StL				Lauf/ allg. Trg.
		AT 90 min Aqua	GA 15 km DL 1	8 x 1.000 m 2 min TP 105 % V-Ziel		GA 15 km DL 2	GA 20 km DL 1	65 km
NB			15 min Dehnung	Auslaufen 15 min Dehnung		30 min Dehnung	15 min Dehnung	AT 1 h

346

TRAININGSPLÄNE 5.000 M / 10.000 M

Tab. 175: Hochleistungstraining Phase (1) allgemein athletische Grundlagen

Wo 1	Belastung	Montag 1. TE	Dienstag 1. TE	Mittwoch 1. TE	Donnerstag 1. TE	Freitag 1. TE	Samstag 1. TE	Sonntag 1. TE	Wochen-summe
	EW								Lauf/allg. Trg.
	AT	90 min Kraftkreis — GA	15 km DL 2 — GA	60 min Kraftkreis — AT	120 min Rad — AT	90 min Skiroller — GA	15 km DL 2 — GA	20 km DL 1 — GA	80 km
	NB	15 min Dehnung		30 min Dehnung		15 min Dehnung		30 min Dehnung	AT 10 h

	Belastung	Montag 2. TE	Dienstag 2. TE	Mittwoch 2. TE	Donnerstag 2. TE	Freitag 2. TE	Samstag 2. TE	Sonntag 2. TE
	EW							
	AT	60 min Aqua — AT	60 min Radergo — GA	15 km DL 1 — GA	60 min Aqua — AT	15 km DL 1 — GA	60 min Aqua — AT	
	NB							

Tab. 176: Hochleistungstraining Phase (1) läuferisches Grundlagentraining

Wo 1	Belastung	Montag 1.TE	Dienstag 1.TE	Mittwoch 1.TE	Donnerstag 1.TE	Freitag 1.TE	Samstag 1.TE	Sonntag 1.TE	Wochensumme
	EW								Lauf
	GA	60 min Kraftkreis	10 km DL 2	15 km DL 1	15 km DL 2	15 km DL 1	15 km DL 2	25 km DL 1	120 km
	NB			30 min Dehnung		15 min Dehnung		30 min Dehnung	

	Belastung	Montag 2.TE	Dienstag 2.TE	Mittwoch 2.TE	Donnerstag 2.TE	Freitag 2.TE	Samstag 2.TE	Sonntag 2.TE	
	EW								
	AT	60 min Crosstrainer	10 km DL 1 (GA)	60 min Aqua	15 km DL 1 (GA)		60 min Aqua		AT 4 h
	NB	15 min Dehnung			15 min Dehnung		15 min Dehnung		

Wo 2 / Belastung	Montag 1.TE	Dienstag 1.TE	Mittwoch 1.TE	Donnerstag 1.TE	Freitag 1.TE	Samstag 1.TE	Sonntag 1.TE	Wochensumme
EW						EL/Lauf ABC 3 x 100 m StL		Lauf
GA	15 km DL 2	15 km DL 2 + 10 x 100 m StL	15 km DL 1	15 km DL 2	15 km DL 1	SK 20 x 200 m Berganläufe	GA 30 km DL 1	161 km
NB	15 min Dehnung	Auslaufen 15 min Dehnung	30 min Dehnung		15 min Dehnung	Langes Auslaufen 30 min Dehnung	30 min Dehnung	

Montag 2.TE	Dienstag 2.TE	Mittwoch 2.TE	Donnerstag 2.TE	Freitag 2.TE	Samstag 2.TE	Sonntag 2.TE	Wochensumme
EW 60 min Kraftkreis		AT 60 min Aqua	GA 15 km DL 1	GA 15 km DL 1	GA 15 km DL 2		AT 2 h
			NB 15 min Dehnung	NB 15 min Dehnung	NB 15 min Dehnung		

Wo 3 — Entlastung

	Montag 1. TE	Dienstag 1. TE	Mittwoch 1. TE	Donnerstag 1. TE	Freitag 1. TE	Samstag 1. TE	Sonntag 1. TE	Wochen- summe
EW						EL/Lauf ABC 3 x 100 m StL		Lauf
AT	60 min. Kraft- kreis (GA)	10 km DL 2 + 20 x 100 m StL (GA)	15 km DL 2 (GA)	15 km DL 1 (GA)	15 km DL 2 (GA)	15 x 200 m Berganläufe (SKA)	25 km DL 1 (GA)	105 km
NB	15 min Dehnung	Auslaufen 15 min Dehnung	30 min Dehnung		15 min Dehnung	Langes Aus- laufen 30 min Deh- nung	30 min Dehnung	AT 2 h

	Montag 2. TE	Dienstag 2. TE	Mittwoch 2. TE	Donnerstag 2. TE	Freitag 2. TE	Samstag 2. TE	Sonntag 2. TE
EW							
			60 min Aqua (AT)		10 km DL 1 (GA)		
NB					15 min Dehnung		

Tab. 177: Hochleistungstraining Phase (3) Entwicklung Unterdistanzleistung

Wo 1 – 1. TE

Belastung	Montag 1. TE	Dienstag 1. TE	Mittwoch 1. TE	Donnerstag 1. TE	Freitag 1. TE	Samstag 1. TE	Sonntag 1. TE	Wochensumme
EW		EL/Lauf ABC 3 x 100 m StL		EL/Lauf ABC 3 x 100 m StL				Lauf
GA	10 km DL 2	15 x 400 m 2,5 min TP 110 % V-Ziel (TL)	15 km DL 1	8 x 1.000 m 3 min TP 106 % V-Ziel (TL)	15 km DL 2	15 km DL 2	30 km DL 1	140 km
	(GA)	(TL)	(GA)	(TL)	(GA)	(GA)	(GA)	
NB	15 min Dehnung	Auslaufen 15 min Dehnung	30 min Dehnung	Auslaufen 15 min Dehnung	15 min Dehnung	15 min Dehnung	30 min Dehnung	AT 2 h

Wo 1 – 2. TE

Belastung	Montag 2. TE	Dienstag 2. TE	Mittwoch 2. TE	Donnerstag 2. TE	Freitag 2. TE	Samstag 2. TE	Sonntag 2. TE
EW							
AT	60 min Kraftkreis (GA)	12 km DL 1 (GA)	60 min Aqua (AT)		10 km DL 1 (GA)		
NB		15 min Dehnung					

Wo 2 / Entlastung	Montag 1. TE	Dienstag 1. TE	Mittwoch 1. TE	Donnerstag 1. TE	Freitag 1. TE	Samstag 1. TE	Sonntag 1. TE	Wochensumme
EW		EL/Lauf ABC 3 x 100 m StL		EL/Lauf ABC 3 x 100 m StL				Lauf
AT	60 min Radergo	20 x 200 m 1,5 min TP 85-90 % Best-Leistung — TL	12 km DL 2 — GA	10 km DL 2 — GA	15 km DL 1 — GA	12 km DL 2 — GA	25 km DL 1 — GA	105 km
NB	15 min Dehnung	Auslaufen 15 min Dehnung	30 min Dehnung	Auslaufen 15 min Dehnung	15 min Dehnung	15 min Dehnung	30 min Dehnung	AT 4 h

	Montag 2. TE	Dienstag 2. TE	Mittwoch 2. TE	Donnerstag 2. TE	Freitag 2. TE	Samstag 2. TE	Sonntag 2. TE
EW	60 min Kraft-kreis	15 km DL 1 — GA	60 min. Aqua — AT	12 km DL 1 — GA	60 min Aqua — AT		
NB		15 min Dehnung					

Wo 3	Belastung	Montag 1. TE	Dienstag 1. TE	Mittwoch 1. TE	Donnerstag 1. TE	Freitag 1. TE	Samstag 1. TE	Sonntag 1. TE	Wochensumme
	EW		EL/Lauf ABC 3 x 100 m StL		EL/Lauf ABC 3 x 100 m StL				Lauf
	GA	12 km DL 2	TL — 20 x 400 m 1,5 min TP 105 % V-Ziel	GA — 18 km DL 1	WSA — 8 x 1.000 m 3 min TP 103 % V-Ziel	GA — 10 km DL 2	GA — 15 km DL 2	GA — 30 km DL 1	150 km
	NB	15 min Dehnung	Auslaufen 15 min Dehnung	30 min Dehnung	Auslaufen 15 min Dehnung		15 min Dehnung	30 min Dehnung	AT 2 h

	Belastung	Montag 2. TE	Dienstag 2. TE	Mittwoch 2. TE	Donnerstag 2. TE	Freitag 2. TE	Samstag 2. TE	Sonntag 2. TE
	EW							
	AT	GA — 60 min Kraftkreis	15 km DL 1	AT — 60 min Aqua	GA — 15 km DL 1	GA — 10 km DL 1		
	NB		15 min Dehnung			15 min Dehnung		

Tab. 178: Hochleistungstraining Phase (4) Entwicklung wettkampfspezifische Ausdauer

Wo 1

Belastung	Montag 1. TE	Dienstag 1. TE	Mittwoch 1. TE	Donnerstag 1. TE	Freitag 1. TE	Samstag 1. TE	Sonntag 1. TE	Wochensumme
EW		EL/Lauf ABC 3 x 100 m StL			EL/Lauf ABC 3 x 100 m StL			Lauf
GA	12 km DL 1	TL / 20 x 400 m 1,25 min TP 105 % V-Ziel	GA / 18 km DL 1	10 km DL 2	WSA / 5 x 3 km 3 min TP 100-102 % VL 3	GA / 15 km DL 1	GA / 25 km DL 2	145 km
NB	15 min Dehnung	Auslaufen 15 min Dehnung	30 min Dehnung		Auslaufen 15 min Dehnung	15 min Dehnung	30 min Dehnung	AT 2 h

Belastung	Montag 2. TE	Dienstag 2. TE	Mittwoch 2. TE	Donnerstag 2. TE	Freitag 2. TE	Samstag 2. TE	Sonntag 2. TE
EW							
AT	60 min Kraftkreis	GA / 15 km DL 1	AT / 60 min Aqua	GA / 15 km DL 1			
NB		15 min Dehnung		15 min Dehnung			

Wo 2

Belastung	Montag 1.TE	Dienstag 1.TE	Mittwoch 1.TE	Donnerstag 1.TE	Freitag 1.TE	Samstag 1.TE	Sonntag 1.TE	Wochensumme
EW		EL/Lauf ABC 3 x 100 m StL			EL/Lauf ABC 3 x 100 m StL			Lauf
GA	12 km DL 1	10 x 1.000 m 2 min TP 103 % V-Ziel (TL)	18 km DL 1 (GA)	10 km DL 2 (GA)	15 km DL 3 97-98 % VL 3 (WSA)	15 km DL 1 (GA)	25 km DL 2 (GA)	145 km
NB	15 min Dehnung	Auslaufen 15 min Dehnung	30 min Dehnung		Auslaufen 15 min Dehnung	15 min Dehnung	30 min Dehnung	AT 2 h

Belastung	Montag 2.TE	Dienstag 2.TE	Mittwoch 2.TE	Donnerstag 2.TE	Freitag 2.TE	Samstag 2.TE	Sonntag 2.TE
EW							
AT	60 min Kraft-kreis (AT)	15 km DL 1 (GA)	60 min Aqua (AT)	15 km DL 1 (GA)	15 km DL 1 (GA)		
NB		15 min Dehnung		15 min Dehnung			

Wo 3

	Montag 1. TE	Dienstag 1. TE	Mittwoch 1. TE	Donnerstag 1. TE	Freitag 1. TE	Samstag 1. TE	Sonntag 1. TE	Wochensumme
EW		EL/Lauf ABC 3 x 100 m StL		EL/Lauf ABC 3 x 100 m StL				Lauf
GA	60 min Crosstrainer — TL	15 km DL 2 — TL	15 km DL 1 — GA	10 x 400 m 3 min TP 115 % V-Ziel — TL	15 km DL 1 — GA	15 km DL 2 — GA	25 km DL 1 — GA	90 km
NB	15 min Dehnung	15 min Dehnung		Auslaufen 15 min Dehnung	15 min Dehnung	15 min Dehnung	30 min Dehnung	AT 3 h

Entlastung

	Montag 2. TE	Dienstag 2. TE	Mittwoch 2. TE	Donnerstag 2. TE	Freitag 2. TE	Samstag 2. TE	Sonntag 2. TE
EW							
AT	60 min Kraftkreis				60 min Aqua — AT		
NB							

Tab. 179: Leistungssportler Phase (1) allgemein athletische Grundlagen

Wo 1	Belastung	Montag 1. TE	Dienstag 1. TE	Mittwoch 1. TE	Donnerstag 1. TE	Freitag 1. TE	Samstag 1. TE	Sonntag 1. TE	Wochensumme
EW		60 min Kraftkreis	15 km DL 2	90 min. Skiroller	120 min Rad	15 km DL 1	90 min Aqua	20 km DL 1	Lauf
AT		GA	GA	AT	AT	GA	AT	GA	50 km
NB		15 min Dehnung	15 min Dehnung		30 min Dehnung			30 min Dehnung	AT 6 h

Tab. 180: Leistungssportler Phase (2) läuferisches Grundlagentraining

Wo 1	Belastung	Montag 1.TE	Dienstag 1.TE	Mittwoch 1.TE	Donnerstag 1.TE	Freitag 1.TE	Samstag 1.TE	Sonntag 1.TE	Wochensumme
		AT	GA	GA	GA	GA	GA	GA	
EW		90 min Aqua	12 km DL 2	15 km DL 1	15 km DL 2	15 km DL 1	15 km DL 2	25 km DL 1	Lauf 100 km
NB			15 min Dehnung	15 min Dehnung	15 min Dehnung		15 min Dehnung	30 min Dehnung	

Wo 2	Belastung	Montag 1. TE	Dienstag 1. TE	Mittwoch 1. TE	Donnerstag 1. TE	Freitag 1. TE	Samstag 1. TE	Sonntag 1. TE	Wochensumme
	EW						EL/Lauf ABC 3 x 100 m Stl		Lauf
	GA	GA 15 km DL 1	GA 15 km DL 2 + 10 x 100 m Stl	GA 15 km DL 2	GA 15 km DL 1	GA 15 km DL 2	SK 20 x 200 m Berganläufe	GA 30 km DL 1	115 km
	NB		Auslaufen	15 min Dehnung	15 min Dehnung	15 min Dehnung	Langes Auslaufen 15 min Dehnung	30 min Dehnung	

Wo 3	Entlastung	Montag 1.TE	Dienstag 1.TE	Mittwoch 1.TE	Donnerstag 1.TE	Freitag 1.TE	Samstag 1.TE	Sonntag 1.TE	Wochensumme
EW			EL/Lauf ABC				EL/Lauf ABC 3 x 100 m StL		Lauf
AT		90 min Aqua / SA	20 x 100 m StL 100 m TP / GA	10 km DL 2 / GA	15 km DL 1 / GA	12 km DL 2 / SK	10 x 200 m Bergansprints / GA	20 km DL 1 / GA	70 km
NB		Auslaufen	Auslaufen	15 min Dehnung	15 min Dehnung	15 min Dehnung	Langes Auslaufen 15 min Dehnung	30 min Dehnung	AT 1,5 h

Tab. 181: Leistungssportler Phase (3) Entwicklung Unterdistanzleistung

Wo 1	Belastung	Montag 1.TE	Dienstag 1.TE	Mittwoch 1.TE	Donnerstag 1.TE	Freitag 1.TE	Samstag 1.TE	Sonntag 1.TE	Wochensumme
EW			EL/Lauf ABC 3 x 100 m StL		EL/Lauf ABC 3 x 100 m StL				Lauf
GA		15 km DL 1	TL — 15 x 400 m 2,5 min TP 110 % V-Ziel	GA — 18 km DL 1	WSA — 8 x 1.000 m 3 min TP 106 % V-Ziel	GA — 15 km DL 2	GA — 15 km DL 2	GA — 30 km DL 1	120 km
NB			Auslaufen 15 min Dehnung	15 min Dehnung	15 min Dehnung	Auslaufen 15 min Dehnung		30 min Dehnung	

Wo 2 Entlastung	Montag 1. TE	Dienstag 1. TE	Mittwoch 1. TE	Donnerstag 1. TE	Freitag 1. TE	Samstag 1. TE	Sonntag 1. TE	Wochensumme
EW		EL/Lauf ABC 3 x 100 m StL						Lauf
AT	60 min Kraftkreis	20 x 200 m 1,5 min TP 85-90 % V-Ziel TL	GA 15 km DL 1	GA 12 km DL 2	GA 10 km DL 1	GA 15 km DL 2	GA 20 km DL 1	80 km
NB		Auslaufen 15 min Dehnung	15 min Dehnung	15 min Dehnung		15 min Dehnung	30 min Dehnung	AT 1

Wo 3	Belastung	Montag 1.TE	Dienstag 1.TE		Mittwoch 1.TE	Donnerstag 1.TE		Freitag 1.TE		Samstag 1.TE		Sonntag 1.TE	Wochensumme
EW			EL/Lauf ABC 3 x 100 m StL			EL/Lauf ABC 3 x 100 m StL							Lauf
GA		15 km DL 2	20 x 400 m 1,5 min TP 105 % V-Ziel	TL	18 km DL 1	8 x 1.000 m 2 min TP 103 % V-Ziel	WSA	15 km DL 1	GA	15 km DL 2	GA	30 km DL 1	120 km
				GA								GA	
NB			Auslaufen 15 min Dehnung		15 min Dehnung	Auslaufen 15 min Dehnung				15 min Dehnung		30 min Dehnung	

Tab. 182: Leistungstraining Phase (4) der wettkampfspezifischen Ausdauer

Wo 1	Belastung	Montag 1. TE	Dienstag 1. TE	Mittwoch 1. TE	Donnerstag 1. TE	Freitag 1. TE	Samstag 1. TE	Sonntag 1. TE	Wochensumme
	EW		EL/Lauf ABC 3 x 100 m StL			EL/Lauf ABC 3 x 100 m StL			Lauf/ allg. Trg.
	GA	10 km DL 1	20 x 400 m 1 min TP 105 % V-Ziel	10 km DL 2	15 km DL 1	4 x 3 km 4 min TP 100 % V-Ziel	10 km DL 1	25 km DL 2	105 km
		GA	GA	GA	GA	GA	GA	GA	
	NB		Auslaufen 15 min Dehnung	15 min Dehnung	30 min Dehnung	Auslaufen 15 min Dehnung	15 min Dehnung	30 min Dehnung	

Wo 2	Belastung	Montag 1.TE		Dienstag 1.TE	Mittwoch 1.TE		Donnerstag 1.TE	Freitag 1.TE		Samstag 1.TE	Sonntag 1.TE		Wochensumme
EW				EL/Lauf ABC 3 x 100 m StL			EL	EL/Lauf ABC 3 x 100 m StL					Lauf/ allg. Trg.
GA		12 km DL 1	WSA	10 x 1.000 m 2 min TP 102 % V-Ziel	15 km DL 2	GA	18 km DL 1	15 km DL 3 95 % VL 3	WSA	15 km DL 1	30 km DL 2	GA	130 km
NB				Auslaufen 15 min Dehnung	15 min Dehnung		30 min Dehnung	15 min Dehnung		15 min Dehnung	30 min Dehnung		

Wo 3	Entlastung	Montag 1.TE		Dienstag 1.TE		Mittwoch 1.TE	Donnerstag 1.TE		Freitag 1.TE		Samstag 1.TE		Sonntag 1.TE	Wochensumme
EW							EL/Lauf ABC 3 x 100 m StL							Lauf/ allg. Trg.
GA		60 min Aqua	TL	15 km DL 1 + 10 x 100 m StL	GA	15 km DL 1	10 x 400 m 2 min TP 110 % V-Ziel	GA	15 km DL 2	AT	90 min Skiroller	GA	25 km DL 1	80 km
NB				Auslaufen 15 min Dehnung		15 min Dehnung	30 min Dehnung		15 min Dehnung		30 min Dehnung		15 min Dehnung	AT 2,5 h

Tab. 183: *ambitionierter Hobbyläufer Phase (1) allgemein athletische Grundlagen*

Wo 1 / Belastung	Montag 1. TE	Dienstag 1. TE	Mittwoch 1. TE	Donnerstag 1. TE	Freitag 1. TE	Samstag 1. TE	Sonntag 1. TE	Wochensumme
EW	AT	90 min Kraftkreis (GA)	15 km DL 1 (GA)	120 min Skiroller (AT)		90 min Aqua (AT)	15 km DL 1 (GA)	Lauf/allg. Trg. 30 km
NB				30 min Dehnung			30 min Dehnung	AT 5 h

Wo 1	Belastung	Montag 1. TE	Dienstag 1. TE	Mittwoch 1. TE	Donnerstag 1. TE	Freitag 1. TE	Samstag 1. TE	Sonntag 1. TE	Wochensumme
	EW	GA	12 km DL 2	GA 15 km DL 1	GA 15 km DL 2		GA 15 km DL 2	GA 20 km DL 1	Lauf/ allg. Trg. 77 km
	NB		15 min Dehnung	15 min Dehnung	15 min Dehnung		15 min Dehnung	30 min Dehnung	

368

Wo 2	Belastung	Montag 1. TE	Dienstag 1. TE	Mittwoch 1. TE	Donnerstag 1. TE	Freitag 1. TE	Samstag 1. TE	Sonntag 1. TE	Wochen-summe
EW			EL/Lauf ABC 3 x 100 m StL						Lauf/ allg. Trg.
			WSA	GA	GA	GA	GA		
			10 km DL 3 98 % VL 3	15 km DL 2	15 km DL 1 + 10 x 100 m StL		15 km DL 2	25 km DL 1	82 km
NB			Auslaufen 15 min Dehnung	15 min Dehnung	Auslaufen 15 min Dehnung			30 min Dehnung	

Wo 3 Entlastung	Montag 1. TE	Dienstag 1. TE	Mittwoch 1. TE	Donnerstag 1. TE	Freitag 1. TE	Samstag 1. TE	Sonntag 1. TE	Wochensumme
EW	AT	60 min Aqua	10 km DL 2 — GA	10 km DL 1 + 10 x 80 m StL — GA		12 km DL 2 — GA	20 km DL 1 — GA	Lauf/ allg. Trg. — 55 km — AT 1h
NB			15 min Dehnung	15 min Dehnung			30 min Dehnung	

370

Tab. 185: ambitionierter Hobbyläufer (3) Entwicklung Unterdistanzleistung

Wo 1 Belastung	Montag 1. TE	Dienstag 1. TE	Mittwoch 1. TE	Donnerstag 1. TE	Freitag 1. TE	Samstag 1. TE	Sonntag 1. TE	Wochensumme
EW		EL/Lauf ABC 3 x 100 m StL						Lauf/ allg. Trg.
TL		20 x 400 m 2 min TP 105 % V-Ziel	GA 15 km DL 1	GA 15 km DL 2		GA 15 km DL 2	GA 25 km DL 1	83 km
NB		Auslaufen 15 min Dehnung	15 min Dehnung	15 min Dehnung			30 min Dehnung	

Wo 2 / Belastung	Montag 1. TE	Dienstag 1. TE	Mittwoch 1. TE	Donnerstag 1. TE	Freitag 1. TE	Samstag 1. TE	Sonntag 1. TE	Wochensumme
EW		EL/Lauf ABC 3 x 100 m StL						Lauf/ allg. Trg.
		WSA 8 x 1.000 m 2 min TP 103 % V-Ziel — GA	15 km DL 1 — GA	15 km DL 2 — GA		15 km DL 2 — GA	25 km DL 1 — GA	83 km
NB		Auslaufen 15 min Dehnung	15 min Dehnung	15 min Dehnung		15 min Dehnung	30 min Dehnung	

Wo 3	Entlastung	Montag 1.TE	Dienstag 1.TE	Mittwoch 1.TE	Donnerstag 1.TE	Freitag 1.TE	Samstag 1.TE	Sonntag 1.TE	Wochen- summe
EW			60 min Aqua — AT	15 km DL 2 — GA	EL/ Lauf ABC 3 x 100 m StL; 10 x 400 m 2-3 min TP 110 % V-Ziel — TL		15 km DL 2 — GA	20 km DL 1 — GA	Lauf/ allg. Trg. 60 km
NB			AT	15 min Dehnung	Auslaufen 15 min Dehnung		15 min Dehnung	30 min Dehnung	AT 1

Tab. 186: ambitionierter Hobbyläufer Phase (4) der wettkampfspezifischen Ausdauer

Wo 1	Belastung	Montag 1. TE	Dienstag 1. TE	Mittwoch 1. TE	Donnerstag 1. TE	Freitag 1. TE	Samstag 1. TE	Sonntag 1. TE	Wochensumme
	EW		EL/Lauf ABC 3 x 100 m StL						Lauf/ allg. Trg.
			WSA 4-5 x 2.000 m 3 min TP 100 % V-Ziel	GA 15 km DL 1	GA 15 km DL 2		GA 15 km DL 1	GA 25 km DL 2	80 km
	NB		Auslaufen 15 min Dehnung	15 min Dehnung	15 min Dehnung		15 min Dehnung	30 min Dehnung	

Wo 2	Belastung	Montag 1. TE	Dienstag 1. TE	Mittwoch 1. TE	Donnerstag 1. TE	Freitag 1. TE	Samstag 1. TE	Sonntag 1. TE	Wochensumme
	EW		EL/Lauf ABC 3 x 100 m StL		EL				Lauf/ allg. Trg.
			WSA 3 x 3 km 5 min TP 98–100 % V-Ziel	GA 15 km DL 1	15 km DL 2		15 km DL 1	GA 25 km DL 2	80 km
	NB		Auslaufen 15 min Dehnung	15 min Dehnung	30 min Dehnung		15 min Dehnung	30 min Dehnung	

Wo 3	Entlastung	Montag 1.TE	Dienstag 1.TE	Mittwoch 1.TE	Donnerstag 1.TE	Freitag 1.TE	Samstag 1.TE	Sonntag 1.TE	Wochen-summe
	EW	AT	60 min Aqua	GA 15 km DL 1	EL/Lauf ABC 3 x 100 m StL WSA 5 x 1.000 m 3 min TP 105 % V-Ziel		GA 15 km DL 2	GA 20 km DL 1	Lauf/ allg. Trg. 60 km
	NB			15 min Dehnung	Auslaufen 15 min Dehnung		30 min Dehnung	15 min Dehnung	AT 1 h

13.1 DER DAUERLAUF-STUFEN-BLOCK

Das nachfolgend dargestellte Trainingsmodell kann grundsätzlich in allen drei Phasen (2-4) zum Einsatz kommen. Für 5.000-m- und 10.000-m-Läufer wird man es eher in der Phase des läuferischen Grundlagentrainings anwenden. Aber für Marathonläufer kann es sowohl im läuferischen Grundlagentraining als auch in der Phase 3 zur Verbesserung der Unterdistanzleistung eingesetzt werden. Auch für Halbmarathonläufer ist ein Einsatz in der Phase der wettkampfspezifischen Ausdauerentwicklung sinnvoll, da der 15-km-DL-3 gewissermaßen das wettkampfspezifischste Trainingsmittel ist.

Hierbei wird das Grundprinzip des differenzierten Dauerlauftrainings wird hier mit dem Prinzip der leichteren Übertragung einer Geschwindigkeit auf die nächstgeringere gekoppelt. Kurz ausgedrückt, geht es dabei um die Kombination: Strecke: kurz-mittel-lang Tempo: schnell-mittel-langsam. Diese Kombination wird zweimal pro Woche durchlaufen und der Montag fungiert als Übergangstag.

Die 10 Belastungsstufen reichen vom gehobenen Hobbylaufniveau bis zum Hochleistungsbereich. Während die Stufen 1-4 auch für ambitionierte Hobbyläufer geeignet sind, bleiben die Stufen 6-8 den Leistungssportlern vorbehalten und Stufe 9 und 10 den Spitzenläufern, die 7.000-8.000 km im Jahr trainieren.

Auf welcher Stufe man in dieses Training einsteigt, hängt natürlich von der Leistungsfähigkeit und dem bisherigen Training des jeweiligen Läufers ab. Ein solcher Trainingsblock sollte mindestens neun Wochen umfassen. Dabei sollte nach zwei Belastungswochen eine Entlastungswoche folgen. Hat man die Belastung gut adaptiert, kann man im nächsten Zwei-Wochen-Block zur nächsthöheren Stufe wechseln.

Zusätzlich zum hier aufgeführten Training sollte man einige motorische Elemente wie Lauf-ABC oder Steigerungsläufe in die Erwärmung integrieren. Dafür lässt sich auch der Übergangstag gut nutzen. Das System ist sehr effizient, allerdings enthält es einen gewissen Monotoniefaktor, besonders wenn man es selbständig trainieren muss. Der Anteil des Trainings im Übergangsbereich liegt knapp unter 20 %. Das ist anspruchsvoll, aber noch zu vertreten, da auf Tempoläufe verzichtet wird. Ebenso stabilisierend wirkt es sich aus, dass der DL-1-Anteil (inklsuive Ein- und Auslaufen) mit knapp 60 % relativ hoch bemessen ist. Der Läufer wird schnell merken, dass der DL-3-Dienstag und -Freitag meist unterschiedlich gut läuft. Erreicht man Dienstag einen guten Streckenschnitt, wird der Freitag in der Regel schwerer fallen. Das ist eine normale Belastungsreaktion des Körpers. Umgekehrt ist es so, dass wenn der DL-3-Dienstag eher schwer läuft, was beim Wiedereinstieg nach der Ruhewoche oft der Fall ist, am Freitag meist ein guter DL 3 gelingt. Beim DL 2 am

Folgetag sollte man die Laufgeschwindigkeit nicht zu nahe an das DL-3-Tempo heranschieben, denn 20-25 s/km stellen die kritische Grenze dar.

Die Belastungsherzfrequenz beim DL 2 ist deutlich höher als der Wert, der beim Stufentest gemessen wurde. Das ist unbedenklich und resultiert aus der vorher durchgeführten DL-3-Belastung. Dies stellt einen hervorragenden Anpassungsreiz dar. Man sollte allerding darauf achten, dass die Belastungsherzfrequenz nicht die Werte vom DL-3-Training erreicht und notfalls das Tempo reduzieren. Am DL-1-Tag, insbesondere am Donnerstag, sollte das Tempo bewusst defensiv gestaltet werden um die Ermüdungssummation nicht zu stark werden zu lassen.

Bei den folgenden Trainingsplänen wurde bewusst nur das Kernstück (Vor- und Nachbereitung und alternatives Ergänzungstraining wurden weggelassen) des Trainings dargestellt, um die Übersichtlichkeit besser zu gewährleisten.

Tab. 187: Die 10 Stufen des Dauerlaufstufenblockes

	Mo.	Di.	Mi.	Do.	Fr.	Sa.	So.	Wo.	Umfang
Stufe 1		6 km DL 3	8 km DL 2	10 km DL 1	6 km DL 3	8 km DL 2	10 km DL 1	E/A 8 km	58 km
	Mo.	Di.	Mi.	Do.	Fr.	Sa.	So.	Wo.	Umfang
Stufe 2	8 km DL 1	6 km DL 3	8 km DL 2	10 km DL 1	6 km DL 3	8 km DL 2	10 km DL 1	E/A 8 km	66 km
	Mo.	Di.	Mi.	Do.	Fr.	Sa.	So.	Wo.	Umfang
Stufe 3	8 km DL 1	8 km DL 3	10 km DL 2	12 km DL 1	8 km DL 3	10 km DL 2	15 km DL 1	E/A 10 km	81 km
	Mo.	Di.	Mi.	Do.	Fr.	Sa.	So.	Wo.	Umfang
Stufe 4	8 km DL 1	10 km DL 3	12 km DL 2	15 km DL 1	10 km DL 3	12 km DL 2	18 km DL 1	E/A 10 km	95 km

	Mo.		Di.		Mi.	Do.	Fr.		Sa.	So.	Wo.	Umfang
	VM	NM	VM	NM			VM	NM				
Stufe 5	8 km DL 1		10 km DL 3	8 km DL 1	12 km DL 2	15 km DL 1	10 km DL 3	8 km DL 1	12 km DL 2	18 km DL 1	E/A 10 km	111 km
	VM	NM	VM	NM			VM	NM				
Stufe 6	8 km DL 1		12 km DL 3	8 km DL 1	15 km DL 2	18 km DL 1	12 km DL 3	8 km DL 1	15 km DL 2	20 km DL 1	E/A 10 km	126 km
	VM	NM	VM	NM			VM	NM				
Stufe 7	10 km DL 1		12 km DL 3	8 km DL 1	18 km DL 2	20 km DL 1	15 km DL 3	8 km DL 1	18 km DL 2	25 km DL 1	E/A 10 km	144 km
	VM	NM	VM	NM			VM	NM				
Stufe 8	15 km DL 1		15 km DL 3	10 km DL 1	18 km DL 2	20 km DL 1	15 km DL 3	10 km DL 1	20 km DL 2	30 km DL 1	E/A 10 km	165 km
	VM	NM	VM	NM			VM	NM				
Stufe 9	15 km DL 1		15 km DL 3	15 km DL 1	20 km DL 2	25 km DL 1	15 km DL 3	15 km DL 1	20 km DL 2	30 km DL 1	E/A 10 km	180 km
	VM	NM	VM	NM			VM	NM				
Stufe 10	10 km DL 2	15 km DL 1	15 km DL 3	15 km DL 1	20 km DL 2	30 km DL 1	15 km DL 3	15 km DL 1	20 km DL 2	35 km DL 1	E/A 10 km	200 km

Im Folgenden noch ein Beispiel, wie ein solcher Belastungsblock für einen Athleten aussehen könnte, der eine Marathonzeit unter 2:20 Stunden oder eine 10-km-Zeit unter 30 Minuten ansteuert. Der Jahresumfang müsste bei etwa 6.000 km liegen und der Athlet steigert sich während der 12 Wochen von Stufe 5 auf Stufe 8.

Tab. 188

	Mo.	Di.		Mi.	Do.	Fr.		Sa.	So.	Wo.	Umfang
Woche 1		VM	NM			VM	NM			E/A	
	8 km DL 1	10 km DL 3	8 km DL 1	12 km DL 2	15 km DL 1	10 km DL 3	8 km DL 1	12 km DL 2	18 km DL 1	10 km	111 km
	Mo.	Di.		Mi.	Do.	Fr.		Sa.	So.	Wo.	Umfang
Woche 2		VM	NM			VM	NM			E/A	
	8 km DL 1	12 km DL 3	8 km DL 1	15 km DL 2	18 km DL 1	12 km DL 3	8 km DL 1	15 km DL 2	20 km DL 1	10 km	126 km
	Mo	Di		Mi	Do	Fr.		Sa.	So.	Wo.	Umfang
Woche 3		VM	NM			VM	NM			E/A	
	Athletik	8 x 1.000 m 2 min TP		12 km DL 2	15 km DL 1	15 km DL 2		10 km DL 1	25 km DL 1	6 km	91 km
	Mo.	Di.		Mi.	Do.	Fr.		Sa.	So.	Wo.	Umfang
Woche 4		VM	NM			VM	NM			E/A	
	8 km DL 1	12 km DL 3	8 km DL 1	15 km DL 2	18 km DL 1	12 km DL 3	8 km DL 1	15 km DL 2	20 km DL 1	10 km	126 km
	Mo.	Di.		Mi.	Do.	Fr.		Sa.	So.	Wo.	Umfang
Woche 5		VM	NM			VM	NM			E/A	
	10 km DL 1	12 km DL 3	8 km DL 1	18 km DL 2	20 km DL 1	15 km DL 3	8 km DL 1	18 km DL 2	25 km DL 1	10 km	144 km

	Mo.	Di. VM	Di. NM	Mi.	Do.	Fr. VM	Fr. NM	Sa.	So.	Wo. E/A	Umfang
Woche 6	Athletik	8 x 1.000 m 2 min TP		15 km DL 2	15 km DL 1	8 x 1.000 m 2 min TP		15 km DL 2	25 km DL 1	10 km	96 km
Woche 7	10 km DL 1	12 km DL 3	8 km DL 1	18 km DL 2	20 km DL 1	15 km DL 3	8 km DL 1	18 km DL 2	25 km DL 1	10 km	144 km
Woche 8	15 km DL 1	15 km DL 3	10 km DL 1	18 km DL 2	20 km DL 1	15 km DL 3	10 km DL 1	20 km DL 2	30 km DL 1	10 km	165 km
Woche 9	10 km DL 1	8 x 1.000 m 2 min TP		15 km DL 2	20 km DL 1	8 x 1.000 m 2 min TP		15 km DL 2	25 km DL 1	10 km	111 km
Woche 10	15 km DL 1	15 km DL 3	10 km DL 1	18 km DL 2	20 km DL 1	15 km DL 3	10 km DL 1	20 km DL 2	30 km DL 1	10 km	165 km
Woche 11	15 km DL 1	15 km DL 3	10 km DL 1	18 km DL 2	20 km DL 1	15 km DL 3	10 km DL 1	20 km DL 2	30 km DL 1	10 km	165 km

	Mo.	Di.		Mi.	Do.	Fr.		Sa.	So.	Wo.	Umfang
		VM	NM			VM	NM			E/A	
Woche 12	10 km DL 1	15 km DL 2		12 km DL 1	15 km DL 2	18 km DL 1		15 km DL 2	25 km DL 1		110 km

Im Anschluss noch ein neunwöchiger Block, wie er für einen jungen Nachwuchsathleten oder einen ambitionierten Hobbyläufer aussehen könnte.

Tab. 189

	Mo.	Di..	Mi.	Do.	Fr.	Sa.	So.	Wo.	Umfang
Woche 1	Ath-letik	6 km DL 3	8 km DL 2	10 km DL 1	6 km DL 3	8 km DL 2	10 km DL 1	E/A 8 km	58 km
	Mo.	**Di..**	**Mi.**	**Do.**	**Fr.**	**Sa.**	**So.**	**Wo.**	**Umfang**
Woche 2	8 km DL 1	6 km DL 3	8 km DL 2	10 km DL 1	6 km DL 3	8 km DL 2	10 km DL 1	E/A 8 km	66 km
	Mo.	**Di..**	**Mi.**	**Do.**	**Fr.**	**Sa.**	**So.**	**Wo.**	**Umfang**
Woche 3	8 km DL 1	8 km DL 3	10 km DL 2	12 km DL 1	8 km DL 3	10 km DL 2	15 km DL 1	E/A 10 km	81 km
	Mo.	**Di..**	**Mi.**	**Do.**	**Fr.**	**Sa.**	**So.**	**Wo.**	**Umfang**
Woche 4	8 km DL 1	8 km DL 3	10 km DL 2	12 km DL 1	8 km DL 3	10 km DL 2	15 km DL 1	E/A 10 km	81 km
	Mo.	**Di..**	**Mi.**	**Do.**	**Fr.**	**Sa.**	**So.**	**Wo.**	**Umfang**
Woche 5		6 km DL 3	8 km DL 2	10 km DL 1	6 km DL 3	8 km DL 2	10 km DL 1	E/A 8 km	58 km

	Mo.	Di..	Mi.	Do.	Fr.	Sa.	So.	Wo.	Umfang
Woche 6	8 km DL 1	6 km DL 3	8 km DL 2	10 km DL 1	6 km DL 3	8 km DL 2	10 km DL 1	E/A	66 km
								8 km	

	Mo.	Di..	Mi.	Do.	Fr.	Sa.	So.	Wo.	Umfang
Woche 7	8 km DL 1	8 km DL 3	10 km DL 2	12 km DL 1	8 km DL 3	10 km DL 2	15 km DL 1	E/A	81 km
								10 km	

	Mo.	Di..	Mi.	Do.	Fr.	Sa.	So.	Wo.	Umfang
Woche 8	8 km DL 1	10 km DL 3	12 km DL 2	15 km DL 1	10 km DL 3	12 km DL 2	18 km DL 1	E/A	95 km
								10 km	

	Mo.	Di..	Mi.	Do.	Fr.	Sa.	So.	Wo.	Umfang
Woche 9		6 km DL 3	8 km DL 2	10 km DL 1	6 km DL 3	8 km DL 2	10 km DL 1	E/A	58 km
								8 km	

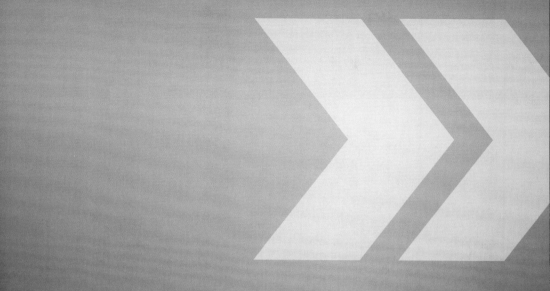

14

ALTERNATIVES TRAINING

Alternatives Training kann entweder zur Regeneration in Trainingsphasen mit hohen laufspezifischen Belastungen zum Einsatz kommen oder in Phasen, in denen ein laufspezifisches Training aufgrund von Verletzungen nicht möglich ist, oder auch in Zeiträumen des Saisonaufbaus (meist zu Beginn), in denen unspezifische Trainingsmittel gezielt zur Belastungssteigerung und zur Vorbereitung spezifischer Trainingsmittel eingesetzt werden. Entsprechend unterschiedlich ist auch der Charakter des Einsatzes. Prinzipiell lassen sich also zwei Einsatzmöglichkeiten formulieren. Entweder als Trainingsmittel zur Verbesserung der Grundlagenausdauer oder als Trainingsmittel zur Regeneration. Folgende Bewegungsarten sind in der Praxis zu finden:

- Aquajogging,
- Schwimmen,
- Radfahren (bzw. Radergo),
- Skilanglauf,
- Skiroller,
- Stationstraining (Kraftausdauer),
- Crosstrainer,
- Elliptical (Freiluftvariante).

14.1 AQUAJOGGING

Das Aquajogging stellt ein hervorragendes Trainingsmittel für den Läufer dar. Der entscheidende Vorteil besteht in der umfassenden Entlastung des Binde- und Stützgewebes, vor allem der unteren Extremitäten. Damit eignet sich Aquajogging besonders zum regenerativen Einsatz. Ein weiterer Vorteil ist, dass man beim Aquajogging deutlich weniger Freiraum benötigt als beim Schwimmen. Im Prinzip lässt sich die Technik auch so verändern, dass man de facto an Ort und Stelle joggt. Das dürfte vor allem bei der Nutzung öffentlicher Bäder von Vorteil sein. Auch zur Grundlagenausdauerentwicklung ist Aquajogging hervorragend geeignet.

Am häufigsten wird sicher nach der Dauermethode trainiert. Nicht ganz von der Hand zu weisen ist dabei ein gewisser Monotoniefaktor. Von der Leipziger Marathonläuferin R. Spitzmüller ist bekannt, dass sie in Verletzungsphasen bis zu zweimal die Woche drei Stunden Aquajogging durchführen musste. Dies stellt ohne Zweifel extreme Anforderungen an die Psyche eines Athleten. Besser bewährt haben sich Trainingseinheiten, bei denen die Bewegungstechnik in einem bestimmten Rhythmus gewechselt, oder das Aquajogging mit Schwimmformen kombiniert wird. Ein Beispiel aus meiner Trainingspraxis:

Bild 22: Aquajogging mit kurzem Armzug und hoher Frequenz

Bild 23: Aquajogging mit langem Armzug und geringer Frequenz

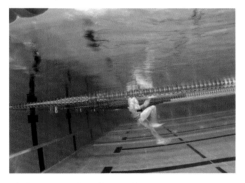 

Bild 24: Aquajogging rückwärts

Bild 25: Doppelarmzug mit angehockten Beinen

Jedoch können auch anspruchsvolle Intervallprogramme zum Einsatz gebracht werden. So lässt sich eigentlich jedes beliebige Tempolaufprogramm auch im Wasser simulieren. Generell muss sich die im Wasser zurückgelegte Strecke an der Dauer der jeweiligen Tempolaufstrecke orientieren. So könnte man beispielsweise ein 10 x 1.000-m-Programm durch ein 10 x 150-200-m-Programm im Wasser ersetzen. Je nach technischer Fertigkeit des Athleten entspricht das einer Belastungsdauer von 3:00-4:00 min je Tempolauf.

Zur Technik des Aquajogging gibt es verschiedene Leitbilder, welche jedoch überbewertet werden. Meist wird auf eine aufrechte Körperhaltung mit hohem Kniehub hingewiesen.

Es spricht nichts gegen eine Körpervorlage, die vor allem dann entsteht, wenn mit vollem Krafteinsatz versucht wird, ein hohes Fortbewegungstempo zu erreichen. Ein 50-m-Tempo von einer Minute stellt dabei schon eine anspruchsvolle Belastung dar.

Da der Wasserwiderstand erheblich höher ist als der Luftwiderstand, führt bereits eine geringfügige Erhöhung der Vortriebsleistung zu einem überproportionalen Anstieg der muskulären und kardiovaskulären Belastung. Mit hohen Aquajogginggeschwindigkeiten lassen sich ohne Weiteres Belastungsherzfrequenzen und Laktatwerte oberhalb des Schwellenbereichs erzielen. Damit ist für den Langstreckler auch ein wettkampfspezifisches Training unter kardiovaskulären Aspekt möglich.

Inwieweit durch Aquajogging auch die muskuläre Laufspezifik erhalten und trainiert werden kann, ist umstritten. Der räumlich-zeitlich-dynamische Verlauf des Laufens im tiefen Wasser entspricht wegen des niedrigen Frontalwiderstandes, der durch Fußsohle und Ober-und Unterschenkelrückseite gebildeten Fläche nicht dem Laufen auf festem Boden. So werden beim Laufen im „Schwebezustand" des Körpers im Wasser primär die Beuger (z. B. Musculus iliopsoas) vergleichbar einem Kniehebelauf belastet **(Lange, 1991)**.

Ein Gegenbeispiel aus der Praxis lieferte 1984 die amerikanische Weltklasse-Mittelstreckenläuferin Mary Decker. Laut einem Kongressbericht **(Mondenard, 1991)** trainierte sie nach einer Achillessehnenverletzung zweieinhalb Wochen ausschließlich im Tiefwasser. Neben ausgedehnten Schwimmeinheiten führte sie auch Lauf-Simulationsübungen im Wasser durch. Dabei trug sie eine Schwimmrettungsweste und wurde mithilfe eines Gestells im Wasser fixiert, sodass sie sich dabei am Ort bewegte. Zusätzlich wurde sie mit Hand- und Fußgewichten ausgestattet. Außerdem atmete M. Decker noch durch einen Höhensimulator, welcher ihrer Atemluft noch zusätzlich Sauerstoff entzog.

Mit dieser Ausrüstung führte sie mehrere „Tempolaufprogramme" im Wasser durch. So zum Beispiel ein 400-m-Programm, bei welchem sich 60 Sekunden Belastung und zwei Minuten Erholung abwechselten. Zehn Tage nach Wiederaufnahme des Lauftrainings erzielte sie einen Weltrekord über 2.000 m!

Zunächst sollte man zum Aquajogging eine Auftriebshilfe einen sogenannten *Aquagürtel* tragen. Hat man nach einer Weile seine Technik gefestigt und das richtige Wassergefühl entwickelt, kann man den Gürtel auch weglassen. Dadurch steigt der Beanspruchungsgrad beim Joggen noch einmal deutlich an, was vor allem beim Grundlagenausdauertraining von Nutzen ist.

Auf zwei gesundheitliche Risiken soll trotz aller Vorteile noch hingewiesen werden. Zum einen führt eine starke Körpervorlage auch zu einer Kippung des Kopfs in den Nacken und dies zieht nicht selten Nackenbeschwerden nach sich. Diese Nackenbeschwerden werden beim Joggen ohne Aquagürtel durch die höhere Belastung der Schultergürtel-muskulatur noch verstärkt.

Ebenfalls Vorsicht sollte man bei der Abwärtsbewegung des Beins walten lassen. Das Treten „ins Leere" ist für die Muskelkette der unteren Extremitäten eine völlig ungewohn-te Bewegung. Das Fehlen des Bodenwiderstandes führt zu einer erhöhten Belastung des Bandapparats am Knie, was ebenfalls zu Beschwerden und im schlimmsten Fall sogar zu Verletzungen führen kann.

14.2 RADTRAINING

Radtraining gehört zu den von Läufern am häufigsten eingesetzten alternativen Trai-ningsformen. Wird es unter regenerativem Aspekt eingesetzt, sollte man darauf achten, dass mit relativ hohen Trittfrequenzen gefahren wird. Ein hoher Krafteinsatz sollte ver-mieden werden. Tendenziell sollte man zur Regeneration aber andere Trainingsmittel bevorzugen. Zur allgemeinen Grundlagenausdauerentwicklung und zum Ersatztraining bei Verletzungen ist Radtraining eher zu empfehlen. So kann man auf dem Rad mehr-stündige Trainingseinheiten im mittleren Pulsbereich absolvieren, was einen effektiven Reiz für die Grundlagenausdauer darstellt. Dadurch kann insbesondere auch der Fett-stoffwechsel hervorragend trainiert werden.

Das Positive daran ist, dass der Stützapparat nicht übermäßig beansprucht wird. Auch beim Kraftausdauertraining kann man Radtraining zum Einsatz bringen. Besonders län-gere Bergauffahrten stellen einen starken Kraftausdauerreiz für die Beinmuskulatur dar.

Zu beachten ist aber, dass es bei sehr häufigem Einsatz des Radtrainings zu Verände-rungen in der Bewegungsstruktur beim Laufschritt kommen kann. Da der Krafteinsatz beim „Laien" nahezu ausschließlich in der Abwärtsbewegung erfolgt, werden so Mus-kelgruppen stark belastet, die bei der Laufbewegung (Auspendeln und Absenken des Schwungbeins) entspannt sein sollten. Dem kann man mit Dehngymnastik nach der Radeinheit und einem eher „runden" Tritt, wie ihn die Radspezialisten fahren, entgegen-wirken. Dabei erfolgt die Kraftübertragung nicht nur in der Abwärtsphase (Druckphase), sondern auch in der Aufwärtsbewegung (Zugphase).

Des Weiteren ist zu beachten, dass die Belastungsherzfrequenzen beim Radfahren im vergleichbaren Stoffwechselbereich niedriger sind als beim Laufen. Will man also das Radtraining gezielt steuern, kommt man um einen Stufentest auf dem Radergometer nicht herum.

Ein wichtiger Aspekt ist die Beachtung der Gesundheitsrisiken beim Radtraining, insbesondere dann, wenn man noch keine Erfahrung mit diesem hat. So fehlt dem ungeübten Radfahrer die fahrerische Perfektion, über welche Profis gewöhnlich verfügen. Daraus resultiert ein nicht ganz unerhebliches Sturzrisiko und ein Helm ist unbedingte Pflicht. So sollte man stark befahrene Straßen und Strecken mit Straßenbahnschienen möglichst meiden. Auch beim Bergabfahren sollte man wenig Ehrgeiz entwickeln und lieber einmal mehr zur Bremse greifen.

Schlechtwetter und Sturzgefahr umgehen kann man, indem man auf die Indoorvariante, den Radergometer, wechselt. Dieses Training bringt allerdings einen hohen Monotoniefaktor mit sich. Hier stellen lange Radeinheiten von 2-3 Stunden hohe Anforderungen an die psychische Belastbarkeit des Läufers.

14.3 SCHWIMMEN

Der größte Wert des Schwimmtrainings besteht ohne Zweifel in seinem regenerativen Effekt, der insbesondere durch die detonisierende Wirkung des Wassers zusätzlich unterstützt wird. Auch zur Entwicklung der Grundlagenausdauer kann dieses zum Einsatz kommen. Dabei stellt bereits eine einstündige Schwimmeinheit hohe Anforderungen an die konditionellen und koordinativen Fähigkeiten eines Läufers. Ein effektives Schwimmtraining hängt in starkem Maße von den technischen Fertigkeiten des Athleten ab. Junge Nachwuchsläufer sollten frühestmöglich mit dem Erlernen der richtigen Schwimmtechnik beginnen.

Hierbei sind die Stilarten Brustschwimmen und Brust- und Rückenkraul zu bevorzugen. Während das Delfinschwimmen für den „Nichtschwimmer" technisch zu anspruchsvoll ist, birgt das Brustschwimmen einige gesundheitliche Nachteile, wenn die Technik nicht perfekt beherrscht wird. So tendiert der Hobbyschwimmer eher zu einer Scherbewegung der Beine, statt zu einer gradlinigen Abstoßbewegung nach hinten, was zu einer hohen Belastung des Band- und Kapselapparats des Knies führt. Ebenso vermieden werden sollte das ständige Überwasserhalten des Kopfs, da das zu Verspannungen der Nackenmuskulatur führen kann.

Das Schwimmtraining sollte möglichst abwechslungsreich gestaltet werden. So sollten Intensität und Schwimmtechnik variiert werden, um Monotonie zu vermeiden. Schwimmtraining in Kombination mit Aquajogging stellt ebenfalls eine sehr abwechslungsreiche Trainingseinheit dar. Schwerpunktmäßig sollte Schwimmtraining vor allem nach intensiven Tempolaufeinheiten oder nach langen Dauerläufen zum Einsatz kommen. Aufgrund seiner detonisierenden Auswirkungen auf die Muskulatur sollte es vor intensiven Trainingseinheiten eher gemieden werden.

14.4 SKILANGLAUF

Bild 26: Alternatives Training: Skifahren in der Skating-Technik

Im Flachland Mitteleuropas dürfte dieses Trainingsmittel eher die Ausnahme darstellen und allenfalls in Trainingslagern oder im Winterurlaub zum Einsatz kommen. Trotzdem ist Skilanglauf ein hervorragendes Trainingsmittel zur Entwicklung der Grundlagenausdauer. Das Einbeziehen der Armmuskulatur in die Vortriebsleistung erhöht die Wirksamkeit des Grundlagenausdauertrainings. Skilanglauf ist hervorragend für mehrstündige Trainingsbelastungen geeignet, ohne dabei monoton zu werden, da das Training meist in abwechslungsreicher Winterlandschaft stattfindet.

Dabei muss sich der Läufer zunächst entscheiden, welche Lauftechnik er verwenden möchte. Entweder die klassische Technik den Diagonalschritt oder die seit Anfang der 1980er-Jahre populär gewordene Skatingtechnik. Beide Techniken verlangen unterschiedliche Ski und Stöcke. Die Ähnlichkeit des Bewegungsablaufs beim Diagonalschritt zum Laufschritt stellt ebenso einen Vorteil dar, wie der Wegfall des Fußaufpralls, wie er beim Laufen vorkommt. Aufgrund der leichteren Erlernbarkeit und der Analogie zum Laufschritt wird erfahrungsgemäß der klassische Stil oder Diagonalschritt favorisiert.

Nachteilig ist, dass man entweder einen sogenannten *Bürstenski* erwirbt, oder sich mit den Grundregeln des Wachsens befassen muss.

Auch wenn man die wichtigsten Grundregeln der Wachskunst beherrscht, können schnelle Veränderungen der Schneeverhältnisse zur erheblichen „Spaßbremse" werden. Dieser ungünstige Umstand kommt im sogenannten *freien Stil* oder *Skating* nicht so stark zur Geltung. Wenn man nicht unbedingt ein Rennen bestreiten will, reichen meist wenige Handgriffe aus, um den Ski mit Paraffin zu glätten.

Die Skatingtechnik ist allerdings schwerer zu erlernen, da diese höhere Anforderungen an die koordinativen Fähigkeiten des Läufers stellt. Auch die Körperhaltung beim Skaten führt zu einer ungewohnten Belastung insbesondere der Oberschenkelmuskulatur. Für welche Technik man sich letztendlich entscheidet, müssen die Athleten selbst abwägen. Kommt der Skilanglauf nur vorrübergehend z. B. in einem Wintertrainingslager zum Einsatz, spielt die Wahl der Lauftechnik nur eine untergeordnete Rolle.

Ich bevorzuge in meiner Trainingspraxis eher die Skatingtechnik. Der aus der deutlich höheren Geschwindigkeit resultierende „Funfaktor" ist mir wichtiger als der bewegungsstrukturelle Vorteil des Diagonalschritts. Will man das Skilanglauftraining auch in anderen Jahreszeiten als im Winter einsetzen, ist das Skirollertraining eine gute Alternative.

14.5 SKIROLLER/INLINER

Beim Skirollertraining kommen wie beim Skilanglauf ebenfalls die beiden unterschiedlichen Lauftechniken zum Einsatz. Für beide Techniken benötigt man auch unterschiedliche Skiroller. Dabei sollte man beachten, dass die Skatingtechnik beim Skirollerfahren technisch noch anspruchsvoller als beim Skifahren und die Sturzgefahr deutlich höher ist.

Ist ein Sturz in den mehr oder weniger weichen Schnee meist eine Gaudi für die mitfahrenden Trainingskollegen, stellt ein Sturz bei 20-30 km/h auf einer Asphaltstraße ein erhebliches Verletzungsrisiko dar. Aus diesem Grund ersetze ich die Skiroller in der Trainingspraxis kurzerhand durch Inliner.

Die feste Verbindung zwischen Fuß und Rollen stellt einen erheblichen Vorteil gegenüber der wackligen Verbindung zwischen Skischuh und schmalem Roller dar. So steht man sicherer auf den meist vier Rollen eines Inliner Schuhs. Außerdem lassen sich die vier Rollen am Inliner Schuh leichter steuern als die zwei Rollen eines Skirollers.

Genügend Zeit sollte man aber in das Erlernen der richtigen Bremstechnik investieren, da eine einfache „Schwungstemme" wie beim Skifahren nicht möglich ist. Für die Skistöcke empfiehlt es sich, Wechselspitzen zu erwerben, da die herkömmlichen Spitzen an den Winterstöcken auf der Straße sehr schnell verschleißen.

Über die Größe der verwendeten Rollen lässt sich zusätzlich der Grad der Belastung beeinflussen. Grundsätzlich gilt: Je kleiner die Rollen sind, desto größer der Anstrengungsgrad beim Fahren. Hat man die richtige Skatingtechnik und das Bremsen erst einmal erlernt, kann man schon bald Einheiten von 40-50 km zurücklegen. Dabei erreicht ein geübter Läufer Geschwindigkeiten von mehr als 20 km/h.

Diese Trainingsform stellt ein hervorragendes Mittel in der Phase des allgemeinathletischen Aufbaus dar. Als regenerative Trainingsform ist das Rollertraining aufgrund der hohen und ungewohnten Beanspruchung der Rücken und Oberschenkelmuskulatur allerdings nicht geeignet. Auf keinen Fall sollte man auf Knie- und Ellbogenschützer verzichten. Auch ein Helm ist dringend anzuraten. Ein weiterer gefährdeter Bereich ist der äußere Hüftbereich. Da ein Sturz meist nach vorn erfolgt und man sich fast immer instinktiv zur Seite dreht, ist der Bereich Oberschenkelseite, seitliche Hüfte besonders von Abschürfungen betroffen.

Auch hier gibt es Abhilfe durch Protektoren. Das sind kurze Tights, in denen kleine Polster für die erwähnten Stellen eingearbeitet sind. Etwas gewöhnungsbedürftig sehen diese schon aus, bieten aber einen akzeptablen Schutz vor Abschürfungen im Hüftbereich, welche äußerst schmerzhaft und hinderlich im weiteren Trainingsbetrieb sind. Eine Variante der Inliner, die sogenannten *Crossskates* oder *Skikes*, haben in den letzten Jahren den Markt erobert. Diese sind aufgrund ihrer Bauweise relativ einfach zu fahren und man ist mit ihnen geländeunabhängig, kann sich also auch auf Waldwegen fortbewegen.

Bild 27: Alternativtraining Inliner

14.6 CROSSTRAINER/ELLIPTICAL

Ein weiteres unspezifisches Trainingsmittel stellt der Crosstrainer dar. Ähnlich wie beim Skifahren handelt es sich hier um eine gleitende Ganzkörperbewegung. Arme und Beine werden gleichermaßen belastet.

Vorteil ist hier das Vermeiden eines Aufstoßes auf dem Boden. Traditionell ist der Crosstrainer ein Indoortrainingsgerät. In den letzten Jahren wurde eine Outdoorvariante, der sogenannte *Elliptical*, entwickelt. Dieser stellt eine interessante Variante beim alternativen Training dar, da man bisher in Verletzungsphasen auf das Fitnessstudio oder den Kraftraum angewiesen war. Dieses Gerät schafft nun eine weitere Möglichkeit, das monotone Hallen-Ergometertraining zu umgehen.

Bild 28: Alternativtraining Crosstrainer

14.7 ALLGEMEINATHLETISCHES KRAFTTRAINING

Während die meisten alternativen Trainingsformen nur bei Verletzungen oder zu regene-rativen Zwecken zum Einsatz kommen, sollte das Krafttraining den Athleten ganzjährig begleiten.

Schwerpunkt sollte dabei auf der Entwicklung der Kraftausdauer liegen. Eine effektive Gestaltungsform stellt hier das sogenannte *Circle-Training* oder *Kreistraining* dar. Dabei werden 10-15 verschiedene Kraftübungen hintereinander absolviert. Je nach dem allge-mein-athletischen Niveau der Sportler wird dieser Kreis mehrere Male wiederholt.

Beim Entwicklungsschwerpunkt Kraftausdauer hat sich eine Übungsdauer von 45 Sekunden und eine Pausenzeit von 15 Sekunden, welche gerade ausreicht um zügig zur nächsten Station zu wechseln, bewährt. Ob man zwischen den einzelnen Kreisen eine Serienpause macht oder nicht, hängt von der Ausrichtung der Trainingseinheit ab.

In der Marathonvorbereitung setze ich einen 15 Übungen umfassenden Kraftkreis ein, der im genannten 45:15-Sekunden-Rhythmus absolviert und ohne Pause wiederholt wird. Hier handelt es sich bereits um eine Art Dauerbelastung, die dem Belastungscha-rakter eines Marathons nahekommt.

Soll die Akzentuierung ein wenig mehr in Richtung Kraft oder Schnellkraftentwicklung verschoben werden, empfiehlt es sich, zwischen den einzelnen Kreisen eine Serienpause von drei bis fünf Minuten einzubauen. Gleichzeitig sollte man den Übungsrhythmus auf 30 Sekunden Übungszeit und 30 Sekunden Pause oder 45/30 Sekunden umstellen.

Die Auswahl der Übungen sollte so erfolgen, dass möglichst alle Hauptmuskelgruppen gekräftigt werden. Dabei sollten sich die Übungen für die einzelnen Muskelgruppen möglichst abwechseln. Zum Üben sollte überwiegend das eigene Körpergewicht ver-wendet werden.

Kommen geführte Kraftgeräte mit Gewichten, Seilzüge oder Hanteln zum Einsatz, sollte die Gewichtsbelastung nicht zu hoch sein. Das gewählte Gewicht muss noch ein zügiges Üben über die gesamte Übungsdauer ermöglichen. Vor dem Trainingsbeginn sollte man eine leichte Erwärmung durchführen oder man absolviert den ersten Circle mit etwas reduzierten Gewichten.Folgende Übungsbeispiele könnte man in einem Kraftkreis kom-binieren.

Bauchmuskulatur:

Situps gerade und diagonal

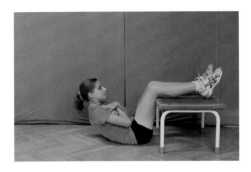

Bild 29: Situp

Kräftigung der schrägen Bauchmuskulatur: Entweder man verwendet ein Seilzuggerät oder man improvisiert mit einem Gummiband.

Bild 30   *Bild 31*

GLUTEUSKRÄFTIGUNG

Gluteuskräftigung: Diese Übung wird an einem Trainingsgerät oder in einer Variante im Liegen ausgeführt, die den Rücken etwas besser entlastet (siehe Bild 33). Dabei ist darauf zu achten, dass die Hüfte vollständig gestreckt ist.

Eine weitere Version der Kräftigung ist mit Hantelstange möglich.

Bild 32: Gluteuskräftigung mit spezieller Maschine

Bild 33: Hüftanheben aus der Rückenlage

Bild 34: Kräftigung mit Hilfe einer Hantelstange

Bild 35

BEINMUSKULATUR

Foto 37 zeigt eine Übung zur Kräftigung der Beinmuskulatur auf der Funktionsstemme. Alternativ kann man auch Kniebeugen mit Gewichten durchführen. Wird die Hantelstange dabei vor den Körper gehalten wird, zusätzlich die Rückenmuskulatur gekräftigt. Hier ist unbedingt auf eine gerade Rückenhaltung zu achten.

Bild 37: Kräftigung mit Funktionsstemme

Bild 36: Kniebeugen

ARMMUSKULATUR

Zur Kräftigung der Arme gibt es eine Vielzahl von einfachen Übungen wie z. B. Liegestütze (eventuell Frauenvariante mit abgestützten Knien), Klimmzüge am Reck oder eine leichtere Variante aus dem Schrägliegegehang. Hier noch ein Beispiel mit einem Seilzuggerät.

Bild 38: Kräftigung mit Seilzug

KOMPLEXE ÜBUNGEN

Besonders wertvoll und konditionell anspruchsvoll sind Übungen, in denen möglichst viele Muskeln zum Einsatz kommen. Man spricht auch vom Training sogenannter *Muskelschlingen*. Solche Streck- und Beugeschlingen werden im Lehrbuch für funktionelle Anatomie von Prof. Kurt Tittel ausführlich beschrieben **(Tittel, 2003).** Besonders gut eignen sich Hantelstangen mit angemessenem Gewicht zum Training solcher Muskelschlingen. Hier drei Beispielübungen.

Hantelstoßen aus dem Stand ohne Ausfallschritt

Bild 39-41

Hantelreißen ohne Ausfallschritt

Bild 41: Ausgangsposition

Bild 42: Kräftiges Anreißen

Bild 43: Körper unter die Hantel bringen.

Bild 44: Aufstehen

Hantelanheben aus der Hocke (Kreuzheben)

Dabei muss der Rücken unbedingt gestreckt bleiben und beim Anheben sollten Hüft- und Kniestreckung möglichst gleichzeitig erfolgen.

Bild 45: Ausgangsposition   Bild 46: Anheben   Bild 47

Ausfallschritte mit Gewicht

Bild 47

Für den Einsatz in einem Kraftausdauerkreis sollten die Gewichte allerdings sehr gering ausfallen, sodass mindestens 10-12 Übungen nacheinander absolviert werden können.

Eine weitere komplexe Übung, welche allerdings das Vorhandensein eines Barren voraussetzt, ist auf den Fotos 49-52 dargestellt. Die Übung kann selbstständig nach Zeit ausgeführt werden oder mit Partner als „Fangspiel". Beide starten sich gegenüberstehend und schwingen sich durch die Holmengasse zur jeweils anderen Seite und laufen anschließend zum anderen Ende des Barren, bis ein Partner den anderen den anderen von hinten erreicht.

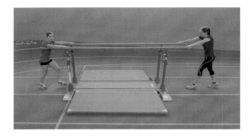

Bild 49

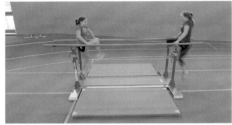

Bild 50

Bild 51

Bild 52

Hockwenden über die Langbank: Bei dieser Übung verbindet man eine statische Komponente der Arm- und Körperspannung mit dynamischer Beinarbeit.

Bild 53

Sehr vielseitig lässt sich auch der Medizinball mit 1,5-3 kg Gewicht zum Training einsetzen. Im Kraftkreis lassen sich Würfe gegen eine Wand aus unterschiedlichsten Ausgangsstellungen gut integrieren. Auch zur Durchführung von Partnerübungen ist der Medizinball geeignet. In den folgenden Beispielen wird neben der Arm- und Schultermuskulatur auch die gerade und schräge Bauchmuskulatur in die Arbeit einbezogen.

Bild 54-55

Spezielles Training zur Kräftigung der vortriebswirksamen Muskulatur

Vor allem bei jugendlichen Athleten kann es vorkommen, dass das vorhandene Kraftpotenzial der Beinmuskulatur beim Entwickeln der notwendigen Sprint- bzw. Unterdistanzleistung limitierend wirkt. Hier kann es hilfreich sein, ergänzend zu den im Kapitel Krafttraining erläuterten Trainingsmittel spezielle Kraftübungen im Kraftraum durchzuführen. Dabei können die Lasten etwas höher als beim Kraftausdauertraining gewählt werden. Aber auch hier gilt der Grundsatz, dass eine Hypertrophie der Beinmuskulatur unbedingt vermieden werden muss.

Zum Einsatz kommen Sprünge am Ort mit vertikaler Komponente, Drücken an der Beinpresse, Steigeübungen mit Zusatzlast und verschiedene Hantelübungen, wie die in **Foto 39** bis **Foto 48** vorgestellten. Dabei sollte die Gewichtsbelastung so gewählt werden, dass der Sportler 6-8 Wiederholungen am Stück durchführen kann.

Die Übungszeit sollte relativ kurz sein und die Pausen deutlich länger als beim Kraftausdauertraining (2-3 Minuten). In der Pause sollte eine moderate Ausdauerbelastung z. B. auf dem Radergometer erfolgen. Gleichzeitig muss auf eine schnellkräftige Ausführung geachtet werden. Dieses Training erfordert außerdem eine spezielle Erwärmung, die aus Einlaufen und einigen Stretching-Übungen bestehen sollte. Weiterhin könnte man einen Kraftausdauerkreis vorschalten. Nach einer solchen Trainingseinheit sollte sich der Athlet einige Kilometer auslaufen.

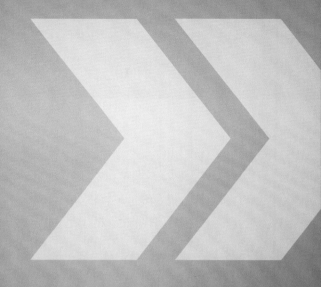

15

VERLETZUNGSPROPHYLAXE

In dem heute existierenden System des deutschen Gesundheitswesens gibt es praktisch nur für wenige exponierte Athleten die Möglichkeit, durch Training entstandene Schäden am Bewegungsapparat effizient therapieren zu lassen. Niedergelassene Ärzte haben kaum Zeit und Möglichkeiten, solche Schäden genau zu diagnostizieren und zu heilen. Sportler, welche beispielsweise von Achillessehnenbeschwerden betroffen sind, irren oft monatelang durch Praxen und Kliniken und enden nicht selten auf dem OP-Tisch, ohne dass dies einen entscheidenden Fortschritt bringt.

Für die meisten Athleten gibt es nur eine Chance: Prophylaxe!

Im Folgenden sind die häufigsten Verletzungen und Beschwerdebilder aufgeführt:

Achillodynie,
Beschwerden an der Kniescheibenrückseite,
Beschwerden am Bandapparat, insbesondere am Knie,
Beschwerden im Fußgewölbe (besonders gefährdet: Platt- und Senkfüße),
Schmerzen im Bereich der Zehengrundgelenke,
Schienbeinreizungen,
Rückenschmerzen im Bereich der unteren Rückenstrecker,
Ermüdungsfrakturen.

Wichtig ist es, bereits den jungen Läufern klarzumachen, dass Prophylaxetraining ein fester Bestandteil des Trainingsalltages ist und dass die dafür benötigte Zeit unbedingt eingeplant und aufgewendet werden muss. Diese Notwendigkeit ist noch beschwerdefreien Läufern oft schwierig zu vermitteln.

Der erste unmittelbare Schritt in der Prophylaxepraxis muss auf die möglichst schnelle Einleitung der Regeneration und Kompensation der Belastungsschäden ausgerichtet sein:

> Herabsetzen des Muskeltonus,
> nervale Beruhigung nach intensiven Einheiten,
> Schaffung eines vagotonen Zustandes,
> Behandlung von Mikrotraumen.

Ein hervorragendes Mittel, um diese Ziele zu erreichen, ist ein Entspannungsbad unmittelbar nach der Trainingseinheit. Vor allem nach intensiven Tempolaufeinheiten gibt es keine bessere Regeneration. Leider sind solche Entspannungsbäder heute aus Kostengründen aus den Sportvereinen und Einrichtungen des Leistungssports weitgehend verschwunden. Ein Wannenbad zu Hause kann diese teilweise ersetzen.

Einige Trainer (mir bekannt im Sprintbereich) setzen nach der Belastung auch Eisbäder ein. Der angestrebte Effekt dürfte in der maximalen Durchblutung liegen, die dadurch ausgelöst wird. Ein vagotoner Zustand sowie eine nervale Beruhigung werden dadurch aber nicht erreicht.

Ein weiteres Ziel der Prophylaxe umfaßt eine gezielten Behandlung **spezieller Risiken**.

So ist es notwendig, muskulären Dysbalancen möglichst entgegenzuwirken oder diese zumindest zu reduzieren. Dabei kommt es darauf an, neben der Dehnung der Hauptvortriebsmuskulatur auch die jeweiligen Gegenspieler zu kräftigen.

Entwicklungsgeschichtlich lässt sich die Muskulatur in tonische und phasische Muskelgruppen einteilen. Tonische Muskeln hatten ursprünglich eine reine Haltefunktion, die phasische Muskulatur vor allem eine Bewegungsfunktion. Muskelgruppen, die beide Funktionen erfüllen, werden als *gemischte Muskulatur* bezeichnet. Beim Menschen lassen sich tonische und phasische Muskeln nicht mehr in ihrer reinen Form finden. Dennoch können gewisse Muskeln durch ihre Reaktion auf Fehl- oder Überbelastungen der einen oder anderen Muskelgruppe zugeordnet werden. Dabei reagieren die überwiegend tonischen Muskeln mit einer Verkürzung, die überwiegend phasische Muskeln mit Abschwächung (Spring, 1986).

15.1 STRETCHING

Ein wichtiges Mittel um Dysbalancen vorzubeugen, ist die Nachbelastungsdehnung. Diese ist durchaus weit verbreitet, wird aber selten richtig und komplex durchgeführt. Erfahrungsgemäß fehlt eine exakte Anleitung und Überwachung durch die Trainer. Die Hauptziele sind, neben dem Herabsetzen des Muskeltonus, das Vermeiden von Muskelkater und die volle Wiederherstellung der Gelenkbeweglichkeit. Zwar sind die

Entstehungsursachen des Muskelkaters weiterhin umstritten, die Wirksamkeit der Nach-belastungsdehnung bei der Verhinderung von Muskelkater kann ich aber aus eigenem Training bestätigen, ohne den wissenschaftlichen Beweis dafür liefern zu können. Ein Weggelassen der Dehnung nach hochintensiven Tempolaufeinheiten führte zu starken Muskelschmerzen am Folgetag.

Die beste und detaillierteste Anleitung zur Nachbelastungsdehnung findet man in Bob Andersons Buch *Stretching*.

Vor allem sind folgende Grundsätze bei der Nachbelastungsdehnung wichtig:

Es dürfen keine ruckartigen oder intermittierende Bewegungen durchgeführt werden. Die Dehnung sollte sofort im Anschluss an das Auslaufen erfolgen und mindestens 10 Sekunden, besser aber 20-30 Sekunden gehalten werden. Dabei sind drei Wiederho-lungen pro zu dehnender Muskelgruppe das Minimum. Ein ausgekühlter Muskel sollte grundsätzlich nicht gedehnt werden. Bei kalten Umgebungstemperaturen im Winter sollte man die Dehnung möglichst in geheizten Räumen durchführen. Dabei zu beach-ten ist, dass die Dehnung nur bis an die Schmerzgrenze heran- und niemals darüber hinausgehen sollte. Eine vorgeschaltete Kontraktion des zu dehnenden Muskels, kann die Effektivität der Dehnung noch erhöhen.

Im Folgenden sind die wichtigsten Dehnübungen für Läufer kurz vorgestellt.

Dehnung der Rückenstrecker:

Während die **Rückenstreckmuskulatur** im Brustwirbelsäulenbereich eher zur Abschwä-chung neigt, reagiert der Lendenwirbelsäulenbereich ausgesprochen tonisch. Dehnung im Rückenstrecker im Lendenwirbelbereich:

Bild 56   *Bild 57*

Im Bereich der hinteren Hüftmuskulatur neigen der Musculus glutaeus maximus, medius und minimus (großer, mittlerer und kleine Gesäßmuskel) zur Abschwächung und müssen daher vorrangig gekräftigt werden. Häufige Beschwerdeursache ist ein Verkürzen des M. piriformis und des Schenkelbindenspanners (M. fasciae latae).

Dehnung der hinteren Hüftmuskulatur:

Bild 58

Bild 59

Bild 60

Bild 61

Die Funktion der inneren Hüftmuskulatur besteht im seitlichen Heranführen des Ober-schenkels. Bei einer Hüftbeugung über 30° unterstützen sie die Hüftbeuger **(Spring, 1986)**. Die innere Hüftmuskulatur besteht im Wesentlichen aus der Adduktorengruppe M. adductor longus, magnus und brevis, dem Kammmuskel (M. pectineus) und dem schlanken Muskel (M. gracilis). Dieser Muskel ist zweigelenkig und kann deshalb im Unterschied zu den anderen Adduktoren nur mit gestrecktem Knie gedehnt werden.

Dehnungsübungen der inneren Hüftmuskulatur:

Bild 62

Bild 63

Bild 64

Die vordere Hüftmuskulatur arbeitet als Beuger im Hüftgelenk und stabilisiert zusätzlich die Lendenwirbelsäule. Der M. psoas major und der M. iliacus werden auch zusammen als M. iliopsoas (Darmbein-Lenden-Muskel) bezeichnet. Dieser kann im verkürzten Zustand Ursache für Kreuzschmerzen sein und zwar um so ausgeprägter, desto schwächer die Hüftstrecker Glutaeus maximus und medius sind. (Spring, 1986). Bei der Dehnung wird der M. iliopsoas oft vergessen, da man für diesen kleinen und tief liegenden Muskel eigentlich kein echtes Körpergefühl entwickeln kann. Da dieser ein ausgesprochen tonischer Muskel ist, bedarf er daher einer intensiven Dehnung.

Dehnübungen der vorderen Hüftmuskulatur:

Bild 65

Bild 66

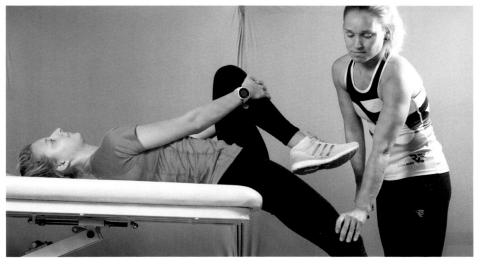

Bild 67

Dehnübungen der vorderen Oberschenkelmuskulatur:

Die vordere Oberschenkelmuskulatur setzt sich aus dem M. quadriceps femoris und dem Schneidermuskel (M. sartorius) zusammen. Der M. quadriceps femoris ist bei geschlossener Funktionskette (vom Boden gelöstem Fuß) für die Streckung des Unterschenkels verantwortlich. Bei geschlossener Funktionskette (am Boden fixierter Fuß) für das Abfangen der Rumpflast bei gebeugtem Knie. Er hat ein große Bedeutung für die Stabilisierung des Kniegelenks. Außerdem kann dieser durch seinen zweigelenkigen geraden Anteil den Oberschenkel im Hüftgelenk und den Rumpf beugen **(Tittel, 2003)**. Damit ist er einer der Hauptvortriebsmuskeln beim Laufen. Während der gerade Teil M. rectus femoris tonisch reagiert, neigt vor allem der innere Anteil des M. vastus medialis zur Abschwächung.

Bild 68   *Bild 69*

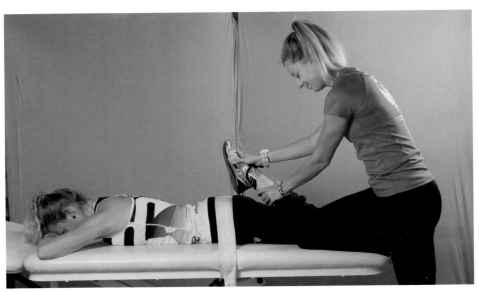

Bild 70

Bild 71

Bild 73

Bild 72

Dehnübungen für die hintere Oberschenkelmuskulatur:

Die hintere Oberschenkelmuskulatur ist verantwortlich für die Beugung und Außenrotation des Unterschenkels im Kniegelenk und für die Streckung und Adduktion des Oberschenkels im Hüftgelenk **(Tittel, 2003)** und damit ebenfalls eine Hauptmuskelgruppe bei der Erzeugung des Vortriebs beim Laufen. Dabei sind der zweiköpfige Schenkelmukel M. biceps femoris und der Halb- und Plattsehnenmuskel (M. semitendinosus und M. semimembranosus) die wesentlichsten Muskeln der ischiokruralen Muskulatur. Wobei die gesamte Muskelgruppe zur Verkürzung neigt.

Bild 74

Bild 75

Bild 76

Bild 77

Dehnübungen der hinteren Unterschenkelmuskulatur:

Die hintere Unterschenkelmuskulatur ist für das Senken des Fußes und Abheben der Ferse vom Boden und damit für die Streckung im Fußgelenk verantwortlich. Der Zwillingswadenmuskel (M. gastrocnemius) und der Schollenmuskel (M. soleus) sind dabei die hauptbeteiligten Muskeln. Beide sind tonischer Natur und neigen stark zur Verkürzung. Da jene Muskeln an ihrem unteren Ende in die Achillessehne übergehen, führen Verkürzungen dieser beiden Muskeln nicht selten zu Achillessehnenbeschwerden. Den Zwillingswadenmuskel dehnt man am besten mit gestrecktem Knie, während man eine Dehnung des darunter liegenden Schollenmuskels nur mit gebeugtem Knie- und Fußgelenk erreicht.

Bild 78   Bild 79

In meiner Trainingspraxis führe ich die aufgeführten Dehnübungen auch als eigenständige Trainingseinheit den sogenannten **Prophylaxekreis** durch.

Nur allzu oft kann man beobachten, wie vor allem junge Sportler in der Nachbereitung sich selbst überlassen sind. Willkürlich werden einige Übungen mehr oder minder lange durchgeführt. Vorwiegend sind das immer die Gleichen und dabei wird munter drauflosgeschwatzt.

In meiner Trainingspraxis hat sich ein spezieller Stationsbetrieb mit fest vorgegebenem Zeitablauf bewährt. Dieser wird als eigenständige TE durchgeführt. Dabei werden die wichtigsten Muskelgruppen gedehnt oder schwache Antagonisten gekräftigt.

Bei 7-10 Stationen, ist pro Station jede Seite je 2 x 30 Sekunden zu dehnen. Mit Wechselzeit kommt man dabei auf 15-20 Minuten pro Durchgang. Je nach Zeitbudget dauert eine Prophylaxeeinheit 30-60 Minuten. Von Vorteil ist auch der Einsatz eines akustischen Timers (z. B. i-Pad®). Dadurch gewinnt der Trainer die Möglichkeit, die exakte Ausführung der Übungen zu kontrollieren und gegebenenfalls zu korrigieren, anstatt ständig die Uhr im Auge behalten zu müssen.

16

ERNÄHRUNG

16.1 ENERGIEBEREITSTELLUNG BEI SPORTLICHER BELASTUNG

Sportliche Aktivität und die damit verbundene Muskelkontraktion ist immer mit dem Verbrauch von Energie verbunden.

Nur das Molekül Adenosintriphosphat (ATP) kann die Energie für die Muskelkontraktion im menschlichen Körper liefern. Durch die Spaltung des Moleküls ATP zu Adenosindiphosphat (ADP) wird Energie in Höhe von 7-9 kcal/mol (30 KJ) gewonnen. Die Vorräte an ATP reichen jedoch nur für eine Belastung von 2-5 Sekunden aus. Für länger andauernde Belastungen muss der Körper wieder ATP aus ADP und einen Phosphatrest bilden, um energiereiches ATP für die Muskelkontraktionen zur Verfügung zu stellen. Hierfür nutzt der Körper, in Abhängigkeit von Belastungsdauer und Belastungsintensität, unterschiedliche Substrate.

Nach dem Verbrauch des gespeicherten ATPs (ca. sieben Sekunden nach Belastungsbeginn) wird das in der Skelettmuskulatur gespeicherte Kreatinphosphat zur Resynthese von ATP genutzt (bis maximal 30 Sekunden nach Belastungsbeginn). Beide Arten der Energiebereitstellung laufen unmittelbar bei Beginn einer Muskelkontraktion ab und benötigen keinen Sauerstoff (anaerob) und bilden auch kein Laktat (alaktazid).

Sind auch die Kreatinphosphatspeicher erschöpft, nutzt der Körper hauptsächlich Glukose zur Energiegewinnung. Kurzzeitig kann für intensive Belastungen durch die anaerobe Glykolyse, also den Glukoseabbau unter Ausschluss von Sauerstoff schnell ATP gebildet werden. Während der Glykolyse wird jedoch Laktat (Milchsäure) gebildet, wodurch es zur Übersäuerung der Muskulatur und zur schnellen Ermüdung kommt.

Bei weniger intensiven, dafür länger andauernden Belastungen wird die Energie zunehmend durch aerobe Stoffwechselvorgänge (unter Nutzung von Sauerstoff) gewonnen. Auch dabei spielt Glukose, die in Form von Glykogen in den Muskelzellen und der Leber gespeichert ist, die dominierende Rolle. Gleichzeitig wird im Stoffwechsel auf Fette zurückgegriffen, auch diese können unter Nutzung von Sauerstoff und demnach ohne die Bildung von Laktat verstoffwechselt werden. Die Bedeutung der Fette wächst mit der Dauer der Belastung und der Entleerung der Glykogenspeicher.

Beide Vorgänge laufen parallel und in Abhängigkeit von der Belastungsintensität ab.

Zusätzlich sind auch die Eiweiße mit einem geringen Anteil an der Energiegewinnung beteiligt. Um das optimale Funktionieren dieser Stoffwechselprozesse zu gewährleisten, ist es wichtig, dem Körper die entsprechenden Nährstoffe zuzuführen.

16.2 MAKRONÄHRSTOFFE

Zu den Makronährstoffen gehören **Eiweiß (Protein), Kohlenhydrate und Fette (Lipide)**.

Diese sind die Hauptkomponenten, aus denen sich unsere Nahrung (bei Mischkosternährung) zusammensetzt und liefern die Grundbausteine wie Aminosäuren, Glukose, Glyzerin und Fettsäuren für den Aufbau unserer Körperzellen. Aus diesem Grund sollten die Ernährung und die Zusammensetzung der Kost auf den Bedarf an Grundbausteinen und Energie entsprechend der Zielsportart abgestimmt sein.

Donath und Schüler empfehlen für Ausdauersportarten ein optimales Verhältnis von 60 % Kohlenhydrate - 15 % Eiweiße und 25 % Fett für die Kostzusammensetzung (Donath & Schüler, 1972).

16.2.1 EIWEISS (PROTEIN)

Proteine sind Makromoleküle, die aus langen Ketten von Aminosäuren bestehen. Es gibt unzählige Aminosäuren, für den Aufbau von Körpereiweiß benötigt der Mensch jedoch nur 20 Proteinogene. Der Körper kann 12 sogenannte *nicht essenzielle Aminosäuren* selbst synthetisieren acht weitere jedoch nicht (sind für die Bildung von körpereigenen Proteinen nötig). Diese müssen mit der Nahrung durch Zufuhr von pflanzlichen wie auch tierischen Eiweißen aufgenommen werden. Donath und Schüler empfehlen ein Verhältnis von tierischem zu pflanzlichem Protein von 2:1 (Donath & Schüler, 1972, S. 159).

Tierische Proteine finden sich in Fleisch, Fisch, Wurst, Milchprodukten oder auch Ei. Reich an pflanzlichen Proteinen sind vor allem Hülsenfrüchte, Samen, Nüsse oder auch Kopfsalat.

Durch ihre vielfältigen Funktionen sind Proteine von enormer Bedeutung für unseren Körper. Diese sind Bestandteil jeder einzelnen Körperzelle, verleihen ihnen ihre Struktur (z. B. Kollagen).

In Form von Hormonen oder Enzymen sind Proteine an nahezu allen Vorgängen im Körper beteiligt. Das Hämoglobin im Blut ermöglicht den Atemgastransport im Körper.

Im Extremfall, wie zum Beispiel bei einer Mangelernährung oder bei einer extrem lang andauernden körperlichen Belastung, werden Proteine zunehmend auch zur Gewinnung von Energie abgebaut. Dennoch werden Proteine nicht vorrangig für den Energiestoffwechsel benötigt. Ihre Bedeutung für den Sportler begründet sich vielmehr im zellulären Baustoffwechsel. Dazu zählen zum Beispiel die Reparatur von kleinen oder großen Muskelverletzungen, der Aufbau von neuer Zellsubstanz, aber auch die Vergrößerung des Blutvolumens durch die Anreicherung von Hämoglobin.

Die Deutsche Gesellschaft für Ernährung (DGE) empfiehlt aktuell einen Tagesbedarf von 0,8-0,9 g/kg Proteine für Nichtsportler. Bei Sportlern kann sich dieser Bedarf je nach Trainingsinhalt und Trainingsziel (z. B. Muskelaufbau) verdoppeln.

Schek empfiehlt für Ausdauerathleten eine Proteinzufuhr von 1,6 g/kg Körpergewicht am Tag. Frauen sollen 0,2 g/kg Körpergewicht weniger als Männer zu sich nehmen (Schek, 2004, S. 287-298). Wenn nach 60-90 Minuten die Glykogenvorräte in Leber und Muskelzellen nahezu vollständig aufgebraucht wurden, greift der Körper zunehmend auf Fettsäuren und Proteine zurück.

16.2.2 KOHLENHYDRATE

Der Begriff **Kohlenhydrate** oder auch **Saccharide** bzw. **Zucker** beschreibt eine große Gruppe an organischen Molekülen, die aus den Elementen Kohlenstoff, Wasserstoff und Sauerstoff aufgebaut sind. Kohlenhydrate sollten als Hauptenergielieferant den größten Anteil an unserer Ernährung haben.

Diese werden aufgrund ihrer Kettenlänge in **Mono-** (Einfach-), **Di-** (Zweifach-) und **Poly-saccharide** (Mehrfachzucker) unterschieden. Zu den **Monosacchariden** zählen Glukose (Traubenzucker), Fruktose (Fruchtzucker) und Galaktose (Schleimzucker). **Disaccharide** bestehen aus zwei Monosacchariden. Dazu zählen die Saccharose (Kristall- bzw. Haushaltszucker bestehend aus Glukose und Fruktose), die Laktose (Milchzucker, bestehend aus Glukose und Galaktose) und die Maltose (Malzzucker, bestehend aus zweimal Glukose). Die Hauptquellen für Kohlenhydrate sind Reis, Kartoffeln, Getreide, Nudeln und Gemüse. So enthalten beispielsweise Reis 24 g, Nudeln 28 g und Kartoffeln 15 g Kohlenhydrate je 100 g in gekochtem Zustand. Ein Gramm Kohlenhydrate liefert 4,1 kcal.

Die Verdauung der Kohlenhydrate beginnt bereits im Mund. Hier werden die Polysaccharide enzymatisch in Di- und Monosaccharide gespalten. Danach erfolgt die weitere Spaltung hin zur Glukose und deren Aufnahme im Dünndarm. Anschließend wird diese zum zentralen Stoffwechselorgan im menschlichen Körper, der Leber, transportiert. Von dort findet deren weitere Verteilung zu den Körperzellen statt.

Der menschliche Körper ist in der Lage, überschüssige Kohlenhydrate als Glykogen im begrenzten Maße zu speichern. Die Speicherung erfolgt in der Leber und in den Muskeln. Diese dient der Aufrechterhaltung des Blutzuckerspiegels, der Versorgung des Gehirns und anderer Organe und im Bedarfsfall der Energiebereitstellung bei körperlicher Aktivität.

Durch Training kann über Anpassungsprozesse die Fähigkeit zur Glykogenspeicherung annähernd verdoppelt werden.

Trotzdem ist die in den Glykogendepots gespeicherte Energiemenge geringer als die in den Körperfetten enthaltenen Energiereserven (Dickhuth, Mayer, Röcker & Berg, 2010).

Kohlenhydrate haben für den Sport eine große Bedeutung, da diese die am schnellsten verfügbare Energiequelle im Körper sind. Ihr Anteil an der Ernährung sollte im Ausdauersport daher ca. 60-65 % betragen. Daraus ergibt sich für einen Läufer mit einem Kalorienbedarf von 3.000 kcal ein täglicher Kohlenhydratbedarf von ca. 440 g (Donath & Schüler, 1972). Nach der körperlichen Belastung ist eine schnelle Kohlenhydratzufuhr für die Regeneration und die Auffüllung der Glykogenspeicher unabdingbar. Dafür sollte die Kohlenhydratzufuhr zeitnah, maximal 120 Minuten nach der Belastung geschehen, um eine höhere Glykogenresynthese zu erreichen (Ivy, 2001, S. 36-245). Empfohlen wird eine Kohlenhydratzufuhr von 1,0-1,2 g/kg Körpergewicht pro Stunde Belastung (Burke, 2004, S. 21).

Ein 65 kg schwerer Läufer sollte demnach nach einer einstündigen Trainingseinheit 65 g Kohlenhydrate zu sich nehmen.

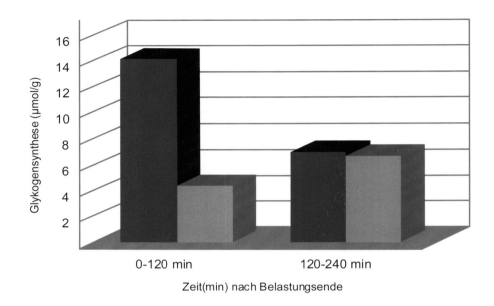

Abb. 38: Glykogenresynthese in der Muskulatur innerhalb der ersten zwei Stunden (0-120 Minuten) und während den darauf folgenden zwei Stunden (120-240 Minuten) nach der Belastung in Abhängigkeit von der Kohlenhydratzufuhr.

Blau mit KH-Gabe, Rot ohne KH Gabe

Letzter Zugriff am 10.10.2016 unter:

http://vmrz0100.vm.ruhr-uni-bochum.de/spomedial/content/e866/e2442/e7594/e7651/e7668/index_ger.html

16.2.3 GLYKÄMISCHER INDEX

Die Aufnahme und der Transport von Glukose von der Leber in die Körperzellen durch das Blut verursacht Schwankungen des Blutzuckerspiegels. Je nachdem, ob man gerade etwas gegessen oder sich in einer Hungerphase befindet, versucht der Körper, mittels der Hormone Insulin und Glukagon den Blutzuckerspiegel konstant zu halten. Der Anstieg des Blutzuckerspiegels ist unter anderem von der Art der aufgenommenen Kohlenhydrate abhängig. Ein Maß, um diesen Blutzuckeranstieg zu messen, stellt der **glykämische Index (GI)** dar. Dieser misst den Anstieg des Blutzuckerspiegels nach Verzehr eines bestimmen Lebensmittels. Als Referenzwert gilt der Anstieg nach Verzehr von Glukose (GI = 100).

Es wird empfohlen, vor dem Sport Kohlenhydrate mit niedrigem GI zu sich zu nehmen, um eine lange und kontinuierliche Energieversorgung zu gewährleisten (Burke, 2004, S. 19). Außerdem soll dieser einem plötzlichen Abfall des Blutzuckerspiegels vor oder während der Belastung entgegenwirken. Während und nach der Belastung/Wettkampf sollten Lebensmittel mit mittlerem bis hohem GI verzehrt werden. Das gewährleistet eine schnelle Energiebereitstellung von Glukose. Nach der Belastung werden Lebensmittel mit hohem GI empfohlen, da sie die Glykogenspeicher am schnellsten wieder auffüllen können.

Entgegen der weitverbreiteten Meinung, hängt der Anstieg des Blutzuckerspiegels nicht nur von der Kettenlänge der Kohlenhydrate ab. Auch Lebensmittel, die überwiegend langkettige Kohlenhydrate enthalten, wie Reis und Kartoffeln, können sehr hohe GI-Werte annehmen. Andere ballaststoffreiche Lebensmittel, wie Äpfel, haben einen niedrigen GI-Wert, obwohl sie viele Einfachzucker enthalten. Auf den tatsächlichen Anstieg des Blutzuckers haben vielfältige Faktoren Einfluss, wie zum Beispiel die begleitende Zufuhr anderer Nährstoffe wie Ballaststoffe, Proteine, und Fette (Dickhuth et. al., 2007, S. 481).

Tab. 190:

Hoher GI	Mittlerer GI	Niedriger GI
Glukose (Traubenzucker), Toastbrot, Honig, weißer Reis, Bratkartoffeln, Sportdrinks	Kartoffeln, Nudeln, Brot (Weizen), Basmatireis, Bananen, Rosinen	Äpfel, Tomaten, Haferflocken, Vollkornnudeln, Nüsse, Hülsenfrüchte

Ein anderer Faktor ist, dass Lebensmittel in der Praxis selten isoliert aufgenommen werden. Damit diese ohne Störeinflüsse aufgenommen werden können, müsste der Magen absolut leer sein. Wenn sich zum Zeitpunkt der Nahrungsaufnahme Ballaststoffe im Verdauungstrakt befinden, wird der Anstieg des Blutzuckerspiegels deutlich gehemmt.

Des Weiteren können einzelne Lebensmittel in ihrem GI stark schwanken. So kann die Kartoffel zum Beispiel je nach Größe, Dauer der Lagerung, Zubereitungszeit und Verzehrtemperatur GI-Werte von 65 bis 101 annehmen (Soh, 1999, S. 249-254; Najjar, 2004, S. 993-1004).

Laut Thomas Wolever, einem der führenden Forscher im Bereich GI-Forschung und Professor an der University Toronto, unterscheidet sich der GI beim Verzehr von Lebensmitteln zwischen verschiedenen Personen signifikant (Matthan, Ausman, Meng, Tighiouart, Lichtenstein, 2016). Dabei besteht kein Zusammenhang zu Alter, Geschlecht, BMI oder Nationalität. Eine reine Ernährungssteuerung aufgrund des glykämischen Indexes ist daher schwierig.

16.2.4 BALLASTSTOFFE

Dies sind vor allem langkettige Kohlenhydrate, also Polysaccharide, die aufgrund der Bindung zwischen den einzelnen Monosacchariden während der Verdauung bis zum Dünndarm nicht enzymatisch aufgespalten und somit auch nicht aufgenommen (resorbiert) werden können. Daher stehen diese vorerst nicht zur Energiegewinnung zur Verfügung, erfüllen jedoch eine wichtige Funktion in der Verdauung. Zu den Ballaststoffen zählen zum Beispiel die Zellulose, sie kommt vor allem in Gemüse, Obst, Getreide und Hülsenfrüchten vor, aber auch das Chitin als Hauptbestandteil von Pilzen. Ballaststoffe sind fast ausschließlich in pflanzlichen Lebensmitteln, wie Gemüse, Obst, Hülsenfrüchte, Vollkorn und Samen enthalten.

Nachdem die Ballaststoffe den Dünndarm unverdaut passiert haben werden diese im Dickdarm mittels der dort ansässigen Darmflora, also durch Bakterien, zersetzt. Die dabei entstehenden Nährstoffe werden zur Versorgung der Darmzellen genutzt und entstehende Gase, vor allem Methan, ausgeschieden. Eine Folge der Zersetzung von Ballaststoffen ist z. B. die blähende Wirkung von Hülsenfrüchten.

Ballaststoffe binden im Dickdarm Wasser, tragen zu dessen Füllung und zu einer weichen Konsistenz des Stuhls bei. Außerdem verursachen sie ein Sättigungsgefühl, ohne selbst Kalorien zu liefern. Der Tagesbedarf eines Erwachsenen an Ballaststoffen liegt bei ungefähr 30 g.

Aufgrund ihrer blähenden Wirkung und der Beeinflussung der Verdauung der restlichen Nährstoffen sollte auf eine vermehrte Aufnahme von Ballaststoffen unmittelbar vor, während oder direkt nach Belastungen verzichtet werden.

16.2.5 FETTE

Fette spielen eine wichtige Rolle für den Stoffwechsel, den Aufbau und der Funktion des Gehirns, der Bildung von Hormonen, sowie der Aufnahme lebensnotwendiger fettlöslicher Vitamine A, D, E und K.

Ihr Anteil an der Ernährung sollte für Ausdauersportler 25 % nicht übersteigen (Konopka, 2009).

1 g Fett enthält 9,3 kcal und damit einen mehr als doppelt so hohen Brennwert wie Kohlenhydrate oder Proteine.

Fette sind Makromoleküle, welche aus einem Teil Glyzerin bestehen, an den sich drei unterschiedliche Fettsäuren anbinden. Diese Fettsäurereste können gesättigt oder ungesättigt sein, was häufig als Argument für die Auswahl auf dem Speiseplan angesehen wird.

Fette tierischer Herkunft enthalten überwiegend gesättigte Fettsäuren, während pflanzliche Fette vorwiegend aus ungesättigten Fettsäuren bestehen. Eine wichtige Quelle für ungesättigte Fettsäuren ist auch Fisch.

Ungesättigte Fettsäuren sollten gesättigten Fettsäuren vorgezogen werden.

Außer den zwei essenziellen Fettsäuren Alpha-Linolensäure (Omega-3-Fettsäure) und Linolsäure (Omega-6-Fettsäure), ist der Körper in der Lage, alle Fettsäuren selbst zu synthetisieren.

Omega-3- und Omega-6-Fettsäuren müssen über die Nahrung aufgenommen werden.

Dabei konkurrieren beide Fettsäuren um die Verstoffwechslung durch das gleiche Enzym.

Das bedeutet, je mehr von der einen Fettsäure aufgenommen wird, desto weniger kann die andere verstoffwechselt werden (Stanley et al., 2007).

Deshalb wird von den meisten Ernährungsforschern die Meinung vertreten, dass es bei der Nahrungsaufnahme auf das richtige Verhältnis beider Fettsäuren ankommt.

Es gilt als wissenschaftlich bestätigt, dass in Ländern wie Deutschland, Schweiz und USA zu wenig Omega-3-Fettsäuren und zu viele Omega-6-Fettsäuren aufgenommen werden.

Das Verhältnis liegt bei 15-16 zu 1 (Simopulos, 2009).

Die meisten durchgeführten Studien sind sich darin einig, dass in den genannten Ländern die Omega-6-Aufnahme deutlich reduziert und die Omega-3-Aufnahme deutlich erhöht werden sollte (Simopoulos, 2008).

Empfohlen wird ein Verhältnis von 2,5-5:1 (Sanders et al., 2006, S. 513-522).

Die essenziellen Fettsäuren sind für folgende Prozesse von Bedeutung.

Tab. 191

Omega-3-Fettsäuren	Omega-6-Fettsäuren
- wirken der Blutgerinnung entgegen	- fördern Blutgerinnung
- wirken entzündungshemmend	- fördern Entzündungsprozesse
- vermindern das Risiko von Herz-Kreislauf-Erkrankungen und Diabetes	

Tab. 192: Die essenziellen Fettsäuren sind in folgenden Nahrungsmitteln zu finden.

Omega-3-Fettsäuren	Omega-6-Fettsäuren
Seefisch (Lachs, Hering, Makrele, Thunfisch, Sardine), Fischöl	Sonnenblumenöl, Maisöl, Weizenkeimöl, Erdnussöl, Sojaöl
Nüssen (besonders Walnüsse)	Fleisch
Pflanzenölen (Rapsöl, Leinöl, Hanföl, Kokosöl)	Backwaren, Fertiggerichte, Frittiertes
Leinsamen	Salatdressings, Soßen

Industriell hochverarbeitete Produkte, Fertigprodukte, Backwaren und Fastfood, welche bei ungesunder Ernährung häufig verzehrt werden, haben ein besonders ungünstiges Verhältnis von Omega-6- zu Omega-3-Fettsäuren

Der Grund dafür liegt in der Verwendung von Ölen mit hohem Omega-6-Anteil.

Sonnenblumenöl hat beispielsweise ein Verhältnis von bis zu 122:1,

Margarine von 80:1, Getreideprodukte von 10:1 und Sojaprodukte von 11:1.

Da in der Massentierhaltung vorwiegend Sojaprodukte und Getreide verfüttert werden, kann auch Fleisch einen hohen Anteil an Omega-6-Fettsäuren enthalten.

Zudem enthalten industriell hochverarbeitete Produkte häufig **Transfettsäuren**. Transfettsäuren sind ungesättigte Fettsäuren, die der Körper nicht verarbeiten kann.

Mithilfe der chemischen Härtung (Verfestigung von Ölen) wird aus preiswerten Pflanzenölen ein Fett erzeugt, das einen höheren Schmelz- und Rauchpunkt besitzt als natürlich feste Fette, wie Butter oder Schmalz.

Diese gehärteten Fette besitzen eine längere Lagerfähigkeit, wodurch diese für die industrielle Nutzung, beispielsweise in Großküchen oder in der Systemgastronomie, attraktiv werden.

Beim Prozess der chemischen Härtung entstehen Transfettsäuren, welche in der gesunden Ernährung weitgehend gemieden werden sollten.

Von Transfettsäuren sind keine positiven Funktionen im Organismus bekannt, wohingegen Studien zahlreiche gesundheitsschädigende Wirkungen nachgewiesen haben (Mozaffarian et al., 2006, S. 1601-1613).

Diese können den Gehalt an LDL-Cholesterin und somit das Risiko des Auftretens von Herz-Kreislauf-Erkrankungen erhöhen.

Außerdem werden sie mit dem Auftreten von koronaren Herzerkrankungen in Verbindung gebracht (Bundesinstitut für Risikobewertungen, 2006).

Es verwundert daher nicht, dass in Dänemark Höchstgrenzen von 2 % Transfettsäuren in Nahrungsmitteln gesetzlich vorgeschrieben werden.

In Deutschland und der EU bestehen Höchstgrenzen von 4 %, allerdings ausschließlich für Säuglingsnahrung und Olivenöl (Schwarz & Zeiler-Hilgart (BfR), 2015).

Transfettsäuren sind enthalten in Fastfood, Keksen, abgepackten Kuchen, Fertiggerichten, Frittierfett, Brotaufstrichen, Nuss-Nougat-Cremes, Margarine, Blätterteig, Fertigsoßen und in schlecht verarbeiteten Olivenölen.

Beim Kauf von Olivenöl sollte auf die Bezeichnung „natives Olivenöl extra" geachtet werden. Nativ bedeutet kalt gepresst und naturbelassen und stellt die höchste Güteklasse dar.

Hersteller von Lebensmitteln sind nicht verpflichtet, Transfettsäuren zu deklarieren, sodass häufig Synonyme wie „enthält pflanzliche Öle", „enthält gehärtetes Fett" oder „pflanzliches Fett, zum Teil gehärtet" verwendet werden.

Gerade Sportler, die deutlich höhere Ansprüche an die Ernährung stellen, sollten die Aufnahme von Transfettsäuren möglichst gering halten.

Darum sollte beim Kauf von Lebensmitteln darauf geachtet werden, dass diese so wenig wie möglich industriell weiterverarbeitet wurden.

16.2.6 MIKRONÄHRSTOFFE

Im Gegensatz zu den Makronährstoffen liefern die Mikronährstoffe (Vitamine, Mineralstoffe, Spurenelemente) keine Energie. Sie sind an allen Grundfunktionen und Stoff-

wechselprozessen der menschlichen Zellen, wie z. B. dem Zellwachstum oder Nervenreiz-
leitung, beteiligt.

VITAMINE (LATEINISCH: VITA - DAS LEBEN)

„Vitamine sind chemisch verschiedenartige organische Stoffe, die mit der Nahrung zugeführt werden müssen und bereits in sehr geringen Konzentrationen große physiologische
Wirkungen entfalten" (Donath, 1980, S. 185).

So regulieren sie die Verwertung von Makronährstoffen und dienen somit der Energiegewinnung. Sie unterstützen den Körper in der Immunabwehr und sind essenziell beim
Aufbau von neuen Körperzellen beteiligt. Vitamine werden in fettlösliche und wasserlösliche Vitamine unterschieden.

Tab. 193

Fettlösliche Vitamine	Wasserlösliche Vitamine
A, D, E, K	B1, B2, B3, B5, B6, B7 (Biotin), B9 (Folsäure), B12 (Cobalamin), C

Fettlösliche Vitamine kann der Körper für eine begrenzte Zeit speichern. Dadurch können
bei einer Überdosierung Symptome wie Übelkeit, Erbrechen, Kopfschmerzen auftreten.

Wasserlösliche Vitamine, die nicht benötigt werden, werden über die Niere ausgeschieden.

Leistungssportler haben in etwa den dreifachen Tagesbedarf an Vitaminen wie Nichtsportler.

Es ist möglich, diesen Mehrbedarf auf natürlichem Wege durch entsprechende Ernährung zu decken.

Tab. 194: Beispiele für den Vitaminbedarf bei Sportlern (Donath, 1980, S. 186)

Vitamin	Normalbedarf	Sportler	Mangelsymptome
A	5.000 IE	12.000-15.000 IE	Störung im Dunkelsehen, Austrocknung, Verhornung und Defekte von Haut und Schleimhäuten (bes. Augen)
D	400 IE	400 IE	Störung in der Kalkeinlagerung der Knochen, Knochenerweichungen (Rachitis)
E	5 mg	7-10 mg	Beim Menschen keine bekannt
B1	1-1,5 mg	4-8 mg	Störungen der Muskel- und Herzfunktion sowie des Nervensystems (Beri-Beri)
B2	2 mg	3-4 mg	Vorwiegend bei Störungen der Resorption: Sehstörungen, Hautveränderungen, besonders an Mund und Augen
B3 (Niacin)	15-20 mg	30-40 mg	Hautveränderungen, Durchfälle, psychische Störungen
B6	2-3 mg	4-6 mg	Selten
C	50-100 mg	200-400 mg	Müdigkeit, Infektanfälligkeit, Neigungen zu Blutungen, Störung im Knochen- und Bindegewebswachstum besonders an Gebiss und Zahnfleisch (Skorbut)

MINERALSTOFFE

Mineralien sind anorganische Stoffe, die über die Nahrung aufgenommen werden müssen und dann gewissermaßen in gelöster Form als Ionen vorliegen. Sie sind wichtig für den Stoffwechsel, die Muskelfunktion, die Regulation des Wasserhaushaltes, die Abwehrkräfte und viele andere Prozesse. Unterschieden werden die Mineralstoffe in **Mengenelemente** (mehr als 50 mg/kg Körpergewicht) und **Spurenelemente** (weniger als 50 mg/kg Körpergewicht). Zu den Spurenelementen zählen Eisen, Bor, Chrom, Jod, Kobalt, Kupfer, Lithium, Mangan, Molybdän, Nickel, Selen, Silicium, Vanadium und Zink. Zu den Mengenelementen zählen Kalium (K+), Kalzium (Ca+), Magnesium (Mg+), Natrium (Na+), Phosphat (P-), Chlorid (Cl-). Diese werden auch als Elektrolyte bezeichnet. Elektrolyte sind zuständig für die Regulation des Wasserhaushalts und die elektrische Reizbarkeit von Nerven- und Muskelzellen.

Elektrolytmangel kann durch sportliche Belastung oder auch durch Krankheitssymptome wie Durchfall oder Erbrechen hervorgerufen werden. Bei Trainingseinheiten, bei denen es zu starken Flüssigkeitsverlusten über das Schwitzen kommt, werden sehr viele Elektrolyte ausgeschwemmt. Eine Folge von Elektrolytmangel sind Krämpfe während und nach Langzeitausdauerbelastungen. Die ausgeschwemmten Elektrolyte sollten nach der Belastung schnell wieder mit ausreichend Wasser zugeführt werden, um zügig vom Organismus aufgenommen werden zu können.

Für diesen Zweck empfehlen sich besonders isotonische Getränke. Dies gewährleistet eine schnelle und unkomplizierte Resorption. Grund dafür ist der gleiche osmotische Wert (Anteil feste zu flüssigen Teilen), welcher bei richtiger Konzentration die gleiche Tonizität wie das Blut aufweist. Werden durch ein hypertones Getränk zu viele Elektrolyte aufgenommen, kann es passieren, dass Wasser osmotisch in den Verdauungstrakt abgezogen wird und die Dehydration noch verstärkt (Bloch, 2014).

Tab. 195

Hypotonisches Getränk	Isotonisches Getränk	Hypertonisches Getränk
Wasser, Tee	Isotonische Getränke, Fruchtsaftschorlen im richtigen Verhältnis, alkoholfreies Bier	Säfte, Limonaden, Milchprodukte

Ein isotonisches Getränk kann man sehr einfach selbst herstellen, indem man ein Drittel Apfelsaft mit zwei Drittel natriumreichem Wasser (oder eine Prise Salz) mischt. Eine weitere Möglichkeit ist das Mischen von 1 l Wasser mit 60 g Glukose, Maltose oder Maltodextrin und 1,5 g Kochsalz (Messerspitze). Um diese Mischung geschmacklich aufzubereiten, kann man ein wenig Zitronen- oder Limettensaft zusetzen. Vor, während und nach sportlicher Betätigung sollten überwiegend hypotone oder isotone Getränke konsumiert werden.

16.3 ERNÄHRUNGSTRENDS

16.3.1 LOW CARB

Low Carb ist mittlerweile unter Leistungssportlern weit verbreitet und aus der Presse nicht mehr wegzudenken.

Bei der Low-Carb-Diät geht es vor allem darum, die Kohlenhydrate zu reduzieren und die Fett- und Eiweißanteile in der Ernährung zu erhöhen, wobei die Kalorienzufuhr gleichbleibt.

Dies soll dazu führen, dass vermehrt Fette zur Energiegewinnung herangezogen werden.

Davon wird sich eine Steigerung der sportlichen Leistungsfähigkeit erhofft.

Hier soll auf das Thema Low Carb als dauerhafte Ernährungsform eingegangen werden.

Diese muss ganz klar von der von der „Train Low", „Compete High"-Strategie abgegrenzt werden, auch wenn diese Begriffe aufgrund fehlenden Wissens in der Praxis häufig synonym verwendet werden.

Train Low, Compete High bedeutet, dass mit leeren Glykogenspeichern trainiert wird, und im Wettkampf mit vollen Speichern angetreten wird.

Das bezieht sich aber ausschließlich auf die Kohlenhydratverfügbarkeit in der Muskulatur und nicht auf eine insgesamt reduzierte Kohlenhydrataufnahme (Mosler, 2016, S. 90-94).

In der Praxis wird dies dadurch erreicht, dass an einem Tag zwei Trainingseinheiten miteinander kombiniert werden.

In der ersten Trainingseinheit werden die Kohlenhydratspeicher verbraucht und in der zweiten wird das Training mit entleerten Speichern absolviert.

Zwischen diesen beiden Einheiten werden die Speicher nicht wieder aufgefüllt.

Den Rest des Tages findet aber eine normale Kohlenhydrataufnahme statt (also keine klassische „Low-Carb"-Ernährung).

Trotz einer normalen Kohlenhydrataufnahme sollen so Fettstoffwechselprozesse gefördert werden.

Leistungssteigerungen im Wettkampf konnten aber auch hier nicht eindeutig nachgewiesen werden (Mosler, 2016, S. 90-94).

Gängige Low-Carb-Diäten empfehlen eine Kohlenhydratzufuhr von weniger als 25 % des Gesamtenergiebedarfs.

Dafür wird der Anteil der Fette auf über 60 % erhöht (Burke, 2015, S. 33-49).

Teilweise werden auch extremere Diäten empfohlen, bei denen die maximale Menge an Kohlenhydraten 20 g/Tag nicht übersteigen soll (ca. 3 % des Energiebedarfs).

Kohlenhydrate sollen also weitestgehend reduziert, dafür vermehrt Fette und Eiweiße verzehrt werden.

Es gilt als bestätigt, dass durch das Weglassen von Kohlenhydraten der Fettstoffwechsel heraufreguliert werden kann (Burke, 2015, S. 90-94).

Allerdings muss beachtet werden, dass in solchen Phasen die gesamte Leistungsfähigkeit eingeschränkt ist.

Die Qualität der Ausdauerleistung ist nicht nur vom Anteil des Fettstoffwechsels an der Energiegewinnung abhängig, sondern auch von vielen anderen Faktoren.

Um Leistungen auf Höchstniveau erbringen zu können, ist die Anpassung und Optimierung des ganzen Organismus und nicht nur die des Fettstoffwechsels notwendig.

Außerdem werden die Risiken dieser Ernährung häufig außer Acht gelassen.

Diese bestehen unter anderem aus verringerter Leistungsfähigkeit, langsamerer Regeneration und negativer Beeinträchtigung des Immunsystems (Gleeson, 2015, S. 117-123).

Sportler, welche mit dauerhaft niedrigen Glykogenspeichern trainieren, weisen eine erhöhte Infekt- und Verletzungsanfälligkeit auf, da bei Fehlen von Kohlenhydraten, vermehrt Aminosäuren aus dem Blutpool und den Körperstrukturen zur Energiegewinnung herangezogen werden (Glukoneogenese).

Dies geschieht bspw. auch bei Normalernährung in Phasen der Häufung von intensiven Trainingseinheiten, aufgrund von höherem Kohlenhydratverbrauch.

Das ist ein Grund, weshalb Infekte häufig gegen Ende solcher Trainingsphasen auftreten.

Zudem weisen Sportler, welche sich kohlenhydratarm ernähren, häufig auch vermehrt Anzeichen von Müdigkeit und Abgeschlagenheit, also auch eine Verringerung der psychischen Leistungsfähigkeit auf.

Als dauerhafte Ernährungsform ist von Low Carb aufgrund der genannten Risiken abzuraten, vor allem, da die Wissenschaft Leistungssteigerungen in Verbindung mit Low Carb bis heute nicht eindeutig nachweisen konnte.

Je nach Trainingsabschnitt ist es durchau sinnvoll, dass man mit niedrigen Glykogenspeichern trainiert, sollte das jedoch vorrangig auf Trainingsphasen mit geringen Intensitäten beschränken.

16.3.2 VEGETARISCHE ERNÄHRUNG

Eine mittlerweile ebenfalls weit verbreitete Ernährungsform ist der **Vegetarismus**.

Hier wird gänzlich auf Fleisch und Fisch verzichtet.

Lebensmittel, die von Tieren produziert werden, wie Eier, Milch und Honig, sind jedoch erlaubt (im Gegensatz zum Veganismus). Vegetarische Ernährung ist ballaststoffreich und nährstoffhaltig.

Die Gründe für eine solche Ernährungsweise liegen häufig in ethischen Aspekten oder in Gründen der Unverträglichkeit bestimmter tierischer Lebensmittel.

Mit vegetarischer Ernährung werden häufig weniger Kalorien aufgenommen, solange tierische Produkte nicht durch Weizenprodukte wie Pizza, Nudeln oder Brot ersetzt werden.

Da im Leistungssport ein erhöhter Kalorienbedarf besteht, muss der geringere Energiegehalt durch eine erhöhte Nahrungsaufnahme ausgeglichen werden.

Die Tatsache, dass sich auch erfolgreiche Ausdauerathleten wie A. Gabius (Gabius, 2016), vegetarisch ernähren, lässt darauf schließen, dass es keine negativen Auswirkungen auf die sportliche Leistung hat, vorausgesetzt, es wird auf eine ausreichende Zufuhr von Proteinen, Vitaminen und Mineralien geachtet.

Bei einer vegetarischen Ernährung kann es zu einem Mangel an Proteinen, Mineralstoffen und Spurenelementen kommen, da diese fast ausschließlich in Fleisch und Fisch zu finden sind.

Um die Deckung des Proteinbedarfs zu sichern, müssen die fehlenden tierischen Proteine ausreichend durch pflanzliche ersetzt werden.

Außerdem sollten Vegetarier verstärkt auf die Zufuhr von Vitamin B12, Vitamin D, Kalzium und Eisen achten. Regelmäßige Blutscreenings können helfen, frühzeitig Mangelerscheinungen zu erkennen um ggf. entgegensteuern zu können.

Fragwürdig ist jedoch, ob man sich aufgrund von erhofften Leistungssteigerungen für den Vegetarismus entscheiden sollte.

Studien, die einen Leistungsvorteil bei vegetarischer Ernährung nachweisen, sind bisher nicht bekannt.

Eine wichtige Frage für Ausdauersportler ist die nach dem optimalen Last-Kraft-Verhältnis.

Vor allem für Marathonläufer kann das Gewicht eine wichtige Rolle spielen.

Um eine Gewichtsreduktion zu erreichen, ist es zunächst notwendig, den Kalorienbedarf zu analysieren.

Der Tagesbedarf **(Gesamtumsatz)** eines Menschen wird in **Grundumsatz** und **Leistungsumsatz** unterschieden.

Dabei ist **Grundumsatz** die Energie, die der Körper benötigt, um im Ruhezustand seine Vitalfunktionen aufrechtzuerhalten. Dazu zählt die Regulation der Körpertemperatur, die Atmung, der Herzschlag, die Verdauung und die Versorgung des Gehirns.

Der Grundumsatz ist auch von Alter, Größe, Geschlecht und Konstitution abhängig.

Der **Leistungsumsatz** umfasst jegliche Arten von körperlicher Aktivität, gehören, neben den Alltagstätigkeiten wie sitzen, gehen, stehen, Autofahren, vor allem die sportlichen Aktivitäten.

Grundumsatz und Leistungsumsatz werden zum **Gesamtumsatz** addiert.

Um eine Gewichtsreduktion mithilfe der Ernährung zu erreichen, ist es notwendig, weniger Kalorien aufzunehmen, als man verbraucht.

Bei einer deutlich verminderten Kalorienaufnahme, wie bei diversen Diäten empfohlen, werden der Grundumsatz und die Proteinsynthese auf ein physiologisch notwendiges Niveau herunterreguliert (Knuth et al., 2014; Johanssen et al., 2012).

Diesen Prozess nennt man **Autoregulation des Stoffwechsels**.

Der damit verbundene, verminderte Energiebedarf bleibt auch nach Beendigung der Diät noch einige Wochen bestehen, beachtet man dies nicht, werden in den ersten Wochen nach der Diät wieder zu viele Kalorien aufgenommen.

Im Leistungssport sollte eine Gewichtsreduktion immer langfristig und in kleinen Schritten vorgenommen werden.

Als Orientierung empfiehlt es sich, 300 kcal pro Tag weniger als den benötigten Gesamtkalorienbedarf zu sich zu nehmen.

Damit wird der Leistungsumsatz abgesichert und der Grundumsatz muss nicht zu stark eingeschränkt werden.

Will man sein Körpergewicht um 1 kg Fett verringern, so benötigt man dafür mindestens drei Wochen, wenn eine Minderaufnahme von 300 kcal zugrunde gelegt wird, da ein 1 kg Fett nach der Verdauung 7.000 kcal enthält.

Schnellere oder striktere Diäten bergen immer auch die Gefahr einer Mangelversorgung und somit einer Schwächung des Immunsystems.

Zudem geht unzureichende Energiezufuhr auch mit verminderter Leistungsfähigkeit einher.

16.4 VORWETTKAMPFERNÄHRUNG

Grundsätzlich ist darauf zu achten, dass die Kohlenhydratspeicher, unabhängig von der Laufstrecke, vor dem Wettkampf gefüllt sind. Die Energiebereitstellung mit vollen oder übervollen Speichern erfolgt schneller und der Sportler kann sich besser mobilisieren, da der Körper leichter Energie für physische Aktivitäten freigibt.

Donath und Schüler schreiben, dass bei hochgradiger Entleerung der Speicher, die Restitution 2-3 Tage in Anspruch nimmt. In diesem Zeitraum besteht eine schlechtere Ausgangslage für Belastungen und eine verringerte Mobilisierungsfähigkeit (Donath & Schüler, 1972, S. 59).

„Der Abbau von Glykogen wird bei sinkenden Vorräten immer mehr erschwert, denn je größer die in den Muskelzellen vorhandene Glykogenmenge ist, desto schneller, ausgiebiger und weitreichender kann die Mobilisation erfolgen (Donath & Schüler, 1972, S. 51).

Dies deckt sich auch mit subjektiven Erfahrungsberichten von Spitzenathleten.

Eine weit verbreitete Methode um die Glykogenspeicher aufzufüllen ist die Saltin-Diät. Dabei ist die wissenschaftliche Studienlage zu deren Wirksamkeit aber umstritten.

Die Saltin-Diät besteht aus mehreren Phasen.

In den ersten drei Tagen werden bei gleicher Trainingsintensität Kohlenhydrate vollkommen aus der Ernährung gestrichen.

In den ersten drei Tagen werden Kohlenhydrate, bei gleicher Trainingsintensität, vollkommen aus der Ernährung gestrichen.

Am dritten Tag absolviert der Sportler eine Trainingseinheit mit hoher Intensität, um die Speicher endgültig zu leeren.

In den anschließenden drei Tagen bis zum Wettkampf werden so viele Kohlenhydrate wie möglich aufgenommen.

Einerseits gibt es Studien, welche die Fettstoffwechselanpassung und die Verbesserung der Leistung durch die Kombination von High Fat/Protein, gefolgt von High Carb, bestätigen (Lambert et al., 2001, S. 209-225).

Andererseits findet man Studien, die diesen Effekt verneinen oder sogar Leistungseinbußen aufzeigen (Helge, 2000, S. 347-357; Burke et al., 2002, S. 83-91; Haveman et al., 2006, S. 194-202; Stellingwerff et al., 2006, S. 380-388).

Zudem können recht zahlreiche Probleme in Verbindung mit der Saltin-Diät auftreten.

Diese betreffen vor allem Seitenstiche während des Rennens, Konzentrationsmangel oder auch Durchfall durch die starke Beanspruchung des Magen-Darm-Trakts in den letzten Tagen.

Sicherlich spielen hier auch psychologische Faktoren eine Rolle, denn zum Wettkampf gilt es, nicht nur physisch, sondern auch psychisch auf Höchstniveau zu sein.

Das strenge Befolgen eines Ernährungsplans unmittelbar vor dem Wettkampf kann durchaus den psychischen Stress für den Sportler erhöhen und zudem das Gefühl eines Widerwillens für die kohlenhydratreiche Nahrung hervorrufen.

Dazu kommt, dass das Training mit leeren Glykogenspeichern deutlich schwerer fällt und dem Sportler nicht unbedingt zu mentaler Stärke verhilft.

Ein weiteres Problem in der Anwendung der Saltin-Diät besteht im zeitlichen Timing. Auf die Geschwindigkeit der Speicherfüllung haben viele Faktoren Einfluss, welche nicht immer genau zu kalkulieren sind, sodass die Überkompensation sich auch erst nach dem Wettkampf einstellen kann.

Insgesamt wird die Wirksamkeit der Saltin-Diät von vielen Sportlern und Fachleuten angezweifelt.

Falls man Kohlenhydratladetechniken verwenden möchte, wird auf jeden Fall empfohlen, dies vorher bei mindestens zwei Testwettkämpfen auszuprobieren.

Das Auffüllen der Speicher vor dem Wettkampf kann auch ohne vorheriges Entladen geschehen (Sherman, Costill, Fink & Miller, 1981).

Vor dem Wettkampf sollte der Läufer darauf achten, dass keine Mangelzustände vorliegen, und der Körper ausreichend Energie für die Regeneration zu Verfügung hat.

Donath und Schüler weisen darauf hin, dass der „Hungerast" Folge einer mangelhaften Vorwettkampfernährung und kein Fehler im Wettkampfverhalten ist (Donath & Schüler, 1972).

Deshalb sollte vor dem Wettkampf gezielt auf die Deckung des Nährstoffbedarfs geachtet werden.

Dazu zählen außer den Energielieferanten auch die Mikronährstoffe.

Beim Kohlenhydrataufladen beträgt der Kohlenhydratanteil bis zu 70 % des Gesamtenergiebedarfs.

Diese kohlenhydratreiche Kost ist recht volumenhaltig und belastet auf Dauer den Verdauungstrakt.

Zum Auffüllen der Speicher für eine Wettkampfbelastung mit einer Dauer von über 90 Minuten wird empfohlen, 3-4 Tage jeweils 10-12 g Kohlenhydrate je kg Körpergewicht und Tag zu sich zu nehmen (Burke, Hawley, Wong & Jeukendrup, 2011, S. 20).

Zusätzlich zu den täglich benötigten Kohlenhydraten müssen die Kohlenhydrate aufgenommen werden, welche zu einer Aufstockung der Speicher führen sollen.

Parallel dazu sollten Umfang und Intensität im Training reduziert werden.

Während der Ladephase sollte auf eine erhöhte Flüssigkeitszufuhr geachtet werden, um die Verdauung zu erleichtern.

Ein erhöhter Bedarf an Flüssigkeit entsteht auch dadurch, dass Kohlenhydrate in Verbindung mit Wasser im Muskel gespeichert werden.

16.5 WETTKAMPFTAG

Der Ernährung am Wettkampftag wird von vielen Sportlern eine große Bedeutung zugeschrieben, denn sie wollen diese optimal gestalten und keine Fehler machen.

Die Ernährung am Wettkampftag ist nur noch auf eine problemfreie Absolvierung des Wettkampfs ausgerichtet.

Da die Glykogenspeicher zum Wettkampftag bereits gefüllt sein sollten, besteht auch kein übermäßiger Bedarf an Kohlenhydraten mehr.

Auf folgenden drei Punkten sollte der Fokus am Wettkampftag gelegt werden.

a) **Das Wohlbefinden des Sportlers**

Man sollte nur Speisen zu sich nehmen, die man kennt und von denen man weiß, dass sie gut bekömmlich sind.

Vor dem Wettkampf sollten mehrere kleine Mahlzeiten größeren vorgezogen werden.

Außerdem sollten sehr fettreiche oder ballaststoffreiche Speisen vermieden werden, da diese den Verdauungstrakt zu stark belasten.

Wobei kleinere Mengen von Proteinen, Fetten und Ballaststoffen für ein länger anhaltendes Sättigungsgefühl nützlich sind.

Die letzte Hauptmahlzeit muss spätestens drei Stunden vor dem Wettkampf stattfinden.

b) **Die Hydrierung**

Bei einem Marathon beträgt der durchschnittliche Flüssigkeitsverlust ca. 5 % des Körpergewichts.

Deshalb ist es eine Grundvoraussetzung, gut hydriert an den Start zu gehen.

Ist bereits am Start ein Flüssigkeitsdefizit vorhanden, besteht die Gefahr aufgrund einer starken Dehydrierung das Rennen abbrechen zu müssen.

c) **Die Wettkampfernährung**

Das Trinken im Wettkampf sollte primär dem Ausgleich des Flüssigkeitsverlusts dienen.

Die Kohlenhydrataufnahme durch Essen und Trinken im Rennen ist recht ineffektiv und stark eingeschränkt.

Der Grund dafür ist, dass der Läufer nur begrenzte Mengen ohne größere Beschwerden, wie Übelkeit, Seitenstiche oder Wasserbauch, zu sich nehmen kann.

Laut Donath und Schüler kommen bei einer Einnahme von 100 ml (3-4 Schlücke), einer 20 % Kohlenhydratlösung, nicht einmal 10 g im Muskel an (Donath & Schüler, 1972).

Das bedeutet ein Zugewinn von 41 kcal und entspricht bei einem 68 kg schweren Läufer und einem Lauftempo von ca. 5 min/km, dem Energiebedarf von knapp vier Minuten (Steffny, 1985, S. 190).

Dennoch ist eine Zufuhr von Kohlenhydraten in Flüssigkeiten sinnvoll. Dabei kann eine 7%-ige Lösung als Orientierung gelten. Gerade körperlich schwere Läufer und jene, die mehr als drei Stunden benötigen, sind darauf angewiesen, ihre Glykogenvorräte durch Kohlenhydratzufuhr zu ergänzen (Steffny, 1985, S. 190).

Auch im Wettkampf sollte bei kohlenhydratangereicherten Wässern das isotonische Verhältnis beachtet werden, um eine schnelle Resorption während des Rennens zu gewährleisten. Die Zusammensetzung des Wettkampfgetränks sollte der Läufer schon einmal im wettkampfnahen Training ausprobiert haben, da das Verdauungssystem unter intensiven Belastungen anders reagiert als in Ruhe.

Gerade bei Fruktose in Sportgetränken treten bei einigen Sportlern Magen-Darm-Probleme auf. Von kohlensäurehaltigen Getränken im Rennen wird aufgrund ihrer blähenden Wirkung grundsätzlich abgeraten.

Neben geringen Mengen von Kohlenhydraten sollte das Wettkampfgetränk ausreichend Elektrolyte enthalten.

Gerade bei großen Flüssigkeitsverlusten können bei ausbleibender Elektrolytversorgung Probleme bis hin zum Rennabbruch auftreten.

Bei hohen Temperaturen und erhöhtem Schweißverlust sollte auch häufiger getrunken werden.

Von dem generellen Grundsatz, so viel wie möglich zu trinken, ist aber Abstand zu nehmen.

Eine übermäßige Flüssigkeitszufuhr kann zu einer Störung der Natriumkonzentration im Blutserum führen (Hyponatriämie).

Diese geht mit Symptomen wie Schwindel, Übelkeit, Kopfschmerzen und Schwellungen und in schwereren Fällen mit Erbrechen, Krampfanfällen und Bewusstseinsstörungen einher (Noakes, 1992, S. 205-228).

In Abhängigkeit vom Gewicht des Läufers und der Außentemperatur werden für die Flüssigkeitsaufnahme Mengen von 0,4-0,8 l pro Stunde empfohlen (Noakes, 2001).

Je schwerer der Läufer ist, desto mehr sollte er trinken. Bei einer mehr als zweistündigen Belastungen sollte jedoch die 0,8-l/h-Grenze nicht überschritten werden, da die Störung der Natriumkonzentration über mehrere Stunden wahrscheinlicher zu den oben beschriebenen Symptomen führt.

Als einfache Regel kann empfohlen werden, das Trinkverhalten nach dem Durstgefühl auszurichten.

Eine Studie von 2012 hat neun Sieger und einen Zweitplatzierten von 13 Hauptstadtmarathons genauer analysiert (Beis et al., 2012, S. 254-261). Die durchschnittliche Siegeszeit betrug 2:06:31 h bei einer Außentemperatur von 15,3° C ± 8,6° C. Die Topläufer tranken 0,55 ± 0,34 l/h, wofür sie weniger als 60 Sekunden Trinkzeit benötigten. Die Studie zeigt, dass sich die Topläufer bewusst oder unbewusst an diese Empfehlungen halten.

Ein eventuell auftretender Hungerast im Rennen wird durch den Abfall des Blutzuckerspiegels verursacht.

Das Hungergefühl wird nicht nur durch das Unterschreiten eines bestimmten Grenzwerts, sondern auch durch die Schnelligkeit des Absinkens ausgelöst.

Ein schnelles Absinken kann auch entstehen, wenn der Sportler vorher mit einem vielfach erhöhten Blutzuckerspiegel antritt, der durch übermäßigen Konsum von Süßigkeiten, Glukose oder Säften verursacht werden kann (Donath & Schüler, 1972).

Das heißt, stark blutzuckerspiegelsteigernde Mahlzeiten (GI) sollten vor dem Wettkampf gemieden werden.

Hier sind vor allem Lebensmittel mit niedrigem GI vorzuziehen.

Sollte der Hungerast während des Rennens auftreten, müssen schnell resorbierbare Kohlenhydrate zugeführt werden (hoher GI).

Für den unerfahrenen Läufer empfiehlt es sich, eine entsprechende Notreserve mitzuführen.

Von fester Nahrung während des Rennens ist eher abzuraten, da sie den Verdauungstrakt noch stärker belastet als flüssige Nahrung.

Es sollte immer beachtet werden, dass jede Verdauung von Lebensmitteln, Blut aus dem peripheren Muskelsystem in Magen und Darm verlagert und es, energetisch gesehen, zu einem Sauerstoffdefizit kommt (Steffny, 1985, S. 206).

Die Verwendung von Gels ist ebenfalls kritisch zu betrachten, da sie im unverdünnten Zustand während der Belastung nur schwer resorbierbar sind (hyperton).

Deshalb muss zusätzlich Flüssigkeit zugeführt werden.
Das Einhalten des optimalen Mischungsverhältnisses ist durch Schluckmischung praktisch kaum zu erreichen.

Beis, L. Y., Wright-Whyte M., Fudge, B., Noakes, T., Pitsiladis, Y. P. (2012). Drinking Behaviours of Elite Male Runners During Marathon Competition. *Clinical Journal of Sport Medicine, 22* (3). 254–261.

Bellotti, P. (1974). *Die Metode Lydiards, wie sie für die finnischen Verhältnisse überarbeitet, korrigiert und ergänzt wurde.*

Berg, A. & König D. (2008). *Optimale Ernährung des Sportlers.* Stuttgart: Hirzel Verlag.

Hermann Buhl, et. al. (1978). *Trainingsmittelkatalog.* Forschungsinstitut für Körperkulter & Sport.

Burke, L. M., et al. (2002). Adaptations to short-term high-fat diet persist during exercise despite high carbohydrate availability. *Medicine Science Sports Exercises, 34* (1). 83-91.

Burke, L. M., Kiens, B. & Ivy, J. L. (2004). Carbohydrates and fat for training and recovery. *Journal of Sports Sciences, 22.* 15-30.

Burke, L. M., Hawley, J. A., Wong, S. H. & Jeukendrup, A. E. (2011): Carbohydrates for training and competition. *Journal of Sports Sciences, 29.* 17-27.

Burke, L. M. (2015). Re-Examining High-Fat Diets for Sports Performance: Did We Call the ‚Nail in the Coffin' Too Soon? *Sports Medicine 5.* 33-49.

Cierpinski, W. (1982). *Zur Wirksamkeit geschwindigkeitsorientierten Trainings auf die Entwicklung der spezifischen Leistungsfähigkeit im Marathonlauf.* Diplomarbeit. Leipzig: Deutsche Hochschule für Körperkultur und Sport.

Hans-Hermann Dickhuth, Frank Mayer, Kai Röcker & Aloys Berg (Hrsg.) (2010). *Sportmedizin für Ärzte.* Köln: Deutscher Ärzteverlag.

Doil, W. & Winter, R. (1983). *Alterseigentümlichkeiten und sportliches Training im Kindes- und Jugendalter.* Leipzig: Deutsche Hochschule für Körperkultur.

Donath, R. (1980). *Grundlagen der Sportmedizin.* Leipzig: Johann Ambrosius Barth.

Donath, R. & Schüler, K.-P. (1972). *Ernährung der Sportler.* Berlin: Sportverlag.

Eberding, J. (1988). *Einfluss der Dynamik der Parameter Streckenmittel, Geschwindigkeit und Umfang in der Etappe der unmittelbaren Wettkampfvorbereitung für die Ausprägung der spezifischen Leistungsfähigkeit im Marathonlauf.* Diplomarbeit. Leipzig: Deutsche Hochschule für Körperkultur und Sport.

Fuchs, U. R. (1990). *Höhentraining.* Münster: Philipka.

Gleeson, M. (2015). Immunological aspects of sport nutrition. *Immunol Cell Biol. 94.* 117-123.

Gohlitz, D. (1982). *Zur Bedeutung der Kraftfähigkeiten für die Leistungssteigerung im Mittel-und Langstreckenlauf.* Dissertation. Leipzig: Forschungsinstitut für Körperkultur und Sport.

Gottschalk et.al. (1988). *Grundlagen der Sportmedizin Lehrheft 4.* Leipzig: Deutsche Hochschule für Körperkultur und Sport.

Grandjean, A. (1987). The Vegetarian Athlete. *The Physician and Sportsmedicine, 15* (5). 191-194.

Haveman, L., et. al. (2006). Fat adaptation followed by carbohydrate loading compromises high-intensity sprint performance. *Journal of Applied Physiology, 100* (1). 194-202.

Helge, J. W. (2000). Adaptation to a fat-rich diet: effects on endurance performance in humans. *Sports Medicine 30* (5). 347-357.

Hennig, F. (1991). *Untersuchungen zum Zusammenhang zwischen den leistungsbestimmenden Fähigkeiten und der wettkampfleistung im leichtathletischen Mittel- und Langstreckenlauf.* Leipzig.

Herrmann, S. (1973). *Analyse des Trainings von Siegfried Herrmann im zeitraum von 1949-1966 unter besonderer Beachtung der Zusammenhänge zwischen Belastungs- und leistungsentwicklung im Mittel- und Langstreckenlauf sowie der Belastungsgestaltung im Jahres- und Mehrjahresverlauf.* Diplomarbeit. Leipzig: Deutsche Hochschule für Körperkultur und Sport.

Hirsch, L. (2003). *Rahmen - Trainingskonzeption für den 5000 m und 10.000 m Lauf im Anschluß- und Hochleistungsbereich.* Konzeption. DLV.

Joch, Winfried (Hrsg.) (1992). *Rahmentrainigsplan für das Aufbautraining Lauf.* Aachen: Meyer & Meyer.

Joch, W. (Hrsg.) (1992). *Rahmentrainingspläne für das Aufbautraining Sprint.* Aachen: Meyer & Meyer.

Justus, K.-P. (1981). *Zum Problem der lang- mittel, und kurzfristigen Vorbereitung im Mittel- und Langstreckenlauf.* Diplomarbeit. Leipzig: Deutsche Hochschule für Körperkultur und Sport.

Kase, F. (1987). *Leistungsentwicklung und Trainingsanalyse von Werner Schildhauer im Olympiazyklus 1980-84.* Diplomarbeit.

Kirschbaum, T. & Ernst, O. (2009). *Jan Fitschens Weg zur Goldmedaille / Langzeittrainingsanalyse.* Leipzig: IAT.

Konopka, P. (2009.) *Sporternährung.* München: BLV Buchverlag.

Lambert et al. (2001). High-fat diet versus habitual diet prior to carbohydrate loading: effects of exercise metabolism and cycling performance. *International Journal of Sport Nutrition and Exercise Metabolism, (2).* 209-225.

Lange, G. (1991). *Zur Effektivität des Wassertrainings.*

Lorenz, R. (1984). *Grundlagen der Sportmedizin.* Nervensystem, Muskulatur, Stoffwechsel (Bd. Lehrheft 1 Kap.3). (D. H. Sport, Hrsg.) Leipzig.

Lydiard, A. L. (1985). *Das systematische Mittel- und Langstreckentraining.* München: Barthels & Wernitz.

Martin, David E. & Coe, Peter N. (1992). *Mittel- und Langstreckentraining.* Aachen: Meyer & Meyer.

Matthan, N., Ausman, L., Meng, H., Tighiouart, H. & Lichtenstein, A. (2016). Estimating the reliability of glycemic Index values and potential sources of methodological and biological variability. *American Journal of Clinical Nutrition.*

Mozaffarian, D., et al. (2006). Trans Fatty Acids and Cardiovascular Disease. *New England Journal of Medicine, 354.* 1601-1613.

Mondenard, J.-P. (1991). Rehabilitation: Laufen... im Wasser. *Lehre der Leichtathletik 11* (91).

Mosler, S.(2016). „Low Carb"-Ernährung im Sport: Eine kurze Übersicht zu aktuellen Erkenntnissen und potentiellen Risiken. *Deutsche Zeitschrift für Sportmedizin (67)*. 90-94.

Najjar S., et. al. (2004). Glycemic and insulinemic responses to hot vs cooled potato in males. *Nutrition Research, 24*. 993-1004.

Neumann, G. & Hottenrott, K. (2008). *Methodik des Ausdauertrainings*. Schorndorf: Hofmann Verlag.

Neumann, G. (2004). *Varianten des Höhenaufenthaltes im Leistungstraining*. Schorndorf: Hofmann Verlag.

Noakes T. (2001). IMMDA Advisory Statement on Guidelines for Fluid replacement during marathon running. *The IAAF Technical Quarterly*. 15-24.

Noakes, T. (1992). The hyponatremia of exercise. *International Journal of Sports Nutrition,* (2). 205-228.

Peric, T. (1974). *Schnelligkeitsvoraussetzungen für Mittel- und Langstreckler*. Trainerinformationen .

Pöhlitz, L. (2013). *Handout zur A-Trainerausbildung*. Kienbaum.

Raatz, W. (2003). *Marathon*. BLV Verlag.

Sanders, T. A., Lewis, F., Slaughter, S., Griffin, B. A., Griffin, M., Davies, I., Millward, D. J., Cooper, J. A. & Miller, G. J. (2006). Effect of varying the ratio of n-6 to n-3 fatty acids by increasing the dietary intake of Đ-linolenic acid, eicosapentaenoic acid and docosahexaenoic acid, or both on fibrinogen and clotting factors VII and XII in persons aged 45-70 y: The OPTILIP Study. *American Journal of Clinic Nutrition, 84*. 513-522.

Schek, A. (2004). Protein in der Sportlerernährung. *Deutsche Zeitschrift für Sportmedizin, 55* (3).

Schomaker, R. (2013). *Die Lauffibel*. Münster: Zentrum für Sportmedizin.

Sherman, W. M., Costill, D. L., Fink, W. J. & Miller, J. M. (1981). Effect of exercise-diet manipulation on muscle glycogen and its subsequent utilisation during performance. *International Journal of Sports Medicine, 2*. 114–118.

Simopulos, A. (2009). *The Center for Genetics, Nutrition and Health*. Washington DC.

Simopoulos, A. (2008). *The importance of the omega-6/omega-3 fatty acid ratio in cardiovascular disease and other chronic diseases.* Experimental Biology and Medicine.

Soh, N., Brand-Miller, J. (1999). The glycaemic index of potatoes: the effect of variety, cooking method and maturity. *European Journal of Clinical Nutrition,* (53). 249-254.

Spring, H., et.al. (1986). *Dehn- und Kräftigunggymnastik.* Stuttgart/New York: Georg Thieme Verlag.

Stanley, J., et. al. (2007). UK Food Standards Agency Workshop Report: the effects of the dietary n-6:n-3 fatty acid ratio on cardiovascular health. *British Journal of Nutrition* (98). 1305-1310.

Steffny, M. (1985). *Marathontraining.* Mainz: Dr.Hanns Krach Verlag.

Stellingwerff, T., et. al. (2006). Decreased PDH activation and glycogenolysis during exercise following fat adaptation with carbohydrate restoration. *American Journal of Physiology Endocrinology and Metabolism,* 290. 380-388.

Tarnopolsky, M. (2000). Gender differences in metabolism, nutrition and supplements. *Journal of Science and Medicine in Sport,* 3. 287-298.

Tittel, P. (2003). *Beschreibende und funktionelle Anatomie des Menschen.* München & Jena: Urban & Fischer.

Venderley, A. M. & Campbell W. W. (2006). Vegetarian Diets. Nutritional Considerations for Athletes. *Sports Medicine,* (36). 293-305.

Weippert, K.-P. *Die Bedeutung der mittleren Trainingsgeschwindigkeit für die Entwicklung der spezifischen Leistungsfähigkeit (am Beispiel von H.-J. Kunze und K.-P. Weippert).* Diplomarbeit. Leipzig: Deutsche Hochschule für Körperkultur und Sport.

INTERNETQUELLEN

Berg A., Bauer S. & Keul, J. (1992). Energie und Nährstoffbedarf des Leistungssport-lers. *Ernährungsumschau, 39.* 102-108.
http://www.zeitschrift-sportmedizin.de/fileadmin/content/archiv2002/heft03/a02_0302.pdf

Bloch, W. (2016). Auszug aus Interview zu Elektrolyten.
Zugriff am 13.10.2016 unter:
http://www.gesuendernet.de/gesundheit/experteninterviews/item/863-interview-mit-prof-dr-wilhelm-bloch--so-wichtig-sind-elektrolyte.html).

www.bmw-berlin-marathon.com/results/leaderbord
Zugriff 02.10.2016

Bundesinstitut fur Risikobewertungen (BfR) (2006). *Trans-Fettsauren sind in der Ernah-rung unerwunscht – zu viel Fett auch.* Zugriff am 13.10.2016 unter:
http://www.bfr.bund.de/cm/343/trans_fettsaeuren_sind_in_der_ernaehrung_uner-wuenscht_zu_viel_fett_auch.pdf

Gabius, A. *arnegabius.de.* Letzter Zugriff 23.10.2016
http://www.frankfurt-marathon/Ergebnisse/Leaderboard

Gabius, A. (2014). *Arne Gabius: Mit der F-AS-T Formel zum ersten Marathon.*
Zugriff am 12.10.2016 unter:
http://www.marathon4you.de/magazin/ernaehrung/arne-gabius-mit-der-f-as-t-for-mel-zum-ersten-marathon/420)

Ivy, J.-L. (2001). Dietary strategies to promote glycogen synthesis after exercise. *Jour-nal of Applied Physiology, 26.* 236-245.
Letzter Zugriff am 10.10.2016 unter:
http://vmrz0100.vm.ruhr-uni-bochum.de/spomedial/content/e866/e2442/e7594/e7651/e7668/index_ger.html

Johannsen, D. L., et al. (2012). Metabolic slowing with massive weight loss despite pre-servation of fat-free mass. *The journal of clinical endocrinology and metabolism.*
Letzter Zugriff am 14.10.2016 unter:
http://www.ncbi.nlm.nih.gov/pubmed/22535969)

Knuth, N. D., et.al. (2014). Metabolic Adaption Following Weightloss is related to the degree of energy imbalance and changes in circulating leptin. *Obesity, 22* (12).
letzter Zugriff am 14.10.2016 unter:
http://www.readcube.com/articles/10.1002/oby.20900)

Schwarz, S. & Zeiler-Hilgart, G. (2015). *Bedeutung der Trans-Fettsäuren in der Ernäh-rung:* Rechtliche Situation Bayrisches Landesamt für Gesundheit und Lebensmittelsi-cherheit.
Zugriff am 13.10.2016 unter :
http://www.lgl.bayern.de/lebensmittel/warengruppen/wc_13_fette_oele/et_trans_fettsaeuren.htm

www.wikipedia.de
Zugriff am 23.09.2016

A-Kader: vom DLV berufene Spitzenkader der Leichtathletik (Medaillenbereich bei internationalen Meisterschaften)

B-Kader: vom DLV berufene Athleten, die den B-Kader-Richtwert erreicht haben und auch die sonstigen Anforderungen des DLV erfüllen

C-Kader: vom DLV berufene Athleten, die den C-Kader-Richtwert erreicht haben und unter 19 Jahre alt sind

KKMT: kombiniertes Kraft-/Motorik-Training

DG: Disziplingruppe

DL: Dauerlauf

DLV: Deutscher Leichtathletikverband

DGLD: Deutsche Gesellschaft Leichtathletik Dokumentation

DVfL: Deutscher Verband für Leichtathletik (in der DDR)

EM: Europameisterschaft

FKL: Form-Kontroll-Lauf

FKS: Forschungsinstitut für Körperkultur und Sport in Leipzig

FT-Faser: schnell kontrahierender Muskelfasertyp, auch weiße Muskelfaser genannt

GA1: Grundlagenausdauer 1

GA2: Grundlagenausdauer 2

GP: Gehpause

IAT: Institut für angewandte Trainingswissenschaften in Leipzig

KA: Kraftausdauer

km: Kilometer

min: Minuten

M.: Musculus (lat.)

MSL: marathonspezifischer Lauf

r: Korrelationskoeffizient

SL: Schrittlänge

SF: Schrittfrequenz

ST-Faser: langsam kontrahierender Muskelfasertyp, auch rote Muskelfaser genannt

SA: Schnelligkeitsausdauer

s: Sekunden

TE: Trainingseinheit

TG: Trainingsgruppe

TL: Tempolauf

TP: Trabpause

TS-1: schneller Abschnitt beim Tempowechsel

TS-2: langsamerer Abschnitt beim Tempowechsel

TW: Tempowechsel

U16: 14, 15-Jährigen laut Altersklasseneinteilung des Deutschen Leichtathletikverbandes

U18: 16, 17-Jährigen laut Altersklasseneinteilung des Deutschen Leichtathletikverbandes

U20: 18, 19-Jährigen laut Altersklasseneinteilung des Deutschen Leichtathletikverbandes

U23: 20, 21, 22-Jährigen laut Altersklasseneinteilung des Deutschen Leichtathletik-verbandes

UWV: unmittelbare Wettkampfvorbereitung

VL 2, 3, 4, 8, 10: Geschwindigkeit bei Laktat 2, 3, 4, 8, 10

VO_2max.: maximale Sauerstoffaufnahme

V: Geschwindigkeit

WSA: wettkampfspezifische Ausdauer

WK: Wettkampf

WM: Weltmeisterschaft

Wo: Wochen

WS: Windsprints

ANLAGE 1

Tab. 196: Leistungsniveau bei deutschen Jugendmeisterschaften 2008-2012 in den leichtathletischen Laufdisziplinen

alles Angaben in Minuten			2008	2009	2010	2011	2012	Mittelwert 2008-12	
			in min	in min	in min	in min	in min	m/s	in min
M U18	800 m	Gold	1:54,7	1:54,4	1:55,1	1:55,5	1:55,7	6,95	1:55,1
	800 m	Bronze	1:55,8	1:55,9	1:55,7	1:59,5	1:56,3	6,86	1:56,6
	800 m	8. Platz	1:57,6	1:57,3	1:58,1	2:1,3	1:57,3	6,76	1:58,3
M U20	800 m	Gold	1:2,4	1:53,0	1:51,2	1:53,2	1:47,9	7,18	1:51,5
	800 m	Bronze	1:52,9	1:53,8	1:51,7	1:53,9	1:49,5	7,12	1:52,3
	800 m	8. Platz	1:54,4	1:54,7	1:55,0	1:56,4	1:53,8	6,97	1:54,8
W U18	800 m	Gold	2:9,5	2:8,8	2:6,3	2:6,4	2:11,0	6,23	2:08,4
	800 m	Bronze	2:11,7	2:9,3	2:8,5	2:12,9	2:12,3	6,11	2:10,9
	800 m	8. Platz	2:14,0	2:13,2	2:15,3	2:14,7	2:14,1	5,96	2:14,2
W U20	800 m	Gold	2:7,2	2:5,2	2:11,4	2:6,4	2:8,0	6,27	2:07,6
	800 m	Bronze	2:8,0	2:7,0	2:12,2	2:10,0	2:13,1	6,15	2:10,0
	800 m	8. Platz	2:13,6	2:15,2	2:14,4	2:12,1	2:18,1	5,94	2:14,6

alles Angaben in Minuten			2008	2009	2010	2011	2012	Mittelwert 2008-12	
			in min	in min	in min	in min	in min	m/s	in min
M U18	1.500 m	Gold	4:9,9	4:0,8	3:56,8	3:53,9	3:54,4	6,28	3:59,0
	1.500 m	Bronze	4:10,4	4:4,6	4:2,4	3:59,2	3:58,0	6,18	4:02,8
	1.500 m	8. Platz	4:13,5	4:7,8	4:7,3	4:4,8	4:2,9	6,07	4:07,2
M U20	1.500 m	Gold	4:0,6	3:56,0	3:52,5	3:58,5	3:54,5	6,34	3:56,4
	1.500 m	Bronze	4:2,3	3:56,7	3:57,0	3:59,1	3:55,6	6,30	3:58,1
	1.500 m	8. Platz	4:4,5	3:58,5	4:2,6	4:2,4	3:59,8	6,21	4:01,5
W U18	1.500 m	Gold	4:39,7	4:37,1	4:32,7	4:30,5	4:30,6	5,47	4:34,1
	1.500 m	Bronze	4:43,0	4:38,5	4:34,0	4:35,5	4:31,5	5,43	4:36,5
	1.500 m	8. Platz	4:51,0	4:46,3	4:44,3	4:46,9	4:43,9	5,24	4:46,5
W U20	1.500 m	Gold	4:22,8	4:20,5	4:30,6	4:27,0	4:26,0	5,65	4:25,3
	1.500 m	Bronze	4:25,7	4:33,1	4:31,4	4:32,6	4:36,1	5,52	4:31,7
	1.500 m	8. Platz	4:40,0	4:40,1	4:44,3	4:42,8	4:40,8	5,33	4:41,6
M U18	3.000 m	Gold	8:41,1	8:26,8	8:43,0	8:43,8	8:27,3	5,81	8:36,3
	3.000 m	Bronze	8:44,9	8:45,9	8:47,0	8:48,0	8:29,8	5,74	8:43,0
	3.000 m	8. Platz	9:2,8	8:54,5	8:53,7	8:59,0	8:42,0	5,61	8:54,3
M U20	3.000 m	Gold	8:14,9	8:20,9	8:31,4	8:24,6	8:25,0	5,96	8:23,3
	3.000 m	Bronze	8:20,7	8:22,3	8:33,8	8:28,3	8:27,1	5,92	8:26,4
	3.000 m	8. Platz	8:29,2	8:30,3	8:51,6	8:37,7	8:34,8	5,81	8:36,6
W U18	3.000 m	Gold	9:58,8	9:53,5	10:4,0	9:43,2	9:31,2	5,09	9:49,9
	3.000 m	Bronze	10:6,6	9:55,4	10:10,2	9:58,7	10:5,8	4,97	10:03,3
	3.000 m	8. Platz	10:13,4	10:13,7	10:33,2	10:14,0	10:20,2	4,85	10:18,8

alles Angaben in Minuten			2008	2009	2010	2011	2012	Mittelwert 2008-12	
			in min	in min	in min	in min	in min	m/s	in min
W U20	3.000 m		Gold	9:42,6	9:30,8	9:55,2	9:33,2	9:38,0	5,17	9:39,8
	3.000 m		Bronze	9:46,6	9:43,0	9:59,6	9:43,8	9:51,6	5,09	9:48,9
	3.000 m		8. Platz	10:0,0	10:18,7	10:26,6	10:11,3	10:17,9	4,88	10:14,8
M U18	2.000 m	Hi	Gold	6:8,8	5:56,8	6:5,3	6:0,0	5:55,6	5,54	6:01,2
	2.000 m	Hi	Bronze	6:13,3	5:58,9	6:9,3	6:11,5	5:59,7	5,46	6:06,4
	2.000 m	Hi	8. Platz	6:19,5	6:19,6	6:18,1	6:19,1	6:10,6	5,30	6:17,3
M U20	2.000 m	Hi	Gold	5:52,8	5:42,4	5:46,0	5:40,5	5:50,5	5,77	5:46,4
	2.000 m	Hi	Bronze	5:56,0	5:49,5	5:51,8	5:50,8	5:51,6	5,68	5:51,9
	2.000 m	Hi	8. Platz	6:2,6	6:5,1	6:5,5	5:58,0	6:4,4	5,51	6:03,1
W U18	1.500 m	Hi	Gold	4:58,5	4:55,0	4:55,8	4:53,4	4:49,1	5,10	4:54,3
	1.500 m	Hi	Bronze	4:58,9	5:3,6	5:1,3	5:3,3	4:53,9	5,00	5:00,2
	1.500 m	Hi	8. Platz	5:13,9	5:10,6	5:11,5	5:16,5	5:2,8	4,82	5:11,0
W U20	2.000 m	Hi	Gold	6:42,6	6:37,4	6:23,4	6:39,6	6:22,1	5,09	6:32,8
	2.000 m	Hi	Bronze	6:49,9	6:50,6	6:53,9	6:58,0	6:40,8	4,87	6:50,6
	2.000 m	Hi	8. Platz	7:6,1	7:13,8	7:9,3	7:9,4	7:2,3	4,67	7:08,1
M U20	5.000 m		Gold	14:27,3	14:47,3	14:39,3	14:31,3	14:39,0	5,70	14:36,8
	5.000 m		Bronze	14:34,9	14:53,2	14:46,8	14:42,3	14:45,6	5,65	14:44,5
	5.000 m		8. Platz	14:53,7	15:40,4	15:20,2	15:11,5	15:3,4	5,47	15:13,5
W U20	5.000 m		Gold	17:9,3	16:48,9	16:47,0		17:31,7	4,88	17:03,9
	5.000 m		Bronze	17:22,4	17:10,0	17:20,7		17:33,2	4,80	17:21,5
	5.000 m		8. Platz	17:42,8	17:59,5	18:8,7		17:47,6	4,65	17:54,5

ANLAGE 2 : ZIELZEITTABELLEN FÜR ALLE LANGSTRECKEN UND LEISTUNGSBEREICHE

Tab. 197: Zielzeitrechner 5.000 m-10.000 m Frauen (Angaben in Minuten)

5.000 m	10-km-Zeit bei sehr guter Ausdauer	10-km-Zeit maximal erreichbar	5.000 m	10-km-Zeit bei sehr guter Ausdauer	10-km-Zeit maximal erreichbar
14:00	29:26	28:44	21:10	44:59	43:52
14:10	29:47	29:4	21:20	45:21	44:13
14:20	30:8	29:25	21:30	45:42	44:34
14:30	30:29	29:45	21:40	46:3	44:54
14:40	30:50	30:6	21:50	46:24	45:15
14:50	31:11	30:27	22:0	46:46	45:36
15:00	31:32	30:47	22:10	47:7	45:56
15:10	31:53	31:8	22:20	47:28	46:17
15:20	32:14	31:28	22:30	47:49	46:38
15:30	32:35	31:49	22:40	48:11	46:59
15:40	32:56	32:9	22:50	48:32	47:19
15:50	33:17	32:30	23:0	48:53	47:40
16:00	33:38	32:50	23:10	49:14	48:1
16:10	33:59	33:11	23:20	49:36	48:22
16:20	34:20	33:31	23:30	49:57	48:42
16:30	34:41	33:52	23:40	50:18	49:3
16:40	35:2	34:12	23:50	50:39	49:24
16:50	35:23	34:33	24:0	51:1	49:44
17:00	35:44	34:53	24:10	51:22	50:5

5.000 m	10-km-Zeit bei sehr guter Ausdauer	10-km-Zeit maximal erreichbar	5.000 m	10-km-Zeit bei sehr guter Ausdauer	10-km-Zeit maximal erreichbar
17:10	36:6	35:14	24:20	51:43	50:26
17:20	36:27	35:34	24:30	52:4	50:47
17:30	36:48	35:55	24:40	52:26	51:7
17:40	37:9	36:15	24:50	52:47	51:28
17:50	37:30	36:36	25:0	53:42	51:49
18:00	37:51	36:56	25:20	54:25	53:3
18:10	38:12	37:17	25:40	55:8	53:45
18:20	38:33	37:37	26:0	55:51	54:27
18:30	38:54	37:58	26:20	56:34	55:9
18:40	39:15	38:19	26:40	57:17	55:51
18:50	39:36	38:39	27:0	58:0	56:33
19:00	39:57	38:60	27:20	58:43	57:15
19:10	40:18	39:20	27:40	59:26	57:56
19:20	40:39	39:41	28:0	60:9	58:38
19:30	40:60	40:1	28:20	60:52	59:20
19:40	41:21	40:22	28:40	61:35	60:2
19:50	41:42	40:42	29:0	62:18	60:44
20:0	42:30	41:27	29:20	63:1	61:26
20:10	42:52	41:48	29:40	63:44	62:8
20:20	43:13	42:8	30:0	64:27	62:50
20:30	43:34	42:29	31:0	66:36	64:55
20:40	43:55	42:50	32:0	68:45	67:1

5.000 m	10-km-Zeit bei sehr guter Ausdauer	10-km-Zeit maximal erreichbar	5.000 m	10-km-Zeit bei sehr guter Ausdauer	10-km-Zeit maximal erreichbar
20:50	44:17	43:11	33:0	70:53	69:7
21:0	44:38	43:31	34:0	73:2	71:12
			35:0	75:11	73:18

Tab.198: Zielzeitrechner 5.000 m-10.000 m Männer (Angaben in Minuten)

5.000 m	10-km-Zeit bei sehr guter Ausdauer	10-km-Zeit maximal erreichbar	5.000 m	10-km-Zeit bei sehr guter Ausdauer	10-km-Zeit maximal erreichbar
12:20	25:48	25:19	20:20	42:59	42:8
12:30	26:9	25:39	20:30	43:20	42:29
12:40	26:30	25:60	20:40	43:42	42:50
12:50	26:51	26:20	20:50	44:3	43:11
13:00	27:12	26:41	21:0	44:24	43:31
13:10	27:33	27:1	21:10	44:45	43:52
13:20	27:54	27:22	21:20	45:6	44:13
13:30	28:15	27:42	21:30	45:27	44:34
13:40	28:35	28:3	21:40	45:48	44:54
13:50	28:56	28:23	21:50	46:10	45:15
14:00	29:17	28:44	22:0	46:31	45:36
14:10	29:38	29:4	22:10	46:52	45:56
14:20	29:59	29:25	22:20	47:13	46:17
14:30	30:20	29:45	22:30	47:34	46:38
14:40	30:41	30:6	22:40	47:55	46:59
14:50	31:2	30:26	22:50	48:16	47:19

5.000 m	10-km-Zeit bei sehr guter Ausdauer	10-km-Zeit maximal erreichbar	5.000 m	10-km-Zeit bei sehr guter Ausdauer	10-km-Zeit maximal erreichbar
15:00	31:23	30:47	23:0	48:38	47:40
15:10	31:44	31:7	23:10	48:59	48:1
15:20	32:5	31:28	23:20	49:20	48:22
15:30	32:26	31:48	23:30	49:41	48:42
15:40	32:47	32:9	23:40	50:2	49:3
15:50	33:7	32:29	23:50	50:23	49:24
16:00	33:28	32:50	24:0	50:44	49:44
16:10	33:49	33:11	24:10	51:6	50:5
16:20	34:10	33:31	24:20	51:27	50:26
16:30	34:31	33:52	24:30	51:48	50:47
16:40	34:52	34:12	24:40	52:9	51:7
16:50	35:13	34:33	24:50	52:30	51:28
17:00	35:34	34:53	25:0	53:25	52:21
17:10	35:55	35:14	25:20	54:8	53:3
17:20	36:16	35:34	25:40	54:51	53:45
17:30	36:37	35:55	26:0	55:33	54:27
17:40	36:58	36:15	26:20	56:16	55:9
17:50	37:18	36:36	26:40	56:59	55:51
18:00	37:39	36:56	27:0	57:42	56:33
18:10	38:0	37:17	27:20	58:24	57:15
18:20	38:21	37:37	27:40	59:7	57:56
18:30	38:42	37:58	28:0	59:50	58:38

5.000 m	10-km-Zeit bei sehr guter Ausdauer	10-km-Zeit maximal erreichbar	5.000 m	10-km-Zeit bei sehr guter Ausdauer	10-km-Zeit maximal erreichbar
18:40	39:3	38:18	28:20	60:32	59:20
18:50	39:24	38:39	28:40	61:15	60:2
19:00	39:45	38:59	29:0	61:58	60:44
19:10	40:6	39:20	29:20	62:41	61:26
19:20	40:27	39:40	29:40	63:23	62:8
19:30	40:48	40:1	30:0	64:6	62:50
19:40	41:9	40:21	31:0	66:14	64:55
19:50	41:30	40:42	32:0	68:23	67:1
20:0	42:17	41:27	33:0	70:31	69:7
20:10	42:38	41:48	34:0	72:39	71:12
			35:0	74:47	73:18

Tab. 199: Zielzeitrechner 10 km-Halbmarathon Frauen (Angaben in Minuten und Stunden)

10-km-Zeit	Halbmarathon bei sehr guter Ausdauer	Halbmarathon maximal erreichbar	10-km-Zeit	Halbmarathon bei sehr guter Ausdauer	Halbmara-thon maximal erreichbar
29:30	1:5:41	1:3:38	42:0	1:33:31	1:30:36
29:45	1:6:15	1:4:10	42:30	1:34:38	1:31:40
30:0	1:6:48	1:4:43	43:0	1:35:45	1:32:45
30:15	1:7:21	1:5:15	43:30	1:36:52	1:33:50
30:30	1:7:55	1:5:47	44:0	1:37:58	1:34:55
30:45	1:8:28	1:6:20	44:30	1:39:5	1:35:59
31:0	1:9:2	1:6:52	45:0	1:40:12	1:37:4

10-km-Zeit	Halbmarathon bei sehr guter Ausdauer	Halbmarathon maximal erreichbar	10-km-Zeit	Halbmarathon bei sehr guter Ausdauer	Halbmarathon maximal erreichbar
31:15	1:9:35	1:7:24	45:30	1:42:21	1:38:9
31:30	1:10:8	1:7:57	46:0	1:43:29	1:40:16
31:45	1:10:42	1:8:29	46:30	1:44:36	1:41:22
32:0	1:11:15	1:9:2	47:0	1:45:43	1:42:27
32:15	1:11:49	1:9:34	47:30	1:46:51	1:43:32
32:30	1:12:22	1:10:6	48:0	1:47:58	1:44:38
32:45	1:12:55	1:10:39	48:30	1:49:6	1:45:43
33:0	1:13:29	1:11:11	49:0	1:50:13	1:46:48
33:15	1:14:2	1:11:43	49:30	1:51:21	1:47:54
33:30	1:14:36	1:12:16	50:0	1:52:28	1:48:59
33:45	1:15:9	1:12:48	50:30	1:53:36	1:50:5
34:0	1:15:42	1:13:20	51:0	1:54:43	1:51:10
34:15	1:16:16	1:13:53	51:30	1:55:51	1:52:15
34:30	1:16:49	1:14:25	52:0	1:56:58	1:53:21
34:45	1:17:23	1:14:57	52:30	1:58:6	1:54:26
35:0	1:17:56	1:15:30	53:0	1:59:13	1:55:32
35:15	1:18:29	1:16:2	53:30	2:0:21	1:56:37
35:30	1:19:3	1:16:34	54:0	2:1:28	1:57:42
35:45	1:19:36	1:17:7	54:30	2:2:36	1:58:48
36:0	1:20:10	1:17:39	55:0	2:5:3	2:1:8
36:15	1:20:43	1:18:12	55:30	2:6:11	2:2:14

10-km-Zeit	Halbmarathon bei sehr guter Ausdauer	Halbmarathon maximal erreichbar	10-km-Zeit	Halbmarathon bei sehr guter Ausdauer	Halbmarathon maximal erreichbar
36:30	1:21:16	1:18:44	56:0	2:7:20	2:3:20
36:45	1:21:50	1:19:16	56:30	2:8:28	2:4:26
37:0	1:22:23	1:19:49	57:0	2:9:36	2:5:33
37:15	1:22:57	1:20:21	57:30	2:10:44	2:6:39
37:30	1:23:30	1:20:53	58:0	2:11:52	2:7:45
37:45	1:24:3	1:21:26	58:30	2:13:1	2:8:51
38:0	1:24:37	1:21:58	59:0	2:14:9	2:9:57
38:15	1:25:10	1:22:30	59:30	2:15:17	2:11:3
38:30	1:25:44	1:23:3	60:0	2:16:25	2:12:9
38:45	1:26:17	1:23:35	61:0	2:18:42	2:14:21
39:0	1:26:50	1:24:7	62:0	2:20:58	2:16:33
39:15	1:27:24	1:24:40	63:0	2:23:15	2:18:45
39:30	1:27:57	1:25:12	64:0	2:25:31	2:20:58
39:45	1:28:31	1:25:45	65:0	2:27:47	2:23:10
40:0	1:29:4	1:26:17	66:0	2:30:4	2:25:22
40:30	1:30:11	1:27:22	67:0	2:32:20	2:27:34
41:0	1:31:18	1:28:26	68:0	2:34:37	2:29:46
41:30	1:32:24	1:29:31	69:0	2:36:53	2:31:58
			70:0	2:39:10	2:34:11

Tab.200: Zielzeitrechner 10 km-Halbmarathon Männer (Angaben in Minuten und Stunden)

10-km-Zeit	Halbmarathon bei sehr guter Ausdauer	Halbmarathon maximal erreichbar	10-km-Zeit	Halbmarathon bei sehr guter Ausdauer	Halbmarathon maximal erreichbar
26:15	58:18	56:44	39:15	1:27:10	1:24:50
26:30	58:51	57:16	39:30	1:27:44	1:25:22
26:45	59:25	57:49	39:45	1:28:17	1:25:54
27:0	59:58	58:21	40:0	1:28:50	1:26:27
27:15	1:0:31	58:53	40:30	1:30:55	1:28:28
27:30	1:1:5	59:26	41:0	1:32:2	1:29:33
27:45	1:1:38	59:58	41:30	1:33:9	1:30:39
28:0	1:2:11	1:0:31	42:0	1:34:17	1:31:44
28:15	1:2:44	1:1:3	42:30	1:35:24	1:32:50
28:30	1:3:18	1:1:36	43:0	1:36:31	1:33:55
28:45	1:3:51	1:2:8	43:30	1:37:39	1:35:1
29:0	1:4:24	1:2:40	44:0	1:38:46	1:36:6
29:15	1:4:58	1:3:13	44:30	1:39:53	1:37:12
29:30	1:5:31	1:3:45	45:0	1:41:1	1:38:18
29:45	1:6:4	1:4:18	45:30	1:42:8	1:39:23
30:0	1:6:38	1:4:50	46:0	1:43:15	1:40:29
30:15	1:7:11	1:5:22	46:30	1:44:23	1:41:34
30:30	1:7:44	1:5:55	47:0	1:45:30	1:42:40
30:45	1:8:18	1:6:27	47:30	1:46:37	1:43:45
31:0	1:8:51	1:6:60	48:0	1:47:45	1:44:51
31:15	1:9:24	1:7:32	48:30	1:48:52	1:45:56

10-km-Zeit	Halbmarathon bei sehr guter Ausdauer	Halbmarathon maximal erreichbar	10-km-Zeit	Halbmarathon bei sehr guter Ausdauer	Halbmarathon maximal erreichbar
31:30	1:9:58	1:8:5	49:0	1:49:59	1:47:2
31:45	1:10:31	1:8:37	49:30	1:51:7	1:48:7
32:0	1:11:4	1:9:9	50:0	1:52:14	1:49:13
32:15	1:11:38	1:9:42	50:30	1:54:35	1:50:18
32:30	1:12:11	1:10:14	51:0	1:55:43	1:51:24
32:45	1:12:44	1:10:47	51:30	1:56:51	1:52:29
33:0	1:13:17	1:11:19	52:0	1:57:59	1:53:35
33:15	1:13:51	1:11:52	52:30	1:59:7	1:54:40
33:30	1:14:24	1:12:24	53:0	2:0:15	1:55:46
33:45	1:14:57	1:12:56	53:30	2:1:23	1:56:51
34:0	1:15:31	1:13:29	54:0	2:2:31	1:57:57
34:15	1:16:4	1:14:1	54:30	2:3:39	1:59:3
34:30	1:16:37	1:14:34	55:0	2:4:47	2:1:23
34:45	1:17:11	1:15:6	55:30	2:5:55	2:2:30
35:0	1:17:44	1:15:38	56:0	2:7:3	2:3:36
35:15	1:18:17	1:16:11	56:30	2:8:11	2:4:42
35:30	1:18:51	1:16:43	57:0	2:9:19	2:5:48
35:45	1:19:24	1:17:16	57:30	2:10:27	2:6:55
36:0	1:19:57	1:17:48	58:0	2:11:35	2:8:1
36:15	1:20:31	1:18:21	58:30	2:12:44	2:9:7
36:30	1:21:4	1:18:53	59:0	2:13:52	2:10:13
36:45	1:21:37	1:19:25	59:30	2:14:60	2:11:19

10-km-Zeit	Halbmarathon bei sehr guter Ausdauer	Halbmarathon maximal erreichbar	10-km-Zeit	Halbmarathon bei sehr guter Ausdauer	Halbmara-thon maximal erreichbar
37:0	1:22:10	1:19:58	60:0	2:16:8	2:12:26
37:15	1:22:44	1:20:30	61:0	2:18:24	2:14:38
37:30	1:23:17	1:21:3	62:0	2:20:40	2:16:50
37:45	1:23:50	1:21:35	63:0	2:22:56	2:19:3
38:0	1:24:24	1:22:7	64:0	2:25:12	2:21:15
38:15	1:24:57	1:22:40	65:0	2:27:28	2:23:28
38:30	1:25:30	1:23:12	66:0	2:29:45	2:25:40
38:45	1:26:4	1:23:45	67:0	2:32:1	2:27:53
39:0	1:26:37	1:24:17	68:0	2:34:17	2:30:5
			69:0	2:36:33	2:32:17
			70:0	2:38:49	2:34:30

Tab. 201: Zielzeitrechner 10 km-Marathon Frauen (Angaben in Minuten und Stunden)

10-km-Zeit	Marathon bei sehr guter Ausdauer	Marathon maximal erreichbar	10-km-Zeit	Marathon bei sehr guter Ausdauer	Marathon maximal erreichbar
29:30	2:18:28	2:11:35	42:0	3:17:8	3:07:20
29:45	2:19:38	2:12:42	42:30	3:19:29	3:09:34
30:0	2:20:49	2:13:49	43:0	3:21:50	3:11:48
30:15	2:21:59	2:14:56	43:30	3:24:11	3:14:2
30:30	2:23:10	2:16:2	44:0	3:26:31	3:16:15
30:45	2:24:20	2:17:9	44:30	3:28:52	3:18:29
31:0	2:25:30	2:18:16	45:0	3:33:22	3:20:43

10-km-Zeit	Marathon bei sehr guter Ausdauer	Marathon maximal erreichbar	10-km-Zeit	Marathon bei sehr guter Ausdauer	Marathon maximal erreichbar
31:15	2:26:41	2:19:23	45:30	3:35:44	3:25:7
31:30	2:27:51	2:20:30	46:0	3:38:7	3:27:22
31:45	2:29:2	2:21:37	46:30	3:40:29	3:29:37
32:0	2:30:12	2:22:44	47:0	3:42:51	3:31:53
32:15	2:31:22	2:23:51	47:30	3:45:13	3:34:8
32:30	2:32:33	2:24:58	48:0	3:47:36	3:36:23
32:45	2:33:43	2:26:5	48:30	3:49:58	3:38:38
33:0	2:34:54	2:27:12	49:0	3:52:20	3:40:54
33:15	2:36:4	2:28:18	49:30	3:54:42	3:43:9
33:30	2:37:14	2:29:25	50:0	3:57:5	3:45:24
33:45	2:38:25	2:30:32	50:30	3:59:27	3:47:39
34:0	2:39:35	2:31:39	51:0	4:1:49	3:49:55
34:15	2:40:46	2:32:46	51:30	4:4:11	3:52:10
34:30	2:41:56	2:33:53	52:0	4:6:34	3:54:25
34:45	2:43:6	2:34:60	52:30	4:8:56	3:56:40
35:0	2:44:17	2:36:7	53:0	4:11:18	3:58:55
35:15	2:45:27	2:37:14	53:30	4:13:40	4:1:11
35:30	2:46:38	2:38:21	54:0	4:16:3	4:3:26
35:45	2:47:48	2:39:27	54:30	4:18:25	4:5:41
36:0	2:48:58	2:40:34	55:0	4:20:47	4:10:37
36:15	2:50:9	2:41:41	55:30	4:26:9	4:12:54
36:30	2:51:19	2:42:48	56:0	4:28:33	4:15:10

10-km-Zeit	Marathon bei sehr guter Ausdauer	Marathon maximal erreichbar	10-km-Zeit	Marathon bei sehr guter Ausdauer	Marathon maximal erreichbar
36:45	2:52:30	2:43:55	56:30	4:30:57	4:17:27
37:0	2:53:40	2:45:2	57:0	4:33:20	4:19:44
37:15	2:54:50	2:46:9	57:30	4:35:44	4:22:1
37:30	2:56:1	2:47:16	58:0	4:38:8	4:24:17
37:45	2:57:11	2:48:23	58:30	4:40:32	4:26:34
38:0	2:58:22	2:49:30	59:0	4:42:56	4:28:51
38:15	2:59:32	2:50:37	59:30	4:45:20	4:31:7
38:30	3:0:43	2:51:43	60:0	4:47:44	4:33:24
38:45	3:1:53	2:52:50	61:0	4:52:31	4:37:58
39:0	3:3:3	2:53:57	62:0	4:57:19	4:42:31
39:15	3:4:14	2:55:4	63:0	5:2:7	4:47:4
39:30	3:5:24	2:56:11	64:0	5:6:55	4:51:38
39:45	3:6:35	2:57:18	65:0	5:11:42	4:56:11
40:0	3:7:45	2:58:25	66:0	5:16:30	5:0:45
40:30	3:10:6	3:0:39	67:0	5:21:18	5:5:18
41:0	3:12:27	3:2:52	68:0	5:26:5	5:9:51
41:30	3:14:47	3:5:6	69:0	5:30:53	5:14:25
			70:0	5:35:41	5:18:58

Tab. 202: Zielzeitrechner 10 km-Marathon Männer (Angaben in Minuten und Stunden)

10-km-Zeit	Marathon bei sehr guter Ausdauer	Marathon maximal erreichbar	10-km-Zeit	Marathon bei sehr guter Ausdauer	Marathon maximal erreichbar
26:15	2:3:18	1:57:46	40:45	3:13:13	3:4:41
26:30	2:4:28	1:58:53	41:0	3:14:24	3:5:49
26:45	2:5:39	2:0:0	41:15	3:15:35	3:6:57
27:0	2:6:49	2:1:8	41:30	3:16:47	3:8:5
27:15	2:8:0	2:2:15	41:45	3:17:58	3:9:13
27:30	2:9:10	2:3:22	42:0	3:19:9	3:10:21
27:45	2:10:21	2:4:30	42:15	3:20:20	3:11:29
28:0	2:11:31	2:5:37	42:30	3:21:31	3:12:37
28:15	2:12:42	2:6:44	42:45	3:22:42	3:13:45
28:30	2:13:52	2:7:51	43:0	3:23:53	3:14:53
28:45	2:15:3	2:8:59	43:15	3:25:4	3:16:1
29:0	2:16:13	2:10:6	43:30	3:26:16	3:17:9
29:15	2:17:23	2:11:13	43:45	3:27:27	3:18:17
29:30	2:18:34	2:12:21	44:0	3:28:38	3:19:25
29:45	2:19:44	2:13:28	44:15	3:29:49	3:20:33
30:0	2:20:55	2:14:35	44:30	3:31:0	3:21:41
30:15	2:22:5	2:15:42	44:45	3:32:11	3:22:49
30:30	2:23:16	2:16:50	45:0	3:33:22	3:23:57
30:45	2:24:26	2:17:57	45:30	3:35:44	3:26:13
31:0	2:25:37	2:19:4	46:0	3:38:7	3:28:29
31:15	2:26:47	2:20:12	46:30	3:40:29	3:30:45

10-km-Zeit	Marathon bei sehr guter Ausdauer	Marathon maximal erreichbar	10-km-Zeit	Marathon bei sehr guter Ausdauer	Marathon maximal erreichbar
31:30	2:27:58	2:21:19	47:0	3:42:51	3:33:1
31:45	2:29:8	2:22:26	47:30	3:45:13	3:35:17
32:0	2:30:19	2:23:34	48:0	3:47:36	3:37:33
32:15	2:31:29	2:24:41	48:30	3:49:58	3:39:49
32:30	2:32:39	2:25:48	49:0	3:52:20	3:42:5
32:45	2:33:50	2:26:55	49:30	3:54:42	3:44:21
33:0	2:35:0	2:28:3	50:0	3:59:46	3:49:4
33:15	2:36:11	2:29:10	50:30	4:2:10	3:51:22
33:30	2:37:21	2:30:17	51:0	4:4:34	3:53:39
33:45	2:38:32	2:31:25	51:30	4:6:58	3:55:57
34:0	2:39:42	2:32:32	52:0	4:9:22	3:58:14
34:15	2:40:53	2:33:39	52:30	4:11:46	4:0:32
34:30	2:42:3	2:34:46	53:0	4:14:10	4:2:49
34:45	2:43:14	2:35:54	53:30	4:16:33	4:5:6
35:0	2:44:24	2:37:1	54:0	4:18:57	4:7:24
35:15	2:45:34	2:38:8	54:30	4:21:21	4:9:41
35:30	2:46:45	2:39:16	55:0	4:23:45	4:11:59
35:45	2:47:55	2:40:23	55:30	4:26:9	4:14:16
36:0	2:49:6	2:41:30	56:0	4:28:33	4:16:34
36:15	2:50:16	2:42:38	56:30	4:30:57	4:18:51
36:30	2:51:27	2:43:45	57:0	4:33:20	4:21:9

10-km-Zeit	Marathon bei sehr guter Ausdauer	Marathon maximal erreichbar	10-km-Zeit	Marathon bei sehr guter Ausdauer	Marathon maximal erreichbar
36:45	2:52:37	2:44:52	57:30	4:35:44	4:23:26
37:0	2:53:48	2:45:59	58:0	4:38:8	4:25:43
37:15	2:54:58	2:47:7	58:30	4:40:32	4:28:1
37:30	2:56:9	2:48:14	59:0	4:42:56	4:30:18
37:45	2:57:19	2:49:21	59:30	4:45:20	4:32:36
38:0	2:58:29	2:50:29	60:0	4:47:44	4:34:53
38:15	2:59:40	2:51:36	61:0	4:52:31	4:39:28
38:30	3:0:50	2:52:43	62:0	4:57:19	4:44:3
38:45	3:2:1	2:53:50	63:0	5:2:7	4:48:38
39:0	3:3:11	2:54:58	64:0	5:6:55	4:53:13
39:15	3:4:22	2:56:5	65:0	5:11:42	4:57:48
39:30	3:5:32	2:57:12	66:0	5:16:30	5:2:22
39:45	3:6:43	2:58:20	67:0	5:21:18	5:6:57
40:0	3:9:40	3:1:17	68:0	5:26:5	5:11:32
40:15	3:10:51	3:2:25	69:0	5:30:53	5:16:7
40:30	3:12:2	3:3:33	70:0	5:35:41	5:20:42

Tab. 203: Zielzeitrechner Halbmarathon-Marathon Frauen (Angaben in Stunden)

Halbma-rathon-zeit	Marathon bei sehr guter Ausdauer	Marathon maximal erreichbar	Halbmara-thonzeit	Marathon bei sehr guter Ausdauer	Marathon maximal erreichbar
1:5:0	2:17:1	2:14:2	1:25:0	2:59:11	2:55:17
1:5:15	2:17:33	2:14:33	1:25:30	3:0:14	2:56:19
1:5:30	2:18:4	2:15:4	1:26:0	3:1:17	2:57:20

Halbma-rathon-zeit	Marathon bei sehr guter Ausdauer	Marathon maximal erreichbar	Halbmara-thonzeit	Marathon bei sehr guter Ausdauer	Marathon maximal erreichbar
1:5:45	2:18:36	2:15:35	1:26:30	3:2:20	2:58:22
1:6:0	2:19:8	2:16:6	1:27:0	3:3:24	2:59:24
1:6:15	2:19:39	2:16:37	1:27:30	3:4:27	3:0:26
1:6:30	2:20:11	2:17:8	1:28:0	3:5:30	3:1:28
1:6:45	2:20:42	2:17:39	1:28:30	3:6:33	3:2:30
1:7:0	2:21:14	2:18:10	1:29:0	3:7:36	3:3:32
1:7:15	2:21:46	2:18:41	1:29:30	3:8:40	3:4:33
1:7:30	2:22:17	2:19:11	1:30:0	3:9:43	3:5:35
1:7:45	2:22:49	2:19:42	1:30:30	3:12:45	3:6:37
1:8:0	2:23:20	2:20:13	1:31:0	3:13:49	3:9:34
1:8:15	2:23:52	2:20:44	1:32:0	3:15:57	3:11:39
1:8:30	2:24:24	2:21:15	1:33:0	3:18:5	3:13:44
1:8:45	2:24:55	2:21:46	1:34:0	3:20:13	3:15:49
1:9:0	2:25:27	2:22:17	1:35:0	3:22:21	3:17:54
1:9:15	2:25:59	2:22:48	1:36:0	3:24:28	3:19:59
1:9:30	2:26:30	2:23:19	1:37:0	3:26:36	3:22:4
1:9:45	2:27:2	2:23:50	1:38:0	3:28:44	3:24:9
1:10:0	2:27:33	2:24:21	1:39:0	3:30:52	3:26:14
1:10:15	2:28:5	2:24:52	1:40:0	3:32:60	3:28:19
1:10:30	2:28:37	2:25:23	1:41:0	3:35:7	3:30:24
1:10:45	2:29:8	2:25:54	1:42:0	3:37:15	3:32:28
1:11:0	2:29:40	2:26:24	1:43:0	3:39:23	3:34:33

Halbma-rathon-zeit	Marathon bei sehr guter Ausdauer	Marathon maximal erreichbar	Halbmara-thonzeit	Marathon bei sehr guter Ausdauer	Marathon maximal erreichbar
1:11:15	2:30:12	2:26:55	1:44:0	3:41:31	3:36:38
1:11:30	2:30:43	2:27:26	1:45:0	3:43:39	3:38:43
1:11:45	2:31:15	2:27:57	1:46:0	3:45:46	3:40:48
1:12:0	2:31:46	2:28:28	1:47:0	3:47:54	3:42:53
1:12:15	2:32:18	2:28:59	1:48:0	3:50:2	3:44:58
1:12:30	2:32:50	2:29:30	1:49:0	3:52:10	3:47:3
1:12:45	2:33:21	2:30:1	1:50:1	3:54:18	3:49:8
1:13:0	2:33:53	2:30:32	1:51:0	3:56:25	3:51:13
1:13:15	2:34:24	2:31:3	1:52:0	3:58:33	3:53:18
1:13:30	2:34:56	2:31:34	1:53:0	4:0:41	3:55:23
1:13:45	2:35:28	2:32:5	1:54:0	4:2:49	3:57:28
1:14:0	2:35:59	2:32:36	1:55:0	4:4:56	3:59:33
1:14:15	2:36:31	2:33:7	1:56:0	4:7:4	4:1:38
1:14:30	2:37:3	2:33:38	1:57:0	4:9:12	4:3:43
1:14:45	2:37:34	2:34:8	1:58:0	4:11:20	4:5:48
1:15:0	2:38:6	2:34:39	1:59:0	4:13:28	4:7:53
1:15:15	2:38:37	2:35:10	2:1:0	4:20:30	4:14:42
1:15:30	2:39:9	2:35:41	2:2:0	4:22:39	4:16:49
1:15:45	2:39:41	2:36:12	2:3:0	4:24:48	4:18:55
1:16:0	2:40:12	2:36:43	2:4:0	4:26:57	4:21:1
1:16:15	2:40:44	2:37:14	2:5:0	4:29:6	4:23:8
1:16:30	2:41:16	2:37:45	2:6:0	4:31:16	4:25:14

Halbma-rathon-zeit	Marathon bei sehr guter Ausdauer	Marathon maximal erreichbar	Halbmara-thonzeit	Marathon bei sehr guter Ausdauer	Marathon maximal erreichbar
1:16:45	2:41:47	2:38:16	2:7:0	4:33:25	4:27:20
1:17:0	2:42:19	2:38:47	2:8:0	4:35:34	4:29:27
1:17:15	2:42:50	2:39:18	2:9:0	4:37:43	4:31:33
1:17:30	2:43:22	2:39:49	2:10:0	4:39:52	4:33:39
1:17:45	2:43:54	2:40:20	2:11:0	4:42:1	4:35:45
1:18:0	2:44:25	2:40:51	2:12:0	4:44:11	4:37:52
1:18:15	2:44:57	2:41:22	2:13:0	4:46:20	4:39:58
1:18:30	2:45:28	2:41:52	2:14:0	4:48:29	4:42:4
1:18:45	2:46:0	2:42:23	2:15:0	4:50:38	4:44:11
1:19:0	2:46:32	2:42:54	2:16:0	4:52:47	4:46:17
1:19:15	2:47:3	2:43:25	2:17:0	4:54:56	4:48:23
1:19:30	2:47:35	2:43:56	2:18:0	4:57:6	4:50:30
1:19:45	2:48:7	2:44:27	2:19:0	4:59:15	4:52:36
1:20:0	2:48:38	2:44:58	2:20:0	5:1:24	4:54:42
1:20:30	2:49:41	2:45:60	2:21:0	5:3:33	4:56:48
1:21:0	2:50:45	2:47:2	2:22:0	5:5:42	4:58:55
1:21:30	2:51:48	2:48:4	2:23:0	5:7:51	5:1:1
1:22:0	2:52:51	2:49:5	2:24:0	5:10:1	5:3:7
1:22:30	2:53:54	2:50:7	2:25:0	5:12:10	5:5:14
1:23:0	2:54:58	2:51:9	2:26:0	5:14:19	5:7:20
1:23:30	2:56:1	2:52:11	2:27:0	5:16:28	5:9:26
1:24:0	2:57:4	2:53:13	2:28:0	5:18:37	5:11:33

Halbma-rathon-zeit	Marathon bei sehr guter Ausdauer	Marathon maximal erreichbar	Halbmara-thonzeit	Marathon bei sehr guter Ausdauer	Marathon maximal erreichbar
1:24:30	2:58:7	2:54:15	2:29:0	5:20:47	5:13:39
			2:30:0	5:22:56	5:15:45

Tab. 204: Zielzeitrechner Halbmarathon-Marathon Männer (Angaben in Stunden)

Halbma-rathon-zeit	Marathon bei sehr guter Ausdauer	Marathon maximal erreichbar	Halbmara-thon-zeit	Marathon bei sehr guter Ausdauer	Marathon maximal erreichbar
58:0	2:2:40	2:0:24	1:19:30	2:49:52	2:46:49
58:15	2:3:12	2:0:55	1:20:0	2:50:56	2:47:52
58:30	2:3:43	2:1:26	1:20:30	2:52:1	2:48:55
58:45	2:4:15	2:1:57	1:21:0	2:53:5	2:49:58
59:15	2:5:19	2:2:60	1:21:30	2:54:9	2:51:1
59:30	2:5:50	2:3:31	1:22:0	2:55:13	2:52:4
59:30	2:5:50	2:3:31	1:22:30	2:56:17	2:53:7
59:45	2:6:22	2:4:2	1:23:0	2:57:21	2:54:10
1:0:0	2:6:54	2:4:33	1:23:30	2:58:25	2:55:13
1:0:15	2:7:25	2:5:4	1:24:0	2:59:29	2:56:16
1:0:30	2:7:57	2:5:35	1:24:30	3:0:33	2:57:19
1:0:45	2:8:29	2:6:6	1:25:0	3:1:37	2:58:22
1:1:0	2:9:1	2:6:38	1:25:30	3:2:42	2:59:25
1:1:15	2:9:32	2:7:9	1:26:0	3:3:46	3:0:28
1:1:30	2:10:4	2:7:40	1:26:30	3:4:50	3:1:31
1:1:45	2:10:36	2:8:11	1:27:0	3:5:54	3:2:34

Halbma-rathon-zeit	Marathon bei sehr guter Ausdauer	Marathon maximal erreichbar	Halbmara-thon-zeit	Marathon bei sehr guter Ausdauer	Marathon maximal erreichbar
1:2:0	2:11:8	2:8:42	1:27:30	3:6:58	3:3:37
1:2:15	2:11:39	2:9:13	1:28:0	3:8:2	3:4:39
1:2:30	2:12:11	2:9:44	1:28:30	3:9:6	3:5:42
1:2:45	2:12:43	2:10:16	1:29:0	3:10:10	3:6:45
1:3:0	2:13:14	2:10:47	1:29:30	3:11:14	3:7:48
1:3:30	2:14:18	2:11:49	1:30:0	3:12:18	3:8:51
1:3:45	2:14:50	2:12:20	1:31:0	3:14:27	3:10:57
1:3:45	2:14:50	2:12:20	1:32:0	3:16:35	3:13:3
1:4:0	2:15:21	2:12:51	1:33:0	3:18:43	3:15:9
1:4:15	2:15:53	2:13:22	1:34:0	3:20:51	3:17:15
1:4:30	2:16:25	2:13:54	1:35:0	3:22:59	3:19:21
1:4:45	2:16:57	2:14:25	1:36:0	3:25:8	3:21:27
1:5:0	2:17:28	2:14:56	1:37:0	3:27:16	3:23:33
1:5:15	2:17:60	2:15:27	1:38:0	3:29:24	3:25:39
1:5:30	2:18:32	2:15:58	1:39:0	3:31:32	3:27:44
1:5:45	2:19:3	2:16:29	1:40:0	3:33:41	3:29:50
1:6:0	2:19:35	2:17:0	1:41:0	3:35:49	3:31:56
1:6:15	2:20:7	2:17:31	1:42:0	3:37:57	3:34:2
1:6:30	2:20:39	2:18:3	1:43:0	3:40:5	3:36:8
1:6:45	2:21:10	2:18:34	1:44:0	3:42:13	3:38:14
1:6:57	2:21:36	2:18:59	1:45:0	3:44:22	3:40:20

Halbma-rathon-zeit	Marathon bei sehr guter Ausdauer	Marathon maximal erreichbar	Halbmara-thon-zeit	Marathon bei sehr guter Ausdauer	Marathon maximal erreichbar
1:7:0	2:21:42	2:19:5	1:46:0	3:46:30	3:42:26
1:7:15	2:22:14	2:19:36	1:47:0	3:48:38	3:44:32
1:7:30	2:22:45	2:20:7	1:48:0	3:50:46	3:46:38
1:7:45	2:23:17	2:20:38	1:49:0	3:52:54	3:48:43
1:8:0	2:23:49	2:21:9	1:50:0	3:55:3	3:50:49
1:8:15	2:24:21	2:21:41	1:51:0	3:59:44	3:55:23
1:8:30	2:24:52	2:22:12	1:52:0	4:1:54	3:57:31
1:8:45	2:25:24	2:22:43	1:53:0	4:4:4	3:59:38
1:9:0	2:25:56	2:23:14	1:54:0	4:6:13	4:1:45
1:9:15	2:26:28	2:23:45	1:55:0	4:8:23	4:3:52
1:9:30	2:26:59	2:24:16	1:56:0	4:10:32	4:5:60
1:9:45	2:27:31	2:24:47	1:57:0	4:12:42	4:8:7
1:10:0	2:28:3	2:25:19	1:58:0	4:14:52	4:10:14
1:10:15	2:28:34	2:25:50	1:59:0	4:17:1	4:12:21
1:10:30	2:29:6	2:26:21	2:0:0	4:19:11	4:14:29
1:10:45	2:29:38	2:26:52	2:1:0	4:21:20	4:16:36
1:11:0	2:30:10	2:27:23	2:2:0	4:23:30	4:18:43
1:11:15	2:30:41	2:27:54	2:3:0	4:25:40	4:20:50
1:11:30	2:31:13	2:28:25	2:4:0	4:27:49	4:22:58
1:11:45	2:31:45	2:28:57	2:5:0	4:29:59	4:25:5
1:12:0	2:32:17	2:29:28	2:6:0	4:32:8	4:27:12

Halbma-rathon-zeit	Marathon bei sehr guter Ausdauer	Marathon maximal erreichbar	Halbmara-thon-zeit	Marathon bei sehr guter Ausdauer	Marathon maximal erreichbar
1:12:30	2:33:20	2:30:30	2:7:0	4:34:18	4:29:19
1:13:0	2:34:23	2:31:32	2:8:0	4:36:27	4:31:27
1:13:30	2:35:27	2:32:34	2:9:0	4:38:37	4:33:34
1:14:0	2:36:30	2:33:37	2:10:0	4:40:47	4:35:41
1:14:30	2:37:34	2:34:39	2:11:0	4:42:56	4:37:48
1:15:0	2:38:37	2:35:41	2:12:0	4:45:6	4:39:55
1:15:30	2:39:41	2:36:44	2:13:0	4:47:15	4:42:3
1:16:0	2:42:24	2:39:29	2:14:0	4:49:25	4:44:10
1:16:30	2:43:28	2:40:32	2:15:0	4:51:35	4:46:17
1:17:0	2:44:32	2:41:35	2:16:0	4:53:44	4:48:24
1:17:30	2:45:36	2:42:38	2:17:0	4:55:54	4:50:32
1:18:0	2:46:40	2:43:40	2:18:0	4:58:3	4:52:39
1:18:30	2:47:44	2:44:43	2:19:0	5:0:13	4:54:46
1:19:0	2:48:48	2:45:46	2:20:0	5:2:23	4:56:53

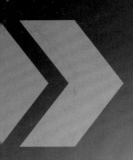

Coverfoto: Thinkstock

Covergestaltung: Katerina Georgieva

Satz: Katerina Georgieva

Fotos Innenteil: Adobe Stock: S. 12, 20, 56, 66, 102, 118, 130, 138, 144, 170, 206, 250, 276, 384, 404, 418
Frank Hennig: 61-63, 109, 122-123, 133-137, 209, 387, 391, 393-394, 396-403, 408-416, 443

Lektorat: Dr. Irmgard Jaeger, Katrin Thiele